四川省“十二五”普通高等教育本科规划教材
21世纪普通高等院校系列教材

公司财务

GONGSI CAIWU

（第三版）

主　编　蒋　葵
副主编　尹汶莉

西南财经大学出版社
中国 · 成都

图书在版编目(CIP)数据

公司财务/蒋葵主编.—3版.—成都：西南财经大学出版社，2021.8
(2024.7重印)
ISBN 978-7-5504-5009-7

Ⅰ.①公… Ⅱ.①蒋… Ⅲ.①公司—财务管理—高等学校—教材
Ⅳ.①F276.6

中国版本图书馆CIP数据核字(2021)第159776号

公司财务(第三版)
主　编:蒋　葵
副主编:尹汶莉

责任编辑:陈何真璐
封面设计:杨红鹰　张姗姗
责任印制:朱曼丽

出版发行	西南财经大学出版社(四川省成都市光华村街55号)
网　　址	http://cbs.swufe.edu.cn
电子邮件	bookcj@swufe.edu.cn
邮政编码	610074
电　　话	028-87353785
照　　排	四川胜翔数码印务设计有限公司
印　　刷	郫县犀浦印刷厂
成品尺寸	185 mm×260 mm
印　　张	21.125
字　　数	445千字
版　　次	2021年8月第3版
印　　次	2024年7月第2次印刷
印　　数	3001—3500册
书　　号	ISBN 978-7-5504-5009-7
定　　价	49.80元

21世纪普通高等院校系列教材
编　委　会

General Foreword 总序

为推进中国高等教育事业可持续发展，经国务院批准，教育部、财政部启动实施了“高等学校本科教学质量与教学改革工程”（下面简称“本科质量工程”），《国家中长期教育改革和发展规划纲要（2010—2020）》也强调全面实施“高等学校本科教学质量与教学改革工程”的重要性。这是落实“把高等教育的工作重点放在提高质量上”的战略部署，是在新时期实施的一项意义重大的本科教学改革举措。“本科质量工程”以提高高等学校本科教学质量为目标，以推进改革和实现优质资源共享为手段，按照“分类指导、鼓励特色、重在改革”的原则，对推进课程建设、优化专业结构、改革培养模式、提高培养质量发挥了重要的作用。为满足本科层次经济类、管理类教学改革与发展的需求，培养具有国际视野、批判精神、创新意识和精湛业务能力的高素质应用型和复合型人才，迫切需要普通本科院校经管类学院开展深度合作，加强信息交流。在此背景下，我们协调和组织部分高等院校特别是四川的高校，通过定期召开普通本科院校经济管理学院院长联席会议，就学术前沿、教育教学改革、人才培养、学科建设、师资建设和社会科学研究等方面的问题进行广泛交流、研讨和合作。

为了切实推进“本科质量工程”，2008 年的第一次联席会议将“精品课程、教材建设与资源共享”作为讨论、落实的重点。与会人员对普通本科的教材内容建设问题进行了深入探讨并认为，在高等教育进入大众化教育的新时期，各普通高校使用的教材与其分类人才培养模式脱节，除少数“985”高校定位于培养拔尖创新型和学术型人才外，大多数高校定位于培养复合型和应用型经管人才，而现有的经管类教材存在理论性较深、实践性不强、针对性不够等问题，需要编写一套满足复合型和应用型人才培养要求的高质量的普通本科教材，以促进人才培养和课程体系的合理构建，推动教学内容和教学方法的改革创新，形成指向明确、定位清晰和特色鲜明的课程体系，奋力推进经济管理类高等教育质量的稳步提高。与会人员一致认为，共同打造符合高教改革潮流、深刻把握普通本科教育内涵特征、满足教学需求的系列教材，非常必要。鉴于此，本编委会与西南财经大学出版社合作，组织了30余所普通本科院校的经济学类、管理学类的学院教师共同编写本系列教材。

本系列教材编写的指导思想是：在适度的基础知识与理论体系覆盖下，针对普通本科院校学生的特点，夯实基础，强化实训。编写时，一是注重教材的科学性和前沿性，二是注重教材的基础性，三是注重教材的实践性，力争使本系列教材做到“教师易教、学生乐学、方便实用”。

本系列教材以立体化、系列化和精品化为特色。一是除纸质教材外，还配备课件、视频、案例、习题等数字化教学资源；二是力争做到“基础课横向广覆盖，专业课纵向成系统”；三是力争把每种教材都打造成精品，让多数教材能成为省级精品课教材、部分教材成为国家级精品课教材。

为了编好本系列教材，我们在西南财经大学出版社的协调下，经过多次磋商和讨论，成立了首届编委会。首届编委会主任委员由西华大学管理学院院长章道云教授担任。2017年，由于相关学院院长职务变动，编委会的构成也做了相应调整。调整后的编委会由西南财经大学副校长张邦富教授任名誉主任，蒋远胜教授任主任，李成文教授、张华教授、周佩教授、赵鹏程教授、董洪清教授、傅江景教授任副主任，20余所院校经济管理及相关学院院长或教授任编委会委员。

在编委会的组织、协调下，该系列教材由各院校具有丰富教学经验并有教授或副教授职称的教师担任主编，由各书主编拟订大纲，经编委会审核后再编写。同时，每一种教材均吸收多所院校的教师参加编写，以集众家之长。自2008年启动以来，经过近十年的打造，该系列现已出版公共基础、工商管理、财务与会计、旅游管理、电子商务、国际商务、专业实训、金融经济、综合类九大系列近百种教材。该系列教材出版后，社会反响好，师生认可度高。截至2017年年底，已有30多种图书获评四川省“十二五”规划教材，多个品种成为省级精品课程教材，教材在西南地区甚至全国普通高校的影响力也在不断增强。

当前，中国特色社会主义进入了新时代，我们要建设教育强国，习近平总书记在党的十九大报告中对高等教育提出明确要求，加快一流大学和一流学科（简称“双一流”）建设，实现高等教育内涵式发展。“双一流”建设的核心是提升学校自身的办学水平，关键是提高人才培养质量和学科建设水平，同时办学声誉得到国际社会的认可。为此，高等学校要更新教育思想观念，遵循教育教学规律，坚持内涵式发展，进一步深化本科人才培养模式改革。而教材是体现高校教学内容和方法的知识载体，是高等院校教学中最基本的工具，也是高校人才培养的基础，因此，高校必须加强教材建设。

为适应“双一流”建设的需要，全面提升高校人才培养质量，构建学术型人才和应用型人才分类、通识教育和专业教育结合的培养制度，满足普通本科院校教师和学生需求，需要对已出版的教材进行升级换代。一是结合教学需要对现有教材进行精心打造。具体而言，贯穿厚基础、重双创的理念，突出创新性、应用性、操作性的特色，反映新知识、新技术和新成果的学科前沿；利用数字技术平台，加快数字化教材建设，打造立体化的优质教学资源库，嵌入可供学生自主学习和个性化学习的网络资源模块。二是根据学科发展的需要，不断补充新的教材，特别是规划旅游类、实训类、应用型教材。

我们希望，通过编委会、主编和编写人员及使用教材的师生的共同努力，将此系列教材打造成适应新时期普通本科院校需要的高质量教材。在此，我们对各经济管理学院领导的大力支持、各位作者的智力成果以及西南财经大学出版社员工的辛勤劳动表示衷心的感谢！

21 世纪普通高等院校系列教材编委会

2018 年 5 月

Preface 前言

《公司财务》是21世纪普通高等院校系列教材之一。为了适应近年来财会专业的变化，满足高校教学需求，我们集多所高校之力量，聚众人之智慧，编写了《公司财务》一书。本书以国际通用准则和我国最新颁布的法规为依据，注重理论与实践的结合，尽可能地吸纳了国内外公司财务理论与实践发展的新内容，科学地安排了结构体系，详细地分析了公司财务中常见的问题和技术方法，是一本全面、系统地介绍公司财务理论与实务的著作。

本书各章末设有本章小结、思考题和练习题等部分。学生在学习完各章内容的基础上，可以通过“本章小结”对该章整体内容形成系统而深入的理解和掌握，可以通过“思考题”和“练习题”对所学知识做进一步的思考和运用，从而促进教学效果的提高。

本书由西南科技大学蒋葵教授担任主编，负责全书的统稿和定稿工作。西南科技大学尹汶莉任副主编。具体编写分工如下：西南科技大学蒋葵负责编写第一章、第二章、第三章、第四章；内江师范学院张云负责编写第五章；西昌学院王智群负责编写第六章、第七章；绵阳城市学院何琳负责编写第八章；西南科技大学尹汶莉负责编写第九章、第十章；西南科技大学刘江负责编写第十一章、第十二章。

本书在出版过程中得到了西南财经大学出版社的大力支持，同时借鉴了有关书刊资料中的观点，在此一并表示衷心的感谢！

由于编者水平有限，书中难免有一些不足之处，恳请广大读者批评指正。

编者

2021年7月

目录

Contents

第一章 公司财务总论

第一节 公司与公司财务

公司是企业的一种类型，在讨论公司的相关问题之前，有必要对企业进行一个简单的了解。

一、企业的相关概念

（一）企业的含义和特征

简单地说，企业是指依法设立、以盈利为目的、从事生产经营活动的独立核算的经济组织。从概念我们可以看出，企业具有如下特征：

1. 企业是一种社会经济组织

企业是经济活动中的基本单位，是经济活动的细胞。作为一个组织，它有自己的机构和工作程序要求。

2. 依法设立

企业依法设立，即是一种合法的组织，能得到国家法律的认可和保护。

3. 企业以盈利为目的

企业作为社会经济组织，从事生产经营活动，其最基本的目标是赚取利润。

4. 实行独立核算

企业要单独计算成本、费用，以收抵支，计算盈亏，对经济业务做出全面反映和进行控制。

(二) 企业的类型和组织形式

企业是社会经济生活中最具活力的细胞，形式多样，情况复杂，依据不同的标准，可将企业分成不同的类型。按企业的所有制形式和产权特征，可将企业分为独资企业、合伙企业和公司制企业。这也是市场经济在其数百年的孕育和发展过程中逐步形成的三种基本的企业组织形式。

1. 独资企业

独资企业指由单独的个人投资者出资经营，归该出资者所有和控制的企业。出资者对企业债务负无限责任，企业的价值是出资者出售企业可以得到的现金。

2. 合伙企业

合伙企业指由两个或两个以上的自然人共同出资、合伙经营、共享收益、共担风险的营利性组织。合伙企业中，合伙人对企业债务负连带无限责任，该企业的价值是合伙人转让其财产份额可以得到的现金。

3. 公司制企业

公司制企业(或称公司)是指由两个以上投资人(自然人或法人)依法出资组建，有独立法人财产，自主经营，自负盈亏的法人企业。出资者按出资额对公司承担有限责任。

我国公司制企业主要包括股份有限公司及有限责任公司。股份有限公司是当今市场上最重要的一种企业组织形式，是现代企业最基本的形式。

(1) 股份有限公司。股份有限公司是指全部资本由等额股份构成并通过发行股票筹集资本，股东以其所持股份为限对公司承担有限责任，公司以其全部资产对其债务承担责任的企业法人。

股份有限公司的优点很多，主要体现在以下几点：

第一，公司所有者的责任以其投资额为限度。在公司倒闭的时候，所有者的私人财产不会被强制用于偿还股份有限公司的债务。

第二，股份有限公司的筹资能力很强，既可通过银行贷款、留存收益等形式筹集资金，也可通过在资本市场发行股票、债券等各种有价证券筹措资金。

第三，股份有限公司的存在不依赖于其所有者，因此可以永续存在。

第四，股份有限公司所有权的转移十分方便，公司股票可以自由方便地在证券市场上交易。

第五，股份有限公司的所有权和经营权是分离的。一般由专业管理人员负责经营股份有限公司。这些管理人员可以是各方面的专家，比股东自己经营更为有效。

由于存在着这些优点，股份有限公司得到了蓬勃发展，但是，我们也应该注意到股份有限公司存在的缺点，比如：公司的利润需双重征税，因此纳税负担比较沉重；公司的成立比独资企业和合伙企业复杂；当所有权和经营权分离后，会出现委托代理问题等。

(2) 有限责任公司。有限责任公司是指由 50 个以下股东共同出资，每个股东以其所认缴的出资额对公司承担有限责任，公司是以其全部资产对债务承担责任的企业法人。这种组织形式特别适用于中小型企业，它比股份有限公司有更少的限制和更大的灵活性。它允许股东成为公司雇员。股东大都积极参与公司的经营管理活动。

以上三种形式的企业组织形式中，独资企业的数量在企业总数中占比最大，但是公司制企业控制的财务资源最多。因此，本教材只讨论公司制企业的财务，也称为公司财务。

二、公司财务的概念

财务是再生产过程中客观存在的资金运动及其所体现的经济利益关系。公司财务，又称“企业财务管理”或“公司理财”，是企业管理的重要组成部分，是基于企业再生产过程中客观存在的财务活动和财务关系而产生的，是企业组织财务活动、处理财务关系的一项经济管理工作。

公司财务学是研究微观经济组织资源配置和有效使用的科学，其与经济学、管理学、会计学和金融学等相关学科关系密切。

应该注意，公司财务与公司会计是两个不同的概念。公司会计主要是对会计要素进行分类核算、编制财务报表、提供经营活动的财务信息，着重于反映历史和现状，为公司内部和外部的有关机构和人员（如股东、债权人、政府部门）提供资料。公司财务主要从事资金规划、资金筹措、投资以及资金运用等活动，侧重于编制预算、评价分析财务报表，利用财务信息进行财务决策。

三、公司财务在企业中的地位和功能

（一）企业管理系统中公司财务的地位

对典型的公司制企业而言，企业的管理系统至少包括：生产管理系统、营销管理系统、人力资源管理系统和财务管理系统。虽然不同的公司在不同的生命进化阶段管理的重点不同，财务管理的作用不同，但公司财务是企业管理的重要组成部分，在企业管理系统中发挥重要作用。

在大多数西方国家的中、大型企业中，最高财务主管（chief financial officer，简称 CFO）是分管财务的副总裁，他主持制定财务制度和公司规划，并对公司总体管理产生重要影响，因而最有希望升任总裁。一般地，CFO 及其下属的财务长、会计长负责组织和控制资本预算过程，在这一系列过程中，高级财务人员起着广泛的、非正式的影响作用，但他要为最终决策进行准备，因而对此有重大影响。此外，财务部门在履行其职能时，还起着从其他部门收集信息并转达给更高管理部门的渠道作用。由此可见，公司财务在企业管理中居于重要地位，也历来备受最高管理者的关注。

(二) 公司财务的功能

公司财务的功能主要体现在以下几方面：

(1) 筹集、分配和使用资金；

(2) 监督企业生产经营活动中资金的流向；

(3) 权衡风险和收益。

财务的上述功能适用于各行各业，公司财务功能发挥得如何，可从市场直接得到检验。例如，有的企业财务状况的好坏可直接从企业股票的市场价格上反映出来，通常企业财务状况好，股票市场价格就高。正是此功能促使公司财务经理或负责财务的有关人员认真研究市场，研究如何提高资金效益和经营报酬，同时促使企业有的放矢改善财务状况，从而改善企业的生产经营，也使投资者从中获得更多的收益。

四、公司财务学的发展

在20世纪初以前，公司财务学一直被认为是微观经济理论的应用学科，是经济学的一个分支。直到1897年托马斯·格林(Thomas L. Green)出版了《公司财务》一书后，公司财务学才逐渐从微观经济学中分离出来，成为一门独立的学科。它的发展大致经历了如下几个阶段：

(一) 初创调整期(20世纪初至20世纪30年代末)

20世纪初，西方发达的工业化国家先后进入垄断阶段。而后，又在20世纪20年代末暴发了经济危机。因此，在这一阶段公司财务学的注意力从如何利用普通股、债券和其他有价证券来筹集资金及财务制度的研究等问题逐渐向国家加强对微观经济活动干预方面转移，重点研究如何维持企业生存，如企业的流动性、破产、清偿、合并等，对公司财务学的发展起了巨大的推动作用。

在这一阶段，公司财务学的研究特点是描述性的，即侧重于对企业现状的归纳和解释，同时从企业的外部利益者(如债权人)的角度来研究财务问题。

(二) 过渡期(20世纪40年代至20世纪50年代)

在这一阶段，公司财务学的研究方法逐渐由描述法转向分析法，从企业内部决策的角度，围绕企业利润、股票价值最大化来研究财务问题，并把一些数学模型引入公司财务中。同时，随着投资项目选择方法的出现，公司财务学开始注意资本的合理利用，研究领域也扩展到现金和存货管理、资本结构和股息政策等问题。这一时期，公司内部的财务决策被认为是公司财务管理的最重要的问题，而与资金筹集有关的事项已经退居到第二位。各种计量模型逐渐运用到存货、应收账款、固定资产等项目上。此时，财务分析、财务计划、财务控制等都得到了广泛应用。

(三) 成熟期(20世纪50年代后期至20世纪70年代末)

这一时期是西方经济发展的黄金时期，随着第三次科技革命的兴起和发展，公司财务中应用了电子计算机等先进的方法和手段，财务分析方法向精确化发展，开始了对风险和回报率的关系和资本结构等重大问题的研究，取得了一系列重要成果；研究方法也从定性向定量转化，如这一阶段出现了“投资组合理论”“资本市场理论”“资本资产定价模型”及“期权价格模型”等。

（四）深化期(20 世纪 80 年代至今)

在这一阶段，公司财务学的中心课题逐步涉及通货膨胀及其对利润的影响、政府对金融机构放松控制以及由专业金融机构向多元化金融服务公司转化、电子通信技术在信息传输中和电子计算机在财务决策中的大量应用、资本市场上新的筹资工具的出现以及开放资本市场与防范金融风险等问题。

由于条件的变化已对财务决策产生了巨大影响，加剧了公司所面临的不确定性，市场需求、产品价格以及成本的预测变得更加困难，这些不确定性的存在使公司财务学的理论和实践都发生了显著变化。

总之，公司财务学已从描述性转向严格的分析和实证研究；从单纯的筹资转到资产管理、资本分配和企业估价；从单纯注重企业外部分析转到注重企业外部分析和内部决策的有效性上，已形成独立、完整的学科体系。

第二节　公司财务的对象、关系和内容

一、公司财务的对象

公司财务管理主要是资金管理，其对象是资金及其流转。资金流转的起点和终点是现金，其他资产都是现金在流转中的转化形式，因此，公司财务的对象也可以说是现金及其流转。公司财务也会涉及成本、收入和利润问题。从财务的观点来看，成本和费用是现金的耗费，收入和利润是现金的来源。公司财务主要在这种意义上研究成本和收入，而不同于一般意义上的成本管理和销售管理，也不同于计量收入、成本和利润的会计工作。

（一）现金流转的含义

在建立一个新企业时，必须筹集若干现金，作为最初的资本，现金是企业进行规划、开始营运的前提。现金在营运过程中变为经营用的各种资产，在运营中又陆续变为现金，这种流转过程称为现金流转。这种流转无始无终，不断循环，称为现金的循环或资金循环。

现金的循环有多条途径，各种流转途径完成一次循环即从现金开始又回到现金所需的时间不同。根据循环时间长短的不同，可将现金的循环分为短期循环与长期循环两种形式。短期循环是指现金循环时间不超过一年的流转，包括现金本身和企业正常经营周期内可以完全转变为现金的存货、应收账款、短期投资及某些待摊和

预付费用等。长期循环是指现金循环时间在一年以上的流转，包括固定资产、长期投资、无形资产、递延资产等。

（二）影响现金流转的因素

由于公司内、外部的一系列原因，现金流转往往是不平衡的，即公司的现金流量不是收大于支，就是支大于收。绝大多数公司一年中会多次遇到现金流出大于流入的情况。影响现金流转的因素主要表现在两个方面。

1. 影响公司现金流转的内部原因

（1）盈利公司的现金流转。不打算扩充的盈利公司，其现金流转一般比较顺畅。它的短期循环中的现金大体平衡，税后净利使公司现金多余出来，长期循环中的折旧、摊销等也会积存现金。但是当出现需要支付股利、偿还借款、更新设备等情况时，盈利公司也可能由于抽出过多现金而发生临时流转困难。

（2）亏损公司的现金流转。从长期来看，亏损公司的现金流转是不可能维持的。从短期来看，其又分为两类：一类是亏损额小于折旧额的公司，在固定资产重置以前可以维持下去，因为折旧和摊销费用不需要支付现金，因此，这类公司支付日常的开支通常并不困难，然而，当计提折旧的固定资产达到必须重置的时候，就会使公司无法重置，很快破产；另一类是亏损额大于折旧额的公司，这类公司不能以高于付现成本的价格出售产品，更谈不上补偿非现金费用，如果不从外部补充现金将很快破产。

（3）扩充公司的现金流转。扩大经营规模的公司，需要使固定资产的投资扩大、存货增加、应收账款增加、营业费用增加等，都会使现金流出扩大。财务人员只有从内外部寻求资金，才能设法满足公司扩大的现金需要。

除了公司本身盈亏和扩充等，外部环境的变化也会影响公司的现金流转。

2. 影响公司现金流转的外部原因

（1）市场的季节性变化。通常来讲，公司的生产部门力求全年均衡生产，以充分利用设备和人工，但销售总会有季节性的变化。因此，公司往往在销售淡季现金不足，销售旺季过后积存过剩现金。

（2）经济的波动。任何国家的经济发展都会有波动，时快时慢。在经济收缩时，销售下降，进而生产和采购减少，整个短期循环中的资金减少了，公司就会有过剩的现金。当经济“热”起来时，现金需求迅速扩大，积存的过剩现金很快被用尽，会出现资金的相对短缺。

（3）通货膨胀。通货膨胀会使公司遭遇现金短缺的困难。由于原料价格上升，要保持存货所需的现金增加，公司只有通过提高利润来保持现金的充足。然而提高利润只能通过增收节支来实现，增加收入受到市场竞争的限制，则只有通过降低成本来维持公司的营运。

（4）竞争。竞争会对公司的现金流转产生不利影响。价格竞争会使公司立即减少现金流，广告竞争会立即增加公司的现金流，然而这些竞争往往是被迫的，公司经营者们不得不采取他们本来不想采取的方针。

二、公司财务关系

公司在其资金流转中，将会产生广泛的财务关系。财务关系是一个历史的经济范畴，在不同的经济发展时期，存在着不同性质和特征的财务关系。它是两个或两个以上的财务关系行为体之间发生经济联系而形成的经济关系。在财务活动和财务关系实务中，有多少个财务关系行为体，就可能产生多少种财务关系。概括地说，财务关系包括以下几种：

（一）公司与投资者、受资者的财务关系

公司与投资者、受资者的财务关系就是投资与收益的关系，从性质上看属于所有权关系。公司与投资者形成财务关系时，公司是资金接受者，这种关系主要是公司从投资者那里筹集资金，进行生产经营活动，并将所实现的财务成果按规定进行分配。公司与受资者形成财务关系时，公司是投资者，公司以自身的法人财产向公司以外的其他单位投资，并按投资额的多少享有相应的投资收益。公司应该按照有关法规的要求，正确处理这种财务关系，以维护投资者、受资者的合法权益。

（二）公司与债务人、债权人的财务关系

这类财务关系有因公司向债权人借入资金，并按合同规定支付利息和归还本金所形成的经济关系，有因公司将其资金以购买债券、提供借款或商业信用等形式出借给其他单位所形成的经济关系。这种财务关系在性质上属于债权债务关系。处理债权债务关系，要求债务人按期还本付息，不得拖欠。

（三）公司与供货商、公司与客户之间的财务关系

公司与供货商、公司与客户之间的财务关系主要是指公司购买供货商的商品或接受服务，以及公司向客户销售商品或提供服务过程中形成的经济关系。这种财务关系在性质上属于收支结算关系。处理收支结算关系，要求讲究商业信用，遵守结算规定，及时收付欠款，以免相互占用资金。

（四）公司与税务机关之间的财务关系

公司与税务机关之间的财务关系表现为征税和纳税的关系。国家以社会管理者的身份委托税务机关向公司征收有关税金，包括所得税、流转税和其他形式的税金，这是国家财政收入的主要来源。公司必须按照国家颁布的税法和相关规定及时缴纳各种税款。

（五）公司内部各单位的财务关系

公司内部各单位之间的财务关系是一种公司内部的资金结算关系，它表现在两个方面：一方面是以公司财务部门为中心，公司内部各部门、各单位与公司财务部门之间的收支结算关系，领款、报销以及代收、代付款等，它体现了公司内部资金集中管理的要求；另一方面是公司内部各单位之间由于提供产品或劳务而发生的资

金结算关系，它体现了公司内部资金在分散管理上的要求。这种集中和分散的财务关系反映了公司在生产经营中的分工和协作的权责关系。

（六）公司与其职工之间的财务关系

公司与职工之间的财务关系是公司支付职工工资、津贴、福利而形成的结算关系。公司应当按照职工提供的劳动数量和质量进行工资分配，正确制定相关工资分配制度，充分调动职工的积极性。

三、公司财务的内容

公司财务的内容是由公司资金运动的内容决定的。公司投入资金，用来进行产品生产和经营，要考虑投资的效益；公司投入的资金以一定的方式从各种来源获得，必须注意资金的成本；产品售出收回货币资金，产生利润，确定资金增值的分配方案，这就组成了公司财务的主要内容，它包括公司资金的筹资决策、公司投资决策、公司营运资金管理和股利分配决策。

（一）筹资决策

要建立一个公司，必须筹集若干资金作为最初的资本。这不仅是各国法律条文所要求的，而且是公司运营所必需的。在现代社会经济中，要想使一个公司运转起来，必须有足够的资金，即使已成立的公司，也会不断扩大生产规模，更新生产设备，采用先进技术，提高产品质量，因而需要投入更多资金和资源。因此，筹集公司生存和发展所需的资金是公司财务的重要内容。

资金按不同标准可分为权益性资金和债务性资金、长期资金和短期资金等。自不同来源、以不同方式筹集的各种资金都有不同的成本，其使用时间、抵押条款及其他附加条件也不相同，从而给公司带来的风险也不一样。因此，筹资决策要解决的问题是如何取得所需的资金，取得多少资金，是长期需要还是短期需要。财务人员必须对各种不同的筹资方式，在风险和成本之间进行权衡，选用最佳的筹资方式。

（二）投资决策

投资是最基本的财务决策。资本的运用过程就是投资过程。公司的投资范围很广，既包括购建固定资产等内部投资活动，又有购买有价证券、与其他企业联营等外部投资活动。

公司的投资决策按不同标准可分为直接投资与间接投资、长期投资与短期投资等。投资决策应解决的问题是采用何种投资决策方法，分析、评价各种投资方案收益与风险的大小，进行综合权衡并做出抉择。

（三）营运资金管理

公司在日常生产经营过程中，需要采购材料或商品，支付工资和其他管理费用，会发生资金支出；当公司向市场售出产品、商品或提供劳务时，便可取得资金收入。公司日常生产经营过程中所发生的一系列的资金收支，便构成公司日常经营中的财务活动。

营运资金管理是指通过对营运资金的日常管理，保证公司有足够的各种资源维持生产运行，并取得较高的盈利水平。它与公司现金流量紧密相关。其通常包括以下主要内容：货币资金最佳持有量的确定、短期投资的管理、信用管理、存货管理等。

（四）股利分配决策

股利分配决策是指在公司赚取的利润中，有多少作为股利发放给股东，有多少留在公司作为再投资用。从公司角度看，较高的保留盈余可以使自身保持较多的资金，利于投资及发展，但过低的股利支付率可能引起投资者的不满，从而引起股价下跌。同样，过高的股利支付率将影响公司再投资能力，甚至失去投资机会，引起未来收益减少，导致股价下跌。因此，公司必须制定适当的股利政策。

股利政策的制定受多种因素的影响，包括税法对股利和出售股票收益的不同处理、公司未来投资机会、各种资金来源及其成本，以及股东对当期收入和未来收入的相对偏好等，公司必须根据自己的具体情况确定最佳的股利政策。

股利分配决策一般研究股利分配与内部融资的关系、股利政策及影响股利政策的因素、股利的支付程序、股票股利与股票回购等问题。

上述财务管理的四项基本内容是有机联系在一起的。因此，进行公司财务管理，必须把上述四大内容相互联系地加以考虑，统筹安排，合理调度，才能取得较好的管理效果。

第三节　公司财务目标

任何一项管理工作，都须有明确、具体的目的要求，唯有这样，才能更有效地行使各种管理手段，以促进其健康发展。公司财务目标，是指公司财务管理系统所要达到和实现的最终目的。不同的财务目标，会产生不同的财务运行机制，科学地确定理财目标，对优化财务行为、实现财务资源的合理配置和有效使用，对合理安排财务制度、妥善处理和协调财务关系，具有重要意义。

一、公司财务目标的主张

从根本上说，公司财务目标取决于公司的总目标，取决于特定的社会经济模式，而且受财务管理自身特点的制约。对于公司选择什么样的财务管理目标，目前存在许多不同的观点，这些观点分别从不同角度阐述了其作为公司财务目标的理由。最具代表性的主要有以下几种观点：

(一) 利润最大化

以利润最大化为目标，是指通过对公司财务活动的管理，不断增加公司利润，使公司利润达到最大。利润最大化强调经营有盈利是公司生存和发展的必要条件，从而促使公司讲究经济核算，加强管理，改进生产技术，提高劳动生产率，降低产品成本，以此来提高经济效益。

以税后利润最大化作为财务管理的目标，有其科学性和合理性，这主要是因为：

(1) 利润是衡量公司剩余价值的重要指标。人类进行任何生产经营活动，都是为了创造更多的剩余产品，而剩余产品的多少，可以用利润的多少来综合衡量。

(2) 在自由竞争的资本市场中，资本的使用权最终属于获利最多的公司。

(3) 公司通过追求利润最大化，可以使整个社会财富实现最大化。

但是，以利润最大化为目标，也存在如下的缺点：

(1) 没有考虑货币的时间价值。从时间价值的角度看，现在取得的利润与以后年度取得的利润，其价值是大不相同的。虽然金额相等，但由于利润实现的时点不同，其价值存在着很大的差别。因此，在公司的财务管理活动中，一定要考虑利润实现的时间，在前期取得的利润的价值要比后期实现的利润的价值大。

(2) 没有考虑风险因素。根据风险与收益对等原则，一般来说，高收益项目必然伴随着高风险，即使两个利润相同的项目，其所包含的风险大小也是不同的。以利润最大化作为财务管理的目标，会使财务管理人员盲目追求利润而忽视其存在的风险，从而可能为公司带来财务危机。

(3) 没有考虑创造的利润与投入之间的关系。这里的利润是一个绝对值，利润是公司投入一定量的资金所形成的，投资额不同，利润也不同。因而不利于不同资本规模的公司或同一个公司在不同时期的比较。

(4) 易导致公司短期行为。由于片面追求利润最大化，公司会忽视人才培养、产品开发、生产安全、技术进步及社会责任等，忽视远期投资，影响公司的可持续发展。

所以，利润最大化目标不适应公司持续发展的需要。

(二) 资本利润率最大化或每股收益最大化

资本利润率是税后利润与投入资本额的比率，每股收益也称为每股盈余，是税后净利润与普通股股数的比率。这两个指标都是衡量效率的相对值指标，把公司实现的利润额与投入的资本或股本数进行对比，能够说明公司的盈利水平，可以在不同资本规模的公司或同一公司不同时期之间进行比较，揭示其盈利效率的差异，很好地贯彻成本效益原则，并且在一定程度上考虑了股东或投资者的利益。但是，这两个指标同样是已完成事项的成果，并不能代表公司未来的发展潜力，且没有考虑收益取得的时间及其所面临的风险，也不能避免公司的短期行为。另外，每股收益指标仅考虑了股东作为资本投资者的利益要求，没有考虑债权人作为资本投资者的利益要求。

（三）股东财富最大化

股东财富表现为股东拥有的股票数量与每股市价的乘积。股东财富越多，表明公司的经营业绩越好。该目标主要适用于上市公司，因为上市公司的股票有其市价，具有可以参考的标准。上市公司为股东所有，公司经营就以股东的利益最大化作为其管理目标，股东的利益体现为股东财富。如可口可乐公司在其年度财务报告中就向股东说明："我们只为一个原因而存在，那就是不断地增加股东的价值。"这充分说明了股东财富最大化是上市公司追求的财务管理目标。

以股东财富最大化作为财务管理目标，其优点主要有：

（1）考虑了风险因素的存在，因为风险的高低会影响到股票的价格。

（2）要使股票价格保持在较高的水平，就要求上市公司在持续经营的有效期限内每年都较好地实现利润，稳重经营，从而克服公司追求利润的短期化行为。

（3）作为一个可以量化的财务指标，便于公司进行业绩考核与奖惩。当然，影响股票价格变化的因素很多，但好的经营业绩肯定有利于股票价格的提高，并为股东带来利益。

（4）考虑了资金的时间价值因素。股票价格的高低除了受到现在及预期未来的每股收益、公司的股利政策、风险及其他因素影响外，还有一个重要的因素是收益发生的时间、收益的期间。因此，以股东财富最大化作为财务管理的目标就能够体现资金时间价值观念的要求。

但是，股东财富最大化作为财务管理的目标也有其缺陷：

（1）适用的范围较窄，它只适用于上市公司。

（2）股票价格是股东财富最大化的重要衡量标准，但影响股价的因素很多，有些因素是公司可控的，而有些因素是公司不可控的，如股票市场的系统因素作用、人为的股票炒作以及其他不可控因素的影响等，都会引起股价的变动。因此，将不可控因素引入到财务管理目标中是不合适的。

（3）它只强调了股东的利益，而忽视了其他相关者，如公司的债权人、经营者、职工的利益等的利益。

（四）公司价值最大化（企业价值最大化）

投资者设立并持续经营公司的重要目的，是尽可能地创造更多的财富，这种财富首先表现为公司的价值。公司价值是指公司的全部资产（股票和负债）市场价值之和，是公司所能创造的预计未来现金流量的现值，反映了公司潜在的或预期的获利能力和成长能力。"公司价值"与"股东财富"相比，增加了负债的市场价值部分，不仅考虑了股东的利益，而且考虑了债权人的利益。

以公司价值最大化作为公司财务的目标，其优点主要表现在：

（1）考虑了资金的时间价值和投资的风险价值，有利于统筹安排长短期资金规划、合理选择投资方案、有效筹措资金、合理制定股利政策等。

(2) 反映了对公司资产保值增值的要求，从某种意义上说，公司价值最大化，公司市场价值就越大，追求公司价值最大化的结果可促使公司资产保值或增值。

(3) 有利于克服管理上的片面性和短期行为。

(4) 有利于社会资源合理配置，社会资金通常流向公司价值最大化的公司或行业，有利于实现社会效益最大化。

公司价值最大化这一公司财务目标的运用也有其缺陷：公司在确定公司价值时，未来收益以及风险都包含着不确定性因素，难以准确地对公司价值进行计量；另外，上市公司的公司价值可以用市场上交易的股票与债券的价格作为参考，而对于非上市公司就难以对其进行较为准确的衡量。因此，以公司价值作为财务管理的目标也有一定的不合理性。

以上公司财务目标，各有其优缺点，在实际运用时，公司应从实际情况出发，选择有利于本公司发展的财务目标。公司与公司之间在性质、规模和效益等方面存有差异，其公司财务目标也会存在一定差异。每个公司都应该在发展中不断开发财务目标，使其真正发挥规定公司财务方向和范围的作用。本书选择公司价值最大化作为公司财务的目标。

二、公司财务目标的协调

公司财务活动反映了不同利益主体之间的经济关系。这些利益主体包括公司的股东、经营管理者、债权人、政府部门、员工和其他社会公众等，不同的利益主体虽然都关注公司的经济管理和资金运动，但其目标并不完全一致，这就构成了错综复杂的利益冲突。如何协调财务活动所涉及的不同利益主体之间的财务关系，是财务管理工作必须认真考虑和重点解决的问题。

(一) 股东与经营者的矛盾与协调

现代公司所有权(股权) 与经营权的分离，尤其是股份公司制度下股权的分散，使公司的所有者 —— 股东一般不再直接参与公司的具体经营活动，公司的经营权掌握在股东的代理人 —— 公司的经营者手中。股东支付给经营者一定的劳动报酬，这种劳动报酬对于股东来说是一种成本支出，称之为享受成本。股东与经营者形成一种代理关系，代理问题的关键不是享受成本的多少，而是在增加享受成本的同时，是否更多地提高了公司价值。股东希望以较小的享受成本带来更多股东财富，而经营者则希望能更多地增加享受成本，甚至损害所有者的利益，如追求物质报酬和非物质的待遇，尽可能地减少劳动时间和劳动强度，回避风险，而不愿付出较多的代价为公司争取更多的收益等。这些行为都会损害股东的利益，与股东目标背道而驰。

要协调股东与经营者之间的代理关系，使经营者的决策与股东财富最大化的目标一致，采取的措施主要包括两个方面：一是激励措施，二是约束、监督措施。

1. 激励措施

协调股东与经营者之间的矛盾的一个重要思路是尽量使经营者的目标和股东的目标趋于一致。为此，在社会实践中往往采用许多不同的办法，包括：① 高额年薪制度。给公司的高级经理人提供高额的薪酬，并将其薪酬待遇与公司的业绩挂钩，使其努力提高公司业绩，实现股东财富增值的行为与提高自身的收益相统一。② 绩效股。如果经营者也成为股东，二者的目标就统一了，正是基于这一思路，许多公司根据管理者绩效指标的完成情况，发给其股票。③ 股票期权。给予公司不同等级的经理人以不同数量的认股权，允许他们在未来的一段时间内以约定的价格购买一定数量公司股票的权利。如果公司的经营业绩良好，公司价值不断增值，从而推动公司的股票价格不断上涨并超过股票期权所约定的购买价格时，经理人通过行使认股权就可以获利。这样，直接将股东财富的增长与公司经营者收益的增长联结在一起。

2. 约束和监督措施

为了保证公司经营者的行为与实现股东财富或公司价值最大化的目标一致，还可在公司的内部和外部设置一系列监督和约束机制。

（1）解聘。这是一种通过所有者约束经营者的办法。股东对经营者予以监督，如果经营者未能使公司价值达到最大，就解聘经营者，经营者因解聘的压力，就会更加尽心尽责地努力工作，从而被动地实现财务管理目标。

（2）接收。这是一种通过市场约束经营者的办法。如果经营者经营决策失误、经营不力，未能采取有效措施使公司价值提高，公司就可能被其他公司强行接收或吞并，相应经营者也会被解聘。为此，经营者为了避免这种接收，就必须采取一定的措施，增加公司价值，从而提高股票价格。

（二）股东与债权人的矛盾与协调

当公司向债权人借入资金后，两者也形成一种委托代理关系。债权人的目标是到期收回本金，并获得约定的利息收入，强调的是借款的安全性。公司借款的目的是扩大经营，强调的是借入资金的收益性。因此，股东的财务目标与债权人期望实现的目标存在一定的矛盾，股东往往为了自身的利益而通过经营者损害债权人的利益。这主要包括如下两种方式：

（1）股东改变原定资金的用途，将资金用于风险更高的投资项目。如果高风险项目获得成功，超额利润就为股东所独享；但如果高风险项目一旦失败，公司无力偿债，债权人将要与股东共同承担由此而造成的损失，这对债权人来说风险与收益是不对等的。

（2）股东未征得现有债权人同意发行新债券或举借新债，从而使公司的负债比例增大，增加了公司财务危机甚至破产的可能性，降低了旧债的偿还保障程度，致使债权人债权的价值下降。

为协调股东与债权人的上述矛盾，防止债权人利益受到侵害，通常可采取以下

措施:

(1) 限制性借款，即在借款合同中加入某些限制性条款，如规定借款的用途、借款的担保条款和借款的信用条件或限制增发新债的数额等。

(2) 收回借款或不再借款，即当债权人发现公司有侵蚀其债权价值的意图时，采取提前收回借款或拒绝提供新借款，或要求高出正常利率很多的高额利率，作为这种风险的补偿，从而保障自身的权益。

公司违背债务合同，不仅损害了债权人的利益，同时也使其失去了借款的来源，或者不得不付出更高的负债成本，支付更高的借款利率，从而降低公司净资产收益率，最终会影响公司未来股票的市价，进而降低或缩减公司价值或股东财富。因此，公司股东与债权人在一定程度上讲，是相互依存的关系。公司在追求公司价值或股东财富的同时，还必须公平对待债权人，合理考虑债权人的利益。

(三) 公司与社会的利益冲突与协调

当公司以公司价值最大化作为财务管理目标时，还必须考虑到整个社会是否受益；在实现其财务管理目标的过程中，还要考虑对社会责任的履行等问题。一般情况下，财务管理目标的制定和实现与社会责任的履行是基本一致的。这是因为:

(1) 为了实现财务管理目标，公司必须生产出符合社会需要的产品，这不仅可以满足消费者的需求，而且也实现了公司产品的价值。

(2) 为了实现财务管理目标，公司必须不断引进与开发新技术，并拓展公司经营规模，这样就会引起新的就业需求，增加就业机会。

(3) 为了实现财务管理目标，公司必须不断扩大销售，为此它必须把产品销售给顾客，提供高效率和周到的服务。

在实现财务管理目标的过程中，公司为社会做出了一定的贡献，也承担了相当的社会责任。但是，财务管理目标的实现并不总是与社会责任的履行相一致，两者之间也存在着一定的矛盾。如为了保护消费者权益、合理雇佣人员、防止环境污染等，公司会为此而付出代价，或损失一些机会，从而减少公司价值或股东财富。现代财务理论认为，公司承担一定的社会责任是应该的，但完全以社会责任为前提是行不通的。为此，应由政府和有关部门制定相应的法律法规来规范公司承担社会责任。对于公司非法定的社会责任，可以通过社会舆论导向等因素，引导公司不断增强社会责任意识，从而使公司财务管理目标与社会责任协调一致。

第四节　公司财务原则

公司财务原则，也称理财原则，是指人们对财务活动的共同的、理性的认识。它是联系理论与实务的纽带。对于如何概括理财原则，人们的认识不完全相同。道格拉斯·R. 爱默瑞和约翰·D. 芬尼特的观点具有代表性，他们将理财原则概括为三类共 12 条。

一、有关竞争环境的原则

有关竞争环境的原则，是对资本市场中人的行为规律的基本认识。

（一）自利行为原则

自利行为原则是指人们在进行决策时按照自己的财务利益行事，在其他条件相同的情况下人们会选择对自己经济利益最大的行动。在这种假设情况下，公司会采取对自己最有利的行动。

根据委托 - 代理理论，公司应是各种自利的人的集合。在一个大型公司中，利益关系人之间存在冲突，一个公司涉及的利益关系人都是按自利行为原则行事的，公司和各种利益关系人之间的关系，大部分属于委托 - 代理关系。这种相互依赖又相互冲突的利益关系，需要通过“契约”来协调。

自利行为原则的另一个应用是机会成本的概念。当一个人采取某个行动时，必然从自利原则出发而放弃其他行动方案，采用一个方案而放弃的其他方案的最大净收益是被采用方案的机会成本，也称择机代价。对机会成本的概念的理解有分歧，计算也经常会遇到困难，但是人们都不否认机会成本是在决策时不能不考虑的重要问题。

（二）双方交易原则

双方交易原则是指每一项交易都至少存在两方，在一方根据自己的经济利益决策时，另一方也会按照自己的经济利益决策行动，并且对方和你一样聪明、勤奋和富有创造力，因此你决策时要正确预见对方的反应。

双方交易原则的建立依据是商业交易至少有两方、交易是“零和博弈”以及各方都是自利的。而在实际交易中，人们的信息是不对称的。由于这个原因，买卖双方对金融证券产生不同的预期，不同的预期导致了证券买卖，高估股票价值的人买进，低估股票价值的人卖出。直到市场价格达到他们一致的预期时交易停止。因此，在决策时不仅要考虑自利行为原则，还要使对方有利，否则交易就无法实现。除非对方不自利或者很愚蠢，不知道自己的利益是什么，然而，这样估计商业对手本身就不明智。

双方交易原则要求在理解财务交易时不能“以自我为中心”，在谋求自身利益的同时要注意对方的存在，要知道对方也在遵循自利行为原则行事。这条原则要求我们不要总是“自以为是”，错误认为自己优于对手。

双方交易原则还要求在理解财务交易时要注意税收的影响。税收的存在，主要是利息的税前扣除，使得一些交易表现为“非零和博弈”。避税就是寻求减少政府税收的合法交易形式。避税的结果使交易双方受益但其他纳税人会承担更大的税收份额，从更大范围来看并没有改变“零和博弈”的性质。有的人主张，把“税收影响决策”单独作为一条理财原则，因为税收会影响所有的交易。

（三）信号传递原则

信号传递原则，是指行动可以传递信息，并且比公司的声明更有说服力。信号传递原则是自利行为原则的延伸。如一项资产的买进能暗示出该资产“物有所值”，买进的行为提供了有关决策者对未来的预期或计划的信息。信号传递原则要求根据公司的行为判断它未来的收益状况；信号传递原则还要求公司在决策时不仅要考虑行动方案本身，还要考虑该项行动可能给人们传达的信息。在资本市场上，每个人都在利用他人交易的信息，因此应考虑交易的信息效应，不仅要考虑决策本身的收益和成本，还要考虑信息效应的收益和成本。

（四）引导原则

引导原则是指当所有办法都失效时，寻找一个可以信赖的榜样作为自己的引导。例如，你在一个自己从未到过的城市寻找一个就餐的饭馆，没必要或者没时间调查每个饭馆的有关信息，你应当找一个顾客较多的饭馆去就餐，不要去顾客很少的地方，或许那里不是价格很贵就是服务很差。引导原则不同于“盲目模仿”，它的适用条件为：一是理解存在局限性，认识能力有限，找不到最优的决策办法；二是寻找最优方案的成本过高。

引导原则的一个重要应用，是行业标准概念。例如，对一项房地产的估价，如果系统的估价方法成本过高，不如观察一下近期类似房地产的成交价格。引导原则的另一个重要应用就是“免费跟庄”概念。因为“领头人”往往比“追随者”承担更大的风险与成本，所以相关法律对“领头人”给予了保护。《中华人民共和国专利法》和《中华人民共和国著作权法》是在知识产权领域中保护领头人的法律，强制规定追随者向领头人付费，以避免免费跟庄的影响。许多小股民经常跟随“庄家”或机构投资者，以节约信息成本，当然“庄家”也会利用免费跟庄现象，进行恶意炒作，掠夺小股民。因此，各国的证券监管机构都禁止操纵股价的恶意炒作，以维持证券市场的公平性。

二、有关创造价值的原则

有关创造价值的原则，是人们对增加公司财富的基本规律的认识。

（一）有价值的创意原则

有价值的创意原则，是指新创意能获得额外报酬。新创意可以形成产品本身、销售交货、营销渠道等客户广泛重视的方面，在产业内独树一帜，从而获得高于平均水平的利润。

这一原则主要应用于直接投资项目，一个有创意的投资项目可以为公司带来更多的利润。公司只有不断创新，才能维持经营的奇异性并不断增加股东财富。有价值的创意原则还应用于营销渠道和销售活动，例如连锁经营方式的创意。

（二）比较优势原则

比较优势原则是指专长能创造价值。在市场上要想赚钱，必须发挥你的专长。只有拥有了比较优势才能获得超出平均水平的收入；没有比较优势的公司很难增加股东财富。

比较优势原则的依据是分工理论。让每一个人去做最适合他做的工作，让每一个公司生产最适合它生产的产品，社会的经济效率才会提高。比较优势原则的一个应用是“人尽其才、物尽其用”；另一个应用是优势互补，合资、合并、收购等都是出于优势互补原则。比较优势原则要求公司把主要精力放在自己的比较优势上，并力图形成、维持和巩固自己的比较优势，以保证公司能够长期获利。

（三）期权原则

期权是指不附带义务的权利，它是有经济价值的。期权原则是指在估价时要考虑期权的价值。

广义的期权不限于财务合约，任何不附带义务的权利都属于期权。许多资产都存在隐含的期权。例如，一个投资项目，本来预期有正的净现值，因此被采纳并实施了，上马以后发现它并没有原来设想的那么好，决策人不会让事情按原计划一直发展下去，而会决定方案下马或者修改方案，使损失减少到最低。这种后续的选择权是有价值的，它增加了项目的净现值。这种选择权则是一种期权，在评价项目时就应考虑到后续选择权是否存在以及它的价值有多大。有时一项资产附带的期权比该资产本身更有价值。

（四）净增效益原则

净增效益原则是指财务决策建立在净增效益的基础上，一项决策的价值取决于它和替代方案相比所增加的净收益。如果一个方案的净收益大于替代方案，我们就认为它是一个比替代方案好的决策，其价值是增加的净收益。

净增效益原则的应用领域之一是差额分析法，也就是在分析投资方案时只分析它们有区别的部分，而省略其相同的部分。净增效益原则的另一个应用是沉没成本。沉没成本是指已经发生、不会被以后决策改变的成本。沉没成本与将要采纳的决策无关，因此在分析决策方案时应将其排除。

三、有关财务交易的原则

有关财务交易的原则，是人们对于财务交易基本规律的认识。

（一）风险－收益权衡原则

风险－收益权衡原则是指风险和收益之间存在一个对等关系，投资人必须对收益和风险做出权衡，为追求较高收益而承担较大风险，或者为减少风险而接受较低的收益。在财务交易中，当其他一切条件相同时，人们倾向于高收益和低风险。然而现实的市场中只有高风险同时高收益和低风险同时低收益的投资机会，如果你想有一个获得巨大收益的机会，就必须冒可能遭受巨大损失的风险，每一个市场参与者都在他的风险和收益之间做权衡。有的人偏好高风险、高收益，有的人偏好低风险、低收益，但是每个人都要要求风险与收益对等，不会去冒没有价值的风险。

（二）投资分散化原则

投资分散化原则，是指不要把全部财富投资于一个对象，而要分散投资。

投资分散化原则的理论依据是投资组合理论。马科维茨的投资组合理论认为，若干种证券组成的投资组合，其收益是这些证券收益的加权平均数，但其风险要小于这些证券加权平均风险，所以投资组合能降低风险。

这项原则不仅适用于证券投资，公司各项决策都应遵循分散化原则：在有能力时，不应当把公司的全部投资集中于个别项目、个别产品和个别行业；不应当把销售集中于少数客户；不应当使资源供应集中于个别供应商；重要的事情不要依赖一个人完成，重要的决策不要由一个人做出。凡是有风险的事项，都要贯彻分散化原则，以降低风险。

（三）资本市场有效原则

资本市场是指证券买卖的市场。资本市场有效原则，是指在资本市场上频繁交易的金融资产的市场价格反映了所有可获得的信息，而且面对新信息完全能迅速地做出调整。资本市场有效原则要求理财时重视市场对公司的估价。股价可以综合反映公司的业绩，如果仅通过操纵财务报告信息来提高报告利润，只能获得短时的欺骗效应，最终可能导致公司破产，因此，当市场对公司的评价降低时，应分析公司的行为是否出了问题并设法改进，而不应设法欺骗市场。同时应该注意，在资本市场上只能获得与投资风险相对称的收益，因此公司应当提高自身的竞争力，靠生产经营性投资增加股东财富，而企图通过筹资就能够增加股东财富的观念是行不通的，要慎重使用金融工具。

（四）货币时间价值原则

货币时间价值原则，是指在进行财务计量时要考虑货币时间价值因素。“货币的时间价值”是指货币在没有风险条件下经过一定时间的投资和再投资所增加的价值。

货币时间价值的首要应用是现值概念。通常情况下，现在的1元货币比将来的1元货币经济价值大，在计算时，应把不同时间的货币价值折算到“现在”的时点，然后再进行计算与比较，我们将这种方法称为“折现”。财务估价中，广泛使用现值计量资产的价值。货币时间价值的另一个重要应用是“早收晚付”观念。

第五节　公司财务程序和方法

一般而言，公司财务工作包含以下工作步骤和程序：

一、财务预测

财务预测是指根据公司过去的财务活动信息，依据现实条件，对公司未来财务活动和财务成果所做出的科学预计和测量。

财务预测的任务：通过测算生产经营方案的经济效益，为公司决策提供科学依据；通过测算公司财务收支的变化情况，确定公司未来的经营目标；通过测算各项定额和标准，为编制计划、分解计划指标提供依据。

财务预测一般包括明确预测的对象和目标、搜集和整理有关信息资料、选用特定的预测方法进行预测、分析预测结果等步骤。

财务预测方法一般包括定性预测法和定量预测法两大类。定性预测法主要利用直观材料，依靠个人经验的主观判断和综合分析能力，对事物未来的状况和趋势做出预测。定量预测法主要依据历史的和现实的资料，建立数学模型，进行定量预测。常用的财务预测模型有因果关系预测模型、时间序列预测模型、回归分析预测模型等。在实际工作中应将以上两类预测法结合起来，互相补充，以便提高预测的质量。

二、财务决策

财务决策是指在财务目标的总体要求下，利用专门方法从若干个可以选择的财务活动方案中选择一个最优方案的过程。财务决策是公司财务管理的核心，财务预测是为财务决策服务的，决策的成功与否直接关系到公司的兴衰成败。

财务决策一般包括确定决策目标、提出备选方案、方案优选等步骤。

财务决策的方法主要有两类：一类是经验判断法，指根据决策者的经验判断选择，常用的方法有淘汰法、排队法、归类法等；另一类是定量分析法，指运用决策论的定量方法进行方案的确定、评价和选择，常用的方法有数学微分法、线性规划法、概率决策法、损益决策法、优选对比法等。财务决策一般分为情报活动、设计活动、抉择活动、审查活动四个阶段。这四个阶段并不是按顺序一次完成的，而是经常需要返回到以前的阶段，最终获得令人满意的、足够好的行动方案。

三、财务计划

广义的财务计划工作包括确定财务目标、制定财务战略和财务策略、规定财务工作程序和针对某一具体问题的财务规则，以及制定财务规划和编制财务预算。狭义的财务计划工作，仅针对特定期间的财务规划和财务预算。

财务规划通过调整经营活动的规模水平，使公司的资金、可能取得的收益、未来发生的成本费用相互协调，以保证实现财务目标。它受公司财务目标、战略、程序和规划等决策的指导和限制，为编制财务预算提供基础。

财务预算是指公司根据各种预测信息和各项财务决策确立的预算指标和编制的财务计划，是以货币表示的预期结果，是决策的具体化。

财务预算步骤一般包括：分析财务环境，确定预算指标；协调财务能力，组织综合平衡；选择预算方法，编制财务预算。

财务预算的方法主要有平衡法、因素法、比例法、定额法等。

四、财务控制

财务计划的执行依靠财务控制。财务控制就是依据财务计划目标，按照一定的程序和方式，发现实际偏差与纠正偏差，确保公司及其内部机构和人员全面实现财务计划目标的过程。在公司经济控制系统中，财务控制是一种连续性、系统性和综合性最强的控制，也是公司财务经常进行的工作。

财务控制的方法主要有：防护性控制、前馈性控制、反馈控制等。

五、财务分析

财务分析是以公司会计报表信息为主要依据，运用特定的方法，对公司财务活动过程及其结果进行分析和评价的一项工作。财务分析既是对已完成的财务活动的总结，也是财务预测的前提，在公司财务管理的循环中起着承上启下的作用。通过财务分析，可以掌握各项财务计划指标的完成情况，评价财务状况，研究和掌握公司财务活动的规律性，以便于投资者、债权人、管理者以及其他信息使用者做出正确的经济决策。

财务分析步骤一般包括：获取资料，掌握信息；指标对比，揭露矛盾；分析原因，明确责任；提出措施，改进工作。

常用的财务分析方法有：比较分析法、比率分析法和综合分析法等。

第六节　公司财务环境

公司财务环境又称理财环境，是指对公司财务活动和财务管理产生影响的公司内外各种条件的统称。

公司财务环境包括的内容十分广泛：从公司外部看，包括政治、经济、法律、资源、文化教育等方面的环境；从公司内部看，公司组织形式、公司内部管理制度和管理组织机构、公司领导和管理人员的素质等也对理财产生不同程度的影响。下面仅就对公司财务管理影响较大的经济环境、法律环境和金融环境作主要介绍。

一、经济环境

（一）宏观经济环境

公司财务的宏观经济环境是指影响公司财务的各项宏观经济因素，如经济发展周期、通货膨胀、政府的经济政策等。公司经营的好坏在很大程度上取决于宏观经济状况。在社会经济条件较好时，大多数公司都会兴旺发达；而在社会经济条件较差时，许多公司则会出现困难局面，有的公司可能还要发生亏损甚至破产。

1. 经济体制

经济体制是指制定并执行经济决策的各种机制的总和。目前，我国处于市场经济条件下，比起计划经济体制而言，公司是“自主经营、自负盈亏”的经济主体，有独立的经营权，同时也有独立的财权。公司可以根据自身发展的需要，合理确定资本需要量，然后到市场上筹资，再把筹集到的资本投放到效益高的项目上，最后将收益根据需要和可能进行分配，保证公司自始至终根据自身条件和外部环境变化，做出各种财务决策并组织实施，因此，在市场经济体制下，公司财务的内容更加丰富，方法也更加复杂多样，公司财务的能动性较强，公司员工的积极性较高。

2. 经济周期

经济的发展总是呈现出一定的周期性，沿着复苏、繁荣、衰退、萧条这四个阶段周而复始地循环。经济的周期性波动对公司财务有着重要影响。例如，在经济萧条时期，由于整个宏观环境的不景气，需求减少，投资锐减，公司处于紧缩状态，产量和销量下降，有时资金紧缺，有时资金又闲置；在繁荣时期，市场需求旺盛，购销活跃，销售大幅度上升，公司为了扩大生产，就需要大量地筹资和投资，这就要求财务人员迅速地筹集所需资金。

3. 经济政策

经济政策是政府进行宏观调控的重要手段。在一定时期，政府为了协调经济发展，往往通过计划、财税、金融等手段对国民经济总体运行机制及其各个子系统提出一些具体的政策措施。这些宏观经济调控政策对公司财务的影响是直接的，公司必须按国家的政策办事。例如，国家采取紧缩的经济政策，会导致公司的现金流入减少，现金流出增加，资金紧张，投资压缩；反之，当国家采取宽松的经济政策时，公司现金流出减少，筹资相对容易，公司就可能会扩大投资，现金流入增加，从而利润上升。

4. 通货膨胀

通货膨胀会给公司经营和理财带来很大的困难。价格不断上涨，不仅对消费者极其不利，而且对公司财务活动的影响也很严重。公司本身对通货膨胀无能为力，只有政府才能控制通货膨胀速度。大规模的通货膨胀会引起资金占用的迅速增加；通货膨胀还会引起利息率的上升，增加公司的筹资成本；通货膨胀会导致证券价格不断下降，给筹资带来相当大的困难；通货膨胀会引起利润虚增，造成公司资金流失。

（二）微观经济环境

理财的微观经济环境是指影响公司财务管理的各项微观经济因素，主要包括公司所处的市场环境、采购环境、生产环境、人员环境等。

1. 市场环境

市场环境又称为销售环境，是指公司的商品和劳务在市场上销售时的竞争关系构成的组合，大体上反映了市场竞争的程度。公司所处的市场环境通常包括以下四种：完全垄断市场、完全竞争市场、不完全竞争市场和寡头垄断市场。不同的市场环境对公司理财有着不同的影响。

2. 采购环境

如果公司处于稳定的采购环境中，可以少储备存货，减少存货占用的资金。反之，如果公司处于波动的采购环境中，则必须增加存货的保险储备。在价格上涨的情况下，公司应该尽量提前进货，以防因物价上涨而遭受损失。这时，要求在存货上投放更多的资金。反之，如果物价下跌，则应推迟进货，以便从价格下降中获得好处，也可在存货上少投入资金。

3. 生产环境

生产环境是指由生产所需要的人力资源、技术资源和时间资源所构成的组合。不同行业的公司有着不同的生产环境。生产环境也会对公司财务行为产生重要的影响。例如，如果一个公司是技术密集型，那它往往拥有比较多的固定资产而只有较少的工资和费用。这时，公司理财的任务就是筹集到足够的长期资金以满足固定资产的投资需要。反之，如果一个公司属于劳动密集型，则公司理财的任务在于更多地筹措日常资金。

4. 人员环境

公司财务管理实际上处理的是人与人之间的经济关系，因而人员环境对公司财务的影响是相当大的。这里所说的人员环境不仅指对公司财务有影响的自然人，也指法人，还包括由不同人所构成的社会。如股东的意见对公司的筹资、投资和利润分配有重大影响；顾客能影响公司的价值实现与资金周转；社会责任会影响公司的资金和盈利；等等。

二、法律环境

任何公司都在一定的法律约束下进行生产经营活动，并随时接受法律意图的导引。公司合法经营要受到保护，违法经营则要受到惩罚。不同的法律，对公司生产经营和管理的影响并不相同。公司财务的法律环境是指公司和外部发生经济关系时所应遵守的各种法律、法规。与公司财务有关的法律、法规很多，比如合同法、金融法、证券法、财产法、税法、公司法、破产法等。其中，对公司财务影响最直接、最重要的是公司法和税法。为此，财务人员在进行财务管理时必须熟悉法律环境，加强法治观念，依法组织好公司财务活动。

三、金融市场环境

公司财务的两个基本要素——融资和投资活动都离不开金融市场。金融市场与公司财务活动有着密切的联系：一方面，公司需要从金融市场筹集所需的长短期资金；另一方面，公司也需要将其暂时闲置的资金出借给其他单位以获取利息收益。可以说，公司的生存和发展离不开金融市场，金融市场是公司财务最重要的环境之一。

（一）金融市场

1. 金融市场的定义、功能和要素

所谓金融市场就是资金供需双方通过某种方式进行资金融通和有价证券交易的场所和机制。金融市场可以是一个有形场所，也可以不是一个有形场所，而仅仅是一种交易关系或交易过程。

金融市场的主要功能有五项：转化储蓄为投资；改善社会经济福利；提供多种金融工具并加速流动，使中短期资金凝结为长期资金；提高金融体系竞争性和效率；引导资金流向。

金融市场的要素主要有：① 市场主体，即参与金融市场交易活动而形成买卖双方的各经济单位；② 金融工具，即借以进行金融交易的工具，一般包括债权债务凭证和所有权凭证；③ 交易价格，反映的是在一定时期内转让货币资金使用权的报酬；④ 组织方式，即金融市场的交易采用的方式。

2. 金融市场类型

在当今发达的经济下，存在许多不同类型的金融市场，对金融市场可以从不同的角度进行多种分类：

（1）按资金的期限划分，可以分为短期资金市场和长期资金市场；

（2）按金融交易的对象划分，可分为票据承兑市场、票据贴现市场、股票市场、债券市场、黄金市场和外汇市场等；

（3）按金融交易成交后交割的时间来分，可分为即期市场和远期市场；

（4）按金融交易的地域来划分，可分为国际市场、国内市场、区域市场和地方市场；

（5）按证券交易的过程来划分，可分为初级市场和次级市场。

（二）金融机构

资金可以通过股票市场和债券市场在其需求者和供给者之间直接流动，也可以通过金融中介机构间接流动。金融机构包括银行业金融机构和其他金融机构。

1. 银行业金融机构

银行业金融机构是指经营存款、放款、汇兑、储蓄等金融业务，承担信用中介的金融机构。银行的主要职能是充当信用中介、充当企业之间的支付中介、提供信用工具、充当投资手段和充当国民经济的宏观调控手段。我国主要银行业金融机构包括：

（1）中央银行。我国的中央银行是中国人民银行。它是全国最高金融机构，代表政府管理全国的金融机构和金融活动，经理国库。其主要职责是：制定和实施货币政策，保持货币币值稳定；依法对金融机构进行监督管理，维护金融业的合法、稳健运行；维护支付和清算系统的正常运行，持有、管理、经营国家外汇储备和黄金储备；代理国库和其他与政府有关的金融业务；代表政府从事有关的国际金融活动。

（2）商业银行。商业银行是以经营存款、放款和办理转账结算为主要业务，以营利为主要经营目标的金融公司。我国目前的商业银行有：国有独资商业银行，如中国银行、中国工商银行、中国农业银行、中国建设银行等；股份制商业银行，如交通银行、深圳发展银行、中信银行、中国光大银行、城市合作银行等。此外，还有外资商业银行在我国设立的分支机构。

（3）政策性银行。政策性银行是由政府设立，以贯彻国家产业政策、区域发展政策为目的，不以营利为目的的金融机构。与商业银行相比，其主要特点是：不面向公众吸收存款，而以财政拨款和发行政策性金融债券为主要资金来源；经营时主要考虑国家的整体利益和社会效益；其服务对象主要是对国民经济发展和社会稳定有重要意义而商业银行出于营利目的不愿融资的领域；一般不普遍设立分支机构，其业务由商业银行代理。我国目前的政策性银行有：国家开发银行、中国进出口银行和中国农业发展银行。

2. 非银行金融机构

非银行金融机构是指那些经营金融业务但又不称为银行的金融中介机构。非银行金融机构种类繁多，在西方国家主要分为两大类：一类是储蓄或存款型的非银行金融机构，主要有保险公司、储蓄与贷款协会、信贷协会、养老基金组织和互助基金组织等；另一类是通过出售股票或债券，聚集投资资金的非银行金融机构，主要有投资公司、不动产投资信托公司、租赁公司以及财务公司等。目前我国主要的非银行金融机构有：保险公司、信托投资公司、证券机构、财务公司和金融租赁公司等。

（三）金融工具

金融工具是能够证明债权债务关系或所有权关系并据以进行货币交易的合法凭

证，它对于交易双方应承担的义务与享有的权利均具有法律效力。金融工具一般具有期限性、流动性、风险性和收益性四个基本特征。

（1）期限性是指金融工具一般规定了偿还期，也就是规定债务人必须全部归还本金之前所经历的时间。

（2）流动性是指金融工具在必要时迅速转变为现金而不致遭受损失的能力。

（3）风险性是指购买金融工具的本金和预定收益遭受损失的可能性，一般包括信用风险和市场风险两个方面。

（4）收益性是指持有金融工具所能够带来的一定收益。

金融工具若按期限不同可分为货币市场工具和资本市场工具。前者主要有商业票据、国库券（国债）、可转让大额存单、回购协议等；后者主要是股票和债券等。

（四）利率

1. 利率的概念

利率也称利息率，是利息占本金的百分比指标。在金融市场上，利率是资金的交易价格。通过利率实现资金的再分配，利率在金融市场及公司财务管理活动中起着重要的作用。

2. 利率的分类

利率的种类很多，按照不同的分类标准可以有不同的分类：

（1）按利率之间的变动关系，利率可分为基准利率和套算利率。基准利率又称为基本利率，是指在各种利率中起决定作用的利率。基准利率变动时，其他利率也会随基准利率的变化而变化。基准利率在西方通常是中央银行的再贴现率，在我国通常是中国人民银行对商业贷款的利率，是中央银行实行货币政策的重要手段之一。套算利率是各金融机构根据基准利率和借贷款的特点换算出的利率。

（2）按债权人实际收益，利率可分为名义利率和实际利率。名义利率有两种含义：一种是在年内多次计息情况下的市场报价年利率，此时实际年利率大于市场报价年利率；另一种是指包含对物价上涨补偿的利率，此时实际利率小于名义利率。

（3）按利率与市场资金的供求关系，利率可分为固定利率和浮动利率。固定利率是指在借贷期内，利率固定不变。浮动利率是指在借贷期内，利率可以根据借贷双方的协定，在规定时间内，依据某种市场利率进行调整。浮动利率多用于3年以上的借贷或国际金融市场。

（4）按利率形成机制的不同，利率可分为市场利率和法定利率。市场利率是指根据资金市场上的供求关系，随市场规律而自由变动的利率。法定利率是指由政府金融管理部门或者中央银行确定的利率，又称公定利率。我国的利率属于法定利率，由国务院统一制定，中国人民银行统一管理。发达的市场经济国家以市场利率为主，同时有公定利率，但两者基本一致。

3. 利率的构成

利率是资本的价格，它主要取决于资本供求关系。作为资本价格，它对资本供

应方来说属于收益，而对资本需求方而言则属于成本，在金融市场中，利率的计算方法为

$$利率 = 纯粹利率 + 通货膨胀附加率 + 风险收益率$$

（1）纯粹利率。纯粹利率是指无通货膨胀、无风险情况下的平均利率。纯粹利率的高低受平均利润率、资金供求关系、政府政策调整的影响。例如，在没有通货膨胀时，国库券的利率可视为纯粹利率。

（2）通货膨胀附加率。通货膨胀使货币贬值，从而使投资者的真实报酬下降，因此，为弥补货币贬值，对通货膨胀造成的损失给予一定的补偿。预期的通货膨胀率越高，证券的名义收益率也越高。

（3）风险收益率。风险收益率包括违约风险收益率、流动风险收益率和期限风险收益率。其中违约风险收益率是指为了弥补因债务人无法按期还本付息而带来的风险，由债权人要求提高的利率；流动风险收益率是指为了弥补债务人资产流动性不好而带来的风险，由债权人要求提高的利率；期限风险收益率是指为了弥补因偿债期长而带来的风险，由债权人要求提高的利率。

本章小结

本章主要介绍了公司财务的研究对象和内容、目标、原则、程序方法和理财环境。公司财务又称企业财务管理，或公司理财，是企业管理的重要组成部分，是基于企业再生产过程中客观存在的财务活动和财务关系而产生的，是企业组织财务活动，处理财务关系的经济管理工作。公司财务的对象是公司的资金运动及其所体现的各种经济利益关系，简单地说就是公司的现金及其流转。公司财务的内容包括筹资决策、投资决策、资本营运和股利分配决策。公司财务目标是实现公司价值最大化。为了实现既定的财务目标，公司应遵循理财原则，正确处理各种财务关系。公司财务工作包括财务预测、财务决策、财务计划、财务控制和财务分析五个步骤，这五个步骤构成了一个完整的财务管理循环。公司财务活动和财务管理受到公司内外各种因素的影响，其中主要的外部影响因素有经济环境、法律环境和金融环境等。

思考题

1. 什么是公司财务？公司财务管理的内容有哪些？财务管理需要处理的财务关系有哪些？

2. 为什么说公司财务管理在企业管理中具有非常重要的作用？

3. 目前关于财务管理的目标主要有哪几种观点？你比较赞同哪一种观点？为什么？

4. 股东与经理之间代理矛盾所引发的代理成本有哪些？如何协调股东与经营者的利益关系？

5. 理财环境的内容有哪些？谈谈公司外部的环境对公司财务管理活动有怎样的影响。

6. 试述公司财务原则的内容。

第二章
公司财务基础

第一节　货币时间价值

一、货币时间价值的概念

（一）货币时间价值的含义

货币时间价值，又称资金时间价值，是指货币经历一定时间的投资和再投资所增加的价值。在货币投入社会再生产运动的条件下，即使不存在通货膨胀和风险，等量的货币在不同时间点上的价值量也是不同的。比如，银行一年期存款利率为10%，今天将100元存入银行，一年后就可以收回110元。这表明100元钱经过一年时间的投资后，产生了10元钱的增值。假定银行存款无风险，这一年中也没发生通货膨胀，则这增值的10元钱即为100元钱经过一年投资后产生的货币时间价值。

需要注意的是，货币自身并不具备增值的能力，货币只有进入金融体系，转化为资本后才能产生价值。货币进入金融体系后产生的增值并非全部都是时间价值，通常情况下，还包括对风险（包括通货膨胀风险）的补偿。

（二）货币时间价值的表示方式

货币时间价值可以用绝对数和相对数来表示，但是一般情况下都用相对数。例如，用10 000元购买了本国政府发行的短期国债，30天后获得10元的利息。那么，这10元收益就是10 000元货币在这30天内取得的时间价值的绝对数表现形式，而0.1%则为其相对数表现形式。

二、复利终值和现值

所谓复利，是指不仅本金要计算利息，而且利息也要计算利息，每经过一个计息期，要将所生利息加入本金再计利息，逐期滚算，俗称“利滚利”。

（一）复利终值

复利终值是指一定量的本金按复利计算若干期后的本利和，其计算公式为

$$F = P(1+i)^n \tag{2.1}$$

式中：F 表示复利终值，P 表示现值，i 表示利率，n 表示计息期数；$(1+i)^n$ 称为“一次性收付款项终值系数”，简称复利终值系数，记作$(F/P,\ i,\ n)$，表示利率为 i、n 期复利终值的系数。式(2.1)也可以写为

$$F = P(F/P,\ i,\ n) \tag{2.2}$$

复利终值系数可以通过查阅“复利终值系数表”获得(见书末附表 1)。

【例 1】假设某人现在将 1 000 元存入银行，年复利利率 10%，经过 5 年后能拿到的本利和是

$F = 1\ 000 \times (1+10\%)^5 = 1\ 610.51$(元)

【例 2】现有 10 000 元，要想在 12 年后使其达到原来的 2 倍，则选择的投资机会的年报酬率应该不低于多少?

$(F/P,\ i,\ 12) = 2$，查复利终值系数表，在 $n = 12$ 的行中寻找 2，对应的 i 值最小应为 6%，即可接受的投资机会的最低年报酬率为 6%。

（二）复利现值

复利现值是复利终值的逆运算，是指今后某一特定时间点收到或者付出的一笔款项，按折现率 i 所计算的现在时点价值。由终值求现值的过程叫作折现，其计算公式是

$$P = F\frac{1}{(1+i)^n} = F \cdot (1+i)^{-n} \tag{2.3}$$

式中的$(1+i)^{-n}$被称为“一次性收付款项现值系数”，简称“复利现值系数”，记作$(P/F,\ i,\ n)$，表示利率为 i、n 期复利现值的系数。式(2.3)也可以写为

$$P = F(P/F,\ i,\ n) \tag{2.4}$$

复利现值系数可以通过查阅“复利现值系数表”获得(见书末附表 2)。

【例 3】假设某项投资年报酬率为 8%，某人拟在 3 年后获得本利和 10 万元，那么他现在应该投入多少钱?

$$\begin{aligned} P &= F \times (1+i)^{-n} = F(P/F,\ i,\ n) \\ &= 100\ 000 \times (P/F,\ 8\%,\ 3) \\ &= 100\ 000 \times 0.793\ 8^{①} \\ &= 79\ 380(元) \end{aligned}$$

所以，他现在应该投入 79 380 元。

---

① 本书在计算时对附表的取值皆精确到小数点后四位。

三、年金的终值与现值

年金是指等额、定期的系列收支。折旧、利息、租金、保险费、养老金等通常都表现为年金的形式。年金按付款方式可以分为普通年金、先付年金、递延年金和永续年金。

(一) 普通年金的终值与现值

普通年金，是指在一定时期内每期期末等额收付的系列款项，也称为后付年金。日常生活中最常见的为此类年金，若不加说明，本书中年金即指普通年金。

1. 普通年金终值

普通年金的终值，是指一定时期内每期期末等额收付款项的复利终值之和。其计算公式为

$$F = A\sum_{t=1}^{n}(1+i)^{t-1} = A\frac{(1+i)^n - 1}{i} \tag{2.5}$$

其中$\frac{(1+i)^n - 1}{i}$的值被称为“普通年金终值系数”，记为$(F/A, i, n)$，可以通过查阅“普通年金终值系数表”获得(见书末附表3)。

【例4】假设某人在3年内每年年末向银行存入2 000元，年利息率为4%，复利计息，则在第3年末他在银行的存款为多少?

$F = 2\ 000 \times (F/A, 4\%, 3) = 2\ 000 \times 3.1216 = 6\ 243.2$(元)

所以在第3年末某人在银行的存款为6 243.2元。

2. 普通年金现值

普通年金现值，是指一定时期内每期期末等额收付款项的复利现值之和。其计算公式为

$$\begin{aligned} P &= A\sum_{t=1}^{n}\frac{1}{(1+i)^t} \\ &= A\frac{1-(1+i)^{-n}}{i} \end{aligned} \tag{2.6}$$

其中$\frac{1-(1+i)^{-n}}{i}$的值称为“普通年金现值系数”，记为$(P/A, i, n)$，可通过查阅“普通年金现值系数表”获得(见书末附表4)。

【例5】某公司需要添置一套生产设备，如果现在购买，全部成本需要60万元；如果采用融资租赁方式，每年末需等额支付租赁费9.5万元，8年租期满后，设备归公司所有。问公司应选择哪种方案?（假设年复利率8%）

融资租赁费现值 $P = 9.5 \times (P/A, 8\%, 8) = 9.5 \times 5.746\ 6 = 54.592\ 7$(万元)

低于现在购买成本(60万元)，因此，应选择融资租赁方式。

（二）先付年金的终值与现值

先付年金是指在每期期初支付的年金，又称为预付年金。先付年金与普通年金的区别仅在于每次付款时间的不同，前者在期初而后者在期末。

1. 先付年金终值

先付年金终值的计算公式为

$$F = A(1+i) + A(1+i)^2 + \cdots + A(1+i)^n \quad (1)$$

等式两边乘以$(1+i)$得

$$(1+i)F = A(1+i)^2 + A(1+i)^3 + \cdots + A(1+i)^{n+1} \quad (2)$$

(2) − (1) 得

$$(1+i)F - F = A(1+i)^{n+1} - A(1+i)$$

$$F = A\frac{(1+i)^{n+1} - (1+i)}{i}$$

$$= A\left[\frac{(1+i)^{n+1} - 1}{i} - 1\right] \quad (2.7)$$

式中：$\left[\frac{(1+i)^{n+1} - 1}{i} - 1\right]$称为“先付年金终值系数”，记为$[(F/A, i, n+1) - 1]$。和普通年金终值系数$\frac{(1+i)^n - 1}{i}$相比可以看出，它是在普通年金终值系数的基础上期数加 1 而系数减 1 的结果。因此，可以利用普通年金终值表先查出$(n+1)$期的值，再减去 1，就可得到对应的先付年金终值系数。

【例 6】某人每年年初存入银行 2 000 元，存款年利息率为 6%，以复利计算，则第 5 年年末的本利和为多少？

$$\begin{aligned} F &= A \times [(F/A, i, n+1) - 1] \\ &= 2\,000 \times [(F/A, 6\%, 6) - 1] \\ &= 2\,000 \times (6.975\,3 - 1) \\ &= 11\,950.6(\text{元}) \end{aligned}$$

所以第 5 年年末的本利和为 11 950.6 元。

2. 先付年金现值

先付年金现值的计算公式为

$$P = A + A(1+i)^{-1} + A(1+i)^{-2} + \cdots + A(1+i)^{-(n-1)} \quad (1)$$

等式两边同乘以$(1+i)$得

$$(1+i)P = A(1+i) + A + A(1+i)^{-1} + A(1+i)^{-2} + \cdots + A(1+i)^{-(n-1)+1} \quad (2)$$

(2) − (1) 得

$$(1+i)P - P = A(1+i) - A(1+i)^{-(n-1)}$$

$$P = \frac{A(1+i) - A(1+i)^{-(n-1)}}{1+i-1}$$

$$= A\frac{(1+i)-(1+i)^{-(n-1)}}{i}$$

$$= A\left[\frac{1-(1+i)^{-(n-1)}}{i}+1\right] \quad (2.8)$$

其中$\left[\frac{1-(1+i)^{-(n-1)}}{i}+1\right]$的值称为先付年金系数，记为$[(P/A, i, n-1)+1]$。和普通年金现值系数$\frac{1-(1+i)^{-n}}{i}$相比，它的期数减1，而系数加1。因此，可利用普通年金现值系数表先查$(n-1)$期的值，然后加1，就可以得到对应的先付年金系数。

【例7】某企业租用设备一台，在10年中每年年初支付5 000元，年利息率为8%，问：这些租金的现值是多少？

$$P = A\times[(P/A, i, n-1)+1]$$
$$= 5\ 000\times[(P/A, 8\%, 9)+1]$$
$$= 5\ 000\times(6.246\ 9+1) = 36\ 234.5(\text{元})$$

所以这些租金的现值为36 234.5元。

（三）递延年金现值

递延年金，也称为延期年金，是指第一次收付款项发生在第二期或者第二期以后的年金。凡不是从第一期开始的普通年金都是递延年金。递延年金可以看作普通年金的特殊形式。

递延年金的终值与递延期无关，其计算方法与普通年金终值完全相同。假设最初有m期没有款项收付，后面n期发生年金A，则递延年金现值的计算方法有两种：

（1）将递延年金视为n期普通年金，先求出该年金在递延期末的现值，再把此现值调整为第一期期初的现值，即可求得递延年金现值。其计算公式为

$$P = A\times(P/A, i, n)\times(P/F, i, m) \quad (2.9)$$

（2）假设递延期中也进行支付，先求出$(m+n)$期的年金现值，再减去实际并未支付的递延期(m)的年金现值，即可求得递延年金现值。其计算公式为

$$P = A\times[(P/A, i, m+n)-(P/A, i, m)] \quad (2.10)$$

【例8】大华公司向银行借入一笔资金，银行贷款利率为7%，前三年不用还本付息，从第四年至第十年每年末偿还本息10 000元，则大华公司借入此笔资金的现值为多少？

$$P = A\times(P/A, i, n)\times(P/F, i, m)$$
$$= 10\ 000\times(P/A, 7\%, 7)\times(P/F, 7\%, 3)$$
$$= 10\ 000\times5.389\ 3\times0.816\ 3\approx 43\ 992.86(\text{元})$$

所以大华公司借入此笔资金的现值约为43 992.86元。

（四）永续年金现值

永续年金指无期限支付的年金，也称为永久年金或者无期限年金。例如，存本

取息的利息和无期限附息债券的利息可以看作永续年金的例子。永续年金无终值，永续年金现值公式可由普通年金现值的公式推导得出

$$P = A\frac{1-(1+i)^{-n}}{i}$$

当 $n \to \infty$ 时，$(1+i)^{-n}$ 的极限值为 0，所以

$$P = \frac{A}{i} \tag{2.11}$$

【例 9】某学院欲成立一项奖学金基金，每年取出 10 000 元用于奖励优秀学生，设年利率为 5%，那么现在需一次性地投入多少钱到该基金？

$$P = \frac{A}{i} = \frac{10\ 000}{5\%} = 200\ 000\text{（元）}$$

所以现在需一次性地投入 200 000 元到该基金中。

第二节　风险和收益

一、风险与风险收益的概念

风险是指行为预期结果的变动性。如果公司的一项行为有多种可能的结果，其将来的财务后果是不确定的，人们只能事先确定采取某种行动可能形成的结果，以及每种结果出现的可能性程度(概率)，而行动的最终结果究竟会怎样，人们不得而知，这就是风险。几乎所有财务活动都有风险，财务活动的每一个环节都不可避免地要面对大小不同的风险。

与风险相联系的另一个概念是不确定性，即人们事先只知道采取某种行动可能形成的多种结果，但不知道它们出现的概率，或者两者皆不知。对于前一种情况的不确定性问题，人们可以通过估计“主观概率”的办法将其转化为风险问题而进行决策，相应的决策称为不确定型决策。在实践中很难将风险和不确定型决策加以严格区别，因为对很多风险问题的概率往往也只能进行估算，而不能准确计算。

风险的大小随时间的延续而变化，是“一定时间内”的风险。对于一个投资项目的成本，事先的预计可能不很准确，越接近完工则预计越准确。随着时间的延续，事件的不确定性在缩小，事件完成了，其结果也就完全确定了。因此，风险总是“一定时间内”的风险。

风险可能带来超出预期的损失，也可能给投资者带来超出预期的收益。只是投资者对意外损失的关切比对意外收益要强烈得多。因此人们主要从不利的方面来考察风险，经常把风险看成不利事件发生的可能性。但是在公司财务中风险是指与收益相关的风险，即无法达到预期收益的可能性。

理性的投资者会选择确定的某一投资收益率，而不会选择不确定的同一收益率，这种现象称为风险厌恶。在风险厌恶普遍存在的情况下，诱使投资者进行风险投资的，是超过时间价值的那部分额外收益。

所谓风险收益，也称风险价值、风险报酬、风险溢价、风险贴补率、风险贴水等，是指投资者冒着风险进行投资所要求获得的超过资金时间价值的那部分额外收益。它是对投资者承担风险的一种价值补偿，是投资者期望投资收益的一部分。它不同于时间价值，时间价值是指投资者将资金投资后，随着时间的推移而要求得到的无风险收益。在公司财务中，风险收益与时间价值一样，往往是一个预期的概念，而不是指实际数。

风险收益的表示方式也有两种：一是绝对数，即风险收益额；二是相对数，即风险收益率。财务实务中常用的是相对数。

风险收益的概念揭示了风险和收益之间的关系，是财务投资决策的基本依据。投资决策考虑的主要是投资的预期收益（预期投资报酬率）和风险程度是否达到自己期望的水平。风险收益率与风险成正比，而投资者的期望投资收益率在没有通货膨胀的情况下由无风险收益率和风险收益率组成，因此，要确定期望投资收益率，必须先确定期望的风险收益率；要确定期望的风险收益率，必须先确定投资所将承担的风险究竟有多大。

二、风险的衡量

对财务风险的定量衡量，常用的方法有概率分布法、杠杆系数法和 β 系数法等，这里介绍概率分布法。

（一）概率分布和期望值

某一事件在完全相同的条件下可能发生也可能不发生，这类事件被称为随机事件。概率就是用来表示随机事件发生可能性大小的数值。通常把必然发生事件的概率定为1，把不可能发生事件的概率定为0，而一般随机事件的概率介于0与1之间，所有可能结果的概率之和等于1。

概率分布是指某一随机变量可能发生的结果及其相应概率的完整描述。概率分布有离散型概率分布和连续型概率分布两种。离散型概率分布也称不连续的概率分布，其特点是概率分布在各个特定的点上；连续型概率分布的特点是概率分布在连续的两点之间的区间上。两者的区别在于：离散型分布中的概率是可数的，而连续型分布中的概率是不可数的。

【例10】甲企业预计A产品明年的收益与市场情况有关，而市场情况为一随机变量，可用表2－1描述各种可能收益的概率分布。

表 2－1　市场情况概率分布与收益

市场情况	概率 P_i	年收益 X_i/万元
销量很好	0.3	100
销量一般	0.5	40
销量差	0.2	－10

期望值反映了随机变量取值的平均化，它是所有可能的结果以各自相应的概率为权数的加权平均数，其计算公式如下：

$$\bar{x} = \sum_{i=1}^{n} p_i x_i \qquad (2.12)$$

所以，A 产品明年收益的期望值为

$$\bar{x} = 100 \times 0.3 + 40 \times 0.5 + (-10) \times 0.2 = 48(\text{万元})$$

（二）标准离差和标准离差率

我们可以用离散程度来衡量风险的大小。一般来说，离散程度越大，风险越大；离散程度越小，风险越小。最常使用的用于刻画随机变量离散程度的指标主要有标准离差和标准离差率。

1. 标准离差

标准离差是方差的平方根，也叫均方差。其计算公式为

$$\sigma = \sqrt{\sum_{i=1}^{n} p_i (x_i - \bar{x})^2} \qquad (2.13)$$

继续采用例 10 的数据，计算甲企业 A 产品明年的预期收益的标准离差的值：

$$\sigma = \sqrt{0.3 \times (100-48)^2 + 0.5 \times (40-48)^2 + 0.2 \times (-10-48)^2} \approx 38.94$$

对于一个决策方案，标准离差越大，说明其风险越大。对于两个或两个以上的决策方案，若各个方案的期望值相等，标准离差越大，风险越大；反之，标准离差越小，风险越小。若各个方案的期望值不等，标准离差的大小并不能直接说明各方案风险的大小，因为标准离差以绝对数衡量决策方案的风险，只适用于期望值相同的决策方案风险程度的比较，而不能用来比较期望值不同的各项目的风险程度。因此，期望值不同的投资方案的风险程度，只能用标准离差率这个相对数指标来进行比较。

2. 标准离差率

标准离差率，也称变异系数，它是标准离差与期望值之比，通常用符号 V 表示。其计算公式为

$$V = \frac{\sigma}{\bar{x}} \times 100\% \qquad (2.14)$$

标准离差率既可以用于期望值相同的方案之间风险大小的比较，也可以用于期

望值不同的方案之间风险大小的比较。

【例11】大华公司有两个投资项目A和B供选择，两个项目投资额均为1 000万元，它们的可能投资收益率和相应的概率如表2－2所示。试比较两个投资项目的风险大小。

表2－2　　　　投资项目收益的概率分布

经济状态	发生概率 P_i	预期收益率 X_i/%	
		A项目	B项目
繁荣	0.2	30	50
一般	0.6	25	25
衰退	0.2	20	0

A项目：$\bar{x}_A = 25\%$；$\sigma_A = 3.16\%$

$$V_A = \frac{\sigma_A}{\bar{x}_A} \times 100\% = 12.64\%$$

B项目：$\bar{x}_B = 25\%$；$\sigma_B = 15.81\%$

$$V_B = \frac{\sigma_B}{\bar{x}_B} \times 100\% = 63.24\%$$

所以，A项目的风险小于B项目。

对投资方案风险量化后，就可以据此做出决策。当只有一个方案时，可以将方案的标准差或标准离差率与设定的可接受的标准差或标准离差率进行对比，若前者低于后者，说明投资项目的风险在可接受的范围内，投资方案也是可以接受的。当情况是多方案择优时，应选择低风险高收益的方案，即选择标准离差率最低，期望收益率最高的方案。然而高收益往往伴随着高风险，低收益方案往往风险也较低，此时，决策者应该在风险和收益之间进行权衡，在风险可控的前提下尽量获得更高的收益。当然，对投资方案的选择还要视决策者对待风险的态度而定。对风险比较厌恶的投资者可能会选择期望收益较低同时风险也较低的方案，反之，则可能选择风险较高同时收益也较高的方案。

三、证券投资组合的风险和收益

证券投资组合又称为证券组合，是指在进行证券投资时，不是将所有的资金都投向单一的某种证券，而是有选择地投向一组证券。证券投资组合扩大了投资者的选择范围，增加了投资者的投资机会，而且通过有效地进行证券投资组合，投资者可以削减证券投资风险，达到稳定收益的目的。当投资的证券种类足够多时，投资者几乎能把所有的非系统性风险分散掉。因此，证券市场上有这样一句名言：不要把全部鸡蛋放在同一只篮子里。

现代证券投资组合理论的发展可追溯至1952年。美国财务学家马科维茨在当年发表的《资产组合选择——投资的有效分散化》一文中，揭示了如何运用组合理论以确定一条可供投资者选择的有效边界，使得边界上的每个点都符合在给定风险水平下具有最大收益的特点。

投资组合理论研究的是“理性投资者”如何选择及优化投资组合。所谓理性投资者，是指这样的投资者：他们在给定期望风险水平下对期望收益进行最大化，或者在给定期望收益水平下对期望风险进行最小化。在以波动率为横坐标、收益率为纵坐标的二维平面中，我们可以把代表优化投资组合的所有点描绘出来，形成一条曲线（图2－1）。这条曲线上有一个点，其波动率最低，称之为最小方差点（英文缩写是MVP）。这条曲线在最小方差点以上的部分就是著名的（马科维茨）投资组合有效前沿，对应的投资组合称为有效投资组合。投资组合有效前沿是一条单调递增的凹曲线。

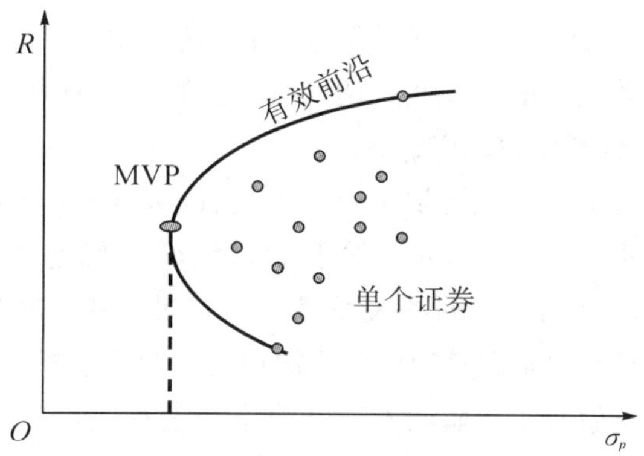

图2－1　投资组合有效前沿

（一）证券投资组合的风险

证券投资组合的风险包括可分散风险和不可分散风险。

1. 可分散风险

可分散风险，又叫非系统性风险或公司特别风险，是指某些因素对单个证券造成经济损失的可能性。

股票风险分散理论认为：若干种股票组成的投资组合，其收益是这些股票收益的加权平均数，但是其风险并不是这些股票风险的加权平均风险。故投资组合能降低风险。

两只股票完全负相关，投资组合的风险被全部抵消；两只股票完全正相关，投资组合的风险不减小也不扩大。

一般各股间的相关程度为0.5～0.7，所以不同股票组合可以降低风险，但又不能完全消除风险。股票投资组合消除（降低）公司的特有风险，不能降低市场风险。

2. 不可分散风险

不可分散风险，又称为系统性风险或市场风险，是指由某些因素给市场上所有证券都带来经济损失的可能性。

不可分散风险的程度，通常用β系数来计量。

β系数是测定特定股票或资产组合对一般股票相对变动性大小的量。它反映个别股票相对于市场平均风险变动的敏感程度，用来衡量个别股票的系统风险。

$\beta=1$表明该股票的风险与整个市场平均风险相同；

$\beta=2$表明该股票的风险是整个市场平均风险的2倍；

$\beta=0.5$表明该股票的风险是整个市场平均风险的0.5倍。

投资组合中，公司特有风险可以经由证券种类的增加而减少，剩下的仅为市场风险。投资组合的市场风险即β系数是个别股票的β系数的加权平均数，它反映特定投资组合的风险，即该组合的收益率相对于整个市场组合收益率的变异程度。

$$\beta=\sum W_i\beta_i \tag{2.15}$$

式中：W_i为第i种证券投资金额占总资金的比重；β_i为第i种证券的市场风险系数。

证券组合的风险系数β值可以通过调整所选择的个股来确定。

（二）资本资产定价模型（CAPM）

资本资产定价模型由美国经济学家威廉·夏普（William Sharp）、简·莫辛（Jan Mossin）和约翰·林特纳（John Lintner）等于20世纪60年代创立起来的。资本资产定价模型对投资收益与投资风险之间的关系进行了定量表述，将“高收益伴随着高风险”这样一种复杂的现实现象和直观认识用简单的数学关系式表达了出来。

资本资产定价模型解释了风险收益率的决定因素和度量，并且给出了一个简明的表达形式：

$$K=R_f+\beta(R_m-R_f) \tag{2.16}$$

式中：K表示投资者投资某证券的期望收益率；β表示该证券的系统性风险系数；R_f表示无风险收益率，通常可以用短期国债的利率来近似替代；R_m表示证券市场平均投资收益率，通常用股票市场价格指数收益率或所有股票的平均收益率来替代。(R_m-R_f)称为证券市场平均风险收益率，它是证券投资者由于承担了市场平均风险而要求获得的超过无风险收益率的那部分额外收益，反映了市场整体上对风险的“偏好”水平。市场对风险的态度厌恶程度越高，要求的补偿就越高，市场平均风险收益率(R_m-R_f)的数值就越大；反之，如果市场对风险的偏好程度高，则对风险的厌恶和回避就不是很强烈，要求的补偿就越低，(R_m-R_f)的数值就越小。不难看出，投资者投资某项证券所要求的风险收益率是市场平均风险收益率与该证券的系统性风险系数β的乘积，即：风险收益率$=\beta(R_m-R_f)$。

如果把资本资产定价模型公式中的β看作自变量（横坐标），必要投资收益率K作为因变量（纵坐标），无风险收益率R_f和市场平均风险收益率(R_m-R_f)作为已知数，那么 $K = R_f + \beta(R_m - R_f)$ 这个关系式就是一个直线方程，即证券市场线（SML）。将证券市场线描绘在平面上，这条直线的截距是无风险收益率 R_f，其斜率是市场平均风险收益率（$R_m - R_f$），如图 2－2 所示。市场平均风险收益率（$R_m - R_f$）越大，证券市场线的斜率就越大，证券市场线就会越陡，这时一项证券投资的系统性风险水平稍有变化，就会导致该证券的必要投资收益率较大幅度的变化；相反，如果多数市场参与者对风险的厌恶程度较小，证券市场线就会变得平稳一些，这时证券投资的必要投资收益率受其系统性风险的影响程度较小。

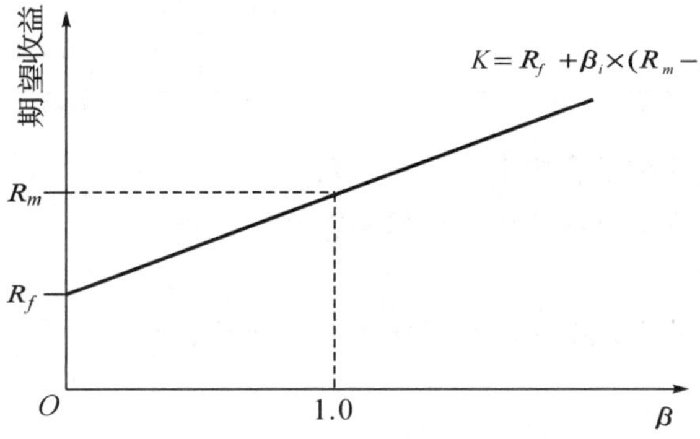

图 2－2　证券市场线

证券市场线对任何证券及组合的必要投资收益率的计算都是适用的，并在很多领域得到了广泛应用。只要将证券或证券组合的 β 系数代入方程，就能得到其各自的必要投资收益率。证券市场上任意一只证券或证券组合的 β 系数和必要收益率都可以在证券市场线上找到对应的一点。在证券市场线关系式 $K = R_f + \beta(R_m - R_f)$ 中的等号右侧，唯一与单项证券（或证券组合）相关的就是系统性风险系数 β，这意味着“只有系统性风险才有资格要求补偿”。

【例 12】现行短期国库券的投资收益率为 10%，股票市场平均必要投资收益率为 16%，若某股票的 β 系数为 1.5，则

市场平均风险收益率 = 16% － 10% = 6%

该股票的必要风险收益率 = 6% × 1.5 = 9%

该股票的必要投资收益率 K = 10% + 1.5 ×（16% － 10%）= 19%

本章小结

货币时间价值，是指货币经历一定时间的投资和再投资所增加的价值。终值是复利的结果，现值则是未来的货币在今天的价值，两者均与投资期间及利率水平有极密切的关系。年金是指定期、定额支付的现金流量，可依支付时间节点的不同，分为普通年金及先付年金，一般所称的年金是指普通年金，而永续年金是指没有到

期日的年金。

风险与收益是贯穿公司财务学的两大核心。投资收益包括收益所得及资本利得；预期收益率则为长期平均状况下的期望值；风险为实际收益率与预期收益率产生差异的可能性，其衡量的工具有标准差及变异系数。

有效地进行证券投资组合，可以消除证券投资非系统风险。资本资产定价模型(CAPM)认为：证券(组合)的预期收益，包括代表机会成本的无风险收益及对应于市场风险的风险收益。

思考题

1. 时间价值在公司经营管理中有哪些应用？
2. 资金时间价值的大小取决于什么因素？
3. 什么是风险收益？
4. 衡量投资项目风险大小的指标有哪些？如何计算？

练习题

1. 某公司2019年年初对某项目投资100万元，预计该项目2021年年初完工投产。2021年、2022年、2023年年末预期收益各为20万元、30万元、50万元。若公司资金成本为10%，按复利计算2021年年初投资额的终值和2021年年初各年预期收益的现值之和。

2. 某公司2021年年初对某项目投资250万元，预计该项目2022年年末完工投产。2023年、2024年、2025年年末预期收益均为100万元。若该公司资金成本为10%，按复利计算2021年年初各年预期收益的现值之和。

3. 某企业租用设备一台，在10年中每年年初支付1 000元，年利息率为5%，那么这些租金的现值是多少？

第三章 筹资方式

第一节　筹资概述

资金是公司经营活动的一种基本要素，是公司创建和生存发展的必要条件。任何一个公司从创建到生存发展，整个过程都需要筹集资金。公司筹资是指公司根据其生产经营、对外投资和调整资本结构等需要，通过一定的筹资渠道，运用一定的筹资方式，经济有效地筹措和集中资金的一项财务活动。筹资是公司进行生产经营活动的前提，筹资活动是公司的一项基本财务活动。筹资管理是公司财务管理的一个主要内容。

一、公司筹资动机

公司筹资是为了自身的生存和发展。公司在持续的生存与发展中，其具体的筹资活动通常受特定的筹资动机所驱使。公司筹资的具体动机是多种多样的。例如：为购置设备、引进新技术、开发新产品而筹资；为对外投资，并购其他公司而筹资；为现金周转与调度而筹资；为偿付债务和调整资本结构而筹资等。在公司筹资实践中，这些具体的筹资动机有时是单一的，有时是结合的，归纳起来有三种基本类型：扩张性动机、调整性动机和混合性动机。公司筹资动机对筹资行为及其结果产生直接的影响。

（一）扩张性动机

扩张性动机是指公司因扩大生产经营规模或增加对外投资而产生的追加筹资的动机。处于成长时期、具有良好发展前景的公司通常会产生这种筹资动机。例如，公司产品供不应求，需要增加市场供应，开发生产适销对路的新产品，追加有利的对外投资规模，开拓有发展前途的对外投资领域等，往往都需要追加筹资。扩张性筹资动机产生的直接结果，是公司生产总额和资本总额的增加。

（二）调整性动机

调整性动机是公司因调整现有资本结构的需要而产生的筹资动机。一个公司在不同时期由于筹资方式的不同组合会形成不尽相同的资本结构。随着相关情况的变化，现有的资本结构可能不再合理，需要相应地予以调整，使之趋于合理。

公司产生调整性筹资动机的原因很多。例如，一个公司有些债务到期必须偿付，公司虽然具有足够的偿债能力偿付这些债务，但为了调整现有的资本结构，仍然举债，从而使资本结构更加合理。再如，一个公司由于客观情况的变化，现有的资本结构中债务筹资所占的比例过大，财务风险过高，偿债压力过重，需要降低债权筹资的比例，采取债转股等措施予以调整，使资本结构适应客观情况的变化而趋于合理。

（三）混合性动机

公司同时既为扩张规模又为调整资本结构而产生的筹资动机，可称为混合性筹资动机，即这种混合性筹资动机中兼容了扩张性筹资和调整性筹资。在这种混合性筹资动机的驱使下，公司通过筹资，既扩大了资产和筹资的规模，又调整了资本结构。

二、公司筹资渠道

公司的筹资渠道是指公司筹集资金来源的方向和通道。筹资渠道主要是由社会资本的提供者及数量分布所决定的。目前，我国社会资本的提供者众多，数量分布广泛，为公司筹资提供了广泛的资金来源。认识公司筹资渠道的特点和适用性，有利于公司充分开拓和利用筹资渠道，实现各种筹资渠道的合理组合，有效地筹集资金。

公司筹资渠道主要包括以下几个方面：

（一）政府财政资金

政府财政资金长期以来一直是国有企业筹资的主要来源，政策性强，通常只有国有企业才能利用。现有的国有企业，包括国有独资公司，其筹资来源的大部分是在过去由政府通过中央和地方财政部门以拨款方式投资的基础上形成的。政府财政资金具有广阔的源泉和稳固的基础。可以预见，政府财政资金将来仍然是国有企业权益资本筹资的重要渠道。

（二）银行信贷资金

银行信贷资金是各类公司筹资的重要来源。银行包括商业性银行和政策性银行。商业性银行可以为各类企业提供各种商业性贷款；政策性银行主要为特定企业提供一定的政策性贷款。银行信贷资金拥有居民储蓄、单位存款等经常性的资本来源，贷款方式灵活多样，可以适应各类企业债权资本融资的需要。

（三）非银行金融机构资金

非银行金融机构资金也可以为企业提供一定的资金来源。非银行金融机构是指除了银行以外的各种金融机构及金融中介机构。它们有的集聚社会资本，融资融物；有的承销证券，提供信托服务。这种筹资渠道的融资数量虽然比银行要小，但具有广阔的发展前景。

（四）其他法人资金

其他法人资金有时也可为公司提供一定的资金来源。在我国，法人可分为企业法人、事业法人和团体法人等。它们在日常的资本运营周转中，有时可能形成部分暂时闲置资金，为了让其发挥一定的效益，就需要相互融通，这就为公司筹资提供了一定的资本来源。

（五）民间资金

民间资金可以为公司提供资金来源。我国企事业单位职工及广大城乡居民持有大量的货币资本，可以对一些公司直接进行投资，为公司筹资提供了资金来源。

（六）公司内部资金

公司内部资本主要是指公司通过盈余公积和未分配利润而形成的资金。这是由公司内部形成的筹资渠道，比较便捷，有盈余的公司通常可以加以利用。

（七）外国和我国港澳台资金

在改革开放的条件下，外国以及我国香港、澳门和台湾地区的投资者持有的资金亦可加以吸收。

三、公司筹资方式

公司筹资方式是指公司筹集资金所采取的具体形式和工具，体现着资金的属性和期限。在这里，资金属性是指资金的股权或债权性质。筹资方式取决于公司的组织形式和金融工具的开发利用程度。目前，我国公司的组织形式多种多样，金融工具得到比较广泛的开发和利用，为公司筹资提供了良好的条件。认识公司筹资方式的种类及其特点和适用性，有利于公司的管理者准确地开发利用各种筹资方式，实现各种筹资方式的合理组合，有效地筹集资金。

一般来说，公司筹资的方式主要有以下几种：

（一）吸收直接投资

吸收直接投资是公司以契约形式筹集政府、法人、自然人等直接投入的资金，形成企业投入资金的一种筹资形式。吸收直接投资不以股票为媒介，适用于非股份制企业，是非股份制企业筹集权益资金的一种基本方式。

（二）发行股票

发行股票是股份制公司按照公司章程发行股票直接筹资，形成公司股本的一种筹资方式。发行股票筹资要以股票为媒介，适用于股份制公司，是股份制公司取得股权资金的基本方式。

（三）发行债券

发行债券筹资是公司按照债券发行协议通过发售债券直接筹资，形成公司债权资金的一种筹资方式。在我国，股份有限公司、国有独资公司等可以采用发行债券筹资方式，依法发行公司债券，获得大额的长期债权资金。

（四）银行借款

银行借款是公司按照借款合同从银行等金融机构借入各种款项的筹资方式。它广泛应用于各类企业，是企业长期和短期债务资本的主要来源。

（五）商业信用

商业信用是公司通过赊购商品、预收货款等商品交易行为筹集短期债务资金的一种筹资方式。这种筹资方式比较灵活，为各类企业所采用。

（六）租赁筹资

租赁筹资是公司按照租赁合同租入资产从而筹集资金的特殊筹资方式。各类企业都可以采用租赁筹资方式，租入所需资产，并形成企业的债务资金。

公司筹资需要通过一定的筹资渠道，运用一定的筹资方式来进行。不同的筹资渠道和筹资方式各有其特点和适用性。筹资渠道与筹资方式既有联系，又有区别。同一筹资渠道的资本往往可以采用不同的筹资方式取得，而同一筹资方式又往往可以筹集不同筹资渠道的资本。

第二节　资金需要量预测

公司筹资之前，应当采用一定的方法预测资金需要量。只有这样，才能使筹集来的资金既能满足生产经营的需要，又不会有太多的闲置，最大限度地提高资金使用效益。

资金需要量的预测方法主要有两种。

一、资金增长趋势预测法

资金增长趋势预测法，就是运用回归分析法原理对过去若干期间销售收入（销售量）和资金需要量的历史资料进行分析后，确定反映销售收入与资金需要量之间的回归直线，并据以预测未来期间资金需要量的一种方法。

尽管影响资金需要量变动的因素很多，但从短期经营决策角度来看，引起资金发生增减变动的最直接、最重要的因素是销售收入。在其他因素不变的情况下，销售收入增加，往往意味着公司生产规模扩大，所需的资金量就扩大；反之，销售收入减少，往往意味着公司生产规模缩小，所需的资金量就减少。因此，资金需要量与销售收入之间存在着内在的相互联系，利用这种联系可以建立数学模型，预测未来期间销售收入水平一定时的资金需要量。

通常情况下，假设公司资金需要量与销售收入之间存在着线性关系。用公式表示为

$$y = a + bx \tag{3.1}$$

式中：y表示资金需要量，a表示固定成本，b表示单位变动成本，x表示销售收入。

根据回归分析法（最小二乘法）的基本原理，可以求得 a、b 的值。即

$$a = \frac{\sum y - b\sum x}{n} \tag{3.2}$$

$$b = \frac{n\sum xy - \sum x\sum y}{n\sum x^2 - (\sum x)^2} \tag{3.3}$$

式中 n 表示时期数。

下面举例说明增长趋势预测法的一般应用。

【例 1】阳光公司近 5 年的资金需要量和销售收入的资料如表 3－1 所示：

表 3－1　　销售收入与资金需要量统计表

金额单位：万元

年度	销售收入	资金需要量
2017	396	250
2018	430	270
2019	420	260
2020	445	275
2021	500	290

如果阳光公司 2022 年销售收入预测值为 580 万元，试预测 2022 年的资金需要量。

根据回归分析原理，对表 3－1 中的数据进行加工整理如表 3－2 所示：

表 3－2　　销售收入与资金需要量分析表

金额单位：万元

年度	销售收入(x)	资金需要量(y)	xy	x^2
2017	396	250	99 000	156 816
2018	430	270	116 100	184 900
2019	420	260	109 200	176 400

表3-2(续)

年度	销售收入(x)	资金需要量(y)	xy	x^2
2020	445	275	122 375	198 025
2021	500	290	145 000	250 000
$n=5$	$\sum x = 2\ 191$	$\sum y = 1\ 345$	$\sum xy = 591\ 675$	$\sum x^2 = 966\ 141$

根据表3－2的数据可以求得

$$a=\frac{1\ 345-0.379\ 8\times 2\ 191}{5}\approx 102.571\ 6$$

$$b=\frac{5\times 591\ 675-2\ 191\times 1\ 345}{5\times 966\ 141-(2\ 191)^2}\approx 0.379\ 8$$

将a、b的值代入回归方程$y=a+bx$，因此，2022年资金需要量的预测结果为

$$y=a+bx=102.571\ 6+0.379\ 8\times 580=322.855\ 6(\text{万元})$$

二、预计资产负债表法

预计资产负债表法是通过编制预计资产负债表来预计报告期资产、负债和利润，从而预测外部资金需要量的一种方法。

由于资产、负债的许多项目随着销售收入的增加而增加，随其减少而减少，呈现出一定的比例关系，因此可以根据基期年份资产、负债各项目与销售收入的比例关系来预测报告期资产、负债各项目的金额。

【例2】明星公司2020年12月31日的资产负债情况如表3－3所示。2020年度实现销售收入300 000元，销售净利润为5%。如果2021年度实现销售收入400 000元，试根据预计资产负债表法预测2021年资金需要量。

表3－3　　资产负债简表

单位：元

资产		负债和所有者权益	
库存现金	15 000	应付账款	30 000
应收账款	30 000	应交税费	30 000
存货	90 000	短期借款	60 000
长期待摊费用	35 000	长期借款	30 000
固定资产	70 000	普通股股本	60 000
		未分配利润	30 000
合计	240 000	合计	240 000

（一）区分资产负债表中的变动项目和非变动项目

由于 2021 年销售收入为 400 000 元，需追加固定资产投资，因此，资产项目除了长期待摊费用外均属于敏感资产，它们将随销售的增加而增加，因为较多的销售不仅会增加库存现金、应收账款，占用较多的存货，而且会相应地增加一部分固定资产。负债和所有者权益项目，只有应付账款、应交税费属于敏感负债，会随着销售的增加而增加，而短期借款、长期借款、普通股等不随销售的增加而增加。企业税后利润如果不全部分给投资者，未分配利润也将会增加。

（二）计算各敏感项目的销售比重

根据基期年份各敏感项目的数额及基年销售收入，可以按照下列公式计算基年销售比重：

$$敏感项目销售比重 = \frac{基年该项目金额}{基年销售收入} \times 100\% \tag{3.4}$$

如应收账款的销售比重为

$$\frac{30\ 000}{300\ 000} \times 100\% = 10\%$$

各敏感项目的销售比重如表 3 - 4 所示：

表 3 - 4　销售比重情况表

资产	占销售的比重/%	负债和所有者权益	占销售的比重/%
库存现金	5	应付账款	10
应收账款	10	应交税费	10
存货	30	短期借款	不变动
长期待摊费用	不变动	长期借款	不变动
固定资产	23.33	普通股	不变动
		未分配利润	变动
合计	68.33	合计	20

从表 3 - 4 可以看出，销售收入每增加 100 元，将占用资金 68.33 元，同时增加 20 元的资金来源（尚未考虑未分配利润），还有 48.33 元的资金缺口。

（三）编制预计资产负债表

根据 2020 年 12 月 31 日的资产负债表及销售比重，编制 2021 年预计资产负债表，如表 3 - 5 所示：

表 3 - 5　　预计资产负债表

金额单位：元

项目	基期资产负债表	销售比重/%	预计资产负债表
资产			
库存现金	15 000	5	20 000
应收账款	30 000	10	40 000
存货	90 000	30	120 000
长期待摊费用	35 000	不变动	35 000
固定资产	70 000	23. 33	93 320
资产合计	240 000	68. 33	308 320
负债和所有者权益			
应付账款	30 000	10	40 000
应交税费	30 000	10	40 000
短期借款	60 000	不变动	60 000
长期借款	30 000	不变动	30 000
负债小计	150 000	20	170 000
普通股	60 000	不变动	60 000
未分配利润	30 000	变动	50 000
所有者权益小计	90 000		110 000
可用资金总额			280 000
需要筹集的资金			28 320
负债和所有者权益合计	240 000		308 320

（四）预测报告期资金需要量

表 3 - 5 中的未分配利润为基年(2020 年) 未分配利润 30 000 元与 2021 年预计未分配利润 20 000 元(400 000 × 5%) 之和。可用资金总额 280 000 元为 2021 年预计负债170 000元与预计所有者权益 110 000 元之和。预计资产总额 308 320 元扣除可用资金总额，即为公司需要筹集的资金 28 320 元。

通过以上计算可以看出，明星公司 2021 年预计资金需要总量为 308 320 元，与 2020 年相比需要增加资金 68 320 元，如果考虑资金来源将随着销售增加而增加的话，仍需要从外部筹集资金 28 320 元。

第三节　权益性筹资

一、吸收直接投资

（一）吸收直接投资及其种类

吸收直接投资是指公司按照“共同投资，共同经营，共担风险，共享利润”的原则，吸收国家、法人、个人和外商投入资金的一种筹资方式。

按出资人主体的不同，公司吸收直接投资包括四类：

1. 国家投资

国家投资是指有权代表国家投资的政府部门或者机构以国有资产投入公司。吸收国家投资是国有企业筹集自有资本的主要方式。国家投资一般具有产权归国家、资本数额较大等特点。只有国有企业才能吸收国家投资。

2. 法人投资

法人投资是指法人单位以其依法可以支配的资产投入公司。目前吸收法人投资主要是指法人单位在进行横向经济联合时所产生的联营投资。随着我国横向经济联合的广泛开展，吸收法人投资这种筹资方式将越来越重要。吸收法人投资的特点是：发生在法人单位之间；投资的目的主要是参与利润分配；出资方式灵活多样。

3. 个人投资

个人投资是指社会公众或本企业内部职工以个人合法财产投入公司。个人投资的特点是：参与投资的人员较多；每人投资的数额相对较少；参与企业利润分配是投资的主要目的。

4. 外商投资

外商投资是指外商将其合法财产投入公司，并不同程度地参与企业经营决策。通过企业盈利分配获取投资收益是外商投资的主要目的。

（二）吸收直接投资的出资方式

公司采用吸收直接投资方式筹集资本时，投资者可以用货币资金、实物或无形资产作价出资。具体来说，主要有以下几种出资方式：

1. 现金出资

现金出资是吸收直接投资中一种最重要的投资方式。公司有了货币资金可以购买各种生产资料，支付各种费用，具有较大的灵活性。因此，公司一般争取投资者以现金方式出资，各国法规大多对现金出资比例做出了规定。

2. 实物出资

实物出资是指以厂房、建筑物、设备等固定资产和材料、燃料、商品等流动资产所进行的投资，均属实物投资。一般来说，公司的实物投资应符合如下条件：确为公司科研、生产、经营所需；技术性能比较好；作价公平合理。

3. 工业产权出资

工业产权出资是指以专有技术、商标权、专利权等无形资产所进行的投资。一般来说，公司吸收的工业产权应符合以下条件：能帮助公司研究和开发出新的高科技产品；能帮助公司生产出适销对路的高科技产品；能帮助公司改进产品质量，提高生产效率；能帮助公司大幅度降低各种消耗；作价比较合理。公司在吸收工业产权出资时应特别谨慎，进行认真的可行性研究。因为工业产权出资实际上是把有关技术资本化，将技术的价值固定化，而实际上技术的性能是在不断老化的，价值也在不断减少，甚至经过一段时间后会完全丧失。

4. 场地使用权出资

投资者也可以用场地使用权出资。场地使用权是按有关法规和合同的规定使用场地的权利，公司吸收场地使用权投资应符合以下条件：公司科研、生产、销售活动所需要的；交通、地理条件比较适宜；作价公平合理。在我国，土地是国有的，投资的仅仅是使用权，而不是所有权，获得土地使用权后公司不能转让、出卖或抵押。

（三）吸收直接投资的程序

公司吸收其他单位投资的一般程序是：

1. 确定吸收投资所需要的数量

吸收直接投资一般是在公司开办时所使用的一种筹资方式。公司在经营过程中，如果发现自有资金不足，也可采用吸收直接投资的方式筹集资金。但在吸收投资之前，都必须确定所需资金的数量，以利于合理筹集资金。吸收投资要根据公司实际需要，坚持既不浪费社会资源，又不影响公司资本盈利能力的原则。

2. 寻找投资单位

公司在吸收投资之前，需要做一些必要的宣传和广泛细致的调查研究工作，以便使出资者了解公司的经营状况和财务状况，从而有利于公司在比较多的投资者中寻找最合适的合作伙伴。

3. 协商投资数额和出资方式

寻找到投资者后，双方便可进行具体的协商，以便合理确定投资的数量和出资方式。在协商过程中，公司应努力说服投资者以现金方式出资，如果投资者确实拥有较先进的适用于公司需要的生产设备、无形资产等非现金资产，也可用实物、工业产权和场地使用权出资。

4. 签署投资协议

投资双方需要进一步磋商实物资产、工业产权、场地使用权等投资的作价问题。一般而言，双方应按公平合理的原则协商定价，如果争议比较大，可聘请有关资产评估机构来评定。当出资数额、资产作价确定后，便可签署投资协议或合同，以明确双方的权利和义务。

5. 投资利润分配

出资各方有权对公司进行经营管理，但如果投资者的投资在公司资本总额中的比例较低，投资者一般并不参与经营管理，其最关心的还是投资报酬问题。因此，公司在吸收投资之后，应按合同中的有关条款，在投资者之间对实现的利润进行合理分配。

（四）对吸收直接投资的评价

吸收直接投资是我国公司筹资中最常采用的一种方式，也曾是我国国有企业、集体企业、合资或联营企业普遍采用的筹资方式。

1. 吸收直接投资的优点

（1）利用吸收直接投资能提高公司的资信等级和借款能力，对扩大公司经营规模，壮大公司实力具有重要作用。

（2）吸收直接投资能直接获取投资者的先进设备和先进技术，尽快形成生产能力，有利于尽快开拓市场。

（3）吸收直接投资能根据公司的经营状况向投资者支付报酬。公司经营状况好， 可向投资者多支付报酬。公司经营状况不好，可不向投资者支付报酬或少支付报酬，比较灵活。所以公司的财务压力较小，财务风险较低。

2. 吸收直接投资的缺点

（1）吸收直接投资的资金成本较高。一般而言，采用吸收直接投资方式所筹集的资金的成本较高，特别是公司经营状况较好和盈利能力较强时，更是如此。因为向投资者支付的报酬是根据其出资的数额和公司实现利润的多少来计算的。

（2）容易分散公司的控制权。采用吸收直接投资方式筹集资本，投资者一般都会要求获得与投资数量相适应的经营管理权，这是接受外来投资的代价之一。如果投资者的投资较多，则投资者会有相当大的管理权，甚至会对公司实行完全控制，这是吸收直接投资的不利因素。

二、股票筹资

（一）股票及其特点

股票是股份有限公司为筹集权益资本而发行的有价证券，是持股人拥有公司股份的凭证，它代表持股人在公司中拥有股份的所有权。股票由股份有限公司发行，其目的是筹集长期资本。作为有价证券，股票是对投资人股东资格及其资本所有权的一种证明。

股票具有以下特点：

（1）变现性。股票可以进行市场交易，变现十分方便。

（2）波动性。与一般商品比，股票交易价格变动较为特殊：一是股票交易价格的变动十分频繁和迅速；二是股票交易价格变动的幅度很大。

（3）风险性。一般情况下，股票一经发售，本金不再返还，因此，对投资者来说，能否获得预期收益，就取决于公司的盈利状况。加之股价的波动性很大，并难以预测，其风险程度自然就很高。

（4）参与性。普通股股东有权参与公司股东大会，选举公司董事会，在不同程度上参与公司的经营决策。

（二）股票的分类

股票可以按不同标准进行分类：

1. 记名股票和不记名股票

股票按是否记名，可分为记名股票和不记名股票。记名股票是持有人姓名记于股票票面的股票，记名股票的转让由持有人背书。不记名股票是指股票票面上不记载持有人姓名，可以随意转让的股票。

2. 面值股票和无面值股票

股票按是否标明票面金额，可分为有面值股票和无面值股票。有面值股票是指在股票票面上载明一定金额数的股票；无面值股票是指在股票票面上不载明金额数，但要注明该股票所代表的股份在发行的总股份中所占的比例。

3. 优先股和普通股

股票按股东权利的大小，可分为优先股和普通股。普通股是最典型的股票，持有普通股的股东具有决策参与权、盈余分配权、剩余财产分配权、优先认股权、股份转让权等权利。普通股的收益水平主要取决于公司的经营情况，并不保证支付，亦无固定的股利率，因而风险较大，但持有后获得高收益的可能性也极大；优先股是相对普通股有某些分配优先权的股票。优先股的“优先”表现在：其一，收益稳定性的保障优先；优先股都有固定的股息率，并且，股息的分配优先于普通股。其二，剩余财产索取的优先。在公司解散或清算时，优先股股东对剩余财产的索取优先于普通股。但优先股股东一般无权参与公司的经营管理，没有表决权，同时不能享受公司利润增长的利益。

4. 国家股、法人股和社会公众股

按投资主体不同，股票可分为国家股、法人股、社会公众股。国家股是有权代表国家投资的部门或机构以国有资产投入企业而形成的股份；法人股是指其他法人单位以其可以支配的资产投入企业而形成的股份；社会公众股是指社会个人和机构以其合法的财产购买并可依法流通的股份。

5. 内资股和外资股

按投资者是以人民币认购和买卖还是以外币认购和买卖划分，将股票分为内资股和外资股。内资股一般是由境内人士或机构以人民币认购和买卖的股票；外资股一般是以外币认购和买卖的股票。外资股主要有境内上市外资股和境外上市外资股。境内上市外资股一般标为 B 股；境外上市外资股一般以境外上市地的英文名称中的第一个字母命名，比如在香港上市的为 H 股，在纽约上市的为 N 股，在新加坡上市的为 S 股。

资料链接

公司公开发行股票的条件与原则

一、公司公开发行股票的条件

公司发行股票可分为设立股份有限公司公开发行股票、公司成立后首次公开发行新股和上市公司公开发行股票三种。

1. 设立股份有限公司公开发行股票的条件

设立股份有限公司公开发行股票是指采用公开募集方式设立股份有限公司时发行股票，即由发起人认购公司一部分股票，其余股份向社会公开募集。《中华人民共和国证券法》(后文简称为《证券法》) 第十一条规定，设立股份有限公司公开发行股票，应当符合《中华人民共和国公司法》(后文简称为《公司法》) 规定的条件和经国务院批准的国务院证券监督管理机构规定的其他条件。《公司法》规定的条件主要包括：(1) 发起人应当有2人以上200人以下，其中须有半数以上在中国境内有住所；(2) 以募集设立方式设立股份有限公司的，发起人认购的股份不得少于公司股份总数的35%，但是，法律、行政法规另有规定的，从其规定。

2. 公司成立后公开发行新股的条件

公司成立后公开发行新股，包括公司成立后首次公开发行新股和上市公司公开发行股票。我国《证券法》第十二条规定，公司首次公开发行新股，应当符合下列条件：(1) 具备健全且运行良好的组织机构；(2) 具有持续经营能力；(3) 最近三年财务会计报告被出具无保留意见审计报告；(4) 发行人及其控股股东、实际控制人最近三年不存在贪污、贿赂、侵占财产、挪用财产或者破坏社会主义市场经济秩序的刑事犯罪；(5) 经国务院批准的国务院证券监督管理机构规定的其他条件。前4个条件是公司公开发行新股需要符合的基本条件。除此之外，中国证监会在《上市公司证券发行管理办法》中还规定了其他具体条件。

对于首次公开发行新股(IPO)，中国证监会公布的《首次公开发行股票并上市管理办法》第二十六条规定，发行人应当符合下列条件：(1) 最近3个会计年度净利润均为正数且累计超过人民币3 000万元，净利润以扣除非经常性损益前后较低者为计算依据；(2) 最近3个会计年度经营活动产生的现金流量净额累计超过人民币5 000万元；或者最近3个会计年度营业收入累计超过人民币3亿元；(3) 发行前股本总额不少于人民币3 000万元；(4) 最近一期末无形资产(扣除土地使用权、水面养殖权和采矿权等后) 占净资产的比例不高于20%；(5) 最近一期末不存在未弥补亏损。

3. 上市公司公开发行股票的条件

上市公司公开发行股票包括上市公司向原股东配售股票(配股)、向社会公众发售股票(增发) 两种方式。中国证监会公布的《上市公司证券发行管理办法》中，除了对公开发行证券的条件做了一般规定，还分别对配股设定了特殊要求：(1) 拟配售股份数量不超过本次配售股份前股本总额的百分之三十；(2) 控股股东应当在股东大会召开前公开承诺认配股份的数量；（3）采用证券法规定的代销方式发行。对增发也设定了特殊要求：（1）最近三个会计年度加权平均净资产收益率平均不低于百分之六，扣除非经常性损益后的净利润与扣除前的净利润相比，以低者作为加权平均净资产收益率的计算依据；（2）除金融类企业外，最近一期末不存在持有金额较大的交易性金融资产和可供出售的金融资产、借予他人款项、委托理财等财务性投资的情形；（3）发行价格应不低于公告招股意向书前二十个交易日公司股票均价或前一个交易日的均价。

二、公司公开发行股票的原则

我国《公司法》规定，股份的发行，实行公平、公正的原则，同种类的每一股份应当具有同等权利。同次发行的同种类股票，每股的发行条件和价格应当相同；任何单位或者个人所认购的股份，每股应当支付相同价额。股票发行价格可以按票面金额，也可以超过票面金额，但不得低于票面金额。

（三）股票发行的程序

1. 设立发行股票的基本程序

（1）发起人认购股份。在发起设立方式下，发起人缴付全部股本资金后，应选举公司董事会、监事会，由董事办理设立登记事项。在募集设立方式下，发起人认足其应认购的股份并缴纳股本金后，其余部分向社会公开募集。

（2）提出募集股份申请。发起人向社会公开募集股份时，必须向国务院证券管理部门递交募股申请，并报送批准设立公司的文件、公司章程、发起人姓名或名称、发起人认购的股份数量、出资种类及验资证明、招股说明书、代收股款银行的名称及地址、承销机构名称及有关协议等文件。

（3）公告招股说明书，制作认股书，签订承销协议。招股说明书应附有发起人制作的公司章程，并载有发起人认购的股份数、每股的票面价值和发行价格、无记名股票的发行总数、认股人的权利义务、本次募股的起止时间、逾期未募足时认股人可撤回所认购股份的说明等事项。认股书应当载明招股说明书所列事项，由认股人填写所认购股份数量、金额、认股人住所，并签名盖章。发起人向社会公开发行股票，应当由依法成立的证券承销机构承销，并签订承销协议，还应当同银行签订代收股款协议。

（4）招认股份，缴纳股款。发行股票的公司或承销机构一般用广告或书面通知的办法招募股份。认股者一旦填写了认股书，就要承担认股书中约定缴纳股款的义务。如果认股者总股数超过发起人拟招募总股数，可以采取抽签的方式确定哪些认股者有权认股。认股者应在规定的时间内向代收股款的银行缴纳股款，同时交付认股书。股款收足后，发起人应委托法定的机构验资，出具验资证明。

（5）召开公司创立大会，选举董事会、监事会。发行股份的股款缴足后，发起人应在规定期限内（法定30天）主持召开创立大会。创立大会由认股人组成，应有代表股份总数半数以上的认股人出席才能举行。创立大会通过公司章程，选举董事会和监事会成员，并有权对公司的设立费用进行审核，对发起人用于抵作股款的财产作价进行审核。

（6）办理公司设立登记，交割股票。经创立大会选举的董事会应在创立大会结束后30天内，办理申请公司设立的登记事项。登记完成后，即向股东正式交付股票。股票可采取纸面形式或由国务院证券管理部门规定的其他形式。股票应载明下列主要事项：公司名称，公司登记成立的日期，股票种类、票面金额及股份数，公司董事长签名，公司印章。发起人的股票还应当标明发起人股票字样。

2. 增资发行股票的基本程序

（1）公司申请发行证券，董事会应当依法就本次证券发行的方案、募集资金使用的可行性报告和前次募集资金使用的报告等事项做出决议，并提请股东大会批准。

（2）公司股东大会就发行股票做出的决定，明确本次发行证券的种类和数量、发行方式、发行对象及向原股东配售的安排、定价方式或价格区间、募集资金用途、决议的有效期，以及对董事会办理本次发行具体事宜的授权等。

（3）公司申请公开发行证券或者非公开发行新股，应当由保荐人保荐，并向中国证监会申报。保荐人应当按照中国证监会的有关规定编制和报送发行申请文件。

（4）中国证监会依照下列程序审核发行证券的申请：收到申请文件后，五个工作日内决定是否受理；受理后，对申请文件进行初审；发行审核委员会审核申请文件；中国证监会做出核准或者不予核准的决定。

（5）自中国证监会核准发行之日起，上市公司应在十二个月内发行证券；超过十二个月未发行的，核准文件失效，须重新经中国证监会核准后方可发行。公司发行证券前发生重大事项的，应暂缓发行，并及时报告中国证监会。该事项对本次发行条件构成重大影响的，发行证券的申请应重新经过中国证监会核准。

（6）证券发行申请未获核准的上市公司，自中国证监会做出不予核准的决定之日起六个月后，可再次提出证券发行申请。

（四）股票的发行及承销方式

1. 股票的发行方式

发行股票主要采取股东优先认购、公开发行和定向募集三种方式。

（1）股东优先认购。发行公司对原有股东按一定比例让其优先认购，若原有股东不愿认购，可转让其认购权。这种方式有利于维护股东在公司的原有地位，不会引起股权结构发生重大变化，但这种方式不利于提高股份公司的社会性。在股票市场尚未完善时，这是一种主要的发行方式。

（2）公开发行。股份有限公司通过发行中介机构，公开向社会公众发行股票。其特点是：能够在更广的范围内筹集资本，提高公司的社会形象；扩大股东范围，实现股权分散化。公开发行可采取无限量发行认购证、银行专项存单、交易所挂牌竞价、交易所挂牌定价发行等多种具体方式。

(3) 定向募集。定向募集的股份有限公司发行的股份除了由发起人认购以外，不得向社会公众公开发行，而是向其他法人、内部职工发行部分股份。定向募集公司经申请获得批准后，可以采取公开发行的方式。定向募集方式的筹资范围虽然受到限制，但可以保持公司股权的相对集中。

2. 股票的承销方式

公开发行的股票由证券经营机构承销。股票承销有包销和代销两种方式。

(1) 股票的包销。股份有限公司发行的股票由证券经营机构包销，证券经营机构再将这些股票销售给公众。如果证券经营机构不能如期售完股票，则由其全部承购，并承担股票发行的风险。发行公司采取包销方式，有利于股票的顺利发售，及时筹足资金，但这种方式的发行价格可能较低，实际支付的发行费用较高。

(2) 股票的代销。证券经营机构代理发行股份有限公司股票，如果证券经营机构不能如期售完股票，则未售完部分退回股份有限公司，发行风险由发行公司承担。在这种方式下，实际支付的发行费较低，发行价格可能提高，但发行风险较大，尤其是在市场状况不佳时，难以及时筹足资金。

(五) 股票发行价格

股票发行价格是股份有限公司发行股票时将股票出售给投资者所采用的价格。股票发行价格通常是发行公司根据股票的面额、每股税后利润、市盈率与证券公司协商确定。

根据发行价格和票面金额的关系，可以将证券发行分为溢价发行、平价发行和折价发行三种。我国《公司法》第一百二十七条规定：“股票发行价格可以按票面金额，也可以超过票面金额，但不得低于票面金额。”这就是说我国不允许折价发行股票。

1. 平价发行

平价发行也称为面值发行，是指发行人以票面金额作为发行价格。我国最初发行股票时，就曾经采用过面值发行，如 1987 年深圳发展银行发行股票时，每股面值 20 元，发行价也是 20 元。

2. 溢价发行

溢价发行是指发行人以高于票面金额的价格发行股票。我国《证券法》第三十四条规定：股票发行采取溢价发行的，其发行价格由发行人与承销的证券公司协商确定。溢价发行又可分为时价发行和中间价发行两种方式。时价发行也称为市价发行，是指以同种或同类股票的流通价格为基础确定股票发行价格。股票公开发行通常采用这种方式。在发达的证券市场中，当一家公司首次发行股票时，通常会根据同类公司产业相同、经营状况相似的股票在流通市场上的价格表现来确定自己的发行价格；而当一家公司增发新股时，则会按已发行股票在流通市场上的价格水平来确定发行价格。中间价发行是以介于股票票面价格与当时市价之间的价格作为发行价格。它通常是在以不公开的、公司股东分摊形式发行股票时采用，配股价格一般采取中间价格。

3. 折价发行

折价发行是指以低于票面金额的价格作为发行价格。折价发行一般是在公司筹资需要十分迫切、预期股票的市场表现欠佳的情况下采用。目前，西方国家的股份公司很少有按折价发行股票的。我国也不允许折价发行股票。

（六）股票上市

股票上市是指股份有限公司公开发行的股票经批准在证券交易所进行挂牌交易。经批准在证券交易所上市交易的股票，称为上市股票，其股份有限公司称为上市公司。

1. 股票上市的目的

股份公司申请股票上市，一般出于以下目的：

（1）筹集更多资本。股票上市需要经过有关机构的审查批准，并接受相应的监督和管理，这大大增强了社会公众对公司的信赖，乐于购买公司的股票。同时，由于一般人认为上市公司实力雄厚，也便于公司采用其他方式筹措资金。

（2）增强股票流动性。股票上市后便于投资者购买，自然提高了股票的流动性和变现力。

（3）提高公司声誉。股票上市的公司为社会所熟知，并被认为经营优良，会带来良好的声誉，吸引更多的客户，扩大销售。

（4）分散公司风险。股票上市后，会有更多的投资者认购公司股份，从而能够分散公司风险。

（5）确定公司价值。股票上市后，公司价值有市价可循，便于确定公司的价值，有利于促进公司财富最大化。

但是，股票上市对公司也有不利的一面。其主要表现在：公司将负担较高的信息报道成本；各种信息公开的要求可能会暴露公司商业秘密；股价有时会歪曲公司的实际情况，丑化公司形象；可能会分散公司控制权，造成管理上的困难。

资料链接

股票上市的条件

公司公开发行的证券进入证券交易所挂牌买卖(证券上市)，应当符合证券交易所上市规则规定的上市条件。

证券交易所上市规则规定的上市条件，应当对发行人的经营年限、财务状况、最低公开发行比例和公司治理、诚信记录等提出要求。

《上海证券交易所股票上市规则》和《深圳证券交易所股票上市规则》规定：

发行人首次公开发行股票后申请其股票上市，应当符合下列条件：

（1）股票经中国证监会核准已公开发行；

(2) 具备健全且运行良好的组织机构；

(3) 具有持续经营能力；

(4) 公司股本总额不少于人民币 5 000 万元；

(5) 公开发行的股份达到公司股份总数的 25% 以上；公司股本总额超过人民币 4 亿元的，公开发行股份的比例为 10% 以上；

(6) 公司及其控股股东、实际控制人最近 3 年不存在贪污、贿赂、侵占财产、挪用财产或者破坏社会主义市场经济秩序的刑事犯罪；

(7) 最近 3 个会计年度财务会计报告均被出具无保留意见审计报告；

(8) 证券交易所要求的其他条件。

2. 股票上市的程序

(1) 报请国务院证券监督管理部门核准。股份有限公司申请股票上市交易，必须报经国务院证券监督管理机构核准。股份有限公司向国务院证券监督管理机构提供股票上市交易申请时，应当提供下列文件：上市公告书；申请上市的股东大会决议；公司章程；公司营业执照；经法定验证机构验证的公司最近三年或者公司成立以来的财务会计报告；法律意见书和证券公司的推荐书；最近一次的招股说明书。

(2) 提请证券交易所安排上市。股票上市交易申请经国务院证券监督管理机构核准后，其发行人应当向证券交易所提交核准文件和向国务院证券监督管理机构提出股票上市交易申请时提交的文件。证券交易所上市委员会应自收到申请之日起 20 个工作日内做出审核，6 个月内安排该股票上市交易。

(3) 上市公告。股票上市交易申请经证券交易所同意后，上市公司应当在其股票上市交易前 5 个工作日内，在国务院证券监督管理机构指定的全国报刊上公告核准股票上市的有关文件和下列有关事项：股票获准在证券交易所交易的日期；持有公司股份最多的前 10 名股东的名单和持股数额；董事、监事、经理及有关高级管理人员的姓名及其持有本公司股票和债券的情况，同时，上市公司还应将所公告的文件置备于指定场所(如公司所在地、拟挂牌交易的证券交易所、有关证券经营机构及网点)，供公众查阅。

(七) 对普通股筹资的评价

1. 普通股筹资的优点

(1) 可以获得大量资金。公司在急需扩大生产规模而资金短缺时，发行普通股能够筹集到大量资金。

(2) 普通股是永久性资本，不需要偿还，除非公司破产清算。这有利于保证公司资金的最低需要，促进公司长期稳定地发展。

(3) 普通股筹资风险较小。发行普通股，股东越多，公司经营风险就越分散，加之普通股属于永久性资金，也不支付固定股利，筹资风险必然有所降低。

(4) 普通股筹资为举债筹资创造了条件。普通股股本以及由此产生的资本公积属于公司的权益资本，权益资本增多可以更好地为举债筹资提供支持。

2. 普通股筹资的缺点

(1) 公司权利分散。普通股筹资分散了对资产的部分所有权，丧失了对重大经营问题的部分控制权，转移了部分股利的收益权。

(2) 筹资成本较高。普通股筹资成本一般高于债务资金；同时，股利是从所得税后利润中支付的，不能像债务的利息那样从所得税前支付。

(3) 股票的市场表现如果欠佳可能影响公司形象。

(八) 优先股筹资

1. 优先股的特点

优先股是股份有限公司发行的较之普通股具有特别权利的股票。这种特权也叫作优先权，与普通股相比，优先股具有股息分配优先和剩余财产分配优先的权利。

优先股是一种具有股票和债券双重特征的混合型证券。它有如下的特征：优先股有固定的股息率，优先股股东有比普通股股东优先分配公司收益的权利；当公司解散或破产清算时，优先股股东有比普通股股东优先获得清偿的权利；优先股股东不享有公司经营参与权，只在优先股股票所保障的股东权益受到损害时，优先股才有相应的表决权；优先股股东不能要求退股，但优先股股票附有赎回条款时，发行公司有赎回股票的权利。

2. 优先股的种类

(1) 累计优先股和非累计优先股。累计优先股是指公司在经营状况欠佳时，可以把未发或未发足的股息累积起来，待公司经营状况好转时再补发未付的累积股息。非累计优先股是指股息发放只限于当年度，对于未发或未发足的股息部分以后不再补发。

(2) 可转换优先股和不可转换优先股。可转换优先股是指在一定条件下可转换成普通股的优先股。不可转换优先股是指在任何时候、任何条件下都不可能转换成普通股的优先股。

(3) 参加优先股和非参加优先股。参加优先股是指优先股除可以按约定股息率取得股息外，在公司经营利润增加较多的情况下，还可以和普通股一样参加公司盈余的分配，获得额外的股息。非参加优先股是指无论公司经营利润有多高，都只能按约定的股息率领取股息。

3. 对优先股筹资的评价

(1) 优先股筹资的优点。与债券相比，支付优先股股利的款项不具有契约性质，在公司盈余不足而无法支付股息时，优先股股东不能要求公司破产；出售优先股股票，可使公司避免发行普通股股票时普通股权的稀释；优先股没有明确的到期日，优先股股票的发行可避免债务发行归还本金时的现金流出。

(2) 优先股筹资的缺点。优先股筹资成本高于债券筹资成本；虽然优先股股利能被免除，但只要条件允许，投资者总希望能支付股息，公司也力图支付股利。因此，优先股股利实际上是一个固定开支。这样，优先股的发行，也会增加公司的财务风险，由此会增加公司全部筹资成本。

第四节　债务性筹资

债务性筹资与权益性筹资是两种不同性质的筹资方式。与权益性筹资相比，债务性筹资的特点表现为：筹集资金的使用具有时间性，需到期偿还并支付利息，从而形成公司固定的负担；但其资本成本一般比普通股筹资成本低，且不会分散投资者对公司的控制权。

一、长期借款筹资

（一）长期借款及其分类

长期借款是指公司根据借款合同向银行等金融机构或其他单位借入的期限在一年以上的各种借款。长期借款主要用于购建固定资产和满足流动资金占用的需要。长期借款按不同的分类标准，可作如下分类：

长期借款按用途分为固定资产投资借款、更新改造借款、科技开发和新产品试制借款等。

长期借款按提供贷款机构分为政策性银行贷款、商业性银行贷款、保险公司贷款等。此外，公司还可以从信托投资公司取得实物或货币形式的信托投资贷款，从财务公司取得各种中长期贷款。

长期借款按有无担保分为信用借款和抵押借款。信用借款指不需要公司提供抵押品，仅凭其信用或担保人信誉而发放的贷款。抵押借款指要求公司以抵押品作为担保的贷款，长期贷款的抵押品常常是房屋、建筑物、机器设备、股票、债券等。

（二）长期借款的程序

1. 提出申请

公司申请借款必须符合借款原则和贷款条件。其中，我国金融部门对贷款规定的原则是：按计划发放，择优扶植，有物资保证，按期归还。公司申请贷款一般应具备六个方面的条件：① 借款公司实行独立核算，自负盈亏，具有法人资格；② 借款公司的经营方向和业务范围符合国家政策，借款用途属于银行贷款办法规定的范围；③ 借款公司具有一定的物资和财产保证，担保单位具有相应的经济实力；④ 借款公司具有偿还贷款本金的能力；⑤ 借款公司财务管理和经济核算制度健全，资金使用效益及公司经济效益良好；⑥ 借款公司在银行开立有账户，办理结算。

公司提出的借款申请，应陈述借款的原因、借款金额、用款时间与计划、还款期限与计划。

2. 银行审批

银行针对公司的借款申请，按照有关政策和贷款条件，对借款公司进行审查，依据审批权限，核准公司申请的借款金额和用款计划。银行审查的内容包括：① 公司的财务状况；② 公司的信用情况；③ 公司的盈利稳定性；④ 公司的发展前景；⑤ 借款投资项目的可行性等。

3. 签订合同

银行经审查批准借款合同后，与借款公司可进一步协商贷款的具体条件，签订正式的借款合同，明确规定贷款的数额、利率、期限和一些限制性条款。

4. 取得借款

借款合同生效后，银行可在核定的贷款指标范围内，根据用款计划和实际需要，一次或分次将贷款转入公司的存款结算户，以便公司支用借款。

5. 偿还借款

公司应按借款合同的规定按期还本付息。公司偿还贷款的方式通常有三种：① 到期日一次偿还，在这种方式下，还款集中，借款公司需于贷款到期日前做好准备，以保证全部清偿到期贷款；② 定期偿还相等份额的本金，即在到期日之前定期偿还相同的金额，至贷款到期日还清全部本金；③ 分批偿还，每批金额不等，便于公司灵活安排。

贷款到期经银行催收，如果借款公司不予偿付，银行可按合同规定，从借款公司的存款户中扣还贷款本息及加收的利息。

借款公司如因暂时财务困难，需延期偿还贷款时，应向银行提交延期还贷计划，经银行审查核实，续签合同，但通常要加收利息。

（三）长期借款的保护性条款

由于长期借款的期限长、风险大，按照国际惯例，银行通常对借款公司提出一些有助于保证贷款按时足额偿还的条件。这些条件写入贷款合同中，形成保护性条款。保护性条款大致有如下两类：

1. 一般性保护条款

一般性保护条款应用于大多数借款合同。它规定借款公司流动资金的保持量、对支付现金股利和再购入股票的限制、对资本支出规模的限制、对公司借入其他长期资金的限制，同时还规定借款公司定期向银行提交财务报表，不准以任何资产作为其他承诺的担保或抵押，不准贴现应收票据或出售应收账款等。

2. 特殊性保护条款

特殊性保护条款针对某些特殊情况而出现在部分借款合同中，其主要包括：贷款专款专用；不准公司投资于短期内不能收回资金的项目；限制公司高管人员的薪酬；要求公司主要领导人购买人身保险等。

（四）对长期借款筹资的评价

1. 长期借款的优点

（1）筹资速度快。发行各种证券时，申请、批准、发行等都需要一定时间。而银行借款与发行证券相比，一般所需时间较短，可以迅速地筹集资本。

（2）借款成本较低。利用银行借款所支付的利息比发行债券所支付的利息低得多，另外，也无须支付大量的发行费用。

（3）借款的弹性好。公司与银行可以直接接触，可通过直接商谈确定借款的时间、数量和利息。在借款期间，如果公司情况发生了变化，也可与银行进行协商，修改借款的数量和条件。借款到期后，如有正当理由，还可延期归还。

（4）有利于利用财务杠杆效应。长期借款的利率一般是固定或相对固定的，这就为公司利用财务杠杆效应创造了条件。

2. 长期借款的缺点

（1）财务风险大。与债券一样，必须定期还本付息，在公司经营不利时，可能会产生不能偿付的风险，甚至会引起破产。

（2）限制条款较多。公司与银行签订的借款合同中，一般都有一些限制性条款，如定期报送有关报表、不准改变借款用途等，这些条款可能会限制公司的经营活动。

（3）筹资数额有限，取得巨额的长期借款的可能性较小。

二、发行债券筹资

发行债券是公司筹集债务资本的重要方式。按照《公司法》规定，股份有限公司和有限责任公司发行的债券称为公司债券。

（一）公司债券的特点

公司债券是指公司依照法定程序发行的、约定在一定期限还本付息的有价证券。公司债券具有以下特点：

1. 流动性

债券可以在市场上出售转化为货币，可转换债券可以转换为公司股票。

2. 偿还性

公司发行债券要规定期限、利率，债券到期必须还本付息。

3. 安全性

公司债券可以在普通股和优先股之前偿付本金和固定利息，风险较小。

4. 非参与性

公司发行债券一般不涉及公司资产的所有权、经营权，债券持有者不得参与公司经营，不享有公司利润增长的分配权。

（二）公司债券的种类

公司债券有很多形式，主要包括以下分类：

1. 按债券上是否记名，分为记名债券和不记名债券

记名债券是在券面上记载有持有者姓名的债券。这种债券的本息只付给被记名人，记名债券一般是在公司内部发行的带有优惠条件的债券。不记名债券是指在券面上不载明持有人的姓名，还本付息以债券为依据。

2. 按有无抵押或担保，分为抵押债券和信用债券

抵押债券是指有指定的财产作为担保物的债券，当公司不能还本付息时，可将这些抵押品变卖偿还；信用债券是指无特定的抵押品，完全靠公司良好的声誉和资金收益情况而发行的债券。

3. 按偿还方式，分为一次偿还债券和分次偿还债券

一次偿还债券是指发行公司于债券到期日一次偿还全部本息的债券；分次偿还债券是指对所发行的债券设计分批到期偿还，或者对同一债券的本息分期偿还，于债券到期全部还清本息的债券。

4. 按债券利率情况，分为固定利率债券和浮动利率债券

固定利率债券的利率在发行债券时业已确定并载于债券票面；浮动利率债券的利率水平在债券发行之初不固定，而是根据有关利率予以确定。

此外，公司债券按能否转换为公司股票，分为可转换债券和不可转换债券；按能否上市，分为上市债券和非上市债券；按是否参与公司盈余分配，分为参加公司债券和不参加公司债券；等等。

（三）公司债券的发行

1. 发行债券的方式

债券的发行方式通常分为公募发行和私募发行两种。

（1）公募发行。这是指以不特定的多数人为募集对象而公开发行债券的方式，它又包括不通过中介机构直接向公众公开募集的直接募集方式和经由中介机构的间接募集方式。

（2）私募发行。这是指向特定的少数投资者发行债券的方式，如向发行公司的产品消费者或职工，与发行者密切相关的金融机构和其他企业单位发行。

我国公司债券的发行既可采取直接方式，自营发售，也可以采用间接方式，即委托银行、信托投资公司等金融机构承销。在公开发行或发行规模较大时，必须采用金融机构承销的方式。从发展趋势看，间接发行将是企业债券发行的一种主要方式。

2. 发行债券的程序

债券发行的程序一般包括；

（1）向证券主管机关报送债券发行计划。发行计划的提出须事先征得公司上级主管部门批准。

（2）编制发行公司债券的章程。其内容包括：发行公司的名称、地址及法定代表人；发行公司经营管理的简况；公司自有资产净值；发行债券的主要目的、用

途；经济效益预测；发行债券的总面额；债券的票面利率、期限及还本付息的方式；发行对象及地区范围；债券持有人的权利和义务；发行的起止日期；承销债券机构的名称、地址及方式；其他事项。

（3）向由证券主管机关指定的资信评估机构申请办理债券等级评定手续。一般只有在资信评估机构出具的债券等级证明在 *A* 级以上才允许公司正式提出发行申请。

（4）向证券主管机关及有关单位正式提出发行债券的申请。除填报申请表外，还要提交其他一些文件和材料，包括：公司章程、债券发行章程，公司债券发行决议；可行性报告；近三年及最近一季度的财务报表；债券等级确认文件；公司主管部门同意发行的证明文件；与证券承销机构签订的委托发行的意向性文件；营业执照；等等。

（5）获准发行后，与证券承销机构正式签订承销合同。其内容包括：当事人双方的名称、地址与法定代表人；承销债券的名称、总面额及发行价格；承销方式，债券发行和承销的起止日期；承销付款的日期及其方式；承销方收取的费用额及其支付日期和方式；未售出债券的处理方法；违约责任；其他事项。

（6）发行公司于债券发行前，在由证券主管机关指定的宣传媒介上，公布其债券发行章程。

（7）承销债券机构依据合同规定，在发行期内向投资人销售债券。

（8）发行期截止后，进行善后工作。

3. 债券发行价格

债券发行价是投资者购买新上市债券时必须支付的价格。

债券的发行价格主要有三种：一是等于券面金额的发行价格，即平价发行；二是低于券面金额的发行价格，即折价发行；三是高于券面金额的发行价格，即溢价发行。债券发行价格的确定要结合债券的期限、票面利率、债券的级别以及债券市场的一般收益率水平等因素综合考虑。一般而言，在债券有效期较长、票面利率较低、债券级别不高、发行时债券市场收益水平较低时，债券的发行价格应从低；反之，则可从高。

债券发行价格主要由两个部分组成：债券利息的年金现值与到期本金的复利现值。

【例3】光华公司拟发行面额为1 000元、票面利率为8%、期限为10年的债券，每年年末付息一次，假设市场同期利率为7%。该债券的发行价格为

$$\begin{aligned}\text{债券发行价格} &= 1\ 000 \times 8\% \times P/A(7\%,\ 10) + 1\ 000 \times P/F(7\%,\ 10) \\ &= 80 \times 7.023\ 6 + 1\ 000 \times 0.508\ 3 \\ &= 1\ 070.19(\text{元})\end{aligned}$$

资料链接

公司债券发行条件

我国《证券法》第十五条规定，公开发行公司债券，应当符合下列条件：

(1) 具备健全且运行良好的组织机构；

(2) 最近三年平均可分配利润足以支付公司债券一年的利息；

(3) 国务院规定的其他条件。

公开发行公司债券筹集的资金，必须按照公司债券募集办法所列资金用途使用；改变资金用途，必须经债券持有人会议做出决议。公开发行公司债券筹集的资金，不得用于弥补亏损和非生产性支出。

根据中国证监会公布的《上市公司证券发行管理办法》第十四条规定，公开发行可转换债券的公司，除了符合上述要求外，还应当符合下列条件：

(1) 最近三个会计年度加权平均净资产收益率平均不低于百分之六。扣除非经常性损益后的净利润与扣除前的净利润相比，以低者作为加权平均净资产收益率的计算依据。

(2) 本次发行后累计公司债券余额不超过最近一期末净资产额的百分之四十。

(3) 最近三个会计年度实现的年均可分配利润不少于公司债券一年的利息。

我国《证券法》第十七条规定，有下列情形之一的，不得再次公开发行公司债券：

(1) 对已公开发行的公司债券或者其他债务有违约或者延迟支付本息的事实，仍处于继续状态。

(2) 违反本法规定，改变公开发行公司债券所募资金的用途。

（四）债券等级评定

债券等级对公司和投资者都非常重要。首先，债券等级是其风险的指标，因此，债券等级的高低直接影响到债券的利率及公司负债的成本；其次，大部分债券的投资者是机构投资者而非个人投资者，这些机构为避免较大的投资风险，只购买较高等级的债券。因此，如果公司债券跌落到 BBB 以下，推销新债券将十分困难。

尽管债券等级的评定加入了许多主观的判断，但债券等级的评定仍然是基于被评公司的一些基本资料来分析的，从质和量两方面来判断，主要考察的因素有：负债比率、偿债能力指标、抵押条款、保证条款、偿债基金、到期期限和发行债券公司销售与盈余的稳定性等。债券评级机构在评定债券等级时，要考虑种种因素，包括收益稳定性、利息保证金、资产保护措施、财务灵活性、发行者所属的行业、竞争地位以及无形资产评定等。

国际上流行的债券等级是三等九级。

AAA　质量最好，风险程度最小，本金和利息的偿付是有保证的。

AA　与AAA级债券一样，都属于上等债券。保护程度不及AAA级强，而且其中的某些因素可能使其远期风险略大于AAA。

A　债券具有有利的投资特性，属于中上等债券，但未来易受风险影响。

BBB　属于中等级债券。支付利息以及担保偿还本金的保护措施在近期内看来还算适当，但远期的保护性因素就不太可靠。

BB　这种债券担保偿付利息、本金的措施似乎还可以，但有其他不确定因素，前景难测。

B　一般缺乏合乎需要的投资特点；支付保证可能小。

CCC　属于低等级债券，本金和利息的支付会延迟，甚至还有危及支付本金的因素。

CC　是一种投机性很大的债券，推迟偿付本金的情况时常发生，或者还有其他明显的问题。

C　是最次的债券。从实际投资需求看，这种债券前途黯淡。

（五）对公司债券筹资的评价

1. 公司债券筹资的优点

（1）筹资成本较低。债券筹资的成本往往低于股票筹资的成本，主要因为债券利息在税前支付，而股票股利在税后支付。

（2）保障公司控制权。由于债权人无权参与公司管理决策，所以债券筹资不会导致公司所有者对控制权的部分丧失。

（3）获得财务杠杆效应。发行债券筹集的资金属于债务资金，能够为公司带来财务杠杆效应。

2. 公司债券筹资的缺点

（1）财务风险高。债券有固定的到期日，到期需还本付息，倘若公司经营欠佳，还本付息无异于釜底抽薪，加重公司的财务负担。

（2）限制条件多。发行债券的限制条件较长期借款、融资租赁的限制条件多而且严格，从而限制了公司对债券融资的使用，甚至会影响公司以后的筹资能力。

（3）筹资规模有限。债券融资不仅有严格的限制条件，而且发行数量也受到限制。我国《证券法》第十六条第二款规定，公司累计债券余额不超过公司净资产的40%。

三、商业信用筹资

商业信用是公司之间相互提供的、与商品交易直接相联系的信用形式，它是公司短期筹资的重要方式。

（一）商业信用及其产生

商业信用是商品交易中以延期付款或预收货款的方式进行购销活动而形成的借贷关系，是公司之间的直接信用行为。商业信用是商品交换发展的产物。在发达的商品交换中，往往产生一方要出售商品而另一方也急于购买但没有现款的情况，这种货与钱在空间和时间上的分离，必然导致赊购赊销或预收货款等商业信用形式的出现。在市场经济下，商业信用已经成为公司筹集短期资金的一种重要方式。

（二）商业信用筹资形式

公司利用商业信用筹资的形式较多，主要有应付账款、预收货款、商业汇票和票据贴现。

1. 应付账款

应付账款是一种典型的商业信用形式。当某一公司要出售其商品而另一公司又因资金周转困难而没有资金购买该商品时，赊购方式就是一种对双方都有利的解决办法。对于购买者可以解决资金紧缺的问题，对于出售者可以解决产品的销售问题。应付账款采取的是“欠账”方式，买方不提供正式借据，完全依靠公司之间的信用来维持，一旦买方资金紧张，就会造成长期拖欠，甚至形成债务连锁反应。因此，卖方要掌握买方的财务信誉情况。

2. 预收货款

预收货款，即先收货款后交商品，无异于向购买单位先借入一笔款项。对于某些紧缺商品，购买单位乐于采取这种方式，以便取得期货；对于生产周期长、售价高的商品，生产公司也乐于分期预收货款，以缓和公司资金占用过多的矛盾。但这种方式易导致生产公司借商品供不应求之机，乱收预收货款，影响其他公司资金周转的问题。

3. 商业汇票

商业汇票是公司之间在根据购销合同进行延期付款的商品交易时开具的反映债权债务关系的票据。商业票据可由销货公司签发，也可由购货公司签发，到期日由销货公司要求付款；商业票据必须经过承兑，即由有关方在汇票上签章，表示承诺到期付款。根据承付人不同，商业汇票分为商业承兑汇票和银行承兑汇票。商业承兑汇票是指由销货方对购货方签发的，经购货方在汇票上签章，承认到期支付的票据；银行承兑汇票是指付款单位承兑后，向银行提出承兑申请，由银行在其汇票上签名盖章，承认到期付款的票据。商业汇票承兑期限由交易双方商定，一般为3～6个月，最长不得超过6个月。如果分期付款，应一次签发若干不同期限的汇票。

商业汇票的签发、承兑和使用必须遵循以下原则：

（1）使用汇票的公司必须是在银行开立账户的法人；

（2）签发汇票必须以合法的商品交易为基础，禁止签发无商品交易的汇票；

（3）汇票经承兑后，承兑人负有到期无条件交付票款的责任。

商业汇票是一种直接、迅速的横向融资方式，为公司提供了一条便利的融资渠道。开展商业汇票业务，将挂账信用转化为票据信用，通过承兑与贴现，又将银行信用介入其中，易于将商业信用纳入管理的轨道；商业汇票有较强的到期支付的约束力，可借助它清理拖欠账务，建立正常的结算秩序。

4. 票据贴现

票据贴现是指持票人把未到期的商业票据转让给银行，贴付一定的利息以取得银行信贷资金的一种借贷行为，即银行按照票面金额扣除从贴现日到票据到期日之间的利息付给现款，收进票据，使票据到期后由银行向付款人收款。票据贴现对持票人而言能够使其提前收回垫支于商业信用上的资金。对银行来说，票据贴现是一种与商业信用相结合的银行信用，有利于银行加强对商业信用的引导以及参与对商业信用的组织和管理。

根据有关规定，票据贴现主要涉及三个要素：

（1）贴现对象。收款人需要资金时，可持未到期的承兑汇票向其开户银行申请贴现。

（2）贴现期限。贴现期限一律从贴现之日起至汇票到期日止。

（3）贴现利率。银行在贴现商业票据时，所付金额要低于票面金额，因为银行通过贴现把款项贷给销货单位，票据到期才能向购货单位收款，所以要收取利息。贴现率由银行参照流动资金贷款利率确定。

贴现利息及应付贴现票款的计算公式是

$$\text{汇票到期值} = \text{汇票票面价值} + \text{汇票票面利息} \tag{3.5}$$

$$\text{贴现利息} = \text{汇票到期值} \times \text{贴现天数} \times \frac{\text{月贴现率}}{30\text{天}} \tag{3.6}$$

$$\text{应付贴现票款} = \text{汇票到期值} - \text{贴现利息} \tag{3.7}$$

（三）对商业信用筹资的评价

1. 商业信用筹资的优点

商业信用筹资直接、方便，且筹资成本较低，凡是能通过商业信用来解决资金短缺问题的，都不会借助于银行贷款。

2. 商业信用筹资的缺点

（1）商业信用筹资的规模要受到提供信用的公司本身所能支配的资金数量的限制。

（2）筹资的范围仅限于有买卖关系的公司之间，由买方提供给卖方且只能用于商品交易。

（3）商业信用筹资是以偿还和付息为条件，因而财务风险较大，并容易引起债务连锁反应，所以对商业信用筹资必须加以正确的引导和管理。

四、租赁筹资

（一）租赁的种类与特点

租赁是指承租人为使用资产，连续支付租金给出租人的一种不可取消的契约承诺。租赁一般可分为经营租赁和融资租赁两种。

1. 经营租赁

经营租赁又称营业租赁或使用租赁，其基本特点在于：

（1）租赁期限较短，租金较低，风险小。

（2）在合理的限制条件下，承租人有权在租赁期间提前解除租约。

（3）租赁期满后，租赁资产由出租人收回并继续出租。

（4）出租人负责租赁资产的维修、保养和管理。此时，与租赁资产所有权有关的风险和报酬归属于出租人。

2. 融资租赁

融资租赁又称财务租赁或金融租赁，其基本特点在于：

（1）交易涉及三方。融资租赁交易涉及出租方、承租方和供货方，承租方与出租方是租赁关系，出租方与供货方是买卖关系，承租方与供货方存在着标的物选择与技术服务的关系。

（2）租赁期限比较长。根据美国会计准则的规定，租赁期只有超过资产经济寿命期的 75%，才能称为融资租赁。

（3）租赁合同不能因一方提出要求而随意撤销。

（4）租赁期满后，租赁资产的所有权归承租人或者由承租人拥有优先选择权(即有权选择是降低租金续租还是退还出租人，抑或按远远低于租赁资产公允价值的价格购进)。

（5）租赁资产的维修、保养和管理由承租人负责。

（6）承租人负责对租赁资产及其供应商进行选择，并负责租赁资产的检验等相关事宜。出租人负责出资购买承租人所需的资产，并租赁给承租人。此时，与租赁资产所有权有关的风险和报酬归属于承租人。出租人几乎可以通过一次租赁就足以弥补租赁资产的成本并获取正常收益，而承租人则实际上是以租金的形式分期付款购买了所需的资产。

融资租赁实际上是公司将其融资行为与融物行为结合在一起，就融资租赁来说，其可以具体分为以下几种：

（1）直接租赁。它是指出租方应承租方的要求，出资购买设备，然后直接租给承租方使用的一种方式。出租人提供购买租赁资产的全部资金，它是融资租赁中最常见的一种方式。

（2）售后回租。它是指公司将所拥有的资产出售给出租方，然后再租回使用的一种租赁方式。这种方式可以使公司既保留设备的使用权，又可以将设备占用的资金变为可利用的资金。

（3）杠杆租赁。杠杆租赁在概念上与非杠杆租赁相似，承租人以同样方式选择设备和谈判租赁条件。采用杠杆租赁时，出租方自筹相当于租赁设备价款 20% ~ 40% 的资金，其余资金由出租方将待购设备作贷款抵押，以转让收取租金的权利作为附加担保，从银行或其他金融机构取得贷款。杠杆租赁涉及的当事人主要有：出租方、承租方、长期贷款方和供货商。杠杆租赁主要用于价格较高的大型设备的长期融资租赁业务。

(4) 转租赁。它是指租赁公司同时具备承租人与出租人双重身份的一种租赁形式。出租方根据承租方的需要，先从其他租赁公司租入设备，然后再转租给承租方使用，或者出租方根据承租方的需要向供货商订购设备，并将订购合同提交其他租赁公司付款购买，然后由出租方将设备转租给承租方使用的一种融资方式。它一般用于从国外引进设备。

3. 融资租赁与经营租赁的区别

(1) 目的不同。融资租赁是承租人筹集长期性债务资本的重要形式，而经营租赁则是承租人为了获取资产的短期使用权以及出租人提供的专门技术服务。

(2) 租赁期限不同。融资租赁合同不能被撤销，是长期性的，而经营租赁是短期性的，合同可提前解除。

(3) 出租方与承租方承担的责任不同。融资租赁的承租人必须负责资产的维修、保养、保险，并承担过时风险，经营租赁的承租人则不承担这些责任。

(4) 租赁期满后对资产的处置不同。融资租赁资产在租赁期满后可按租赁合同约定的方式处置资产，承租人可退回资产，也可按较低租金续租或者作价买下。

(二) 租金的构成与计算

1. 租金的构成

公司租赁时，需按租赁合同的规定支付租金。经营租赁由于租赁期限较短，其租金的计算也比较简单，由出租人和承租人协商确定即可。而融资租赁每期支付租金的大小则会受到许多因素的影响，这些因素包括：

(1) 租赁设备的采购成本，包括买价、运输费、安装费、保险费等。

(2) 租赁设备预计残值，即设备租赁期满时的预计可变现净值。

(3) 利率。在租赁设备成本既定的条件下，利率是影响租金的最为重要的因素，利率水平越高，支付的租金总额也就越高，反之则越低。

(4) 租赁手续费，即出租人承办设备租赁的营业费用及一定的盈利，通常按照设备成本的一定比例来计算，由租赁双方协商确定。

(5) 租赁期限。租赁期限越长，租金总额越大，同时，租赁期限还会对每期支付的租金有一定的影响。

(6) 租金的支付方式，如支付租金的间隔期(年付、半年付、季付、月付) 越长，租金总额越大；期末(后付) 付租方式与期初(先付) 付租方式相比，租金总额相对增加，其原因都在于承租人占有出租人资金的时间更长。此外，等额支付与不等额支付，对租金总额及各期租金的计算也有着明显的影响。

2. 租金的计算

在租赁期内租赁费用率固定的情况下，计算租金的常用方法有：

(1) 附加率法。它是指在租赁资产的概算成本上再附加一项特定的比率来计算

租金的方法。在租金后付的情况下，按照这种方法计算的平均每期租金为

$$R = \frac{P(1+ni)}{n} + Pr \tag{3.8}$$

式中：R 为平均每期租金，P 为概算成本，i 为每期利率，n 为付租期数，r 为附加利率。

（2）年金法。它是将一项租赁资产在未来各租赁期间内的租金总额按一定比率折现，使其现值总和等于租赁资产的概算成本的一种计算方法。这种方法简便、科学，适用面广，为我国大部分租赁公司所采用。年金法又分为等额年金法和变额年金法。等额年金法用以计算每年支付的等额年金，其公式如下：

$$\text{等额年金} = \frac{\text{等额租金的现值}}{\text{等额租金现值系数}} \tag{3.9}$$

【例 4】ABC 公司采用融资租赁方式，于 2018 年 1 月 1 日从租赁公司租入一台设备，设备价款为 20 000 元，租期为 4 年，到期后设备归承租公司所有，租赁期间的贴现率为 15%，采用后付等额年金方式支付租金。要求确定各年应支付的租金，并编制租金摊销计划表。

年利率 15%、期限为 4 年的年金现值系数为 2.855，可计算出每年应支付租金 = 20 000 ÷ 2.855 = 7 005(元)，据此可编制各年租金摊销计划表，如表 3 - 6 所示：

表 3 - 6 ABC 公司租金摊销计划表

金额单位：元

日期	支付租金 (1)	应计租费 (2) = (4) × 15%	本金减少 (3) = (1) - (2)	应还本金 (4)
2018. 01. 01	—	—	—	20 000
2018. 12. 31	7 005	3 000	4 005	15 995
2019. 12. 31	7 005	2 399	4 606	11 389
2020. 12. 31	7 005	1 708	5 297	6 092
2021. 12. 31	7 005	913	6 092	0
合计	28 020	8 020	20 000	—

（三）对租赁筹资的评价

1. 租赁筹资的优点

（1）增加了公司筹资的灵活性。租赁融资可以避免长期借款筹资所附加的多种限制，从而为公司经营活动提供了更大的弹性空间。此外，租赁是筹资与购买设备并行，比举债购置设备速度更快，也更加灵活；并且，租赁尤其是经营性租赁可以既不构成负债也不改变公司的资本结构，从而维持了公司未来的借款能力。

（2）避免设备陈旧过时的风险。随着现代科学技术的不断进步，设备陈旧过时的风险很高，而多数租赁协议规定此种风险主要由出租人承担，承租公司可因此而

部分避免这种风险。

(3) 全部租金通常在整个租期内分散支付，可适当减低公司不能偿付的危险。

(4) 租金费用可在所得税前扣除，承租公司可享受税收上的优惠。

2. 租赁筹资的缺点

(1) 租金高。尽管租赁没有明显的利息成本，但出租人所获报酬必定隐含于其租金中。一般而言，许多租赁的租金(包括其隐含报酬)要高于债券利息，其租金总额通常要高于设备价值的30%左右。

(2) 丧失资产残值。租赁期满，除非承租人购买该资产，否则其残值一般归出租人享有，这也是承租公司的一种机会损失。

(3) 难以改良资产。未经出租人同意，承租人不得擅自对租赁资产加以改良。

第五节　混合性筹资

一、可转换债券筹资

(一) 可转换债券及其特征

可转换债券又称为可转换公司债券，是以公司债券为载体、允许持有人在规定时间内按规定价格转换为发行债券公司或其他公司股票的一种金融工具。可转换债券是一种混合型金融工具，可以看作普通公司债券与股票期权的组合体。其特殊性在于它所特有的可转换性。可转换债券使投资者既可获得到期收回债券本息的安全承诺，又可以在公司股票价格攀升时将债券转换为股票，获得股票价差收益。

可转换债券具有以下特点：

1. 债务性

可转换债券在转换股份前，具有普通债券所具有的债务性特征。

2. 股权性

可转换债券在一定期限内依据约定的条件，根据投资者的选择可以转换成股票。转换之后，原债券持有人就成为公司的股东，有权参与公司的红利分配和经营管理。

3. 期权性

可转换债券实质上是一种附有股票选择权的债券，持有者具有是否将其转换成普通股的选择权，即持有人既可将其转换成股票，也可以放弃这种转换权。

由于可转换债券具有上述特点，公司往往将其视为不用还本的贷款，投资者则视其为能收回本金的股票。

(二) 可转换债券的要素

可转换债券的要素指构成可转换债券基本特征的必要因素，它们表明可转换债券与普通债券的区别。

1. 标的股票

按照条款，可转换债券将会转换成的那种股票，一般来说是发行公司自己的股票。

2. 转换价格

它是指可转换公司债券转换为每股股份所支付的价格。转换价格可以是固定的，也可以是逐步提高的。固定的转换价格是在发行可转换债券时就确定了的；逐步提高的转换价格是在持证期限内，以一定幅度逐步递增。提高转换价格的目的是鼓励投资者在提高转换价格前行使转换的权力，同时也使将来公司增长给现有股东带来的预期好处不会被稀释。

3. 转换比率

这是指可转换债券的持有人行使转换权时，每一份债券所能换得的普通股股数。可转换债券的转换比率与转换价格有关，二者之间的关系可用下面的公式表示：

$$转换比率 = 公司债券面值 / 转换价格 \tag{3.10}$$

4. 转换期限

转换期限是指可转换债券转换为股份的起始日至结束日的期间。可转换债券的转换期限可以与债券的期限相同，也可以短于债券的期限。例如某种可转换债券规定只能在一定时间内(如发行日之后若干年之内)行使转换权，超过这一段时间转换权失效。按照我国《可转换公司债券管理暂行办法》，上市公司发行的可转换公司债券，在发行结束6个月后，持有人可以依据约定的条件随时转换成股份。

5. 赎回条款

赎回是指在一定条件下，公司按事先约定的价格买回未转股的可转换债券。发行公司为了避免因市场利率下降而带来的损失，同时为了避免可转换债券的持有者过分享受因公司收益大幅度提高所产生的回报，通常设计有赎回条款。赎回条款通常包括赎回期、赎回价格、赎回条件等。公司在赎回债券之前要向投资者发出赎回通知，此时投资者必须在转股与售给发行公司之间进行选择。正常情况下，投资者会选择前者。可见，赎回条款最主要的功能是促使可转换债券的持有者积极行使转股权。

6. 回售条款

回售是指公司股票价格在一段时期内连续低于转股价格并达到某一幅度时，可转换公司债券持有人按事先约定的价格将所持债券卖给发行人。该条款的目的在于使投资者具有安全感，从而更好地吸引投资者。

7. 强制性转换条款

在某些条件具备后，债券持有人必须将可转换债券转为股票，无权要求偿还债权本金的要求。强制性转换条款的目的在于保证可转换债券顺利地转换成股票，实现发行公司扩大权益筹资的目的。

(三) 可转换债券的价格

可转换债券的价格有两种：一是转换股票前的价格；二是转换股票时的价格。

1. 转换股票前的价格

转换股票前的价格用一般债券价格计算公式计算，即

$$\text{发行价格} = \text{债券利息的年金现值} + \text{到期本金的复利现值} \tag{3.11}$$

【例5】某可转换债券的面值为5 000元，期限为20年，年利率为4%，收益贴现率为4.5%，则此债券转换成股票前的价格应为

$$\begin{aligned} &5\,000 \times 4\% \times P/A(4.5\%,\ 20) + 5\,000 \times P/F(4.5\%,\ 20) \\ &= 200 \times 13.007\,9 + 5\,000 \times 0.414\,6 \\ &= 4\,674.58(\text{元}) \end{aligned}$$

如果可转换债券已发行数年但尚未到期，则转换前的价格也用一般债券公式计算。

2. 转换股票时的价格

$$PV_t = PV_0(1 + g)^t \times q \tag{3.12}$$

式中：PV_t 为转换股票时的价格，PV_0 为股票的现行市场价格，g 为股票价格增长率，q 为转换率，t 为转换时间。

【例6】某公司股票市价为50元，股票价格增长率为6%，转换比率为18.52。则5年后的转换价格为

$$PV_5 = 50 \times (1 + 0.06)^5 \times 18.52 \approx 1\,239.17(\text{元})$$

(四) 对可转换债券筹资的评价

1. 可转换债券筹资的优点

(1) 可降低筹资成本。可转换债券给予了债券持有人以优惠的价格转换公司股票的好处，其利率低于同一条件下的不可转换债券(或普通债券)的利率，降低了公司的筹资成本；此外，在可转换债券转换为普通股时，公司无须另外支付筹资费用，又节约了股票的筹资成本。同时，在债券转换成权益资本前，债券利息在税前扣除，从而降低了筹资成本。

(2) 便于筹集资金。可转换债券一方面可以使投资者获得固定利息；另一方面又向其提供了进行债权投资或股权投资的选择权，对投资者有吸引力，便于债券的发行，便于资金的筹集。

(3) 公司可获得转换溢价。可转换债券是以转换溢价转换为股票的，一旦发生转换，就等于公司在将来以高于当前市价的价格发行新股，从而获得了溢价收入。而直接发售新股通常按当前股票价格的一定折扣出售。

(4) 有利于稳定股票价格和减少对每股收益的稀释。可转换债券转换之前，不会增加公司的股本，不会立即产生摊薄公司每股净收益的负面效应。一般而言，可转换债券持有人只有在股票市价高于转换价格时才行使转换权，而股票市价持续增

长时期也是公司盈利高速增长时期，在这个时期发生债权转股权，其摊薄效应也会因公司盈利的增加而得到抵免。

（5）提高公司声誉，扩大股东基础，增加长期资金来源。可转换债券的认购者基本为机构投资者和投资基金，有些国家不允许机构投资者和投资基金投资于外国公司的股票，可转换债券则能解决这个问题。因而可转换债券的发行将有助于扩大发债公司的股东基础，获得稳定的长期资金来源。同时，在国际上提高公司声誉和扩展公司的业务，为公司进一步在海外市场融资打下良好基础。可转换债券的期限一般都比较长。

2. 可转换债券筹资的缺点

（1）实际筹资成本较高。虽然可转换债券的转换价格高于其发行时的股票价格，但如果转换时股票价格大幅度上涨，则其实际筹资成本会高于发行纯债券成本。

（2）增加财务风险。发行可转换债券后，如果公司业绩不佳，股价长期低迷，持券人没有如期转换为普通股，则会增加公司偿债压力。特别是在订有回售条款的情况下，公司短期内集中偿还债务的压力会更加明显。

（3）债券低利率的期限不长。可转换债券转换成普通股后，其原有的低息优势不复存在，公司将要承担较高的普通股成本，从而导致公司的综合资本成本上升。

二、认股权证筹资

（一）认股权证及其特点

认股权证是公司发行的一种附有选择权的金融凭证，它赋予持证人在预定的期限内按约定价格认购事先约定数量的标的证券。认股权证本质上为一种权利契约，支付权利金的一方有权（非义务）于契约期间或契约到期时，以事先约定的价格买进或卖出事先约定的标的证券。认股权证的交易就是决定是否买卖特定标的证券的一种选择性交易，实质上是一种期权买卖。

认股权证具有以下特点：

1. 具有衍生性

认股权证作为衍生金融工具的一种，源于股票、债券等其他基础性金融资产。

2. 是一种期权

认股权证是否执行是可以选择的。

3. 是一种选择性契约

认股权证包含了选择权契约的全部特征，即选择权约定的有效期限、约定价格及可以购买股票的数量。

4. 具有流通性

认股权证可以在不同的投资者之间转让。权证的流通性一方面为权证的持有人提供了随时变现的机会；另一方面，又为市场的参与者提供了投资的机会。

（二）认股权证的要素

1. 标的物

这是指认股权证发行所依附的证券。

2. 认购期限

这是指认股权证的有效期。在有效期内，认股权证的持有者可以随时购买股份；超过有效期，则认股权证失效。

3. 认购数量

认购数量既可以用数量单位约定，也可以用金额单位约定。

4. 认购价格

这是指认股权证持有人行使权利时的执行价格。

5. 赎回条款

这是指在特定情况下，公司有权赎回发行在外的认股权证。

（三）认股权证的价值

认股权证在其有效期限内具有价值。认股权证价值有理论价值与实际价值之分。

1. 理论价值

$$\text{理论价值} = (\text{普通股市价} - \text{执行价格}) \times \text{每一认股权证所能认购的普通股股数} \tag{3.13}$$

如果普通股市价低于其执行价格，认股权证的理论价值为负数，在此情况下，一般认股权证的持有者不会行使其认购权。所以，当出现这种情况时，设定认股权证的理论价值为零。

影响认股权证理论价值的因素主要有：

（1）普通股的市价。市价越高，认股权证的理论价值就越大。

（2）剩余有效期间。认股权证的剩余有效期间越长，市价高于执行价格的可能性就越大，认股权证的理论价值也越大。

（3）换股比率。认股权证每一份所能认购的普通股股数越多，其理论价值就越大；反之，则越小。

（4）执行价格。执行价格越低，认股权证的持有者为换股而支付的代价就越小，普通股市价高于执行价格的机会就越大，认股权证的理论价值也就越大。

假如某公司规定认股权证的持有者，每持有两份可按12元的价格认购一股普通股。现王某拥有200份认股权，他投资1 200元购买100股普通股，次日该公司的普通股的市价为每股16元，王某将其持有的100股全部抛出获得1 600元。假设无交易成本，则王某获利400元，就是实现的认股权证的理论价值。

2. 实际价值

认股权证在证券市场上的市场价格或售价称为认股权证的实际价值。一般来说，认股权证的实际价值高于其理论价值，理论价值是出售认股权证的最低价格。认股权证的实际价值大于理论价值的部分称为超理论价值的溢价。之所以形成超理论价值的溢价，是因为认股权证的投资具有较大的投机性，认股权证给予投资者以极大的获利杠杆作用。

为了说明这一点，假定认股权证的售价恰好等于其理论价值。若A公司规定认股权证的持有者以20元的价格，每份认购一股普通股，普通股价格为25元，则此时认股权证的售价为5元。如果王明准备投资，以25元的股价购买一股普通股，一年后股价上涨为50元，王明获得的资本利得为25元(假设无交易成本)，资本利得率为100%。但张勇在一年前按认股权证的理论价值去投资认股权证，投资5元买入一份，此时出售认股权证可获得收入30元，获利25元，资本利得率为500%(25/5)。而且张勇投资认股权证的可能总损失为5元，而王明的可能总损失为25元。巨额的资本利得，有限的损失，对于投资者来说吸引力巨大。认股权证在资本市场上公开买卖，相应助长了这种投机性。

(四) 对认股权证筹资的评价

1. 认股权证筹资的优点

(1) 它可以保护现有股东免受公开发行股票导致的财产潜在损失。为了促销，股票发行的价格比其现行市场价格要低。在公开发行中，这种促销方式会导致财富由现有股东向新股东转移，认股权证的发行会避免这种财富转移。只要现有股东出售或执行认股权证，他们就能获得降价促销的好处。

(2) 为公司提供了扩大证券组合和更广泛地吸引投资者的机会。认股权证随债券配售，如果公司处于利润高速增长期，可以使投资者在持有债券的同时享有分享公司利润的机会，这种潜在的利益以及认股权的补偿价值使公司可以以较低的利率和不很严格的契约条款向投资者出售公司的长期债券。

2. 认股权证筹资的不足

(1) 发行所需要的时间较长。

(2) 当股票价格高于认股权证约定的价格时，如果认股权证持有人行使权利，会使公司遭受财务损失。

本章小结

公司筹资的动机在于扩张性筹资、调整性筹资和混合性筹资。

公司筹资需要通过一定的筹资渠道，运用一定的筹资方式来进行。不同的筹资渠道和筹资方式各有特点和适用性，公司需要根据自身的实际情况进行选择。同时，公司筹资之前，应当预测资金需要量，以提高资金使用效益。

权益性筹资主要包括吸收直接投资和发行股票。吸收直接投资是投资者投入资本建立企业筹资的一种主要形式。发行股票是股份公司设立筹资(包括IPO)和再融资(配股和增发)的一种主要形式。

债务性筹资主要包括长期借款、公司债券、商业信用、租赁筹资等。其中,长期借款、公司债券和融资租赁属于长期筹资,而商业信用、经营租赁属于短期筹资。

除了传统的筹资方式外,随着公司财务管理实践的不断创新和发展,产生了混合性筹资方式。常见的混合性筹资方式主要有可转换债券和认股权证等。

思考题

1. 什么是吸收直接投资?吸收直接投资的优缺点何在?
2. 简述股票的性质和特点。
3. 试分析股票筹资的利与弊。
4. 简述长期借款和发行债券筹资的优缺点。
5. 如何看待商业信用在筹资中的作用?
6. 试比较经营租赁与融资租赁的异同。
7. 可转换债券的构成要素有哪些?
8. 怎样确定认股权证的理论价值和实际价值?
9. 试分析认股权证的特点。

练习题

1. 某公司发行可转换债券,该债券面值为1 000元,期限为10年,年利率为4%,市场利率为5%。已知$(P/F, 5\%, 10)=0.613\,9$,$(P/A, 5\%, 10)=7.721\,7$。要求:计算该债券转换成股票前的价格。

2. 公司发行债券,面值为1 000元,票面年利率为12%,期限为5年,市场利率为10%,每一年付息一次。已知$(P/F, 10\%, 5)=0.620\,9$,$(P/A, 10\%, 5)=3.790\,8$。要求:计算该债券的发行价格。

3. 某公司采用融资租赁方式于某年租入一台设备,设备的价款为10万元,租期为4年,到期后设备归承租公司所有,租赁期折现率为10%,采用普通年金方式支付租金。已知$(P/A, 10\%, 4)=3.169\,9$,要求计算每年应支付的租金数额。

第四章 资本成本与资本结构

第一节 资本成本

一、资本成本及其性质

（一）资本成本的概念

由于资本的稀缺性和不可或缺性，公司从各种渠道或者通过各种方式取得的资金都不是无偿使用的，而是要付出代价、发生费用的。因此，资本成本是指公司为取得和使用资本而支付的代价。这种代价包括资本的取得成本和资本的使用成本。

1. 资本取得成本

资本取得成本是指资本筹集过程中支付的各种费用，也称为筹资费用，主要包括银行借款的手续费、股票和债券的发行费等。资本取得成本往往与筹资金额和使用时间无直接联系，因此，可看作资本成本的固定费用，在计算资本成本时作为筹资金额的一项扣除。

2. 资本使用成本

资本使用成本又称资金占用费，是指资金使用者因使用或占用资金而支付给资金所有者的报酬，主要包括银行借款的利息、股票的股利、债券的利息等。资本使用成本一般与所筹集资金的多少以及使用时间有关，具有经常性、定期性支付的特点，可视为资本成本的变动成本，是资本成本的主要内容。

资本成本可以用绝对数表示，也可以用相对数表示，通常用相对数表示，即用资费用与筹集资金之间的比率。其计算公式表示如：

$$资本成本率 = \frac{资本使用成本}{筹资总额 - 资本取得成本} \times 100\% \quad (4.1)$$

（二）资本成本的性质

资本成本是商品经济条件下资本所有权和使用权分离的必然结果，具有特定的经济性质。

1. 资本成本是资本使用者向资本所有者和中介机构支付的费用，是资本所有权和使用权相分离的结果

当资本所有者有充裕的资金而闲置时，可以直接或者通过中介机构将其闲置资本的使用权转让给急需资金的筹资者。这时，对资本所有者而言，由于其让渡了资本的使用权，必然要求获得一定的收益回报，资本成本表现为让渡资本使用权所带来的报酬；对筹资者来说，由于其取得了资本的使用权，也必须支付一定的代价，资本成本便表现为取得资本使用权所付出的代价。可见，资本成本是资本所有权和使用权分离的必然结果。

2. 资本成本作为一种耗费，最终要通过收益的扣除来补偿，体现了一种利益分配关系

资本成本和产品成本都属于劳动耗费，但是，产品成本的价值补偿是对耗费自身的补偿，并且，这种补偿金还会回到公司再生产过程中；而资本成本的补偿是对资本所有者让渡资本使用权的补偿，一旦从公司收益中扣除，就退出了公司生产过程，体现了一种利益分配关系。

3. 资本成本是资金时间价值和风险价值的统一

资本成本与货币时间价值既有联系，又有区别。货币时间价值是资本成本的基础，货币时间价值越大，资本成本也就越高；反之，货币时间价值越小，资本成本也就越低。但是，货币时间价值和资本成本二者在数量上并不一致。资本成本不仅包括时间价值，而且还包括风险价值、资本筹集费，同时，还受资金供求、通货膨胀等因素的影响。此外，货币时间价值除了用于确定资本成本外，还广泛用于其他方面。

二、资本成本的意义

西方财务理论认为，资本成本在财务管理中处于至关重要的地位。它对于公司筹资决策、投资决策以及经营决策等具有重要作用。资本成本的意义主要表现在三个方面。

（一）资本成本是比较筹资方式、进行资本结构决策的重要依据

首先，个别资本成本是比较筹资方式的依据。前已述及，衡量一种筹资方式是否优于另一种筹资方式的标准是多种多样的，如对公司控制权的影响、对投资者吸引力的大小、取得资金的难易程度、财务风险的大小、资本成本的高低等。其中，资本成本是一个极为重要的因素。在其他条件基本相同的情况下，应选择资本成本

最低的筹资方式。

其次，综合资本成本是衡量资本结构合理性的依据。综合资本成本与资本结构之间关系密切。按照西方财务理论，综合资本成本最低时的资本结构才是最优资本结构，这时公司的价值达到最大。

最后，边际资本成本是选择追加筹资方案的依据。公司有时为了扩大生产规模，需要增大资本投入量。这时，公司不论维持原有资本结构还是希望达到新的目标资本结构，都可以通过计算边际资本成本的大小来选择是否追加投资。

（二）资本成本是评价投资效益、比较投资方案的主要标准

公司在进行投资决策时，要从设定的众多投资方案中选择最经济、最有效的投资方案，从而实现投入资金的合理配置，提高投资效益。由于资本成本是某项投资项目可接受的最低报酬率，所以，它便成为衡量方案取舍的客观标准。只有当期望投资收益率大于资本成本率时，投资方案才有利，否则就是不利方案。

（三）资本成本是评价公司经营管理业绩的客观依据

资本成本是公司使用资金所应获得收益的最低界限，一定时期资本成本的高低可以综合反映公司的经营管理水平。通过分析资本成本，管理者不仅可以衡量公司经营管理业绩，而且可以发现公司经营管理中存在的问题，促进公司采取有效措施，努力提高生产经营管理水平。

三、资本成本率的计算

资本成本有个别资本成本、综合资本成本和边际资本成本三种形式，每种形式的计量方法各不相同。

（一）个别资本成本率

个别资本成本率包括债务资本成本率和权益资本成本率两类。其中，债务资本成本率又包括长期借款成本率和长期债券成本率；权益资本成本率又包括优先股成本率、普通股成本率和留存收益成本率。

1. 长期借款成本率

$$K_l = \frac{I_l(1 - T)}{L(1 - F_l)} \tag{4.2}$$

式中：K_l 为长期借款成本率，L 为长期借款总额，I_l 为长期借款年利息，T 为所得税税率，F_l 为借款筹资费率(借款手续费率)。

如果借款手续费率较低，可以略去不计。这时，长期借款成本率为

$$K_1 = I(1 - T) \tag{4.3}$$

式中：I 为借款利率。

【例1】某公司取得长期借款200万元，年利率为10.8%，期限为3年，每年付息一次，到期一次还本。筹措这笔借款的费用率为0.2%，公司所得税税率为25%。长

期借款成本率计算如下：

$$\frac{200 \times 10.8\% \times (1-25\%)}{200 \times (1-0.2\%)} \approx 8.12\%$$

在考虑货币时间价值时，长期借款的税前资本成本率计算如下：

$$P_0 = \sum_{t=1}^{n} \frac{I}{(1+R_l)^t} + \frac{P_n}{(1+R_l)^n} \tag{4.4}$$

式中：P_0 表示借款筹资净额，即长期借款扣除银行手续费；I 表示长期借款年利息额；P_n 表示长期借款到期价值；R_l 表示长期借款投资的必要报酬率，即长期借款的税前资本成本率；t 表示长期借款付息期数；n 表示长期借款期限。

长期借款的税后资本成本率计算如下：

$$K_l = R_l(1-T) \tag{4.5}$$

2. 长期债券成本率

$$K_b = \frac{I_b(1-T)}{B(1-F_b)} \tag{4.6}$$

式中：K_b 为长期债券成本率，B 为债券发行总额（按发行价确定），I_b 为长期债券年利息，T 为所得税税率，F_b 为长期债券筹资费率。

长期债券的筹资费包括债券申请手续费、注册费、印刷费、推销费等；长期债券利息按债券面值和债券年利率确定，而长期债券筹资总额按发行价格确定。

【例2】某公司发行长期债券1 000万元，票面利率为15%，发行费率为4%，所得税税率为25%。

如果按1∶1平价发行，则

$$K_b = \frac{1\,000 \times 15\% \times (1-25\%)}{1\,000 \times (1-4\%)} \approx 11.72\%$$

如果按1∶1.2溢价发行，则

$$K_b = \frac{1\,000 \times 15\% \times (1-25\%)}{1\,200 \times (1-4\%)} \approx 9.77\%$$

如果按1∶0.8折价发行，则

$$K_b = \frac{1\,000 \times 15\% \times (1-25\%)}{800 \times (1-4\%)} \approx 14.65\%$$

在考虑货币时间价值时，公司债券的税前资本成本率计算如下：

$$P_0 = \sum_{t=1}^{n} \frac{I}{(1+R_b)^t} + \frac{P_n}{(1+R_b)^n} \tag{4.7}$$

式中：P_0 表示债券筹资净额，即债券发行价格（或现值）扣除发行费用；I 表示债券年利息额；P_n 表示债券面额或到期价值；R_b 表示债券投资的必要报酬率，即债券的税前资本成本率；t 表示债券付息期数；n 表示债券期限。

公司债券的税后资本成本率计算如下：

$$K_b = R_b(1 - T) \tag{4.8}$$

3. 优先股成本率

$$K_p = \frac{D_p}{P_p(1 - F_p)} \tag{4.9}$$

式中：K_p 为优先股成本率，P_p 为优先股筹资总额(按发行价确定)，D_p 为优先股年股息，F_p 为优先股筹资费率。

优先股股息按面值和固定股息率确定，优先股筹资总额按发行价格确定。优先股股息是以所得税后净利支付的，不会减少公司应交所得税。

【例3】发行优先股总额为1 500万元，按1∶2溢价发行，年股息率为18%，筹资费率为5%，则

$$K_p = \frac{1\ 500 \times 18\%}{3\ 000 \times (1 - 5\%)} \approx 9.47\%$$

4. 普通股成本率

普通股的使用成本具有很大的不确定性。一般而言，普通股比优先股的风险大，因而资本成本率更高。普通股资本成本率的计算方法有多种：

(1) 评价法(股利固定增长模型)。

$$K_c = \frac{D_c}{C(1 - F_c)} + g \tag{4.10}$$

式中：K_c 为普通股成本，D_c 为普通股第一年支付的股利，C 为普通股发行总额(按发行价格确定)，F_c 为普通股筹资费率，g 为普通股股利预计每年平均增长率。

【例4】发行普通股1 000万元，平价发行，筹资费率为4%，第1年股利率为15%，以后每年增长4%，则

$$K_c = \frac{1\ 000 \times 15\%}{1\ 000 \times (1 - 4\%)} + 4\% \approx 19.63\%$$

(2) 贝塔系数法(资本资产定价模型)。

普通股的资本成本率 = 无风险收益率 + 贝塔系数 × (股票市场平均收益率 − 无风险收益率)　(4.11)

【例5】阳明公司普通股的风险系数为2，政府长期债券利率为3%，股票市场平均收益率为8%。计算该公司普通股的资本成本率。

阳明公司普通股的资本成本率 = 3% + 2 × (8% − 3%) = 13%

(3) 债券收益加风险溢价法。

这种方法是在公司发行的长期债券成本率的基础上加上风险溢价率。

【例6】友谊公司发行的债券属于AAA级，利率为7%，而普通股股东所要求的风险收益率为4%。

普通股的资本成本率 = 7% + 4% = 11%

5. 留存收益成本率

留存收益是企业税后净利在扣除当年股利后形成的，它属于普通股股东所有。从表面上看，留存收益不需要现金流出，似乎不用计算其资本成本。其实不然。留存收益的资本成本是一种机会成本，体现为股东追加投资要求的收益率。

留存收益成本率的计算方法与普通股成本率的计算方法基本相同，只是留存收益没有筹资费。其计算公式为

$$K_r = \frac{D_r}{R} + g \tag{4.12}$$

式中：K_r 为留存收益成本，D_r 为普通股股利，$D_r = D_c$，g 为普通股股利每年预计的平均增长率，R 为留存收益用于追加投资的总额。

需要说明的是，按上述公式确定的资本成本，只是一个近似值，因为各种筹资方式下的资本成本是根据现在和将来的各项因素确定的，这些因素并非固定不变。所以，在实际运用上述公式时，要充分考虑各个因素的变动对资本成本的影响。

（二）综合资本成本

公司从不同资金渠道按不同方式筹集的资金，它们的资本成本各不相同。为了进行筹资决策，尤其是研究公司资本结构的合理性，必须计算综合资本成本。综合资本成本，又称为加权平均资本成本，它是以各种个别资本占全部资本的比重为权数，对个别资本成本进行加权计算的平均资本成本。其公式是

$$K = \sum_{i=1}^{n} K_i W_i \tag{4.13}$$

式中：K 为综合资本成本，K_i 为第 i 种个别资本成本，W_i 为第 i 种个别资本占全部资本的比重。

【例 7】某公司现有长期资本 5 500 万元。其个别资本及相应的资本成本如表 4 – 1 所示：

表 4 – 1　　综合资本成本计算表

资本来源	金额 / 万元	比重 /%	资本成本 /%
债务资本	1 800	32.72	
其中：长期借款	1 000	18.18	10.00
长期债券	800	14.54	12.00
权益资本	3 700	67.28	
其中：优先股	1 000	18.18	14.00
普通股	2 200	40.00	18.00
留存收益	500	9.10	16.00
合计	5 500	100.00	14.77

本例中，综合资本成本

$= 10\% \times 18.18\% + 12\% \times 14.54\% + 14\% \times 18.18\% + 18\% \times 40\% + 16\% \times 9.10\%$

$\approx 14.77\%$

可见，该公司综合资本成本约为14.77%，这是公司追求经济效益的最低标准。只有当公司投资收益率高于这个标准，才可能有较好的效益。因此，降低综合资本成本是公司取得良好经济效益的重要途径。要降低综合资本成本，不仅要降低各项个别资本成本，而且要适当提高资本成本较低的个别资本比重。

综合资本成本的计算存在着一个权数价格选择的问题，即各个个别资本按什么价值来确定的问题。可供选择的价值形式有四种。

1. 账面价值

这是指以各个个别资本的账面价值来计算权数。其优点是：资料容易取得，可以直接从资产负债表右方得到。其缺点是：当债券和股票的市价脱离账面价值较大时，影响准确性；同时，账面价值反映的是过去的资本结构，不适合未来的筹资决策。

2. 现行市价

这是指以各个个别资本的现行市价来计算权数。其优点是：能够反映实际的资本成本，市场价值权数比账面价值权数提供了更好的公司目标筹资结构的估计值。其缺点是：现行市价处于经常变动之中，不容易取得；并且，现行市价反映的只是现实的资本结构，也同样不适合未来的筹资决策。

3. 目标价值

这是指以未来预计的目标市场价值来确定权数。对于公司筹措新的资本，目标价值是有益的，但目标价值的确定难免具有主观性。

4. 修正账面价值

这是指以各个个别资本的账面价值为基础，根据债券和股票的市价脱离账面价值的程度，适当地对账面价值予以修正，据以计算权数。这种方法能够比较好地反映实际资本成本和资本结构。

（三）边际资本成本

1. 边际资本成本的概念

公司无法以某一固定的资本成本来筹措无限的资金，当其筹集的资金超过一定的限度时，原来的资本成本就会增加。在公司追加筹资时，需要知道筹资额在什么数额上便会引起资本成本的怎样变化，这就要用到边际资本成本的概念。

边际资本成本是指资金每增加一个单位而增加的成本。边际资本成本也是按加权平均法计算的，是追加筹资时使用的加权平均成本。

2. 边际资本成本的计算和应用

以下举例说明边际资本成本的计算和应用。

【例8】某公司计划筹集新的资金，并维持目前的资金结构（债券占40%，普通股占 60%）不变。随筹资额增加，各筹资方式的资本成本变化如表 4 - 2 所示，试计算边际资本成本。

表 4 - 2　　　　某公司筹资资料

筹资方式及目标资本结构	新筹资额	个别资本成本
债券(40%)	30 万元以下	8%
	30 万 ~ 80 万元	9%
	80 万元以上	10%
普通股(60%)	60 万元以下	14%
	60 万元以上	16%

(1) 计算筹资突破点。因为花费一定的资本成本只能筹集到一定限度的资金，超过这一限度多筹集的资金就要多花费资本成本，引起原来资本成本的变化，于是就把在保持某资本成本条件下可以筹集到的资金总额称为现有资本结构下的筹资突破点。在筹资突破点范围内筹资，原来的资本成本不会改变；一旦筹资总额超过筹资突破点，即使维持现有的资本结构，其资本成本也会增加。筹资突破点的计算公式为

$$筹资突破点 = \frac{可用某一特定成本率筹集到的某种资金额}{该种资金在资本结构中所占的比重} \quad (4.14)$$

在花费 8% 的资本成本时，取得的发行债券的限额为 30 万元，其筹资突破点为：$\frac{30}{40\%}$ = 75(万元)，按此计算方法，资料中的各种情况下的筹资突破点的计算结果如表 4 - 3 所示：

表 4 - 3　　　　筹资突破点计算表

筹资方式及目标资本结构	资本成本	特定筹资方式的筹资范围	筹资突破点 / 万元	筹资总额范围
债券(40%)	8%	30 万元以下	30 ÷ 40% = 75	75 万元以下
	9%	30 万 ~ 80 万元	80 ÷ 40% = 200	75 万 ~ 200 万元
	10%	80 万元以上		200 万元以上
普通股(60%)	14%	60 万元以下	60 ÷ 60% = 100	100 万元以下
	16%	60 万元以上		100 万元以上

(2) 计算边际资本成本。由表 4 - 3 可得出四组新的筹资范围，并计算出资金的边际成本：

① 0 ~ 75 万元：边际成本 = 8% × 0.4 + 14% × 0.6 = 11.6%

② 75 万 ~ 100 万元：边际成本 = 9% × 0.4 + 14% × 0.6 = 12%

③ 100 万 ~ 200 万元：边际成本 = 9% × 0.4 + 16% × 0.6 = 13.2%

④ 200 万元以上：边际成本 = 10% × 0.4 + 16% × 0.6 = 13.6%

第二节　杠杆效应

杠杆本是物理学用语，是指在力的作用下能够绕固定支点转动的杆。改变支点和力点间的距离，可以产生大小不同的力矩，这就是杠杆作用。经济学中所说的杠杆是无形的，通常指杠杆作用，反映的是不同经济变量之间的相互关系。通常的杠杆效应有经营杠杆效应、财务杠杆效应和总杠杆效应。杠杆效应具有两面性，既可以产生杠杆利益，也可能带来杠杆风险。

一、经营杠杆效应

（一）经营杠杆效应的概念

按照成本与业务量的关系，成本可分为变动成本和固定成本。变动成本是指在相关业务量范围内，成本总额随着业务量变动而成正比例变动的成本；固定成本是指在相关业务量范围内，成本总额不随业务量变动而变动的成本。

在相关的业务量范围内，固定成本总额不会发生变动，但是，单位产品的固定成本却会随着业务量的增加而降低。这样，随着业务量的增长，公司的经营利润会以更快的速度增长。这种由于固定成本的作用而导致的经营利润的变动率必然大于业务量变动率的现象，就是经营杠杆效应，也称为营业杠杆效应。

（二）经营杠杆效应的计算公式

为了测算经营杠杆效应，反映业务量的既定变动对经营利润的影响，需要计算经营杠杆系数。经营杠杆系数(DOL) 是息税前利润的变动率相对于销售额变动率的倍数。其计算公式为

$$\text{DOL} = \frac{\Delta \text{EBIT}/\text{EBIT}}{\Delta X/X} \tag{4.15}$$

式中：DOL 为经营杠杆系数，EBIT 为息税前利润，ΔEBIT 为息税前利润的增量，X 为销售量，ΔX 为销售量的增量。

为了深入理解经营杠杆效应，有必要从经营利润的基本公式入手对经营杠杆效应原理展开具体讨论。首先给出基本公式：

$$\text{EBIT} = X(P - V) - F \tag{4.16}$$

式中：EBIT 为息税前利润，X 为销售量，P 为单价，V 为单位变动成本，F 为固定成本。

由于 F 的作用，当 X 变动时，EBIT 必然以更快的速度变动，即 $\Delta EBIT/EBIT > \Delta X/X$。

【例9】设 $P = 15$ 元，$V = 10$ 元，$F = 8\ 000$ 元，则：当 X 分别为 4 000 件、6 000 件、8 000 件、10 000 件和 12 000 件时，其息税前利润如表 4 - 4 所示：

表 4 - 4　　不同销售量下的息税前利润

销售量／件 (X)	销售额／元 (XP)	经营成本／元 ($XV + F$)	息税前利润／元 (EBIT)
4 000	60 000	48 000	12 000
6 000	90 000	68 000	22 000
8 000	120 000	88 000	32 000
10 000	150 000	108 000	42 000
12 000	180 000	128 000	52 000

根据表 4 - 4 的资料可以计算出销售量变动率、息税前利润变动率以及经营杠杆系数，如表 4 - 5 所示：

表 4 - 5　　经营杠杆系数计算表

销售量变动率 ($\Delta X/X$)	息税前利润变动率 ($\Delta EBIT/EBIT$)	经营杠杆系数 $(\Delta EBIT/EBIT)/(\Delta X/X)$
$\frac{6\ 000-4\ 000}{4\ 000}\times 100\% = 50\%$	$\frac{22\ 000-12\ 000}{12\ 000}\times 100\% \approx 83.33\%$	1.67
$\frac{8\ 000-6\ 000}{6\ 000}\times 100\% \approx 33.3\%$	$\frac{32\ 000-22\ 000}{22\ 000}\times 100\% \approx 45.45\%$	1.36
$\frac{10\ 000-8\ 000}{8\ 000}\times 100\% = 25\%$	$\frac{42\ 000-32\ 000}{32\ 000}\times 100\% = 31.25\%$	1.25
$\frac{12\ 000-10\ 000}{10\ 000}\times 100\% = 20\%$	$\frac{52\ 000-42\ 000}{42\ 000}\times 100\% \approx 23.81\%$	1.19

从表 4 - 5 可见，当销售量从 10 000 件增加到 12 000 件，增长 20% 时，息税前利润从 42 000 元增加到 52 000 元，增长了 23.81%，经营杠杆系数为 1.19；当销售量从 4 000 件增加到 6 000 件，增长 50% 时，息税前利润从 12 000 元增加到 22 000 元，增长了 83.33%，经营杠杆系数为 1.67。因此，销售量的微小变动引起了息税前利润的大幅度变动。经营杠杆系数越大，公司所获得的杠杆效应也越大。

经营杠杆系数也可用下式计算：

$$DOL = \frac{F + EBIT}{EBIT} \tag{4.17}$$

【例10】在上例中，当销售量从 4 000 件增加到 6 000 件，息税前利润从 12 000 元增加至 22 000 时，经营杠杆系数为

$$DOL = \frac{8\ 000 + 12\ 000}{12\ 000} \approx 1.67$$

当经营杠杆系数业已确定后，还可用下式计算变动后的息税前利润，即进行息税前利润的预测分析。

$$\text{预计息税前利润} = EBIT(1 + \frac{\Delta X}{X} \times DOL) \tag{4.18}$$

【例 11】产销量 $X = 4\ 000$ 件，实现利润 EBIT = 12 000 元，固定成本 $F = 8\ 000$ 元，若下期产销量提高 50%，则下期的利润是多少？

$$\because \quad DOL = \frac{8\ 000 + 12\ 000}{12\ 000} = 1.67$$

$$\therefore \quad \text{预计息税前利润} = 12\ 000 \times (1 + 50\% \times 1.67) = 22\ 020(\text{元})$$

公司在获得经营杠杆效应的同时，也承担了经营风险。经营风险是指利用经营杠杆效应而导致的经营利润变动的风险。经营风险不仅影响公司的筹资能力，而且还影响资本结构。因此，公司必须在经营杠杆效应和经营风险之间进行慎重的权衡和选择 —— 要么承担高风险去获得经营杠杆高效应，要么只获得较小的经营杠杆效应去避免过高的经营风险。

二、财务杠杆效应

（一）财务杠杆效应的概念

我们知道，公司举借债务资本需要从息税前利润中支付利息，在既定的资本结构下，公司从息税前利润中支付的利息具有一种典型的固定成本特征。这样，随着企业息税前利润增加，单位息税前利润所负担的债务资本的利息就会相应减少，从而导致企业净利润（或普通股每股利润）以更大幅度增长。这种因利用债务资本而支付的利息，犹如杠杆的支点那样，使息税前利润的微小变化引起净利润的大幅度变化的现象，就是财务杠杆效应。债务资本使用越多，计入息税前利润的固定利息就越多，财务杠杆效应就越大，与此相适应的财务风险也就越大。倘若公司不使用任何债务资本，公司就不存在对筹资的定期契约性的现金支付 —— 利息，从而也就无所谓财务杠杆效应以及由财务杠杆效应而带来的财务风险。

（二）财务杠杆效应的计算公式

财务杠杆效应一般通过财务杠杆系数来衡量。财务杠杆系数，又称为财务杠杆度，它是指净收益或普通股每股利润变动率相当于息税前利润变动率的倍数，即净收益或普通股每股利润变动率与息税前利润变动率之比。其计算公式为

$$DFL = \frac{\Delta EPS / EPS}{\Delta EBIT / EBIT} \tag{4.19}$$

式中：DFL 为财务杠杆系数，ΔEPS 为普通股每股利润变动额，EPS 为普通股每股

利润。

根据式(4.19)，还可以推导出计算财务杠杆系数的另一个公式：

$$\mathrm{DFL}=\frac{\mathrm{EBIT}}{\mathrm{EBIT}-I} \tag{4.20}$$

式中：I 为支付的利息。

【例 12】某公司资本总额为 5 500 万元，负债比率为 55%，债务资本利息率为 12%，如果息税前利润为 550 万元，则财务杠杆系数为

$$\mathrm{DFL}=\frac{550}{550-5\,500\times55\%\times12\%}\approx2.94$$

这表明，当息税前利润增长 1 倍时，每股利润增长 2.94 倍。

在有优先股的条件下，由于优先股股利通常也是固定的，且以税后利润支付，此时，式(4.20) 应改写成下列形式：

$$\mathrm{DFL}=\frac{\mathrm{EBIT}}{\mathrm{EBIT}-I-\dfrac{E}{1-T}} \tag{4.21}$$

式中：E 为优先股股息。

DFL 的经济含义是：当息税前盈余增长 1 倍时，普通股每股利润将增长多少倍。当资本结构、利率、息税前利润等因素发生一定变化时，财务杠杆系数也会变动，从而表示不同程度的财务杠杆利益和财务风险。财务杠杆系数越大，对财务杠杆利益的影响就越强，财务风险也就越高。

三、总杠杆效应

（一）总杠杆效应的概念

以上分别讨论了经营杠杆效应和财务杠杆效应及其衡量。从讨论中我们可以看到，经营杠杆效应和财务杠杆效应是两个既有联系又有区别的概念：经营杠杆主要是从生产经营的角度考察实现经济效益各变量之间的关系，它是以业务量为前提，侧重于生产经营的决策分析；财务杠杆效应则是从筹资角度，来考察每股利润各变量之间的关系，它是以经营利润即息税前利润为前提，侧重于筹资效益和资本结构的选择分析。经营杠杆效应是因为固定成本的存在而导致的销售量变动对息税前利润的影响；财务杠杆效应则是因为债务资本固定利息的存在而导致的息税前利润变动对每股收益的影响。因此，无论是经营杠杆效应还是财务杠杆效应，最终都会影响每股利润。如果公司同时利用两种杠杆效应，那么，销售量的极微小变动必然导致每股利润的更大幅度的变动。这种由销售量的微小变化引起的每股利润更大幅度变动的现象，就是总杠杆效应。总杠杆效应又称为复合杠杆效应或联合杠杆效应。总杠杆效应实质上是经营杠杆效应和财务杠杆效应综合作用的结果。

（二）总杠杆效应的计算公式

总杠杆效应的衡量是通过总杠杆系数来进行的。总杠杆系数，又称为总杠杆度，它是经营杠杆系数与财务杠杆系数之乘积，即每股利润变动率相对于销售量变动率的倍数，其计算公式：

$$DCL = DOL \times DFL \tag{4.22}$$

式中：DCL 为总杠杆系数。

【例 13】某公司经营杠杆系数为 1.67，财务杠杆系数为 2.94，则

$$DCL = 1.67 \times 2.94 \approx 4.91$$

这表明，销售量变动 10%，将导致每股利润变动约 49.1%。

经营杠杆效应和财务杠杆效应不同的组合，能够产生不同的总杠杆效应。因而，公司可以在经营杠杆效应和财务杠杆之间做出适宜的选择：经营杠杆系数较低的公司可以利用较高的财务杠杆效应，增加债务资本，以提高总杠杆效应；经营杠杆系数较高的公司可以利用较低的财务杠杆效应，减少债务资本，降低财务风险。

第三节　资本结构决策

一、资本结构及其影响因素

（一）资本结构的概念

对资本结构这一概念有着不同的理解：

一是将其理解为总资本中短期资本与长期资本之间的组合及其相互关系；

二是将其理解为总资本中全部债务资本与权益资本之间的组合及其相互关系；

三是将其理解为长期资本中债务资本和权益资本之间的组合及其相互关系。

按照国际惯例，资本结构决策主要是针对长期资本而言的，其实质是要确定长期资本中债务资本和权益资本各自的构成比例及其相互关系，因此，采取第三种理解方法不仅符合国际惯例，而且能够体现不同投资主体的风险，有利于筹资方式的比较和选择。

（二）资本结构对公司的影响

长期资本中债务资本和权益资本的构成不同即资本结构不同，对公司有着十分重要的影响。正是这种影响，客观上要求进行资本结构决策，选择最佳的资本结构。

一个公司的债务资本是公司外部债权人对公司的投资，公司使用债权人的投资进行经营就是举债经营。通过举债经营，为公司和股东创造更大的经济利益，被认为是最精明的举动。因为在经济处于上升阶段和通货膨胀比较严重的情况下，举债经营无论对公司还是对股东都是有益的。

（1）举债可以降低资本成本。债务资本的利息率一般都低于公司权益资本的股息率；并且，债务的利息从税前支付，公司可以减少所得税，因而，债务资本成本总是低于权益资本成本。

（2）举债可以获得杠杆效应。由于债务利息是固定的，随着息税前利润的增加，单位利润所负担的固定利息就会减少，公司所有者分得的税后利润就会随之增加。

（3）举债可增加权益资本收益。由于在经济上升阶段，公司经营比较顺利，获利水平往往较高，特别是当投资收益率大于债务资本利息率时，公司举债越多，其权益资本利润率（也称为净资产收益率）就会越高，从而给股东带来超额利润。

（4）举债可减少货币贬值的损失。在通货膨胀日益加重的情况下，利用举债扩大再生产比利用权益资本更为有利，可以减少通货膨胀造成的贬值损失。

但是，举债对公司的上述有利之处并不意味着举债越多越好，尤其是在经营环境不景气的情况下，如果在公司资本结构中，债务资本过大，权益资本过小，也会对公司经营产生不利影响。

（1）资本来源不稳定。如果权益资本比重过低，公司若再发行债券或向银行举借长期借款，因其信用程度降低，筹资比较困难。因为对债权人来说，向权益资本过低的公司投资，意味着收回投资的风险较大。

（2）资本成本可能升高。虽然债务资本成本一般都小于权益资本成本，似乎债务筹资更为有利，但是，如果公司权益资本过低，资本来源受到限制，就需要对投资者和债权人给予一些优惠条件来吸引投资，这势必增加资本成本，给公司经营带来压力。

（3）资本的自我增值率降低。由于资本成本的升高和外部投资者、债权人对利润的分割较多，在经济不景气的环境下，公司只依靠留存收益来增加权益资本的自我增值能力就会受到限制，从而影响公司的发展。

（4）现金流量需求增加。较高的资本成本意味着每个经济期间要分配给外部投资者、债权人的利润增加，每期因偿还债务而退出的资金增加，进而现金需求量增加，这必然加大公司资本运转的难度。

【例 14】某公司长期债务资本和权益资本总额为 2 000 万元，息税前利润为 400 万元，所得税税率为 25%，利息率为 15%。现有三个资本结构方案：

方案 Ⅰ： 债务资本比重为 0。

方案 Ⅱ：债务资本比重为 30%。

方案 Ⅲ：债务资本比重为 60%。

试根据上述资料，分析不同资本结构方案对公司权益资本利润率的影响。

根据题意，通过计算得表 4 – 6 的结果：

表 4 - 6　　同资本结构对权益资本利润率的影响

金额单位：万元

项目	方案 Ⅰ	方案 Ⅱ	方案 Ⅲ
总资本	2 000	2 000	2 000
债务资本	0	600	1 200
权益资本	2 000	1 400	800
息税前利润	400	400	400
利息	0	90	180
税前利润	400	310	220
所得税	100	77.5	55
税后利润	300	232.5	165
权益资本利润率	15%	16.61%	20.63%

从表 4 - 6 可以看出，公司举债 30% 时，公司权益资本利润率为 16.61%，超过无负债情况下的权益资本利润率 15%；当公司举债 60% 时，则公司权益资本利润率提高到了 20.63%，大大超过无负债情况下的权益资本利润率 15%。因此，在相同资本总额、相同息税前利润和相同利率和所得税税率情况下，资本结构不同，权益资本利润率必然有所差异。

但值得注意的是，以上分析是假设息税前利润是一个确定的量，即三种资本结构下都为 400 万元。然而实际上的公司收益并不是那样确定，在不同的经营景况下，公司收益会有所不同。那么，在收益不确定的情况下，不同的资本结构又会对权益资本利润率产生什么影响呢?

同样以上例来分析这种影响。假设上例中的息税前利润有三种情况：

情况 Ⅰ：不景气经营时的息税前利润为 200 万元。

情况 Ⅱ：正常经营时的息税前利润为 400 万元。

情况 Ⅲ：景气经营时的息税前利润为 600 万元。

三种不同的资本结构方案在三种经营景况下对权益资本利润率的影响如表 4 - 7 所示：

表 4 - 7　　不同经营景况下的权益资本利润率

金额单位：万元

资本结构		经营景况		
		不景气经营（200 万元）	正常经营（400 万元）	景气经营（600 万元）
方案Ⅰ（0%）	利息	0	0	0
	税前利润	200	400	600
	所得税	50	100	150
	税后利润	150	300	450
	权益资本利润率	7.5%	15%	22.5%

表4-7(续)

资本结构		经营景况		
		不景气经营（200万元）	正常经营（400万元）	景气经营（600万元）
方案Ⅱ（30%）	利息	90	90	90
	税前利润	110	310	510
	所得税	27.5	77.5	127.5
	税后利润	82.5	232.5	382.5
	权益资本利润率	5.89%	16.61%	27.32%
方案Ⅲ（60%）	利息	180	180	180
	税前利润	20	220	420
	所得税	5	55	105
	税后利润	15	165	315
	权益资本利润率	1.88%	20.63%	39.38%

从表4－7可以看出：

(1) 在公司正常经营和景气经营的情况下，总资本中债务资本越多，则权益资本利润率就越高；在不景气经营的情况下，总资本中债务资本越多，则权益资本利润率就越低。因此，公司在选择资本结构时，必须具体分析和研究公司的经营情况，并对公司的销售水平和利润水平的发展趋势做出正确的预测。只有在公司产品市场需求量大，市场占有率高，销量和盈利水平保持良好增长的势头时，公司才能适当增加债务资本比重，从而通过举债获得较大的利润，否则，公司应压缩债务资本比重，以避免财务困境。

(2) 财务杠杆效应对公司经营效益具有重要的扩张和遏制作用。在本例中，当息税前利润从400万元增加到600万元，增长50%时，在举债0%的情况下，权益资本利润率从15%增长到22.5%，也增长50%。在举债30%的情况下，权益资本利润率则从16.61%增长到27.32%，增长了64.48%。而在举债为60%的情况下，权益资本利润率则从20.63%增长到39.38%，增长了90.89%。可见，资本结构的改变对权益资本利润率的影响是很大的，其原因就在于利用了债务资本的杠杆效应。

(三) 资本结构的影响因素

资本结构是由公司采用不同的筹资方式筹资而形成的，各种筹资方式的不同组合决定着公司的资本结构及其变化。通常情况下，公司资本结构是否科学、合理，直接决定着公司资本成本的高低，并直接影响公司筹资和投资风险的大小。在公司财务管理实践中，影响资本结构的因素有很多，主要有以下因素：

1. 各种筹资方式的资本成本

公司资本来自债务资本和股东权益资本。其中债务资本成本可以在所得税前列支，具有抵税的作用，这就使得债务资本成本低于股权资本成本。随着债务比率的增加，公司整体的综合资本成本将不断下降。在公司追求资本成本最小、价值最大的前提条件下，公司倾向于使用负债。但是，过多的负债会加重公司的财务负担，从而产生财务风险。因此，不能说资本成本越低其筹资方式越好，要权衡利弊，选择最佳的筹资方式。

2. 公司自身的风险程度

公司的风险对融资方式有很大影响。当负债资本比率较高时，投资者将负担较多的债务成本，从而加大财务风险。如果公司本身财务风险大，举债筹资就不如发行股票，因为股票不用定期支付利息、按时偿还本金。因此，风险大的公司，不宜再冒更大的财务风险。

3. 行业差别

实践中，不同行业以及同一行业的不同公司，在运用债务筹资的策略和方法上大不相同，从而使资本结构产生差别。在资本结构决策中，应掌握本公司所处的行业资本结构的一般标准，作为确定本公司资本结构的参照。同时还必须看到，资本结构不会停留在一个固定不变的水平上，随着时间的推移、情况的变化，资本结构会发生一定的变动，这就要求公司根据具体情况进行及时调整。

4. 公司获利能力

公司获利能力制约着公司的资本结构。公司的息税前利润最低应满足债务利息的要求，否则，不可能运用财务杠杆。在实践中，获利水平相当高的公司往往并不使用大量的债务资本，因为它可以利用较多的留存收益来满足增资的需要。

5. 公司成长性

公司的成长性越强，意味着在一定时期内所需的资金投入越多，从而所需融通的资本就越多。成长性强的公司，尽管获利水平不低，但仅仅依赖保留盈余是不够的；此外，成长性强的公司往往有着良好的前景，因而通常不愿过多地发行新股，以免分散老股东控制权和稀释每股收益。因此，增长率高的公司倾向于使用更多的债务资本。

6. 公司所有者与管理者的态度

如果公司所有者不希望公司的控制权落在他人手里，则可能尽量采用债务筹资的方式来增加资本，而不采取发行新股来增加筹资。相反，从管理者角度来看，一旦发生财务危机，其职务和利益都将受到重大影响，因此，管理者可能较少利用财务杠杆，尽量降低债务资本的比例。

7. 信用等级评定机构或贷款人的态度

他们的态度往往决定了公司扩大融资和选择融资种类的可能性。纵然公司对未来充满信心，认为可以超出公司能力大胆运用财务杠杆，但此时贷款人的态度未必与公司一致。如果公司负债过高，信用评定机构对它的信用评价会较低，此时要获得贷款会比较困难，或者要以较高的资本成本才能获得贷款，从而使公司无法达到它所希望的负债水平。

8. 税收因素

债务的利息可以在所得税前支付，而股票的股利不能在税前支付，因此，公司所得税税率越高，举债筹资的利益就越大。由此可见，税收实际上对债务资本的安排产生了一定的刺激作用。

9. 法律限制

法律对于公司的筹资行为是有限制的。如我国的《证券法》第十六条第二款规定：公司累计债券余额不得超过公司净资产的40%。这就使得公司资本结构中的债务比例受到限制。

10. 国别差异

由于历史文化因素的影响，各国的融资传统存在差异。有些国家的公司偏好债务融资，有些国家的公司则偏好股权融资，倾向于保持较低的负债比率。按照美国金融学家迈耶斯(Myers)的"啄食"融资理论，西方国家的融资顺序一般是：先内源融资，其次债务融资，最后股权融资。在美国市场，公司决策者可能更愿意选择债务融资。而我国上市公司的融资顺序一般为：先股权融资，其次内源融资，最后债务融资。因此，我国公司融资中存在着明显的股权融资偏好。

二、资本结构理论

资本结构理论阐述了公司负债、公司价值和资本成本之间的关系。

(一) 早期资本结构理论

早期资本结构理论是由美国经济学家戴兰德于1952年提出的。他认为，资本结构理论可以按照净收益理论、净营业收益理论和传统折中理论来建立。

1. 净收益理论

净收益理论认为，负债可以降低公司的资本成本，负债程度越高，公司的价值越大。这是因为债务利息和权益资本成本均不受财务杠杆的影响，无论债务程度多高，公司的债务资本成本和权益资本成本都不会变化。因此，只要债务资本成本低于权益资本成本，负债越多，公司的加权平均资本成本就越低，公司的净收益或税后利润就越多，公司价值就越大。当负债比率为100%时，公司加权平均资本成本最低，公司价值将达到最大值。该理论的缺陷在于没有考虑财务风险对资本成本和公司价值的影响。

2. 净营业收益理论

净营业收益理论认为，无论财务杠杆如何变化，公司加权平均资本成本都是固定的，因而公司的总价值也是固定不变的。这是因为公司利用财务杠杆时，即使债务资本成本本身不变，但由于加大了权益的风险，也会使权益资本成本上升，于是加权平均资本成本不会因为负债比率的提高而降低，而是维持不变。因此，资本结构与资本成本和公司价值无关，资本结构的选择也毫无意义。决定公司价值的因素在于其营业收益。该理论的缺陷在于，过分夸大了财务风险的作用，而忽略了资本成本与资本结构之间的内在联系。

3. 传统折中理论

传统折中理论是一种介于净收益理论和净营业收益理论之间的理论。传统折中理论认为，公司利用财务杠杆尽管会导致权益资本成本上升，但在一定程度上却不会完全抵消利用成本率低的债务所获得的好处，因此会使加权平均资本成本下降，公司总价值上升。但是超过一定程度利用财务杠杆，权益成本的上升就不再为债务的低成本所抵消，加权资本成本便会上升。以后，债务成本也会上升，它和权益成本的上升共同作用，使加权平均资本成本从下降变为上升的转折点，是加权平均资本成本的最低点，这时的负债比率就是公司的最佳资本结构。因此，最佳资本结构就在债务资本的边际成本等于权益资本的边际成本那一点上。

（二）现代资本结构理论

1. MM 理论

现代公司财务中，公司融资行为和资本结构理论研究的起点是 Modigliani 和 Miller(1958) 的开创性论文《资本成本、公司财务与投资理论》(*The Cost of Capital, Corporate Finance and Theory of Investment*)。该论文在理想条件下论证了公司价值与资本结构无关的命题，即 MM 理论。MM 理论被认为是现代资本结构的开端和最有影响力的资本结构理论。他们两人分别于1985年和1990年获得诺贝尔经济学奖。

MM 理论包括无公司税的 MM 理论和有公司税的 MM 理论。它们都基于以下基本假设：

（1）风险是可以衡量的，且经营风险相同的公司处于同一个风险等级。

（2）投资者对公司未来收益与风险的预期相同。

（3）资本市场是完全的。这意味着股票和债券的交易不存在交易成本。

（4）负债的利率为无风险利率。

（5）投资者预期的息税前利润不变。

无公司税的 MM 理论的结论是：资本结构不会影响公司价值和资本成本。

有公司税的 MM 理论的结论是：负债会因税收节约而增加公司价值，负债越多，公司价值越大，权益资本的所有者获得的收益也越大。

2. 权衡理论

MM 理论并没有考虑财务拮据成本与代理成本。权衡理论的贡献在于：它是在 MM 理论的基础上，充分考虑财务拮据成本和代理成本两个因素来研究资本结构。

财务拮据成本是指公司因财务拮据而发生的成本。例如，公司因经营效益达不到预期水平，但仍然需要按期还本付息，经理为缓解燃眉之急而推迟机器大修理、降价拍卖资产而使公司蒙受的损失；公司客户和供应商不再提供信用而使公司遭受的损失等。财务拮据成本发生在有负债的公司里，而且负债越多，固定利息越大，收益下降的概率高导致财务拮据成本的概率就越高。财务拮据成本越高，势必提高公司的资本成本，降低公司的价值。

代理成本是指为处理股东和管理者之间、债权人和管理者之间的关系而发生的成本。它实际上是一种监督成本。代理成本的发生会提高负债成本，从而降低负债利益。

权衡理论认为，负债公司的价值等于无负债公司的价值加上税收节约，减去预期财务拮据成本的现值和代理成本的现值。最优资本结构存在于税收节约与财务拮据成本和代理成本相互平衡的那一点上。

以上介绍了早期资本结构理论和西方现代主要资本结构理论，从中可以看出，现代资本结构理论的构思是精巧而新颖的，这对于我们寻求最优资本结构大有益处。但也应该看到，现代资本结构理论是建立在一系列假设条件上的理论推导，其中的许多假设条件在我国现实的经济条件下尚不具备。例如，我国公司融资中存在的信誉问题，致使投资者利益得不到保障；重股权融资轻债务融资还相当普遍；过度依赖外部融资；融资偏好不良；融资机制不灵等。我国公司对资本结构的选择还处于摸索阶段和主观确定阶段，资本结构经常会出现巨大变动。因此，借鉴西方现代资本结构理论，建立起适合我国公司现实情况的资本结构理论，是我们面临的一项长期任务。

三、最优资本结构及其选择

最优资本结构是指综合资本成本最小、公司价值最大时的资本结构。最优资本结构是一个公司理财者所追求的理想目标，因此又称为目标资本结构。现代资本结构理论对最优资本结构的认识尽管不尽相同，但是，最优资本结构是客观存在着的。

衡量最优资本结构的标准主要是：综合资本成本最小化，或公司价值最大化。

（一）综合资本成本比较法

综合资本成本比较法也称为比较资本成本法。这种方法就是通过计算和比较公司的各种可能的筹资组合方案的综合资本成本，选择综合资本成本最低的方案，该方案下的资本结构即为最优资本结构。这种方法侧重于从资本投入的角度对资本结构进行选择分析。

【例 15】太阳股份有限公司现有资本结构如表 4 - 8 所示：

表 4 - 8　　太阳股份有限公司资本结构

长期资本	金额／万元
（1）长期债券，年利率 12%	3 000
（2）优先股，年股息率 13%	2 000
（3）普通股，300 000 股，每股市价 100 元	3 000
预计每股股利 10 元，以后每年增长 4%	
合　计	8 000

该公司所得税税率为25%，并假设所有资本的筹集费率为0。

该公司现拟增资2 000万元，提出了两个可供选择的方案。

方案Ⅰ：发行长期债券2 000万元，年利息率为14%。发行后，普通股股利增加到14元，以后每年增长5%，同时，由于财务风险增加，普通股每股市价跌至80元。

方案Ⅱ：发行长期债券1 000万元，年利息率为14%；另发行普通股1 000万元。普通股股利增加到14元，以后每年再增长5%，由于公司信誉提高，普通股市价将上升到每股145元。

试选择最优资本结构方案。

根据题意：

首先，计算现有资本结构的综合资本成本。各个别资本的比重和资本成本分别为

$$W_b = \frac{3\ 000}{8\ 000} \times 100\% = 37.5\%$$

$$W_P = \frac{2\ 000}{8\ 000} \times 100\% = 25\%$$

$$W_c = \frac{3\ 000}{8\ 000} \times 100\% = 37.5\%$$

$$K_b = \frac{12\% \times (1 - 25\%)}{1 - 0} = 9\%$$

$$K_P = \frac{13\%}{1 - 0} = 13\%$$

$$K_c = \frac{10}{100} + 4\% = 14\%$$

$$\begin{aligned}\text{现有资本结构的综合资本成本} &= 37.5\% \times 9\% + 25\% \times 13\% + 37.5\% \times 14\% \\ &\approx 11.88\%\end{aligned}$$

其次，计算方案Ⅰ的综合资本成本。各个别资本的比重和资本成本分别为

$$W_{b_1} = \frac{3\ 000}{10\ 000} \times 100\% = 30\%$$

$$W_{b_2} = \frac{2\ 000}{10\ 000} \times 100\% = 20\%$$

$$W_P = \frac{2\ 000}{10\ 000} \times 100\% = 20\%$$

$$W_c = \frac{3\ 000}{10\ 000} \times 100\% = 30\%$$

$$K_{b_1} = 9\%$$

$$K_{b_2} = \frac{14\% \times (1 - 25\%)}{1 - 0} = 10.5\%$$

$K_p = 13\%$

$K_c = \frac{14}{80} + 5\% = 22.5\%$

方案 Ⅰ 的综合资本成本 $= 30\% \times 9\% + 20\% \times 10.5\% + 20\% \times 13\% + 30\% \times 22.5\%$

$= 14.15\%$

再次，计算方案 Ⅱ 的综合资本成本。各个别资本比重和资本成本分别为

$W_{b_1} = \frac{3\ 000}{10\ 000} \times 100\% = 30\%$

$W_{b_2} = \frac{1\ 000}{10\ 000} \times 100\% = 10\%$

$W_p = \frac{2\ 000}{10\ 000} \times 100\% = 20\%$

$W_c = \frac{3\ 000 + 1\ 000}{10\ 000} \times 100\% = 40\%$

$K_{b_1} = 9\%$

$K_{b_2} = \frac{14\% \times (1 - 25\%)}{1 - 0} = 10.5\%$

$K_p = 13\%$

$K_c = \frac{14}{145} + 5\% \approx 14.66\%$

方案 Ⅱ 的综合资本成本 $= 30\% \times 9\% + 10\% \times 10.5\% + 20\% \times 13\% + 40\% \times 14.66\%$

$\approx 12.21\%$

最后，评价选择方案。以上计算表明，现有资本结构的综合资本成本为11.88%，方案Ⅰ为14.15%，方案Ⅱ为12.21%。因此，倘若公司不增加2 000万元的资本，则现行资本结构是比较合理的；如果公司确需增加2 000万元资本，则应在方案Ⅰ和方案Ⅱ中选择方案Ⅱ，因为，它的综合资本成本低于方案Ⅰ。

(二) 每股收益无差别点分析

资本结构是否合理，可以通过每股收益的变化进行分析。一般而言，凡是能够提高每股收益的资本结构是合理的；反之，则认为不合理。然而，每股收益的变化，不仅受到资本结构的影响，还受到销售收入的影响。要处理这三者的关系，则必须运用“每股收益无差别点”的方法来分析。每股收益无差别点是指两种资本结构下每股收益等同时的息税前利润点（或销售额点），也称息税前利润平衡点或筹资无差别点。当预期息税前利润（或销售额）大于（小于）该差别点时，资本结构中债务比重高（低）的方案为较优方案。

【例16】光明资源开发公司目前资本结构为：长期资本总额为600万元，其中债

务 200 万元，普通股股本 400 万元，每股面值 100 元，4 万股全部发行在外，目前市场价每股 300 元。债务利息率为 10%，所得税税率为 25%。公司由于扩大业务需追加筹资 200 万元，有两种筹资方案：

甲方案：全部发行普通股。向现有股东配股，4 配 1，每股配股价 200 元，配发 1 万股。

乙方案：向银行贷款取得所需长期资本 200 万元，因风险增加银行要求的利息率为 15%。

根据相关人员的测算，追加筹资后销售额有望达到 800 万元，变动成本率为 50%，固定成本为 180 万元。则

$$甲方案\ EPS = \frac{(S - 0.5S - 180 - 20)(1 - 25\%)}{4 + 1}$$

$$乙方案\ EPS = \frac{(S - 0.5S - 180 - 50)(1 - 25\%)}{4}$$

令上述两式相等，求得：$S = 700$（万元）。700 万元为两个方案的每股收益无差别点。在此点上，两个方案的每股收益相等，均为 22.5 元。公司的预期销售额 800 万元大于无差别点销售额，所以资本结构中负债比重较高的方案即乙方案为较优方案。

四、实践中优化资本结构的途径

在公司财务管理实践中，当发现现有的资本结构不合理时，可以通过以下一些方法对其进行调整。

（一）债转股或股转债

当公司资产负债率过高或过低，通过与现有的债权人、所有者协商的办法来改善资本结构。对于可转换债券可以设计赎回条款敦促债权人尽快行使转换权。

（二）从外部取得增量资本

如发行新债券、可转换债券、举借新贷款、进行融资租赁、发行新的股票等。

（三）调整现有负债结构

与债权人协商，将短期负债转为长期负债，或将长期负债列入短期负债，收回发行在外的可提前收回债券。还可采用债务托管、债务转移等方法降低公司负债水平。

（四）调整权益资本结构

如优先股转换为普通股、股票回购减少公司股本等。

（五）并购调整

兼并其他公司、控股其他公司或进行公司分立，改善公司的资本结构。

本章小结

资本成本和杠杆效应是进行资本结构决策的两个重要的理论基础，公司筹资不仅要合理选择筹资方式，而且还要科学安排资本结构。资本结构优化既是公司筹资活动的基本目标，也是评价公司筹资效率的重要依据。

资本成本是指公司为取得和使用资本而付出的代价。资本成本主要有个别资本成本和综合资本成本两种形式。资本成本对公司筹资决策、投资决策和经营决策都具有重要作用。

杠杆效应通常有经营杠杆效应、财务杠杆效应和总杠杆效应几种。杠杆效应具有两面性，既可以产生杠杆利益，也可能带来杠杆风险。

资本结构一般是指长期资本中债务资本和权益资本各自的构成比例及其相互关系。资本结构决策的目的在于合理确定公司最优资本结构。衡量公司最优资本结构的主要标准是综合资本成本最小化和公司价值最大化。

思考题

1. 简述资本成本的性质和作用。
2. 公司如何利用财务杠杆效应？
3. 试述资本结构变动及其对公司的影响。
4. 简述资本成本与资本结构的关系。

练习题

1. 资料：光明公司筹资情况如下：

资金种类	面值/万元	筹资额/万元	年利率	年股利增长率	所得税税率	筹资费用率
长期借款		1 600	10%		25%	
公司债券	500	505	11.2%		25%	1.5%
优先股	200	220	12%			2%
普通股	2 000	2 300	14%	2%		2%
留存收益		600	12.2%	2%		

要求：① 计算各种资本的个别资本成本；② 计算该公司的综合资本成本。

2. 资料：

(1) 公司年度固定成本为1 000万元，变动成本为销售额的50%，其年销售额有

2 000 万元、2 200 万元、2 500 万元和 3 000 万元四种方案。

(2) 公司在销售额 2 500 万元时需要资金 1 200 万元，预计息税前利润为销售额的 16%。银行借款年利率为 10.8%。

公司筹资方案分别为：

方案一：70% 发行普通股，30% 向银行借款

方案二：60% 发行普通股，40% 向银行借款

方案三：50% 发行普通股，50% 向银行借款

要求：① 根据资料“(1)”计算各种方案的经营杠杆系数；② 根据资料“(2)”计算各种方案的财务杠杆系数。

3. 光明公司目前资产总额为 1 500 万元，现拟增加筹资 500 万元。新增筹资可以利用发行普通股筹集，也可以利用发行债券筹集。下表列示了原资本结构和新增筹资后的资本结构情况。该公司所得税税率为 25%。

光明公司新增筹资前后资本结构情况

金额单位：万元

筹资方式	原资本结构	新增筹资后的资本结构	
		方案一：增发普通股	方案二：增发公司债
公司债(利率 6%)	200	200	700
普通股(每股面值 1 元)	400	600	400
资本公积	500	800	500
盈余公积	400	400	400
资本总额	1 500	2 000	2 000
普通股股数(万股)	400	600	400

要求：用每股收益无差别点法进行筹资分析。

第五章 项目投资管理

第一节 投资概述

一、投资的含义

顾名思义，投资是资金投放出去的意思。广义地说，投资是经济主体以在未来可预见的时期内获得经济收益和社会效益为目的，在一定时机向一定领域的项目投放资金的行为。这里的“经济主体”既可以是个人，也可以是公司。而本章探讨的是基于公司的投资，即投资行为的主体是公司。

因此，可将投资的含义界定为：投资是指公司对现在所持有资金的一种运用，其目的是在未来一定时期内获得经济利益。可从两方面理解此含义：① 投资是用资金换取公司生产经营活动所需资产的交换过程；② 投资是以获利为目的的行为，或者说，投资行为产生的原因是在可预见的将来可能取得经济利益。在市场经济条件下，公司能否把筹集到的资金投放到收益高、回收快、风险小的项目上去，对公司的生存和发展是十分重要的。

二、投资的意义

（一）投资是实现公司理财目标的基本前提

公司理财的目标是不断提高企业价值，为此，就要采取各种措施增加利润，降低风险。公司要想获得利润，就必须进行投资，在投资中获得收益。

（二）投资是公司发展生产的必要手段

在市场经济快速发展的今天，公司无论是维持简单再生产还是实现扩大再生产，都必须进行一定的投资。

（三）投资是降低经营风险的重要方法

公司把资金投向生产经营的关键环节或薄弱环节，可以使各种生产经营能力配套、平衡，从而形成更大的综合生产能力。

三、投资的分类

（一）按照投资与公司生产经营的关系划分为直接投资和间接投资

直接投资是指把资金投放于生产经营性资产，以便获取利润的投资。在生产性公司中，直接投资占的比重很大。间接投资又称证券投资，是指把资金投放于证券等金融资产，以便取得利息、股利或资本利得收入的投资。随着我国金融市场的完善和多渠道投资的形成，公司间接投资的范围越来越广。

（二）按照投资回收时间的长短划分为短期投资和长期投资

短期投资又称流动资产投资，是指能够并且也准备在一年以内收回的投资，主要包括对库存现金、应收账款、存货、短期有价证券等的投资。长期投资则是指需要一年以上才能收回的投资，主要包括对厂房、机器设备等固定资产的投资，也包括对无形资产和长期有价证券的投资。

（三）按照投资的方向划分为对内投资和对外投资

对内投资又称内部投资，是指把资金投放在公司内部，购置各种生产经营用资产的投资。对外投资又称外部投资，是指公司以现金、实物、无形资产等资源通过购买股票、债券、联营等方式向其他单位的投资。

本章所讲的项目投资是指对公司内部生产经营所需的各种资产的长期投资，其目的是保证公司生产经营过程的连续和生产经营规模的扩大。项目投资具有投资数额大、影响时间长、不经常发生、变现能力差等特点，因此，在公司的整个投资中具有十分重要的地位。

四、投资的程序

（一）投资项目的提出

投资项目的提出是项目投资程序的第一步，它可以由公司管理当局或公司高层管理人员提出，也可以由公司的各级管理部门和相关部门领导提出。一般而言，由公司管理当局和公司高层管理人员提出的项目投资多是具有战略意义的项目投资或扩大生产能力的项目投资，其投资金额巨大，影响深远；由公司各级管理部门和相关部门领导提出的项目投资主要是一些战术性项目投资或维持性项目投资。对于公司管理当局和公司高层管理人员提出的具有战略意义的项目投资或扩大生产能力的项目投资一般要由公司的战略、市场、财务和物资等部门参与共同论证；对于公司各级管理部门和相关部门领导提出的战术性项目投资或维持项目投资，可先由提出部门进行可行性论证。

(二) 对投资项目的评价

对投资项目的评价主要涉及如下几项工作：① 对提出的投资项目进行分类，为分析评价做好准备；② 计算有关项目的预计收入和成本，预测投资项目的现金流量；③ 运用各种投资评价指标，把各项投资按可行程度进行排序；④ 写出详细的评价报告，供上级决策使用。

(三) 投资项目的决策

在对投资项目进行评价后，应按分权管理的决策权限，由公司高层管理人员或相关部门领导做出最后决策。投资额较小的战术性项目投资或维持性项目投资，一般由部门领导做出决策；投资额较大的项目投资一般由公司最高管理当局或公司高层管理人员做出决策；特别重大的项目投资还需要报董事会或股东(大) 会表决批准。不管由谁最后决策，其结论一般有三种：接受这个项目，则可以进行投资；拒绝这个项目，则不能进行投资；发还给项目的提出部门，则应重新论证，然后再做处理。

(四) 投资项目的执行

决定对某项目进行投资后，要积极筹措资金实施投资。在投资项目的执行过程中，要对项目进度、项目质量、项目成本等进行控制，以便使投资按预算规定保质、如期完成。

(五) 对投资项目的再评价

在投资项目的执行过程中，应注意考查原来的决策是否合理、正确。一旦出现新的情况，就要随时根据变化的情况做出新的评价。如果情况发生重大变化，原来投资决策已变得不合理，就应对该项目是否中途停止做出决策，以避免造成更大的损失。

第二节　投资环境分析

投资环境是指伴随投资活动整个过程的各种周围境况和条件的总和。概括地说，投资环境包括影响投资活动的自然要素、社会要素、经济要素、政治要素和法律要素等。对公司来说，投资环境是不可完全控制的因素，公司必须努力认清其所处的环境，努力适应环境，并利用环境提供的有利因素，回避不利因素。

一、投资环境的分类

投资环境包括的内容很广泛，可从不同的角度进行分类。

（一）按投资环境影响的普遍性不同，可分为投资的一般环境和相关环境

1. 投资的一般环境

投资的一般环境主要包括以下四个方面：

（1）政治环境。政治环境是指一个国家或地区的政治制度、体制、方针政策等因素，主要包括国际关系、政治干预、方针政策、政治局势、国体政体等方面。由于政治环境对公司影响的直接性、难于预测性和不可逆转性，公司必须学习和了解国家的有关方针、政策等，决定是否进行投资。

（2）经济环境。经济环境主要包括宏观经济政策、经济基础结构、国家经济形势、经济发展水平、信贷与储蓄、居民收入水平等。经济环境常常决定着公司投资的类型和规模。

（3）法律环境。法律环境是指国家或地方政府所颁布的各项法规、法令和条例等，它是公司生产经营活动的准则。主要因素有法律规范、国家司法执法机关以及公司法律意识等。这里的法律环境特指与投资有关的法律，它会直接影响投资的类型与效果。

（4）文化环境。文化环境主要指社会性质、人们共享的价值观、人口状况、教育程度、宗教信仰、风俗习惯等。文化环境对公司的影响是间接的、潜在的和持久的。文化的基本要素包括哲学、宗教、语言与文字、文学艺术等。

2. 投资的相关环境

投资的相关环境是指与特定投资有关的一系列因素，即特指影响某一投资项目的相关环境因素，主要包括六个方面。

（1）市场环境。公司在进行投资之前，必须对该项投资所生产的产品在市场上的供求状况进行预测，一般在有市场需求时公司才能进行投资。

（2）资源环境。公司在进行投资之前必须对所需资源的供应状况和价格状况进行认真调查和准确分析，以提高投资的经济效益。

（3）科学技术环境。公司在投资之前，应了解掌握与产品、材料、制造工艺、技术装备等的相关科学技术水平、发展速度与方向，做好这些有助于公司降低产品成本、提高科技贡献率。

（4）地理环境。地理环境指与特定投资项目有关的地理位置和这一位置上的地形、地貌、土壤、气候、水系、矿藏、动植物以及其他的生态条件等。

（5）基础设施。基础设施指与特定投资项目有关的交通、邮电、供水供电、商业服务、科研与技术服务、园林绿化、环境保护、文化教育、卫生事业等市政公用工程设施和公共生活服务设施等。

（6）其他。如竞争对手的强弱、辅助工业的配套情况和发展水平、公司的资信程度和筹资能力等。

（二）按投资环境研究层次的不同，可分为宏观投资环境、中观投资环境和微观投资环境

（1）宏观投资环境多指影响整个社会资本运动的宏观社会经济变量和历史文化现实，探索研究的内容是全国或大区域范围内的国民经济发展、商业周期兴衰、国家政治法律制度变革、文化传统习俗的嬗变，以及国家之间和区域之间的地缘关系等。

（2）中观投资环境多指地区投资环境和产业投资环境，是介于宏观投资环境和微观投资环境两者之间的一个划分层次。

（3）微观投资环境则是指某个投资项目选址时考虑的具体的自然、经济和社会条件。

分析投资环境的目的：一是使投资决策有可靠的基础，保证决策的准确性；二是使公司及时了解环境的变化，保证投资决策的及时性和灵活性；三是使公司预计到未来投资环境的变化，提高投资决策的预见性。

二、评价投资环境的原则

（一）客观性原则

对投资环境的评价一定要从实际出发，以事实为依据，不能从主观意愿出发想当然地进行评价。

（二）系统性原则

从系统论来看，投资环境是具有相互联系、相互制约的若干组成部分结合在一起并且具有特定功能的有机整体。因此，对投资环境的评价要从以下几方面入手：从系统的整体性出发，把握投资环境最重要的特点；要从集合性出发，视投资环境为由若干相互关联的要素构成；从相关性出发，投资环境各要素之间存在有机联系；从动态性出发，投资环境内外不断发生着变化；从有序性出发，要把握投资环境的本身所具有的规律。

（三）目的性原则

公司投资的动机多种多样，因此对投资环境的要求也不完全相同。换言之，不同的投资环境适合不同的投资项目，投资环境的优劣并没有一个绝对的和固定不变的标准。即使是同样的投资环境对不同的投资项目产生的影响也是不同的。因此，对投资环境的评价一定要从投资的目的出发，否则对投资环境的评价就没有针对性，不符合具体投资项目的要求。

三、投资环境分析的基本方法

对投资环境进行分析的方法很多，不同行业、不同公司的分析方法也不相同。国际上常用的有“冷热”分析法、等级评分法、道氏评估法、多因素评估法、动态分析法等。这里结合我国的具体情况，介绍应用较为普遍的两种方法。

（一）调查法

调查法主要是指借助专业人员的知识技能、实践经验及综合分析能力，在调查研究的基础上，对投资环境的优劣做出评价，是一种定性分析的方法。为了正确预测有关投资环境，公司首先必须认真搜集有关的信息资料，然后进行“由此及彼、由表及里、去粗取精、去伪存真”的分析，进而汇总投资决策所用的有用信息，来综合判断投资环境的优劣。

（二）加权评分法

加权评分法是先对影响投资环境的一系列因素进行评分，并针对各个因素对投资环境的影响程度赋予一定的权重，加权平均得出投资环境的综合分数，是一种定量分析的方法。其基本计算公式如下：

$$Y = x_1w_1 + x_2w_2 + \cdots + x_nw_n = \sum_{i=1}^{n} x_iw_i \tag{5.1}$$

式中：Y 为投资环境的综合分数，x_i 为第 i 种投资环境影响因素的评分，w_i 为第 i 种投资环境影响因素的权重（$0 \leqslant w_i \leqslant 1$，即 $\sum_{i}^{n} w_i = 1$）。

在采用加权评分法分析投资环境时，要对投资环境的综合得分给出不同的等级，以便对投资环境的优劣做出判断。

第三节　项目投资的现金流量分析

项目投资是一种以特定建设项目为对象，直接与新建项目或更新改造项目有关的长期投资行为，本章主要介绍工业企业投资项目中新建项目和更新改造项目两种类型。

另外，项目投资从建设起点到终结点的整个时间过程被称为项目计算期，具体包括建设期和运营期（运营期又可划分为投产期和达产期）。其中建设期是指从项目资金正式投入开始到项目建成投产为止所需要的时间，建设期的第一年初称为建设起点，建设期的最后一年末称为投产日。项目计算期的最后一年年末称为终结点，假定项目最终报废或清理均发生在终结点（但更新改造除外）。从投产之日到终结点之间的时间间隔称为运营期。运营期一般应根据项目主要设备的经济使用寿命确定。

一、现金流量的构成

现金流量，是指与项目投资决策有关的现金流入、流出的数量。按照现金流动的方向，可以将投资活动产生的现金流量分为现金流入量、现金流出量和净现金流量(Net Cash Flow，NCF)。在项目投资决策分析中，"现金"是一个广义的概念，它不仅包括货币资金，也包含与项目相关的非货币资源的变现价值。现金流入量是指该投资方案引起的公司现金收入的增加额；现金流出量是指该投资方案引起的公司现金收入的减少额；净现金流量是指该投资方案一定时间内现金流入量与现金流出量的差额。在计算过程中，现金流入一般用正号表示，现金流出一般用负号表示。

在确定投资方案相关的现金流量时，应遵循的最基本的原则是：只有增量现金流量才是与项目相关的现金流量。所谓增量现金流量，是指接受或拒绝某个投资方案后公司总现金流量因此发生的变动。只有那些由于采纳某个项目引起的现金流入增加额，才是该项目的现金流入；只有那些由于采纳某个项目引起的现金支出增加额，才是该项目的现金流出。

正确计算投资方案的增量现金流量，需要注意以下几个问题：① 区分相关成本和非相关成本。相关成本是指与特定决策有关的、在分析评价时必须加以考虑的成本，比如差额成本、未来成本、重置成本、机会成本等都属于相关成本；与此相反，与特定决策无关的、在分析评价时不必加以考虑的成本是非相关成本，比如沉没成本、过去成本、账面成本等往往是非相关成本。如果将非相关成本纳入投资方案的总成本，则一个有利的方案可能因此变得不利，一个较好的方案可能变为较差的方案从而造成决策错误。② 不要忽视机会成本。在投资方案的选择中，如果选择了一个投资方案，则必须放弃投资于其他途径的机会。其他投资机会可能取得的收益是实行本方案的一种代价，被称为这项投资方案的机会成本。机会成本不是我们通常意义上的"成本"，它不是一种支出或费用，而是失去的收益。这种收益不是实际发生的，而是潜在的。机会成本总是针对具体方案的，离开被放弃的方案就无从计量确定。机会成本在决策中的意义在于它有助于全面考虑可能采取的各种方案，以便为既定资源寻求最为有利的使用途径。③ 要考虑投资方案对公司其他项目的影响。当我们采纳一个新的项目后，该项目可能对公司的其他项目造成有利或不利的影响。当然，此类的交互影响，事实上很难准确计量。但决策者在进行投资分析时仍要将其考虑在内。

按照现金流量的发生时间，投资活动的现金流量又可分为初始现金流量、营业现金流量和终结现金流量。由于使用该分类方法计算现金流量比较方便，下面将以此分类为基础对现金流量的构成进行详细分析。

(一) 初始现金流量

初始现金流量又称投资现金流量(或称原始投资)，是指开始投资时发生的现金流量，一般包括四个部分：① 固定资产的投资，包括固定资产的购入建造成本、运输成本、相关税费和安装成本等。② 流动资产上的投资，包括对现金、原材料、在产品、产成品等流动资产上的投资。由于流动资产属于垫付周转金，因此在理论上，投产第一年所需的流动资产应在项目投资产前安排，项目终结时收回全部垫付周转金。③ 原有固定资产的变价收入，主要指固定资产更新时原有固定资产变卖所得的现金收入。④所得税效应，是指固定资产更新时变价收入的税收损益。按规定，更新资产时，如果变价收入高于账面净值，应缴纳所得税，多缴的所得税构成现金流出量；如果变价收入小于账面净值，可以抵减当年所得税支出，少缴的所得税构成现金流入量。诸如此类由投资引起的税收变化，应在计算项目现金流量时加以考虑。所得税效应对现金流量的影响为：（设备的变现价值 − 账面净值）× 所得税税率。

上面列示的初始现金流量是常见的方面，初始现金流量还包括投资无形资产的费用（如技术转让费或技术使用费、商标权等）和其他投资费用（如开办费、教育培训费等）。因此，在计算初始现金流量时，将上述全部所有分类相加即可。

（二）营业现金流量

营业现金流量，也称为经营现金流量，是指投资项目投入使用后，在其寿命周期内由生产经营所带来的现金流入和流出的数量，这种现金流量一般按年计算。从净现金流量的角度考虑，交纳所得税是企业的一项现金流出，因此，在计算营业现金净流量时所用的损益是指税后净损益，即税前利润减所得税，或税后收入减税后成本。

折旧作为一项成本，在计算税后净损益时是包括在成本当中的，但是由于它不需支付现金，因此需要将它当作一项现金流入看待。

营业现金净流量的计算公式为

$$
\begin{aligned}
\text{营业现金净流量} &= \text{税后净损益} + \text{折旧} \qquad (5.2)\\
&= \text{税前利润} \times (1 - \text{所得税税率}) + \text{折旧}\\
&= (\text{收入} - \text{总成本}) \times (1 - \text{所得税税率}) + \text{折旧}\\
&= (\text{收入} - \text{付现成本} - \text{折旧}) \times (1 - \text{所得税税率}) + \text{折旧}\\
&= \text{收入} \times (1 - \text{所得税税率}) - \text{付现成本} \times (1 - \text{所得税税率})\\
&\quad - \text{折旧} \times (1 - \text{所得税税率}) + \text{折旧}\\
&= \text{收入} \times (1 - \text{所得税税率}) - \text{付现成本} \times (1 - \text{所得税税率})\\
&\quad + \text{折旧} \times \text{所得税税率} \qquad (5.3)
\end{aligned}
$$

（三）终结现金流量

终结现金流量是指项目经济寿命终了时发生的现金流量，主要包括固定资产的残值收入和收回原投入（即原垫支）的流动资金。在项目投资决策中，一般假设当项目终止时，将项目投入在流动资产上的资金全部收回。这部分收回的资金由于在会计上不涉及利润的增减，因此也不受所得税的影响。固定资产的残值收入如果与预定的固定资产残值相同，在会计上也将不涉及利润的增减，所以也不受所得税的影响。但是，如果实际工作中存在最终的残值收入不等于预计的固定资产残值，它们之间的差额将会引起公司的利润增加或减少，进而对所得税产生影响。因此，在计算终结现金流量时，要将此因素考虑在内。

$$
\begin{aligned}
\text{终结现金流量} = {} & \text{原投入的流动资金} + \text{实际固定资产残值收入} - (\text{实际固定资产}\\
& \text{残值收入} - \text{预计残值收入}) \times \text{所得税税率} \qquad (5.4)
\end{aligned}
$$

二、现金流量的计算

为正确地评价投资项目的优劣，必须正确地计算投资项目的现金流量，现举例如下：

【例 1】ABC 公司拟投资 A 项目，经过预测估计，有关资料如下：

(1) A 项目需要购买固定资产投资 250 000 元，并于第一年年初投资且交付使用；同时，A 项目还需要垫支相应流动资金 120 000 元，用于购买材料物资等，于第一年年初全部垫支，项目终结时将全部收回。

(2) A 项目经营期预计为 5 年，固定资产按直线法计提折旧。预计该项目正常终结处理时清理费用为 3 000 元，残余价值为 23 000 元。

(3) 根据市场预测显示，A 项目投产后第一年销售现金收入为 220 000 元，以后 4 年每年销售现金收入均为 350 000 元。投产后第一年的付现成本为 120 000 元，以后 4 年每年的付现成本均为 220 000 元。

(4) 该公司适用所得税税率为 25%。

要求：计算 A 项目各年的现金流量。

首先，计算 A 项目的年折旧额：

固定资产的年折旧额 = (250 000 − 23 000 + 3 000) ÷ 5 = 46 000(元)

其次，计算营业现金流量，即 A 项目投产后的营业现金流量，计算过程见表5 − 1：

表 5 − 1　　营业现金流量计算表

单位：元

项目	第一年	第二年	第三年	第四年	第五年
销售收入	220 000	350 000	350 000	350 000	350 000
减：付现成本	120 000	220 000	220 000	220 000	220 000
折旧	46 000	46 000	46 000	46 000	46 000
税前利润	54 000	84 000	84 000	84 000	84 000
减：所得税	13 500	21 000	21 000	21 000	21 000
税后利润	40 500	63 000	63 000	63 000	63 000
加：折旧	46 000	46 000	46 000	46 000	46 000
营业现金净流量	86 500	109 000	109 000	109 000	109 000

最后，在 A 项目营业现金流量计算出来后，便可通过加进项目的初始现金流量和终结现金流量，一并计算该项目的全部现金流量。计算过程见表 5 − 2：

表 5 - 2　　现金流量计算表

单位：元

现金流量	时间					
	0	1	2	3	4	5
固定资产投入 流动资金投入 营业现金流量 固定资产净残值 流动资金回收	- 250 000 - 120 000	86 500	109 000	109 000	109 000	109 000 20 000 120 000
现金流量合计	- 370 000	86 500	109 000	109 000	109 000	249 000

注：上表中 t 表示时间点，$t = 0$ 表示第一年年初，$t = 1$ 表示第一年年末，以此类推。

【例 2】某公司有一台设备，购于 3 年前，现在考虑是否需要更新。该公司适用所得税税率为 25%，其他有关资料见表 5 - 3：

表 5 - 3　　新、旧设备的基本数据情况表

金额单位：元

项目	旧设备	新设备
原价		180 000
折余价值	95 000	
变价净收入	80 000	
最终报废残值	10 000	10 000
第 1 年营业收入	100 000	150 000
第 2 ~ 5 年营业收入	100 000	160 000
第 1 年付现成本	50 000	75 000
第 2 ~ 5 年付现成本	50 000	80 000
折旧方法	直线法	直线法
使用年限	5 年	5 年

该项目现金流量计算过程见表 5 - 4、表 5 - 5 和表 5 - 6。

继续使用旧设备时的年折旧额：(80 000 - 10 000) ÷ 5 = 14 000(元)

旧设备变现损失：95 000 - 80 000 = 15 000(元)

旧设备变现损失减税：15 000 × 25% = 3 750(元)

表 5－4　　继续使用旧设备现金流量计算表

单位：元

项目	时间					
	0	1	2	3	4	5
固定资产投入	－80 000					
变现损失减税	－3 750					
营业收入		100 000	100 000	100 000	100 000	100 000
减：付现成本		50 000	50 000	50 000	50 000	50 000
折旧		14 000	14 000	14 000	14 000	14 000
税前利润		36 000	36 000	36 000	36 000	36 000
减：所得税		9 000	9 000	9 000	9 000	9 000
税后利润		27 000	27 000	27 000	27 000	27 000
加：折旧		14 000	14 000	14 000	14 000	14 000
营业现金净流量		41 000	41 000	41 000	41 000	41 000
固定资产净残值						＋10 000
现金净流量	－83 750	41 000	41 000	41 000	41 000	51 000

使用新设备时的折旧额：（180 000 － 10 000）÷ 5 = 34 000（元）

表 5－5　　使用新设备现金流量计算过程表

单位：元

项目	时间					
	0	1	2	3	4	5
固定资产投入	－180 000					
营业收入		150 000	160 000	160 000	160 000	160 000
减：付现成本		75 000	80 000	80 000	80 000	80 000
折旧		34 000	34 000	34 000	34 000	34 000
税前利润		41 000	46 000	46 000	46 000	46 000
减：所得税		10 250	11 500	11 500	11 500	11 500
税后利润		30 750	34 500	34 500	34 500	34 500
加：折旧		34 000	34 000	34 000	34 000	34 000
营业现金净流量		64 750	68 500	68 500	68 500	68 500
固定资产净残值						＋10 000
现金净流量	－180 000	64 750	68 500	68 500	68 500	78 500

表 5 - 6 更新改造项目现金流量计算表

单位：元

项目	时间					
	0	1	2	3	4	5
采用新设备现金净流量	- 180 000	64 750	68 500	68 500	68 500	78 500
使用旧设备现金净流量	- 83 750	41 000	41 000	41 000	41 000	51 000
更新改造项目现金净流量	- 96 250	23 750	27 500	27 500	27 500	27 500

三、使用现金流量的原因

在项目投资决策中，之所以要以收付实现制计算的现金流量作为项目投资决策的依据，而不以权责发生制计算的收入和成本为依据，主要原因有两个。

（一）采用现金流量有利于科学地考虑货币的时间价值因素

科学的项目投资决策必须认真考虑货币的时间价值，这就要求在决策时一定要弄清每笔预期收入款项和支出款项的具体时间，因为不同时间的货币具有不同的价值，并不考虑货币收付的时间，它是以权责发生制为基础的。

（二）采用现金流量才能使投资决策更符合客观实际

在项目投资决策中，运用现金流量能科学、客观地评价投资方案的优劣，而利润则明显存在不科学、不客观的成分。这是因为：① 利润的计算有较大的主观因素，在一定程度上受存货估价、费用摊配和折旧计提方法等会计政策、会计估计方法的影响；② 利润反映的是某一会计期间“应计”的现金流量，而不是实际的现金流量。若以未实际收到现金的收入作为收益，具有较大风险，容易高估投资项目的经济效益，存在不科学、不合理的成分。

第四节 项目投资决策评价指标及其应用

一、项目投资决策评价指标

（一）非贴现现金流量指标

非贴现现金流量指标是指不考虑资金时间价值的各类指标。这类指标主要有：投资回收期和投资收益率。这些指标在选择方案时起辅助作用。

1. 投资回收期

投资回收期（payback period，PP）是指投资引起的现金流入累积到与投资额相等所需要的时间，或者说是指以投资项目营业净现金流量抵偿原始总投资所需要的全部时间。它代表收回投资所需要的年限。回收年限越短，方案越有利。

在原始投资一次支出、每年现金净流入量相等时：

$$投资回收期 = \frac{原始投资额}{每年现金净流入量} \tag{5.5}$$

如果现金流入量每年不等，或原始投资是分几年投入的，则可使下式成立的 n 为回收期：

$$\sum_{t=0}^{n} I_t = \sum_{t=0}^{n} O_t \tag{5.6}$$

式中：n 为投资涉及的年限，I_t 为第 t 年的现金流入量，O_t 为第 t 年的现金流出量。

【例 3】ABC 公司现有三个项目投资方案。有关数据如表 5 - 7 所示：

表 5 - 7　　各方案的税后净收益及现金流量表

单位：元

年份	A 方案		B 方案		C 方案	
	税后净收益	现金净流量	税后净收益	现金净流量	税后净收益	现金净流量
0		- 20 000		- 9 000		- 12 000
1	1 800	11 800	- 1 800	1 200	600	4 600
2	3 240	13 240	3 000	6 000	600	4 600
3			3 000	6 000	600	4 600
合计	5 040	5 040	4 200	4 200	1 800	1 800

从表 5 - 7 可以看出，C 方案属于原始投资一次支出，每年现金净流入量相等的情形，即

$$投资回收期(C) = \frac{12\ 000}{4\ 600} \approx 2.61(年)$$

从表 5 - 7 可以看出，A 方案和 B 方案属于现金流入量每年不相等的情形，其投资回收期计算过程见表 5 - 8：

表 5 - 8　　投资回收期计算表

单位：元

A 方案	现金流量	回收额	未回收额
原始投资	- 20 000		
现金流入			
第一年	11 800	11 800	8 200
第二年	13 240	8 200	0
回收期 = 1 + (8 200 ÷ 13 240) ≈ 1.62(年)			

表 5-8(续)

B方案	现金流量	回收额	未回收额
原始投资	-9 000		
现金流入			
第一年	1 200	1 200	7 800
第二年	6 000	6 000	1 800
第三年	6 000	1 800	0
回收期 = 2 + (1 800 ÷ 6 000) = 2.30(年)			

投资回收期法计算简便，并且容易被决策者正确理解。它的缺点在于不仅忽视了货币时间价值，而且没有考虑回收期以后的收益。事实上，有战略意义的长期投资往往早期收益较低，而中后期收益较高。投资回收期法优先考虑急功近利的项目，可能导致放弃长期成功的方案。它是过去评价投资方案最常用的方法，目前作为辅助方法使用，主要用来测定方案的流动性而非营利性。有人主张，在计算投资回收期指标时，应将投资项目的"建设期"和"经营期"作区分，即"包括建设期的投资回收期"和"不包括建设期的投资回收期"。

2. 投资收益率

投资收益率，又称投资报酬率(return on investment，ROI)，是指项目生产经营期正常年份的年息税前利润或运营期年均息税前利润占项目总投资的百分比。有时分子也可以用税前利润或净利润。

投资收益率的计算公式为

$$\text{投资收益率(ROI)} = \frac{\text{年息税前利润或年均息税前利润}}{\text{项目总投资}} \times 100\% \qquad (5.7)$$

采用【例3】的资料，各方案投资收益率计算如下(假设各方案适用所得税税率为25%，且不考虑利息费用)：

$$\text{投资收益率(A)} = \frac{\left(\frac{1\ 800}{1-25\%} + \frac{3\ 240}{1-25\%}\right) \div 2}{20\ 000} \times 100\% = 16.8\%$$

$$\text{投资收益率(B)} = \frac{\left(-1\ 800 + \frac{3\ 000}{1-25\%} + \frac{3\ 000}{1-25\%}\right) \div 3}{9\ 000} \times 100\% \approx 22.96\%$$

$$\text{投资收益率(C)} = \frac{\left(\frac{600}{1-25\%} + \frac{600}{1-25\%} + \frac{600}{1-25\%}\right) \div 3}{12\ 000} \times 100\% \approx 6.67\%$$

投资收益率指标的优点是计算公式简单；缺点是没有考虑货币的时间价值因素，不能正确反映建设期长短及投资方式不同和回收额对项目的影响，分子、分母计算口径的可比性较差，无法直接提供净现金流量信息。

有人主张，计算时公式的分子使用平均现金流量，分子、分母计算口径就具有了可比性。也有人主张分母使用平均投资额，这样计算的结果可能会提高 1 倍，但不改变方案的优先次序。

(二) 贴现现金流量指标

贴现现金流量指标是指考虑货币时间价值的各类指标。这类指标主要有：净现值、获利指数和内部收益率。

1. 净现值

净现值(net present value， NPV)，是指在项目计算期内，按设定折现率计算的各年净现金流量现值的代数和。也可以表述为，特定方案未来现金流入的现值与未来现金流出的现值之间的差额。按照该指标，如净现值为正数，即各年净现金流量现值的代数和大于零，该投资项目的报酬率大于设定的折现率；如净现值为零，即各年净现金流量现值的代数和等于零，该投资项目的报酬率相当于设定的折现率；如净现值为负数，即各年净现金流量现值的代数和小于零，该投资项目的报酬率小于设定的折现率。

其理论计算公式为

$$\text{净现值(NPV)} = \sum_{t=0}^{n}(\text{第 } t \text{ 年的净现金流量} \times \text{第 } t \text{ 年的复利现值系数}) \quad (5.8)$$

或：

$$\text{净现值(NPV)} = \sum_{t=0}^{n}\frac{I_t}{(1+i)^t} - \sum_{t=0}^{n}\frac{O_t}{(1+i)^t} \quad (5.9)$$

式中：n 为投资涉及的年限，I_t 为第 t 年的现金流入量，O_t 为第 t 年的现金流出量，i 为预定的折现率(或称基准折现率)。

采用【例 3】的资料，假设折现率为 10%，则三个投资方案的净现值计算如下：

净现值(A) = - 20 000 + (11 800 × 0.909 1 + 13 240 × 0.826 4)
≈ - 20 000 + 21 669
= 1 669(元)

净现值(B) = - 9 000 + (1 200 × 0.909 1 + 6 000 × 0.826 4 + 6 000 × 0.751 3)
≈ - 9 000 + 10 557
= 1 557(元)

净现值(C) = - 12 000 + 4 600 × 2.486 9 = - 12 000 + 11 439.74 = - 560.26(元)

A、B 两项方案投资的净现值为正数，说明该方案的报酬率超过 10%。如果公司的资本成本率或要求的投资报酬率是 10%，这两个方案是有利的，因而是可以接受的。C 方案净现值为负数，说明该方案的报酬率达不到 10%，因而应予放弃。

净现值指标所依据的原理是：假设预计的现金流入在年末肯定可以实现，并把原始投资看成是按预定折现率借入的。当净现值为正数时，偿还本息后该项目仍有剩余的收益；当净现值为零时，偿还本息后一无所获；当净现值为负数时，该项目收益不足以偿还本息。

净现值指标具有广泛的适用性，在理论上也比其他方法更完善。净现值指标应用的主要问题是如何确定折现率，一种办法是根据资本成本来确定，另一种办法是根据公司要求的最低资金利润率来确定。前一种办法，由于计算资本成本比较困难，因而限制了其应用范围；后一种办法根据资金的机会成本，即一般情况下可以获得的报酬来确定，比较容易解决。

净现值指标的优点是综合考虑了货币时间价值、项目计算期内的全部净现金流量的投资风险；缺点是无法从动态的角度直接反映投资项目的实际收益水平，而且计算比较烦琐。

2. 获利指数

获利指数(profitability index，PI)，又称现值指数，是指投资后按设定折现率折算的各年净现金流量的现值合计与原始投资的现值合计之比。

获利指数的计算公式为

$$\text{获利指数(PI)} = \frac{\text{投产后各年净现金流量的现值合计}}{\text{原始投资的现值合计}} \tag{5.10}$$

采用【例 3】的资料和利用【例 3】的计算结果，A、B、C 三个方案的获利指数计算如下：

获利指数(A) = 21 669 ÷ 20 000 ≈ 1.08

获利指数(B) = 10 557 ÷ 9 000 ≈ 1.17

获利指数(C) = 11 439.74 ÷ 12 000 ≈ 0.95

A 和 B 两项投资方案的获利指数大于 1，说明其收益超过成本，即投资报酬率超过预定的折现率。C 投资方案的获利指数小于 1，说明其报酬率没有达到预定的折现率。如果获利指数为 1，说明折现后各年净现金流量等于原始投资的现值，投资的报酬率与预定的折现率相同。

获利指数指标的优点是可以从动态的角度反映项目投资的资金投入与总产出之间的关系，可以进行独立投资机会获利能力的比较。

获利指数指标的缺点是除了无法直接反映投资的实际收益率外，计算也相对复杂。获利指数法需要一个适合的折现率，以便将现金流量折为现值，折现率的高低将会影响方案的优先次序。

在【例3】中，A 方案的净现值是 1 669 元，B 方案的净现值是 1 557 元。如果这两个方案之间是互斥的，当然 A 方案较好。如果两者是独立的，那么对于哪一个应优先给予考虑，可以根据获利指数来选择。B 方案获利指数为 1.17，大于 A 方案的 1.08，所以 B 优于 A。获利指数可以看成是 1 元原始投资可望获得的现值净收益，因此，可以作为评价方案的一个指标。它是一个相对数指标，反映投资的效率；而净现值指标是绝对数指标，反映投资的效益。

3. 内部收益率

内部收益率(internal rate of return，IRR)，又称内部报酬率或内含报酬率，是指使项目的净现值等于零时的折现率，或者说是指能够使项目未来现金流入量现值等于未来现金流出量现值的折现率，也就是项目投资实际可望达到的收益率。

内部收益率满足下列等式：

$$NPV = 0 = \sum_{t=0}^{n} NCF_t(P/F,\ IRR,\ t) \tag{5.11}$$

净现值指标和获利指数指标虽然都考虑了货币时间价值，可以说明投资方案高于或低于某一特定的投资报酬率，但没有揭示方案本身可以达到的具体的报酬率是多少。内部收益率反映的确是方案本身的投资报酬率。

内部收益率的计算，通常需要采用"逐步测试法"。首先估计一个折现率，用它来计算方案的净现值；如果净现值为正数，说明方案本身的报酬率超过估计的折现率，应提高折现率后进一步测试；如果净现值为负数，说明方案本身的报酬率低于估计的折现率，应降低折现率后进一步测试。经过多次测试，寻找出使净现值接近于零的折现率，即为方案本身的内部收益率。

采用【例3】的资料，已知A方案的净现值为正数，说明它的投资报酬率大于10%，因此，应提高折现率进一步测试。假设以18%为折现率进行测试，其结果净现值为－490元。下一步降低到16%重新测试，结果净现值为13元，已接近于零，可以认为A方案的内部收益率是16%。B方案用18%作为折现率测试，净现值为－22元，接近于零，可认为其内部收益率为18%。测试过程见表5－9和表5－10：

表5－9　　A方案内部收益率的测试

单位：元

年份	现金净流量	设折现率 = 18%		设折现率 = 16%	
		贴现系数	现值	贴现系数	现值
0	－20 000	1	－20 000	1	－20 000
1	11 800	0.847 5	10 001	0.862 1	10 173
2	13 240	0.718 2	9 509	0.743 2	9 840
净现值			－490		13

表5－10　　B方案内部收益率的测试

单位：元

年份	现金净流量	设折现率 = 18%		设折现率 = 16%	
		贴现系数	现值	贴现系数	现值
0	－9 000	1	－9 000	1	－9 000
1	1 200	0.847 5	1 017	0.862 1	1 035
2	6 000	0.718 2	4 309	0.743 2	4 459
3	6 000	0.608 6	3 652	0.640 7	3 844
净现值			－22		338

如果对测试结果的精确度不满意，可以使用“内插法”（或称“插值法”）来改善。

$$内部收益率(A)=16\%+\left(\frac{13}{13+490}\times 2\%\right)\approx 16.05\%$$

$$内部收益率(B)=16\%+\left(\frac{338}{22+338}\times 2\%\right)\approx 17.88\%$$

由于C方案各期现金流入量相等，符合年金形式，因而内部收益率的计算可直接利用年金现值表来确定，不需要进行逐步测试。

设现金流入的现值与原始投资相等，则

原始投资 = 每年现金流入量 × 年金现值系数

$12\ 000=4\ 600\times(P/A,\ i,\ 3)$

$(P/A,\ i,\ 3)=2.608\ 6$

查阅附录的“普通年金现值系数表”，寻找 $n=3$ 时系数2.608 6所指的利率。查表结果，与2.608 6接近的现值系数2.624 3和2.577 1分别指向7%和8%。用“内插法”确定C方案的内部收益率为7.33%。

$$\begin{aligned}内部收益率(C)&=7\%+\left(\frac{2.624\ 3-2.608\ 6}{2.624\ 3-2.577\ 1}\times 1\%\right)\\&\approx 7\%+0.33\%\\&=7.33\%\end{aligned}$$

计算出各方案的内部收益率以后，可以根据公司的资本成本或要求的最低投资报酬率对方案进行取舍。假设资本成本是10%，那么，A、B两个方案都可以接受，而C方案则应放弃。因此，只有内部收益率指标大于或等于折现率或资本成本的投资项目才具有财务可行性。

内部收益率指标的优点是既可以从动态的角度直接反映投资项目的实际收益率水平，又不受折现率高低的影响，比较客观；其缺点是计算过程复杂，尤其当经营期大量追加投资时，有可能导致多个内部收益率，或偏高或偏低，缺乏实际意义。

内部收益率指标和获利指数指标有相似之处，都是根据相对比率来评价方案，而不像净现值法那样使用绝对数来评价方案。在评价方案时要注意到，比率高的方案绝对数不一定大，反之也一样。这种不同和利润率与利润额不同是类似的。A方案的净现值大，是靠投资20 000元取得的；B方案的净现值小，是靠投资9 000元取得的。如果这两个方案是互相排斥的，也就是说只能选择其中一个，那么选择A有利。A方案尽管投资较大，但是在分析时已考虑到承担该项投资的应付利息。如果这两个方案是相互独立的，也就是说采纳A方案时不排斥同时采纳B方案，那就很难根据净现值来排定优先次序。内部收益率可以解决这个问题，应优先安排内部收益率较高的B方案，如有足够的资金可以再安排A方案。

内部收益率指标与获利指数指标也有区别。在计算内部收益率时不必事先选择折现率，根据内部收益率就可以排定独立投资的优先次序，只是最后需要一个切合实际的资本成本或最低报酬率来判定方案是否可行。

二、项目投资决策评价指标的应用

项目投资决策的关键，就是合理选择适当的决策方法，利用投资决策评价指标作为决策的标准，进而做出最终的投资决策。

（一）独立方案财务可行性评价及投资决策

1. 独立方案的含义

独立方案，就是对其接受或者放弃的决策不受其他项目投资决策影响的投资方案。或者说，将一组互相分离、互不排斥的方案称为独立方案。就一组完全独立的方案而言，其存在的前提条件是：① 投资资金来源无限制；② 投资资金无优先使用的排列；③ 各投资方案所需的人力、物力均能得到满足；④ 不考虑地区、行业之间的相互关系及其影响；⑤ 每一投资方案是否可行，仅取决于本方案经济效益，与其他方案无关。比如，假设麦当劳打算在一个偏远的小岛开设一家汉堡包餐厅，这个方案是否采纳都不会受到在其他地方开设新餐厅的投资决策的影响，这是因为该餐厅位置偏远，不会影响其他餐厅的销售额。

2. 独立方案的财务可行性评价与投资决策的关系

根据上述独立方案的存在前提，对于独立方案而言，评价其财务可行性也就是对其做出最终决策的过程。因为对于一组独立方案中的任何一个方案，都存在着“接受”或“拒绝”的选择。只有完全具备或基本具备财务可行性的方案，才可以接受；完全不具备或基本不具备财务可行性的方案，只能选择“拒绝”，从而“拒绝”本身也是一种方案。

3. 评价方案财务可行性的要点

评价方案财务可行性，应掌握以下要点：

（1）判断方案是否完全具备财务可行性的条件。如果某一投资方案的所有评价指标均处于可行区间，即同时满足以下条件时，便可以断定该投资方案无论从哪个方面看都具备财务可行性，或完全具备财务可行性。这些条件分别是：① 净现值（NPV）$\geqslant 0$；② 获利指数（PI）$\geqslant 1$；③ 内部收益率（IRR）$\geqslant$ 折现率；④ 投资回收期（PP）$\leqslant \frac{n}{2}$；⑤ 投资收益率（ROI）$\geqslant$ 基准投资收益率（事先给定）。

（2）判断方案是否完全不具备财务可行性的条件。如果某一投资方案的评价指标均处于不可行区间，即同时满足以下条件时，则可以断定该投资项目从哪个方面看都不具备财务可行性，或完全不具备可行性，应当彻底放弃该投资方案。这些条件是：① 净现值（NPV）< 0；② 获利指数（PI）< 1；③ 内部收益率（IRR）$<$ 折现

率；④ 投资回收期(PP) > $\frac{n}{2}$；⑤ 投资收益率(ROI) < 基准投资收益率。

(3) 判断方案是否基本具备财务可行性的条件。如果在评价过程中发现某项目的主要指标处于可行区间，如净现值(NPV) ≥ 0，获利指数(PI) ≥ 1，内部收益率(IRR) ≥ 折现率，但次要或辅助指标处于不可行区间，如投资回收期(PP) > $\frac{n}{2}$，投资收益率(ROI) < 基准投资收益率，则可以断定该方案基本上具有财务可行性。

(4) 判断方案是否基本不具备财务可行性的条件。如果在评价过程中发现某方案出现净现值(NPV) < 0、获利指数(PI) < 1、内部收益率(IRR) < 折现率的情况，即使有投资回收期(PP) ≤ $\frac{n}{2}$、投资收益率(ROI) ≥ 基准投资收益率发生，也可断定该方案基本上不具备财务可行性。

(二) 多个互斥方案的比较决策

互斥方案是指互相关联、互相排斥的方案，即一组方案中的各个方案彼此可以相互代替，采纳方案组中的某一方案，就会自动排斥这组方案中的其他方案。因此，互斥方案具有排他性。比如项目 A 与项目 B，怎样才能称这两个项目相排斥呢？你可以选择 A 也可以选择 B，或者是两者同时放弃，但你唯独不能同时采纳项目 A 和项目 B。比如，项目 A 是在你拥有的一块地皮上建一幢公寓楼，而项目 B 是决定在同样的一块地上建一座电影院。

在多个互斥方案的比较中，一般情况下可以利用投资回收期、投资收益率、净现值、获利指数以及内部收益率等指标做出正确的决策。但当投资项目的原始投资总额或寿命期不相同时，仅利用这些指标就可能做出错误的决策。

【例 4】ABC 公司投资建设一条新生产线，现有三个方案可供选择：A 方案的原始投资为 243 万元，项目寿命期(即项目计算期) 为 10 年，净现值为 1 100 万元；B 方案的原始投资为 145 万元，项目寿命期为 6 年，净现值为 850 万元；C 方案的原始投资为 364 万元，项目寿命期为 7 年，净现值为 880 万元。

从题意来看，以净现值指标进行判断似乎 A 方案最可取，其净现值为 1 100 万元，远远大于 B、C 两方案。但由于 A、B、C 三个方案的投资总额及项目寿命期都不相同，仅利用净现值进行决策就不太合适了。因为，净现值适用于投资额相同且项目寿命期相同的多方案比较决策。

因此，当备选方案的投资总额或寿命期不相同时，决策的目的是要保证投资年收益最大。这时，可以采用差额内部收益率法或年等额净回收额法进行决策。而年等额净回收额法尤其适用于项目寿命期不同方案的比较决策。

1. 差额内部收益率法

差额投资内部收益率法，是指在两个原始投资额不同的方案的差量净现金流量(ΔNCF) 的基础上，计算出差额内部收益率(ΔIRR)，并据以判断方案优劣的方法。

采用该方法时，当差额内部收益率大于或等于折现率或资本成本时，原始投资额大的方案较优；反之，则投资小的方案较优。

ΔIRR 的计算原理及过程与 IRR 一样，只是所依据的是 ΔNCF 而已。

【例5】CH 公司某更新改造项目的差量净现金流量如表 5 - 11 所示，假设行业基准收益率 10%。

要求：就是否进行更新改造做出决策。

表 5 - 11　　投资项目差量现金流量表

单位：元

年份	0	1	2	3	4	5
ΔNCF	- 100 000	30 500	30 500	30 500	30 500	30 500

依题意：

$(P/A,\ \Delta\mathrm{IRR},\ 5) = 100\ 000 \div 30\ 500 \approx 3.278\ 7$

查“普通年金现值系数表”得：

当 $\Delta\mathrm{IRR} = 16\%$ 时，$(P/A,\ 16\%,\ 5) = 3.274\ 3 < 3.278\ 7$

当 $\Delta\mathrm{IRR} = 15\%$ 时，$(P/A,\ 15\%,\ 5) = 3.352\ 2 > 3.278\ 7$

由于 $15\% < \Delta\mathrm{IRR} < 16\%$，因此采用“内插法”便可计算出 ΔIRR：

$$\Delta\mathrm{IRR} = 15\% + \frac{3.352\ 2 - 3.278\ 7}{3.352\ 2 - 3.274\ 3} \times 1\% \approx 15.009\ 4\%$$

2. 年等额净回收额法

年等额净回收额法，是指通过比较所有投资方案的年等额净回收额指标的大小来选择最优方案的决策方法。该方法适用于原始投资不相同特别是项目计算期或项目寿命期不相同时的多方案比较决策。决策的目的是要选择年等额净回收额最大的方案。某一方案年等额净回收额等于该方案净现值与相关的资本回收系数（年金现值系数的倒数）的乘积。计算公式为

$$\begin{aligned}\text{某方案年等额净回收额} &= \text{该方案净现值} \times \text{资本回收系数} \\ &= \text{该方案净现值} \times \frac{1}{\text{年金现值系数}} \qquad (5.12)\end{aligned}$$

采用例 4 的资料，如果行业基准收益率为 10%，按年等额净回收额法进行 A、B、C 三个方案的决策分析如下：

$$\begin{aligned}\text{A 方案的年等额净回收额} &= 1\ 100 \times \frac{1}{(P/A,\ 10\%,\ 10)} \\ &= 1\ 100 \times \frac{1}{6.144\ 6} \\ &\approx 179.019\ 0(\text{万元})\end{aligned}$$

$$B方案的年等额净回收额=850\times\frac{1}{(P/A,\ 10\%,\ 6)}$$

$$=850\times\frac{1}{4.355\,3}$$

$$\approx 195.164\,5(万元)$$

$$C方案的年等额净回收额=880\times\frac{1}{(P/A,\ 10\%,\ 7)}$$

$$=880\times\frac{1}{4.868\,4}$$

$$\approx 180.757\,5(万元)$$

因此，比较上述各方案年等额净回收额后，B 方案最优。

（三）多方案组合排队投资决策

1. 组合或排队方案的含义

如果一组方案既不相互独立，又不相互排斥，而是可以实现任意组合或排队，则这些方案被称作组合或排队方案，其中又包括先决方案、互补方案和不完全互斥方案等形式。在这种方案决策中，除了要求首先评价所有方案的财务可行性，淘汰不具备财务可行性的方案外，在接下来的决策中需要反复衡量和比较不同组合条件下的有关评价指标的大小，从而做出最终决策。

2. 组合或排队方案决策的含义

这类决策需分两种情况：① 在资金总量不受限制的情况下，可按每一项目的净现值(NPV) 大小排队，确定优先考虑的项目顺序；② 在资金总量受到限制时，则需要按获利指数(PI) 的大小，结合净现值(NPV) 进行各种组合排队，从中选出能使 $\sum$ NPV 最大的组合。

3. 组合或排队方案决策的程序

第一，以各方案获利指数高低为序，逐项计算累计投资额，并与限定投资总额进行比较。

第二，当截止到某项投资项目(假定为第 j 项) 的累计投资额恰好达到限定的投资总额时，则第 1 至第 j 项的项目组合为最优的投资组合。

第三，若在排序过程中未能直接找到最优组合，必须按下列方法进行必要的修正：

首先，当排序中发现第 j 项的累计投资额首次超过限定投资额，而删除该项后，按顺延的项目计算累计投资额却小于或等于限定投资额时，可将第 j 项与第 $(j+1)$ 项交换位置(这种交换可持续进行)，继续计算累计投资额。

其次，当排序中发现第 j 项的累计投资额首次超过限定投资额，又无法与下一项进行交换，第 $(j-1)$ 项的原始投资大于第 j 项的原始投资时，可将第 j 项与第 $(j-1)$ 项交换位置(这种交换可持续进行)，继续计算累计投资额。

最后，若经过反复交换，已不能再进行交换，仍未找到能使累计投资额恰好等于限定投资的项目组合时，可按最后一次交换后的项目组合作为最优组合。

总之，在主要考虑投资效益的条件下，多方案比较决策的主要依据是能否保证在充分利用资金的前提下，获得尽可能多的净现值总量。

【例6】ABC公司有A、B、C、D、E五个可供选择的投资项目，且均为非互斥方案，有关资料如表5－12所示：

表5－12　　ABC公司五个投资项目基本情况表

金额单位：万元

投资项目	原始投资	净现值	获利指数	内部收益率
A	300	120	1.4	18%
B	200	40	1.2	21%
C	200	100	1.5	40%
D	100	22	1.22	19%
E	100	30	1.3	35%

要求：分别在以下不相关情况下做出多方案组合决策。

(1) 投资总额不受限制时；

(2) 投资总额受到限制时，它们分别为：200万元、400万元、450万元、800万元、900万元。

先按照各方案的获利指数的大小排序，并计算原始投资和累计净现值数据，见表5－13：

表5－13　　ABC公司五个投资项目累计投资和累计净现值计算表

单位：万元

顺序	项目	原始投资	累计原始投资	净现值	累计净现值
1	C	200	200	100	100
2	A	300	500	120	220
3	E	100	600	30	250
4	D	100	700	22	272
5	B	200	900	40	312

根据表5－13中的数据，按投资组合决策原则作如下决策：

(1) 当投资总额不受限制(或限额大于或等于900万元) 时，最优投资组合方案为：A＋C＋B＋E＋D。

(2) 当限定投资总额为200万元时，只能上C项目，可获得100万元净现值。

（3）当限定投资总额为400万元时，最优投资组合为C + E + D（这里A与E、D交换一次），获得净现值152万元。

（4）当限定投资总额为800万元时，最优投资组合为C + A + E + B（这里D和B交换一次），获得净现值290万元。

（5）当限定投资总额为450万元时，最优组合仍为C + E + D，此时累计投资总额为400万元（200 + 100 + 100），小于450万元，但实现的净现值仍比所有其他组合多。

第五节　项目投资的风险处置

前面的分析，我们都假设项目的现金流量是可以确知的，但实际上，真正意义上的投资项目总是有风险的，项目未来现金流量总会具有某种程度的不确定性。如何处置项目的风险是一个很复杂的问题，必须非常小心。

在此，我们介绍两种项目投资风险处置的方法：一种是调整现金流量法；另一种是风险调整折现率法。前者是缩小净现值模型的分子，使净现值减少；后者是扩大净现值模型的分母，也可以使净现值减少。

一、调整现金流量法

调整现金流量法，是指把不确定的现金流量调整为确定的现金流量，然后用无风险的报酬率作为折现率计算净现值。

$$风险调整后净现值 = \sum_{t=0}^{n} \frac{a_t \times 现金流量期望值}{(1 + 无风险报酬率)^t} \tag{5.13}$$

式中：a_t 是 t 年现金流量的肯定当量系数，它在0 ~ 1之间。

肯定当量系数，是指不肯定的1元现金流量期望值相当于使投资者满意的肯定的金额的系数。它可以把各年不肯定的现金流量换算为肯定的现金流量。

我们知道，肯定的1元比不肯定的1元更受欢迎。不肯定的1元，只相当于不足1元的金额。两者的差额，与现金流的不确定性程度的高低有关。肯定当量系数是指预计现金流入量中使投资者满意的无风险的份额。利用肯定当量系数，可以把不肯定的现金流量折算成肯定的现金流量，或者说去掉了现金流量中有风险的部分，使之成为“安全”的现金流量。去掉的部分包含了全部风险，既有特殊风险也有系统风险，既有经营风险也有财务风险，剩下的是无风险的现金流量。由于现金流量中已经消除了全部风险，相应的折现率应当是无风险的报酬率。无风险的报酬率可以根据国库券的利率确定。

【例7】当前的无风险报酬率为4%。公司有两个投资机会，有关资料如表5 - 14

所示：

表 5 - 14　　A、B 项目有关数据表

金额单位：元

年数	现金流量	肯定当量系数	肯定现金流量	现值系数（4%）	未调整现值	调整后现值
A 项目						
0	- 40 000	1	- 40 000	1.000 0	- 40 000	- 40 000
1	13 000	0.9	11 700	0.961 5	12 500	11 250
2	13 000	0.8	10 400	0.924 6	12 020	9 616
3	13 000	0.7	9 100	0.889 0	11 557	8 090
4	13 000	0.6	7 800	0.854 8	11 112	6 667
5	13 000	0.5	6 500	0.821 9	10 685	5 342
净现值					17 874	965
B 项目						
0	- 47 000	1	- 47 000	1.000 0	- 47 000	- 47 000
1	14 000	0.9	12 600	0.961 5	13 461	12 115
2	14 000	0.8	11 200	0.924 6	12 944	10 356
3	14 000	0.8	11 200	0.889 0	12 446	9 957
4	14 000	0.7	9 800	0.854 8	11 967	8 377
5	14 000	0.7	9 800	0.821 9	11 507	8 055
净现值					15 325	1 860

调整前 A 项目的净现值较大，调整后 B 项目的净现值较大。不进行调整，就可能导致错误的判断。

二、风险调整折现率法

风险调整折现率法是更为实际、更为常用的风险处置方法。这种方法的基本思路是对高风险的项目，应当采用较高的折现率计算净现值。

$$\text{调整后净现值} = \sum_{t=0}^{n} \frac{\text{预期现金流量}}{(1+\text{风险调整折现率})^t} \quad (5.14)$$

【例 8】当前的无风险报酬率为 4%，市场平均报酬率为 12%，A 项目的预期股权现金流量风险大，其 β 值为 1.5；B 项目的预期股权现金流量风险小，其 β 值为 0.75。

A 项目的风险调整折现率 = 4% + 1.5 × (12% - 4%) = 16%

B 项目的风险调整折现率 = 4% + 0.75 × (12% − 4%) = 10%

其他有关数据如表 5 − 15 所示：

表 5 − 15　　A、B 项目有关数据表

金额单位：元

年数	现金流量	现值系数（4%）	未调整现值	现值系数（16%）	调整后现值
A 项目					
0	− 40 000	1.000 0	− 40 000	1.000 0	− 40 000
1	13 000	0.961 5	12 500	0.862 1	11 207
2	13 000	0.924 6	12 020	0.743 2	9 662
3	13 000	0.889 0	11 557	0.640 7	8 329
4	13 000	0.854 8	11 112	0.552 3	7 180
5	13 000	0.821 9	10 685	0.476 2	6 191
净现值			17 874		2 569
B 项目					
0	− 47 000	1.000 0	− 47 000	1.000 0	− 47 000
1	14 000	0.961 5	13 461	0.909 1	12 727
2	14 000	0.924 6	12 944	0.826 4	11 570
3	14 000	0.889 0	12 446	0.751 3	10 518
4	14 000	0.854 8	11 967	0.683 0	9 562
5	14 000	0.821 9	11 507	0.620 9	8 693
净现值			15 325		6 070

如果不进行折现率调整，A 项目比较好；调整以后，B 项目要好得多。

调整现金流量法在理论上受到好评。该方法对时间价值和风险价值分别进行调整，先调整风险，然后把肯定现金流量用无风险报酬率进行折现。对不同年份的现金流量，可以根据风险的差别使用不同的肯定当量系数进行调整。同时，风险调整折现率法在理论上受到批评，因为它用单一的折现率同时完成风险调整和时间调整。这种做法意味着风险随时间推移而加大，可能与事实不符，夸大远期现金流量的风险。

从实务上看，经常应用的是风险调整折现率法，主要原因是风险调整折现率比肯定当量系数容易估计。此外，大部分财务决策都使用报酬率来决策，调整折现率更符合人们的习惯。

本章小结

本章主要介绍了投资的含义、意义、分类及程序；投资环境及其评价的原则与方法；项目投资现金流量的构成和计算；项目投资决策评价指标及其计算，主要包括非贴现现金流量指标和贴现现金流量指标，非贴现现金流量指标主要有投资回收期和投资收益率，贴现现金流量指标主要有净现值、获利指数和内部收益率；项目投资决策评价指标运用时，独立方案财务可行性与投资决策可以同时完成，互斥方案的决策则必须以方案具备财务可行性为前提，项目投资多方案比较决策时，可运用差额投资内部收益法和年等额净回收额法。由于项目未来现金流量总会具有某种程度的不确定性，本章介绍了两种项目投资的风险处置方法——一种是调整现金流量法，另一种是风险调整折现率法。前者是缩小净现值模型的分子，使净现值减少；后者是扩大净现值模型的分母，也可以使净现值减少。

思考题

1. 在项目投资决策中，为什么要对投资环境进行分析？
2. 简述项目投资决策中现金流量的构成。
3. 在项目投资决策中，为什么要用现金流量替代利润作为决策评价的基础信息？
4. 项目投资决策评价的指标主要包括哪些？如何理解各指标含义？
5. 试对非贴现现金流量指标与贴现现金流量指标进行比较。
6. 试对各贴现现金流量指标进行比较。
7. 调整现金流量法与风险调整折现率法有何联系与区别？

练习题

1. 某公司计划投资一个固定资产项目，原始投资额为100万元，全部在建设期起点一次投入，并于当年完工投产。投产后每年增加销售收入90万元，总成本费用为62万元，该固定资产预计使用期为5年，按照直线法计提折旧，预计净残值为10万元。项目经营期第1、2年不交所得税(因为其享受国家某种优惠政策)，第3、4、5年的所得税税率为25%。假设项目的折现率为10%。

要求：(1) 编制现金流量计算过程表；(2) 计算项目的投资回收期；(3) 计算项目的投资收益率；(4) 计算该项目的净现值；(5) 计算该项目的获利指数。

2. 某工业投资项目需要原始投资合计130万元，其中固定资产投资100万元，建设期为2年，于每年初投入50万元。流动资金投资30万元，于第2年末投入。该项目寿命期为5年，固定资产按直线法计提折旧，期满无残值；预计投资产后每年能获得7.5万元的净利润，所得税税率为25%，流动资金于项目终结点一次收回，项目的折现率为12%。

要求：(1) 计算项目的投资回收期；(2) 计算项目的投资收益率；(3) 计算项目的净现值和获利指数；(4) 判断项目的财务可行性。

3. 某公司打算在2018年末购置一台不需要安装的新设备，以替换一台尚可使用5年、折余价值为40 000元、变现净收入为10 000元的旧设备。取得新设备的投资额为165 000元，到2023年末，新设备的预计净残值将超过继续使用旧设备的预计净残值5 000元，使用新设备可使公司每年增加税前利润15 000元。新旧设备均采用直线法计提折旧，公司适用的所得税税率为25%，假设行业基准收益率为5%。

要求：计算差额内部收益率，并决定是否应该替换旧设备。

4. 某公司拟投资于一新项目，假设所在的行业基准收益率为10%，分别有A、B两个方案可供选择。

(1)A方案的资料如下表(单位：元)：

t	0	1	2	3	4	5	6
税后净现金流量	-80 000	0	30 000	35 000	20 000	40 000	30 000

(2)B方案的项目期为3年，净现值为15 000元。

要求：计算A、B方案的年等额净回收额，并做出投资决策。

第六章 证券投资管理

第一节　证券投资概述

随着经济的发展，证券日益成为公司一种重要的投资对象。科学地进行证券投资分析与管理能增加公司收益、降低风险，有利于财务管理目标的实现。

一、证券的含义及分类

（一）证券的含义

证券，是记载和代表一定权利的书面凭证，包括有价证券和无价证券两种。其中，有价证券指具有一定票面金额，证明持券人有权按期取得一定收入，并可自由转让和买卖的所有权或债权证书，通常简称为证券。证券包括财物证券（如货运单、提单等）、货币证券（如支票、汇票、本票等）和资本证券。本章所指证券为资本证券，即股票、债券、投资基金份额等。

（二）证券的分类

1. 按证券的发行主体不同分类

证券按照其发行主体的不同，可分为政府证券、金融证券和公司证券三种。政府证券是指中央或地方政府为筹集资金而发行的证券；金融证券是指银行或非银行金融机构为筹措资金而发行的证券；公司证券又称企业证券，是指公司为筹集资金而发行的证券。一般情况下，政府证券的风险较小，金融证券次之，公司证券的风险相对较大。

2. 按证券所体现的权益关系不同分类

按照证券所体现的权益关系，可分为所有权证券和债权证券。所有权证券是标明证券的持有人便是证券发行单位的所有者的证券，证券的持有人一般对发行单位拥有一定的管理权和控制权，如股票；债权证券是标明证券的持有人即成为发行单位的债权人的证券，如债券。债权证券的持有人一般无权对发行单位进行管理和控制。

3. 按证券收益的决定因素不同分类

按照证券收益的决定因素，可分为原生证券和衍生证券。原生证券的收益大小主要取决于发行者的财务状况；衍生证券包括期货合约和期权合约两种基本类型，其收益取决于原生证券的价格。

4. 按证券的收益稳定性不同分类

证券按其给投资者带来的收益是否稳定，可分为固定收益证券和变动收益证券两种。固定收益证券是指在证券的票面上规定有固定收益率的证券，如债券一般有固定的票面利息率，优先股一般有固定的票面股息率。变动收益证券是指证券的票面不标明固定的收益率，其收益情况随公司经营状况而变动的证券，普通股就是最典型的变动收益证券。一般来说，固定收益证券风险较小，但报酬较低；而变动收益证券风险大，但报酬较高。

5. 按证券的期限长短不同分类

证券按其期限长短的不同，可分为1年内到期的短期证券和期限长于1年的长期证券两种。一般而言，短期证券的变现能力强、风险小，但收益相对较低；长期证券收益较高，但时间长，风险大。

二、证券投资的收益和风险

证券投资是指投资者将资金投放于股票、债券、基金、金融衍生工具等各种有价证券，以期从未来证券增值中获取收益的行为。证券投资的目的是获取投资收益，但同时也承担着各种风险，下面对投资收益及风险的构成作分析：

（一）证券投资收益

不同性质的证券其收益不同，其主要包括债券利息、股利及资本利得等。

1. 债券利息

债券利息是指按债券面值、利率和期限计算的利息。利息收入的取得取决于利息的支付方式和债券的持有时间。如果债券是到期时一次还本付息，则到期时债券持有者可得到全部利息；如果债券利息是分期支付，则只有利息支付期内持有债券的人才能获得当期的利息收益。债券利息收入的多少主要取决于债券利率的高低。

2. 股利

股利是股息和红利的总称，它是股份公司向股东分配的税后利润。股利支付的形式主要有现金股利和股票股利。现金股利是股份公司直接以现金向股东支付股利；股票股利则是股份公司通过增加股东的股份或给予股东优先购买权等方式分配的。

3. 资本利得

资本利得是指证券投资者进行证券买卖所得的价差收入，即证券出售价格减去证券购买价格和证券交易费用后的余额。

证券投资的收益有两种表示方法：绝对数和相对数，在财务管理中通常用相对数即投资收益率来表示。

（二）证券投资风险

证券投资风险是指投资者在证券投资过程中遭受损失或达不到预期收益的可能性。

投资者在进行证券投资获得投资收益的同时，还必须承担一定的风险，对投资证券风险进行充分估计，对期望报酬率进行谨慎测算是证券投资管理的重点。

证券投资风险包括系统风险和非系统风险两部分。

1. 系统风险

（1）利率风险。这是指利率变动引起有价证券价格波动，从而使投资者承担损失的风险。一般而言，市场利率上升，则有价证券市价下降。市场利率下降，则有价证券市价上升。不同期限的证券，利息率风险不一样，有价证券的持有期限越长，其利息率风险程度就越大。

（2）购买力风险。这是指通货膨胀使货币购买力下降的风险。一般而言，在通货膨胀发生时，变动收益证券比固定收益证券更好。因此，普通股票被认为比公司债券和其他有固定收入的证券能更好地避免购买力风险。

（3）再投资风险。这是指市场利率下降造成的无法通过再投资实现预期收益的风险。一般长期投资的收益率应当高于短期利率，为了避免市场利率变动的利率风险，投资者可能会投资于短期证券，但短期证券又会面临市场利率下降的再投资风险，即无法按预定收益率进行再投资而实现所要求的预期收益。

2. 非系统风险

（1）违约风险。这是指证券发行人无法按时支付利息或偿还本金的风险。一般而言，政府证券基本上没有违约风险，金融证券违约风险较小，公司证券违约风险较大。

（2）流动性风险。这是指在投资人想以适当的价格出售有价证券获取变现的资金时，证券不能立即出售的风险，即证券转让的难易程度。在一般情况下，经济实力雄厚、信誉程度高、经济效益好的公司所发行的证券比较容易转让。转让时间短，转让价格高，证券的流动性就强；反之，证券的流动性就弱。

第二节　债券投资

债券是指政府或公司为向社会公众筹措资金而向投资者发行的，确定债权债务关系的凭证。债券发行人是债务人，债券的购买者(投资者)是债权人。

债券投资是指投资者通过认购债券成为债务发行单位的债权人以获得债券利息和资本利得的投资活动。

一、债券的投资价值

进行债券投资，在考虑投资时机、投资期限、公司债券投资可使用资金、收益率要求、投资风险偏好等因素后，就需要决定具体的投资对象。在选择具体投资债券品种时需要评估债券的价值，将其价值与市场价格作比较，从而确定是否应该投资，同时也必须考虑债券投资的风险问题。

(一) 债券价值的估算

债券价值又称为债券内在价值、债券理论价格，是指债券未来现金流入的现值。只有债券的价值大于市场价格时，该债券才具有投资价值。

债券价值是投资者做债券投资决策时使用的主要指标之一。影响债券价值的因素主要是债券的票面利率、面值、期限和所采用的贴现率等因素。

债券估价的模型随债券的本金、利息的支付方式不同而有所不同，其基本原理是：债券价值等于采用一定贴现率计算的债券未来现金流入量(包括各期利息和到期收回的本金)的现值。

典型的债券类型是有固定的票面利率、每期支付利息、到期归还本金的附息债券，这种债券模式下债券价值计量的基本模型是

$$
\begin{aligned}
P_V &= \sum_{t=1}^{n} \frac{I_t}{(1+K)^t} + \frac{M}{(1+K)^n} \\
&= I_t(P/A,\ i,\ n) + M(P/F,\ i,\ n) \qquad (6.1)
\end{aligned}
$$

式中：K 表示评估债券价值所采用的贴现率，即所期望的最低收益率；P_V 为债券的买入价；I_t 为债券各付息期的利息收入；n 为债券持有期内的付息次数；M 为债券面值。

【例1】ABC公司于2021年9月1日购买一张面额为1 000元的债券，其票面利率为8%，每年9月1日计算并付息一次，并于5年后的8月31日到期。当时的市场利率为10%，债券的市价是923元。应否购买该债券？

该债券价值为

$$
\begin{aligned}
P_V &= I(P/A,\ 10\%,\ 5) + M(P/F,\ 10\%,\ 5) \\
&= 1\,000 \times 8\% \times 3.790\,8 + 1\,000 \times 0.620\,9
\end{aligned}
$$

$$\approx 303.26 + 620.9$$
$$= 924.16(元)$$

由于债券的价值 924.16 元大于市价 923 元，因此，在该债券的风险与市场其他债券投资风险基本相同的条件下，购买该债券是合算的，可获得大于 10% 的收益率。

【例 2】ABC 公司于 2021 年 4 月 1 日购买一张面额为 1 000 元的贴现债券，该债券 3 年后的 3 月 31 日到期。购买时市场利率为 10%，债券的市价是 780 元。应否购买该债券？

该债券价值计算如下：

$$P_V = M(P/F,\ 10\%,\ 3) = 1\ 000 \times 0.751\ 3 = 751.30\ (元)$$

由于债券的价值 751.30 元小于市价 780 元，因此购买该债券不合算，因为该债券投资收益率低于 2021 年 4 月 1 日市场平均投资收益率 10%。

（二）债券投资的风险及风险规避

债券投资的风险主要有违约风险和利率风险。

1. 违约风险

违约风险是指债券发行人无法按时支付债券利息和偿还本金而使投资者所承担的风险。

一般从债券的发行主体来看，政府债券，由于有政府为其担保，不会存在违约行为，也就没有违约风险。但是金融机构和公司发行的金融债券和公司债券，则有可能发生违约行为，从而产生违约风险。因此，在进行债券投资时，应对相关债券进行评估，预测其违约风险程度的大小。一般地，投资者在进行债券投资时，只要坚持购买信用较好的债券就可以有效地避免违约风险。

2. 利率风险

债券的利率风险是指市场利率的波动使投资者的投资收益遭受损失的可能性。

债券一旦发行，其面值、期限、票面利率都相对固定了，市场利率作为债券价值计算的贴现率，其变动将在很大程度上影响债券价值，导致债券的利率风险。

【例 3】ABC 公司目前以 100 万元的价格购进面值为 100 万元、票面利率为 8%、单利计息的 3 年期到期一次还本付息国库券，购进一年后市场利率上升为 10%，问一年后国库券的价值是多少？ABC 公司是否遭受利率风险损失？

国库券的到期值 = 100 × (1 + 3 × 8%) = 124(万元)

一年后国库券的价值 = 124 × (P/F, 10%, 2) = 124 × 0.826 4 ≈ 102.47(万元)

国库券一年后的本利和 = 100 × (1 + 1 × 8%) = 108(万元)

一年后该国库券的价值小于其本利和，ABC 公司遭受了利率风险损失。

各种债券都可能存在利率风险，投资者减少利率风险的办法就是分散债券的到期日。

二、债券投资收益率

（一）债券投资收益的构成及影响因素

公司进行债券投资的主要目的是获得相应收益。债券投资收益主要包括债券的利息收入和资本利得两部分。

债券收益的高低一般用债券收益率表示。债券收益率是指债券在特定期间带来的收益额与买入价（或者本金）的比率。债券收益一般按年计算。

债券收益率主要受票面利率、期限、面值、持有时间、购买价格和出售价格等因素的影响。另外，债券可赎回条款、税收待遇、流动性和违约风险等因素也会影响债券收益率的高低。

（二）债券收益的计算

债券收益率的计算有多种形式，常用的有持有期收益率和到期收益率，而在计算收益率时，短期投资的收益率常常用单利计算，长期投资收益率则需要考虑货币时间价值，采用复利计算。

1. 债券持有期收益率

债券持有期收益率是指买入债券后持有一段时间，又在债券到期前将其出售而得到的年均收益率。持有期收益率既考虑了持有期间利息收益，也考虑了资本利得，是投资者获得的现实收益率。

计算债券的持有期收益率，一般不考虑资金的时间价值，其计算公式为

$$K=\frac{I+(P_n-P_0)}{P_0} \tag{6.2}$$

式中：K 表示债券的持有期收益率，P_0 为债券的买入价，P_n 为债券的卖出价，I 为债券的持有期间的利息收入，n 为债券持有期限。

【例4】ABC公司于2020年1月1日以925.50元购买一张面值为1 000元、期限为5年的债券，其票面利率为8%，每年1月1日计算并支付一次利息，该债券于2022年1月1日按市价960.25元的价格出售，问该债券的持有期收益率为多少？

$$K=\frac{(960.25-925.50)/2+1\,000\times 8\%}{925.5}\approx 10.52\%$$

2. 债券到期收益率

债券到期收益率是指在购入债券后，将债券持有到期，收回本金和最后一期利息所能获得的投资报酬率。到期收益率按复利计算，是能使债券投资未来现金流入现值等于债券买入价格的折现率，即债券投资的内含报酬率。

一般情况下，投资者在决定投资以前不太关心债券未来价格的变化，而是更关心债券未来的利息收入以及到期值与当前市价的差额所揭示的收益水平，即到期收益率。如果到期收益率大于或等于投资者要求的必要报酬率，则可以现价投资；否则应放弃投资。

债券到期收益率的计算公式为

$$P_0 = \sum_{t=1}^{n} \frac{I_t}{(1+K)^t} + \frac{M}{(1+K)^n}$$
$$= I_t(P/A, K, n) + M(P/F, K, n) \quad (6.3)$$

式中：K 表示债券的到期收益率，P_0 为债券的买入价，I_t 为债券各付息期的利息收入，n 为债券持有期内的付息次数，M 为债券面值。

【例5】ABC公司于2021年1月1日以1 050元购买一张面值为1 000元、期限为3年的债券，其票面利率为5%，每年1月1日计算并支付一次利息，问该债券的到期收益率为多少?

根据到期收益率的计算公式，可得下列等式

$$1\,050 = 1\,000 \times 5\%(P/A, K, 3) + 1\,000 \times (P/F, K, 3)$$

采用“逐步测试法”计算该债券的到期收益率。

用4%作贴现率，可得

$$P = 1\,000 \times 5\%(P/A, 4\%, 3) + 1\,000 \times (P/F, 4\%, 3) = 1\,027.76$$

计算结果 $1\,027.76 < 1\,050$，说明到期收益率低于4%。

用3%作贴现率，可得

$$P = 1\,000 \times 5\%(P/A, 3\%, 3) + 1\,000 \times (P/F, 3\%, 3) = 1\,056.53$$

计算结果 $1\,056.53 > 1\,050$，说明到期收益率高于3%。

采用插值法：$\dfrac{K - 4\%}{3\% - 4\%} = \dfrac{1\,050 - 1\,027.76}{1\,056.53 - 1\,027.76}$

求得到期收益率 $K = 4\% - 0.773\,0\% = 3.23\%$

三、债券投资的优缺点

与股票投资相比，债券投资的优缺点主要表现在以下方面：

（一）债券投资的优点

（1）本金较安全。政府债券有国家财力作后盾被视为无违约风险；公司债券投资，在被投资公司破产清算时，债权人具有优先求偿权，优先于股东参加公司资产的分配或清算，收回本金也有一定保障。

（2）收入较稳定。一般债券是固定利息率，债券发行单位有义务按时支付利息，因此在正常经营情况下，利息收入是比较稳定可靠的。

（3）流动性较好，变现能力较强。特别是政府、金融机构和大公司发行的债券更容易流通和变现。

（二）债券投资的缺点

（1）购买力风险较大。一般债券是固定利息率债券，债券的面值和利息率在发行时就已经确定，如果投资期间的通货膨胀率比较高，本金和利息的购买力将不同程度地受到侵蚀，承担投资的潜在损失。

(2) 没有经营管理权。因债券投资是一种债权投资，投资者无权参与债券发行单位的经营管理，只能按时获取一定的利息报酬。

第三节　股票投资

股票是股份公司发行给股东作为持股凭证并借以取得股息和红利的一种有价证券。股票是代表所有权的凭证，持有人作为发行公司的股东，有权参与公司的经营决策。

股票投资是证券投资最基本也是最重要的投资之一。股票持有者拥有对股份公司的重大决策权、盈利分配要求权、剩余财产求索权和股份转让权。

一、股票投资的目的

公司进行股票投资的目的主要有两种：一是获利，即作为一般的证券投资，获取股利收入及股票买卖差价；二是控股，即通过买入某公司的大量股票达到控制该公司的目的。

如果公司股票投资的目的是获利，仅仅是将某种股票作为证券投资组合的一个组成部分，则不应冒险将大量资金投资于某一公司的股票上。而对于以控股为目的的股票投资，公司考虑更多的不是目前利益——股票投资收益的高低，而是长远利益——占有多少股份比例才能达到控制的目的，并以此获利。

二、股票的价值

(一) 股票的相关价值

股票的价值有多种形式，主要包括六种。

1. 票面价值

股票的票面价值又称为面值或名义价值，是指股票票面所标明的货币金额。它的主要作用是确定股东所持股份的数量及其在公司全部股本中所占的比例，确定股份有限公司的资本总量。股份有限公司的注册资本必须与股票面值总额相等。

2. 发行价值

股票的发行价值又称为发行价格，是指股票发行时所使用的价格，通常由发行公司根据股票的面值、市场行情及其他有关因素确定。股票的发行价值与票面价值常常不一致：股票发行主要有平价发行(按面值)、时价发行(按市场价值)和中间价发行(平价与时价的中间值)。时价和中间价有可能低于面值。目前我国规定，股票不得低于面值(即折价)发行。

3. 账面价值

股票的账面价值又称每股净资产，是指每一份普通股所拥有的公司账面资产净值。

4. 内在价值

内在价值又称为股票的理论价值、真实价值，是指投资于股票预期获得的未来现金流量的现值。

5. 市场价值

股票的市场价值是指股票在股票交易市场上转让时的价格，又称市场价。股票市场价既受到公司自身因素的影响，又受到宏观因素的影响，在一定时间内股票市场价值的波动往往很大，很难估计。

6. 清算价值

股票的清算价值又称清算价格，是指在公司终止及清算时，每股股票所能代表的实际价值。由于清算时存在资本的变现损失及一定的清算费用，股票的清算价值常常与其账面价值和市场价值有很大差距。

（二）股票价值的评估

股票价值的估价方法基本上有两种模型：一是按股票的内在价值计算其投资价值；二是利用市盈率分析估算股票的公平价值。

1. 股票的内在价值估算模型

股票的诸多价值当中最重要的是股票的内在价值，股票估价也主要是计算其内在价值。在股票投资时，需要将股票的内在价值与股票市价比较决定其是否具有投资价值。

（1）股票估价的基本模型。从理论上讲，股票带给持有者的未来现金流入包括两部分：各期的股利收入和出售时的售价收入。股票的内在价值由一系列的股利和将来出售股票时售价按投资者要求的必要投资报酬率折算的现值所构成。

$$P_V = \sum_{t=1}^{n} \frac{D_t}{(1+K)^t} + \frac{P_n}{(1+K)^n} \tag{6.4}$$

式中：P_V 为股票的内在价值，P_n 为股票的转让价，K 为股票投资者要求的必要投资报酬率，D_t 为各期的股利收入，n 为股票持有期。

（2）股票估价的常用模型。虽然理论上可将股票的转让价作为股票未来现金流入的一部分，但由于股票的市场价值波动很大，在投资时不可能准确确定未来股票转让时的转让价格或时间。因此，股票的内在价值估算一般是在假设股票长期持有的基础上进行的。

股份公司的净利润是决定股票价值的基础。股票给持有者带来的未来收益一般是以股利形式出现的，因此，站在股东角度评价股票价值时，可以认为股利决定了股票价值。由此股票估价存在两种常用的股利折现模型：

① 固定股利折现模型。假设每年股利稳定不变，投资人持有期限很长时，将股

利收入看作一个永续年金，则股票的估价模型为

$$P_V = \frac{D}{K} \tag{6.5}$$

式中：P_V 为股票的内在价值，K 为股票投资者要求的必要投资报酬率，D 为各期的固定股利收入。

② 固定股利增长模型。如果公司的股票股利按固定增长率 g 逐年递增，投资人的投资期限很长，其股票估价模型为

$$P_V = \frac{D_1}{K - g} = \frac{D_0(1 + g)}{K - g} \tag{6.6}$$

式中：K 为股票投资者要求的必要投资报酬率；g 为股利年增长率，且 $K > g$；D_0 表示最近一期股票股利；D_1 表示下一期股票股利。

【例 6】ABC 公司准备购买某公司的股票，要求达到 12% 的收益率，该公司今年已支付每股股利 0.6 元，预计未来股利会以 8% 的速度增长，则该股票的价值为

$$P_V = \frac{D_0(1 + g)}{K - g} = \frac{0.6 \times (1 + 8\%)}{12\% - 8\%} = 16.2(\text{元})$$

如果该股票目前的市场价格低于 16.2 元，则该公司的股票是值得购买的。

2. 市盈率分析法

股票的内在价值估算模型在理论上比较健全，但对未来股利的正确预计是较为复杂的问题，一般投资者很难采用该方法，可用一种简化的估计股票价值的方法——市盈率分析法。

市盈率是指股票的每股市价与每股盈余的比率，它可以粗略反映股价的高低，表明投资人愿意用盈利的多少倍的资金来购买这种股票，是市场对该股票的评价。有关计算公式如下：

股票市盈率 = 股票价格 / 股票每股收益　　(6.7)

股票价值 = 同类股票平均市盈率 × 该股票每股收益　　(6.8)

在实际工作中，投资者可以根据证券机构提供的同类股票过去若干年的平均市盈率，乘以当前的每股收益，得出股票的公平价值，用公平价值与当前市价进行比较，可以分析所付价格是否合理。

【例 7】某公司的上市股票，每股收益为 2.5 元，市盈率为 10，行业类似股票的平均市盈率为 12，则该股票是否具有投资价值？

该股票价值 = 2.5 × 12 = 30(元)

股票价格 = 2.5 × 10 = 25(元)

计算结果表明，目前市场对该股票的评价偏低，该股票具有投资价值。

一般来说，市盈率高，说明投资者对该公司的发展前景看好，愿意出较高的价格购买该公司的股票。但市盈率过高，也意味着这种股票具有较高的投资风险。股票的市盈率比较低，表明投资者对公司的未来缺乏信心，这种股票的风险也比较

大。通常认为，市盈率在5倍以下的股票，其前景比较悲观。

采用市盈率分析法估计股票价值时应注意对同类股票平均市盈率的分析，所选同类股票公司需要在股利增长率、股利分配率和资本成本率等指标上与被评估公司具有相似性，市盈率分析法才能比较准确地评价公司价值。

三、股票的投资收益

股票投资存在三种情况：短期持有，中途出售；长期持有，中途出售；永久持有。对其收益的计算应视情况分别进行。

（一）短期持有股票的收益率

短期持有股票的投资是为获得股票买卖价差，当市场价格合适时将出售股票。因此，此类投资与短期债券投资的投资收益率计算相似，不考虑货币时间价值，计算公式为

$$K=\frac{(P_n-P_0)+D}{nP_0} \tag{6.9}$$

式中：K表示股票的收益率，P_0为股票的买入价，P_n为股票的卖出价，D为股票持有期间的股息收入，n为股票持有期限。

【例8】ABC公司于2020年7月1日以23元购买一张股票，该股票于2021年1月5日支付0.4元现金股利，2021年4月1日按市价29元的价格出售，则该股票收益率为多少？

$$\text{股票收益率 } K=\frac{[(29-23)+0.4]\times 9}{12\times 23}\times 100\% \approx 20.87\%$$

（二）长期持有股票的收益率

长期持有、中途出售的股票投资收益率计算，需考虑资金的时间价值。公司进行股票投资，一般情况下每年可获得股利，只是股利每年是经常变化的。股票出售时也可收回一定的资金，股票投资收益率是使各期股利及股票售价的复利现值等于股票买入价时的贴现率。股票投资收益率可按下式计算：

$$P_0=\sum_{t=1}^{n}\frac{D_t}{(1+K)^t}+\frac{P_n}{(1+K)^n} \tag{6.10}$$

式中：K为股票收益率，P_0为股票的买入价，P_n为股票的卖出价，D_t为各期的股利收入，n为股票持有期。

【例9】ABC公司于2019年7月1日以每股35元的价格购买10万股股票，该股票于2020年和2021年的6月30日支付0.4元、0.5元现金股利，2021年7月1日按市价39元的价格出售，则该股票收益率为多少？

K表示股票收益率，则根据股票收益率计算公式可得

$$35=\frac{0.4}{(1+K)}+\frac{0.5}{(1+K)^2}+\frac{39}{(1+K)^2}$$

采用逐步测试法可得

当贴现率为6%时，$P=0.4\times(P/F, 6\%, 1)+39.5\times(P/F, 6\%, 2)=35.5322$

计算结果35.532 2 > 35，说明到期收益率高于6%。

当贴现率为7%时，$P=0.4\times(P/F, 7\%, 1)+39.5\times(P/F, 7\%, 2)=34.8575$

计算结果34.857 5 < 35，说明到期收益率低于7%。

采用插值法：

$$\frac{6\%-K}{6\%-7\%}=\frac{35.5322-35}{35.5322-34.8575}$$

求得该股票收益率 $K\approx6.79\%$

（三）永久持有股票的收益率

如果投资者永久持有股票，且每年获得相同的股利收入，可将股利收入视为永续年金。根据永续年金现值计算公式，永久持有股票投资收益率的计算公式为

$$K=\frac{D}{P_0} \tag{6.11}$$

式中：K 为股票收益率，D 为年股利收入，P_0 为股票购买价格。

【例10】ABC公司于2021年1月1日以每股10元的价格购买10万股股票准备永久持有，该股票于2021年12月31日支付0.5元的现金股利，预计该股票的现金股利将保持在同一水平，则该股票收益率为多少？

K 表示股票收益率，则根据股票收益率计算公式可得

$$K=\frac{0.5}{10}\times100\%=5\%$$

四、股票投资的优缺点

（一）股票投资的优点

股票投资是收益和风险都比较高的证券投资，其优点主要有：

1. 投资收益率高

股票投资是一种高收益投资，一般情况下高于债券的利息收入。股票持有者可以获得股息、资本利得和实现货币保值。普通股票的价格虽然变动频繁，但从长期看，优质股票的价格总是上涨的居多，只要选择得当，就能取得优厚的投资收益。

2. 购买力风险低

普通股的股利不固定，在通货膨胀率比较高时，随着股份公司盈利增加，股利的支付也随之增加，因此，与固定收益证券相比，普通股能有效地降低购买力风险。

3. 拥有经营控制权

普通股股东是股份公司所有者，有权监督和控制公司的生产经营。

（二）股票投资的缺点

股票投资的缺点主要是风险大，这是因为：

1. 求偿权居后

普通股对公司资产和盈利的求偿权均居于最后。公司破产时，股东原来的投资可能得不到全额补偿，甚至一无所有。

2. 价格不稳定

股票价格受众多因素影响，变动频繁，这也使股票投资具有较高的风险。

3. 收入不稳定

普通股股利的多少，视公司经营状况和财务状况而定，其有无多寡均无法律上的保证，其收入的风险也远远大于固定收益证券。

第四节　基金投资

基金投资是当今世界上一种重要的投资方式，发展十分迅速，已经成为继股票、债券之后又一个非常重要的投资工具。

一、基金投资的含义和组织运作

（一）基金投资的含义

基金投资是一种利益共享、风险共担的集合投资方式，是通过发行基金单位，筹集社会资金，由基金托管人托管，基金管理人管理和运用资金，从事股票、债券、期权、期货等金融工具投资，并将投资收益按基金购买者的购买比例进行分配的间接投资方式。

（二）投资基金的组织运作

投资基金的称谓各有不同：美国称之为共同基金或互惠基金，英国和我国香港特区称之为单位信托基金，日本和我国台湾地区称之为证券投资信托基金。尽管称谓各异，但投资基金的组建框架及操作过程基本上都是相同的。

一般来说，投资基金的组织与运作包括如下几个方面的内容：

(1) 由投资基金的发起人设计、组织各种类型的投资基金。基金的组建行为要由投资基金发起人实施。投资基金的发起人预定基金规模，确定“基金单位”的金额，然后面向社会发行“基金单位”筹资。通过发售“基金单位”，将社会上众多投资者的零散资金聚集后，将所筹资金交由基金保管机构保管，然后交由基金经理公司运用。

基金的份额用“基金单位”来表达，“基金单位”也称为“受益权单位”，它是确定投资者在某一投资基金中所持份额的尺度。将发行的基金总额分成若干等额的整数份，每一份即为一个基金单位，表明认购基金所要求达到的最低投资金额。一个基金单位与股份公司普通股的一股含义基本上是相同的。

（2）由指定的信托机构保管和处分基金资产，专款存储以防止基金资产被挪为他用。基金保管机构亦称为基金保管公司，接受基金管理人的指令，负责基金的投资操作，处理基金投资的资金拨付、证券交割和过户、利润分配及本金偿付等事项。

（3）由指定的基金经理公司负责基金的投资运作。基金经理公司（也称为基金管理公司）负责设计基金品种，制定基金投资计划，确定基金的投资目标和投资策略，以基金的名义购买证券资产或其他资产，向基金保管人发出投资操作指令。

二、投资基金的类型

依据不同的标准，投资基金可以做以下分类：

（一）投资基金依其组织形式的不同，可分为公司型基金和契约型基金

1. 公司型基金

公司型基金是指按照《公司法》组建基金股份公司，以发行基金股票的方式设立的一种投资基金。基金公司负责基金的经营和管理，基金的保管可委托金融机构或投资机构承担。组建的股份公司即是基金公司本身，投资者购入该公司的股票而成为该公司的股东，并形成公司与股东的权利义务关系。基金公司的设立程序类似于一般股份公司，基金公司本身依法注册为法人。但不同于一般股份公司的是，基金公司是委托专业的基金管理公司来经营与管理。基金公司的组织结构与一般股份公司类似，设有董事会和持有人大会，基金资产由公司所有，投资者则是这家公司的股东，承担风险并通过持有人大会行使权力。

2. 契约型基金

契约型基金又称为单位信托基金，它是把受益人（投资者）、管理人、托管人三者作为基金的当事人，由管理人与信托人通过签订信托契约的形式发行受益凭证而设立的一种基金。由基金经理公司（投资信托公司）与基金保管公司（金融机构）订立契约，确立双方的权利和义务。投资者购买受益证券并享有受益权，但不得对基金的投向及结构等发表意见。

3. 契约型基金与公司型基金的区别

契约型基金与公司型基金的不同点主要体现在以下几个方面：① 资金的性质不同。契约型基金的资金是信托财产，公司型基金的资金为公司法人的资本。② 投资者的地位不同。契约型基金的投资者购买受益凭证后成为基金契约的当事人之一，即受益人，投资者没有管理基金资产的权利；公司型基金的投资者购买基金公司的股票后成为该公司的股东，公司型基金的股东通过股东大会和董事会享有管理基金公司的权利。③ 基金的运营依据不同。契约型基金依据基金契约运营基金，公司型

基金依据基金公司章程运营基金。

(二) 投资基金依基金证券能否赎回，可分为开放型基金和封闭型基金

1. 开放型基金

开放型基金是指基金发起人在设立基金时，基金单位的总数是不固定的，可视经营策略和发展需要追加发行。投资者也可根据市场状况和各自的投资决策，或者要求发行机构按现期净资产值扣除手续费后赎回股份或受益凭证，或者再买入股份或受益凭证，增加基金单位份额的持有比例。购买或赎回受益凭证的价格，按基金的净资产计算。

2. 封闭型基金

封闭型基金是指基金的发起人在设立基金时，限定了基金单位的发行总额，筹集到这个总额后，基金即宣告成立，并进行封闭，在一定时期内不再接受新的投资。在信托契约期限内，不允许投资者向发行人请求赎回受益凭证，但是可进入证券交易市场将其持有的受益凭证卖出，收回投资。受益凭证的价格在一定程度上由市场供求关系决定，并不完全反映受益凭证的净资产价值。

3. 封闭型基金与开放型基金的区别

封闭型基金与开放型基金的区别主要表现在以下几个方面：① 期限不同。封闭型基金通常有固定的封闭期，而开放型基金没有固定期限，投资者可随时向基金管理人赎回。② 基金单位的发行规模要求不同。封闭型基金在招募说明中列明其基金规模，开放型基金没有发行规模限制。③ 基金单位转让方式不同。封闭型基金的基金单位在封闭期限内不能要求基金公司赎回，只能在证券交易场所出售或在柜台市场上出售给第三者。开放型基金的投资者则可以在首次发行结束一段时间(多为3个月)后，随时向基金管理人或中介机构提出购买或赎回申请。④ 基金单位的交易价格计算标准不同。封闭型基金的买卖价格受市场供求关系的影响，并不必然反映公司的净资产值。开放型基金的交易价格则取决于基金的每单位资产净值的大小，其卖出价一般是基金单位资产净值加5%左右的首次购买费，买入价即赎回价是基金所代表的资产净值减去一定的赎回费，基本不受市场供求影响。⑤ 投资策略不同。封闭型基金的基金单位数不变，资本量稳定，因此基金可进行长期投资，基金资产的投资组合能有效地在预定计划内进行。开放型基金因基金单位可随时赎回，为应付投资者随时赎回兑现，必须保持基金资产的流动性，在投资组合上需保留一部分现金和可随时兑现的金融商品，基金资产不能全部用来投资。

(三) 根据投资标的不同，可分为股票基金、债券基金和货币基金

1. 股票基金

股票基金是所有基金品种中最为流行的一种类型，它是指投资于股票的投资基金，其投资对象通常包括普通股和优先股，其风险程度较个人投资股票市场要低得多，且具有较强的变现性和流动性。

2. 债券基金

债券基金是指投资于政府债券、金融债券、公司债券等各类债券品种的投资基金。债券基金一般情况下定期派息，其风险和收益水平通常较股票基金低。

3. 货币基金

货币基金是指由货币存款构成投资组合，协助投资者参与外汇市场投资，赚取较高利息的投资基金。其投资工具包括银行短期存款、国库券、政府债券、公司债券及商业票据等。这类基金的投资风险小，投资成本低，安全性和流动性较高，在整个基金市场上属于低风险的安全基金。

（四）根据投资风险与收益的不同，可分为成长型基金、收入型基金和平衡型基金

1. 成长型基金

这是指把追求资本的长期成长作为其投资目的的投资基金。

2. 收入型基金

这是指以为投资者带来高水平的当期收入为目的的投资基金。

3. 平衡型基金

这是指以支付当期收入和追求资本的长期成长为目的的投资基金。

三、基金投资分析

（一）基金价值

对投资基金进行价值评价旨在衡量投资基金的经营业绩，为投资者选择合适的基金作为投资对象提供参考。对投资基金进行评价所依据的信息来源主要是公开的基金财务报告信息。

1. 基金价值的确认

基金作为一种有价证券，从理论上来讲与其他有价证券一样存在着内涵价值，即投资在基金上所能带来的未来的现金净流量的现值。但基金内涵价值的具体确定方法与股票、债券等其他证券有很大区别。

从前面的分析我们知道：投资者对债券、股票的未来收益是可以预测的，因此，未来收取的利息或股利的现值可作为债券、股票的内在价值，也就是说，未来的而不是现在的现金流量决定着债券和股票的内在价值。

而投资基金的未来收益是难以预测的，因为投资基金不断变换投资组合对象，再加上资本利得是投资收益的主要来源，变幻莫测的证券价格波动，使得对投资基金未来收益的预测不大现实，因此，基金价值以基金资产的现有市场价值表现更有意义，基金的价值取决于目前能给投资者带来的现金流量——基金的净资产价值（又称基金资产净值）来表达。

2. 基金资产净值

由于基金的价值取决于基金净资产的现在价值，因此基金资产净值是评价基金投资价值、基金业绩最基本和最直观的指标，基金资产净值常常用基金单位资产净值表示。

基金单位资产净值(NAV)是在某一时点每一基金单位(或基金股份)所具有的市场价值。基金单位资产净值是基金投资者能够得到的最重要的基金信息之一，对于开放型基金投资者来说，基金单位资产净值是其申购和赎回基金单位的价格，同时还是计算基金投资收益率的基础数据，是绝大多数基金评价方法的评价基础。

其计算公式为

$$\text{基金资产净值} = \text{基金资产总值} - \text{基金总负债} \tag{6.12}$$

$$\text{基金单位资产净值} = \text{基金资产净值} / \text{已售出的基金份额总数} \tag{6.13}$$

在基金资产净值的计算中，应注意以下几点：

(1) 基金资产总值，是指一个基金所拥有的所有资产，包括：① 现金；② 股票、债券及其他有价证券等各项投资，对各项有价证券，需按当日交易收盘价(或均价)核算资产值；③ 按权责发生制核算的应计利息、股息收入。基金总资产的价值并不是指资产总额的账面价值，而是指资产总额的市场价值。

(2) 基金的负债包括总债务与总费用。除了以基金名义对外的融资借款以外，还包括应付投资者的分红、基金，应付给基金经理公司的首次认购费、经理费用等各项基金费用。

3. 基金的报价

对于开放型基金投资者来说，基金单位资产净值是其申购和赎回基金单位的价格，开放型基金的柜台交易价格则完全以基金单位净值为基础；封闭型基金在二级市场上竞价交易，其交易价格由供求关系和基金业绩决定，围绕基金单位净值上下波动。

理论上说，基金的价值决定了基金的交易价，即基金的交易价是以基金单位净值为基础的，基金单位净值高，其交易价格也高。而事实上，影响交易价格的因素还有许多，主要包括：基金单位资产净值、基金管理公司的盈利能力与道德水平、市场供求力量对比、宏观经济环境、证券市场状况等。

基金通常采用两种报价形式：认购价(卖出价)和赎回价(买入价)。

$$\text{基金认购价} = \text{基金单位净值} + \text{首次认购费} \tag{6.14}$$

$$\text{基金赎回价} = \text{基金单位净值} - \text{基金赎回费} \tag{6.15}$$

基金认购价是基金经理公司的卖出价，首次认购费是支付给基金经理公司的发行佣金。基金赎回价是基金经理公司的买入价，赎回时一般要收取赎回费。

封闭型基金二级市场上的交易价格与股票和债券的市场价格一样，受基金公司经营业绩及市场供求关系变化的影响。

（二）基金收益率

基金收益率用以反映基金增值的情况。一般通过基金净资产的价值变化来衡量，通常以年增值率来表示。其公式为

$$基金收益率 = \frac{年末持有基金份数 \times 年末 NAV - 年初持有基金份数 \times 年初 NAV}{年初持有基金份数 \times 年初 NAV} \tag{6.16}$$

$$NAV = (总资产 - 总负债) / 股份总数或受益凭证单位数 \tag{6.17}$$

式中：NAV 表示基金单位资产净值，“持有基金份数”是指基金单位的持有份数。

如果年末和年初基金单位的持有份数相同，基金收益率就简化为基金单位净值在本年内的变化幅度。

四、基金投资的优缺点

与股票、债券投资相比，基金投资的最大优点是能够在不承担太大风险的情况下获得较高的收益。

（一）基金投资的优点

（1）基金投资具有专家理财优势。投资基金的管理人拥有专业投资研究人员和强大的信息网络，投资者能够享受到专业化的投资管理服务，从而降低投资风险、提高投资收益。

（2）基金投资具有集合投资的优势，可通过组合投资实现分散风险。证券投资基金将众多投资者的资金集中起来进行共同投资，有利于发挥资金的规模优势，以降低投资成本。证券投资基金必须以组合投资的方式进行基金的投资运作，实现“组合投资、分散风险”。

（3）投资操作与财产保管相分离，监管严格与透明。证券投资基金的管理人只负责基金的投资操作，本身并不经手基金财产的保管，基金财产的保管由独立于基金管理人的基金托管人负责，监管部门对基金业实行严格的监管，强制基金进行较为充分的信息披露。这种监督制衡机制能较好地保护投资者的利益。

（二）基金投资的缺点

（1）与股票投资相比，基金投资无法获得很高的投资收益。基金投资者在投资组合过程中，在降低风险的同时也丧失了获得巨大收益的机会。

（2）在大盘整体大幅度下跌的情况下，进行基金投资也可能会损失较多，投资者将承担较大的风险。

本章小结

证券投资的对象有债券、股票、证券投资基金及金融衍生工具。证券投资具有流动性强、价值不稳定的特点，在进行证券投资中我们必须熟悉和重点掌握这些证

券的特性、投资价值和投资风险。证券收益包括债券利息、股利及资本利得等。证券投资风险包括系统风险和非系统风险两部分。

债券和股票属于传统的投资对象。债券投资具有风险较低、收益较稳定的特点；股票投资与债券投资相比具有投资收益率较高、投资风险较大的特点。债券和股票估价模型差异的原因主要在于：两者未来的现金流量不同，两者持续的时间不同。债券的未来现金流量是固定不变的，而普通股股票的现金流量往往是随公司的经营状况和股利制度的变化而变化的；债券持续的时间一般在债券发行时就已确定，而股票的持续时间很长，甚至趋向于无穷。

基金投资的最大优点是能够在风险较小的情况下获得较高的收益。证券投资基金主要有封闭型基金与开放型基金，两种基金的风险和价格有所不同；基金的价值用基金资产净值来表达。

思考题

1. 债券、股票投资风险主要有哪些类型？债券、股票投资各有何优缺点？
2. 债券的收益率有几种类型？影响债券收益率的因素有哪些？
3. 简述债券价值评估的主要模型和债券价值评估的基本步骤。
4. 股票价值有哪些类型？常见的股票估价模型有哪些？如何计算？
5. 投资基金按照不同的标准如何进行分类？各有什么特点？

练习题

1. A公司在2021年1月1日发行一张面值为1 000元的公司债券，其票面利率为8%，当时市场利率为10%，5年后到期，每年12月31日付息1次，到期归还本金。

要求：

(1) 根据以上条件，计算2021年1月1日债券的价值。

(2) 假定2022年1月1日的市场利率下降到8%，那么此时债券的价值是多少？

(3) 假定2023年1月1日的市场利率为12%，债券市场价为950元，你是否购买该债券？

2. C公司于2021年7月15日以每张1 020元的价格购买B公司发行的利随本清的公司债券。该债券的面值为1 000元，期限为3年，票面年利率为10%，不计复利。购买时市场年利率为8%。不考虑所得税。

要求：

(1) 利用债券估价模型说明C公司购买此债券是否合算？

(2) 如果C公司于2022年7月15日能将该债券以1 120元的市价出售，若考虑时间价值，计算该债券的持有期收益率。

（3）如果C公司于2023年7月15日能将该债券以1 240元的市价出售，若考虑时间价值，计算该债券的持有期收益率。

（4）C公司投资债券的到期收益率是多少？

（5）根据上述计算结果判断C公司应选择债券的最佳的持有期限为几年。

3. D公司的普通股基年股利为6元，估计年股利增长率为6%，期望收益率为15%，打算两年后转让出去，估计转让价格为30元。求该股票的价值。

4. E公司要求最低投资报酬率为12%。现E公司拟购买A公司的股票进行投资。A公司最近支付的股利为每股2元，预期该股票未来4年每年股利将以10%的增长率增长，4年后年增长率为8%。要求：计算A公司股票的价值。

第七章 营运资金管理

第一节　营运资金概述

公司对流动资产所进行的投资被称作营运资金。在公司的资产中，流动资产的比重几乎达到总资产的一半，因此，加强营运资金管理，合理配置营运资金，提高其使用效率是公司财务管理的重要内容。

一、营运资金的概念及组成

（一）营运资金的概念

营运资金的概念有广义和狭义之分。广义的营运资金也被称为总营运资金，指公司流动资产总额。狭义的营运资金也被称为净营运资金，指流动资产减去流动负债后的余额。

一般来说，财务人员关注净营运资金概念，主要是从维持公司的短期偿债能力的角度来考虑其资金的流动性问题。因为净营运资金是一个被广泛用于计量公司财务风险的指标，一个公司的净营运资金的状况会影响其负债筹资的能力。商业银行以及其他金融机构的许多贷款协议都含有要求公司保持某一最低净营运资金水平的限制性条款；同样，债务契约也经常包括类似的条款。

而财务分析人员、财务经理则更注重总营运资金概念，因为在任何时候为公司提供适当数量的流动资产对财务管理来说至关重要，在本章主要运用总营运资金概念，重点讨论流动资产的投资决策、管理以及流动负债管理问题。

（二）营运资金的组成

1. 流动资产

流动资产是指在一年或一个经营周期内变现或运用的资产，主要包括现金（含各种存款）、短期证券投资、应收及预付账款及存货等，是公司全部资产中最活跃的部分。与长期投资、固定资产、无形资产、递延资产等各种非流动资产相比，流动资产具有周转速度快、变现能力强、财务风险小的特点。

2. 流动负债

流动负债又称短期融资，指在一年或一个经营周期内需要偿还的负债，包括短期借款、应付票据、应付账款、应付工资、应缴税金及未交利润等项目。流动负债具有成本低、偿还期短的特点，若管理不当，将导致公司承担较大的财务风险。

二、营运资金管理的意义

营运资金管理是公司财务人员日常财务管理工作的重点。

（1）在公司资产总额中有相当数量的资产为流动资产，如典型的制造业公司，流动资产的比重几乎达到总资产的一半，而销售公司这一比例更高。当然，过高的流动资金占用很容易导致公司投资回报率较低，但公司流动资产比例过低又会给公司的平稳经营造成困难，甚至影响公司的短期偿债能力。

（2）营运资金管理工作直接涉及公司的短期偿债能力，对于有效控制公司融资风险，改善公司在社会中的信誉状况，进而增强公司的融资能力有着极为重要的意义。

由于上述原因，公司频繁发生涉及营运资产管理的业务。公司财务人员每天都要处理大量与流动资产和流动负债相关的经济业务，财务人员对此负直接责任，要持续不断地对流动资产营运状态和流动负债管理实施监管，必须关注营运资金决策对公司风险、收益的影响，尽可能实现公司价值最大化。

三、营运资金的管理原则

营运资金管理的内容既包括流动资产管理，又包括流动负债管理。营运资金的管理既要满足公司经营对流动资金量的需要，也要通过合理筹划，提高资金的收益能力，同时还要保证短期债务的偿还。营运资金的管理应遵循以下原则：

（1）合理确定营运资金需要量。公司营运资金的需要量取决于生产经营规模和营运资金的周转速度，同时也受到市场及产、供、销情况的影响。公司应综合考虑各种因素，合理确定营运资金的需要量。

（2）在保证生产经营需要的前提下，控制流动资金的占用，加速流动资金周转速度，以提高公司资产收益能力。营运资金具有流动性强的特点，但是流动性越强的资产收益性就越差。如果公司的营运资金持有量过多，会导致公司的收益降低。

因此必须在保证生产经营需要的前提下，控制流动资金的占用。同时，在公司规模既定时，流动资产的周转速度与流动资金的需要量成反向变化。适度加快存货的周转，缩短应收账款的收款期，延长应付账款的付款期，可以减少营运资金的需求量，从而提高资金的利用效率。

（3）合理安排流动资产与流动负债的比例关系，保障公司有足够的短期偿债能力。公司的流动负债主要是用流动资产来偿付的，因此公司要安排好流动资产、流动负债的比例关系，从而保证有足够的资金偿还短期负债。

第二节　现金与有价证券管理

现金概念有广义和狭义之分，广义现金包括现金、现金等价物以及期限短、流动性强、易于转化为确定金额的现金的投资，如短期有价证券。狭义现金指会计上的货币资金，包括库存现金、银行存款和其他货币资金。

一、现金管理的目标与内容

（一）现金管理的目标

现金是公司流动性最强的资产。一方面，现金具有直接的支付能力；另一方面，现金的收益性最弱，且很容易被挪用和侵吞。因此，现金管理的目标就是管理人员在现金的流动性与收益性之间进行权衡选择，既要保持现金适度的流动性，又要尽可能提高其收益性。

短期有价证券是公司现金的一种转化形式，其变现能力强，在公司需要时可随时转化为现金，而现金是一种非盈利资产，持有现金的机会成本太高。所以，当公司有了多余现金的时候，常将现金转换成有价证券，这样在保持较高流动性的同时得到比现金高的收益；待现金流出量大于流入量，需要补充现金的不足时，再出让有价证券，换回现金。在这种情况下，有价证券就成了现金的替代品。

综上所述，现金管理的目标有两个：

（1）确保现金持有量满足公司业务往来的需要；

（2）将闲置资金降低到最低限度，提高资金收益率。

（二）公司现金管理的内容

公司现金管理主要包括以下四个方面的内容：

（1）根据国家规定和公司实际情况，建立完善的现金内部管理制度，保证现金安全。

（2）编制现金收支计划和现金预算。公司在合理预计现金流量的基础上，通过编制预算提高现金利用效率。

（3）确定现金最佳持有量。理论上现金存在最佳持有量，公司为了充分利用现金，降低现金成本，应根据情况确定现金目标持有量。

（4）现金日常管理，主要是现金收支日常管理，尽可能加快应收款的收回，增加现金流入量；在合理情况下，尽量利用信用工具，延迟现金流出。

二、现金的持有动机

公司持有现金往往出于以下考虑：

（一）交易动机

交易动机是公司持有现金的基本动机。在公司的日常经营中，为了维持正常的生产、销售周转，公司常常需要购买原材料和支付工资等现金支出。但每天的现金收入和现金支出很少同时等额发生，保留一定的现金余额可使公司在现金支出大于现金收入时不至于中断业务。这种基于公司购、产、销等日常交易行为需要的现金，就是交易动机要求的现金持有。

交易动机所需现金的数量主要取决于公司的经营规模和销售水平。正常营业活动所产生的现金收入、支出以及它们的差额，一般与销售量成正比例变化。其他现金的收支，如买卖有价证券、购入机器设备、偿还借款等，较难预测，但随着销售数量的增加，都有增加的倾向。另外，满足公司交易的现金流量还受到竞争、产销的季节性特点的影响。

（二）预防动机

预防动机是指为应付意外事件对现金的需求而持有现金。例如，水灾及火灾等自然灾害、主要顾客未能及时付款、意外发生的财务困难等，都会打乱公司的现金收支计划，使现金收支出现不平衡。因此，公司需要在正常现金需要量基础上，追加一定数量的现金以防不测。

持有预防性现金可以减少公司财务风险。预防性现金需求量取决于四个主要因素：

（1）现金流入和现金流出的预测的准确度；

（2）公司愿意承担风险的意愿度；

（3）公司发生不测时的临时借款能力；

（4）意外事件出现的概率。

一般来说，公司现金流量的可预测性越高，承担风险的意愿和临时筹资能力越强，所需的预防性现金量就越小。

（三）投机动机

投机动机是指公司出于投机目的而持有现金。如为了在证券价格剧烈波动时，从事投机活动并获得收益、能随时购买到偶然出现的廉价原材料或资产等目的而持有现金。

投机目的是获取收益，但同时也要承担较大风险，因此公司应在正常的交易活动现金需要的基础上追加现金持有量用于投机活动。投机性现金持有量取决于公司对投机的态度和市场上投机机会的多少。

三、现金收支计划

现金收支计划是对一定时期现金的收入、支出预算并进行平衡的计划。现金收支计划的内容包括预测销售、估算现金收入、估算现金支出、比较现金收入与支出、填补现金流量缺口5个部分。

现金收支计划的编制方法很多，采用的计划表格形式各有不同，但其共同点都是作为其他计划有关现金收支部分的汇总，以及收支差额平衡措施的具体计划。现金收支计划的编制要以其他各项计划为基础，现用现金收支金额法举例说明现金收支计划的编制过程。

【例1】ABC公司20××年前4个月的销售额预测如表7－1所示：

表7－1

单位：万元

月份	1月	2月	3月	4月
销售额	100	110	90	150

根据以往经验，公司回收应收账款的比例为：40%于当周收回，30%于销售后1个月收回，20%于销售后2个月收回，10%于销售后3个月收回。假定上述经验可沿用于未来，前1年最后3个月的销售额均为90万元，各月其他现金收入均为10万元。

假如ABC公司的制造成本中平均材料成本为销售收入的50%，公司按预测销量提前1个月购入原材料，供应商允许公司延期1个月支付货款的60%，延期2个月支付货款的40%。每月支付的工资和制造费用为销售收入的15%，管理费用均为现金30万元，另外每月支付12万元的借款本息，其他现金支出均为2万元。根据上述情况，公司现金收支计划表如表7－2所示：

表7－2　　现金收支计划表

单位：万元

月份	1月	2月	3月	4月
（一）现金收入				
1. 营业现金收入				
计划销售额	100	110	90	150
当月现销收款额	40	44	36	60
前1月应收款本月收回(30%)	27	30	33	27

表7-2(续)

月份	1月	2月	3月	4月
前2月应收款本月收回(20%)	18	18	20	22
前3月应收款本月收回(10%)	9	9	9	10
营业现金收入合计	94	101	98	119
2. 其他现金收入	10	10	10	10
3. 当月现金收入合计	104	111	108	129
(二) 现金支出				
1. 营业现金支出				
支付当月计划购货款(60%)	30	33	27	45
本月支付上月购货款(40%)	18	20	22	18
本月支付购货款总计	48	53	49	63
本月支付工资、制造费用	15	16.5	13.5	22.5
本月管理费用支出	30	30	30	30
营业现金支出合计	93	99.5	92.5	115.50
2. 其他现金支出	2	2	2	2
本月支付借款本息	12	12	12	12
3. 当月现金支出合计	107	113.5	106.5	129.5
(三) 净现金流量	-3	-2.5	1.5	-0.5
(四) 现金余缺				
期初现金余额	60	57	54.5	56
期末现金余额	57	54.5	56	55.5
最佳现金余额	50	50	60	60
现金多余及不足	7	4.5	-4	-4.5

从表7-2可以看出，按现金收支金额法编制的现金预算可以反映公司现金收支全貌，这对公司根据需要进行资金筹集、有效利用闲置资金都有指导意义。

四、确定最佳现金持有量

现金管理除了做好日常收支、加速现金周转外，还需要控制现金规模，确定最佳现金持有量，以下是几种常见的确定现金最佳持有量的方法。

(一) 成本分析模式

成本分析模式是通过分析持有现金的成本，寻找使持有成本最低的现金持有量。

持有现金的成本包括资金成本、管理成本、转换成本和短缺成本。

1. 资金成本

现金作为公司的一项资金占用，持有现金将导致丧失这部分资金用于其他投资机会可能带来的投资收益，这种代价就是它的资金成本。资金成本是一种机会成本，属于变动成本，它与现金持有量成正比例关系。

2. 管理成本

公司拥有现金会发生管理费用，如管理人员工资、安全措施费等，这些费用即现金的管理成本。管理成本是一种固定成本，与现金持有量之间无明显的比例关系。

3. 转换成本

转换成本是公司用现金购买有价证券，以及转让有价证券换取现金时付出的交易费用。转换成本即现金同有价证券之间相互转换的成本。转换成本中既有依据成交额计算的费用，也有基于证券变现次数计算的费用。

4. 短缺成本

短缺成本是因缺乏必要的现金，不能应付业务开支需要而使公司蒙受的损失或为此付出的代价。短缺成本包括直接损失和间接损失。现金的短缺成本与现金持有量成反向变动关系。

使上述四项成本之和最小的现金持有量，就是最佳现金持有量。如果把以上几种成本线放在一个图上(如图7-1所示)，就能表现出持有现金的总成本，并找出最佳现金持有量的点。总成本是一条抛物线，该抛物线的最低点即为持有现金的最低总成本。超过这一点，资金成本上升的代价会大于短缺成本下降的好处；该点之前，短缺成本上升的代价又会大于资金成本下降的好处。该点横轴上的量，即是最佳现金持有量。

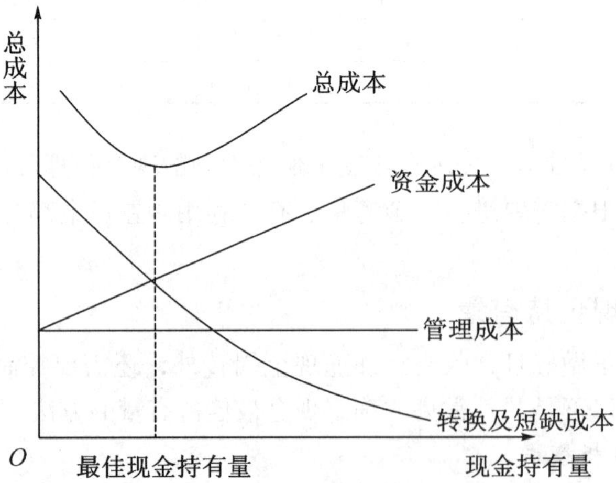

图7-1　现金成本图

(二) 现金周转模式

现金周转模式是根据现金周转期来确定最佳现金持有量的方法。现金周转期是指从现金投入生产经营活动开始，经过生产经营过程后转化为现金所需要的时间。

在公司全年现金需求总量一定的情况下，现金周转期越短，则公司现金持有量就越小。现金周转期如图 7 - 2 所示。

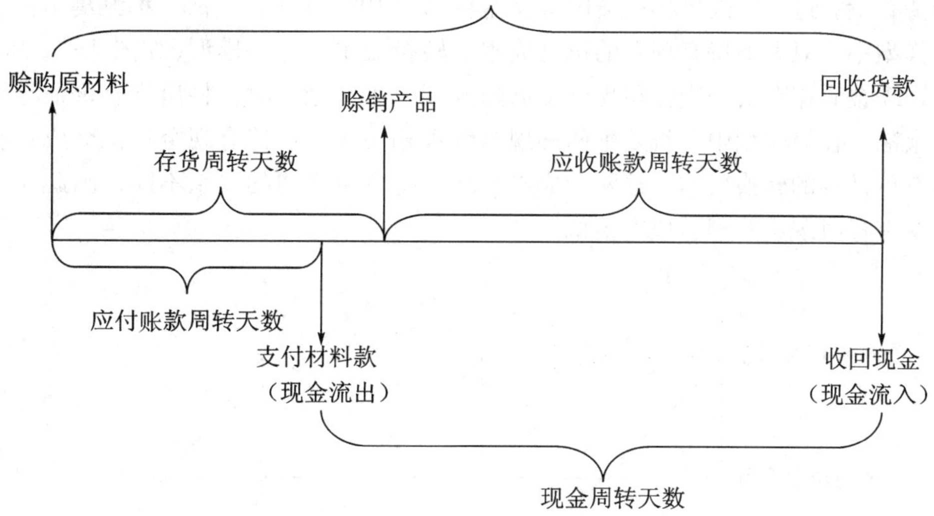

图 7 - 2　现金周转期图

存货周转期指原材料转化为产品并销售出去的时间；

应收账款周转期指产品销售形成应收账款到收回现金的时间；

应付账款周转期指从赊购原材料到支付材料货款的时间。

现金周转期的计算公式为

$$现金周转期 = 应收账款周转期 - 应付账款周转期 + 存货周转期 \tag{7.1}$$

$$现金周转率 = 360 \div 现金周转期 \tag{7.2}$$

现金周转率越高，说明现金周转速度越快，在公司全年现金需求总量一定的情况下，公司现金持有量就越小。

在公司全年现金需求总量确定的情况下，最佳现金持有量可以按下列公式计算：

$$目标现金持有量 = 年现金需求总量 \div 现金周转率 \tag{7.3}$$

【例 2】ABC 公司的材料采购和产品销售都采用赊销方式，应收账款周转期为 40 天，应付账款周转期为 50 天，存货周转天数为 70 天，20 ×× 年公司全年现金需求总量为 150 万元，则当年公司目标现金持有量的计算情况如下：

现金周转期 = 40 - 50 + 70 = 60（天）

现金周转率 = 360 ÷ 60 = 6（次）

目标现金持有量 = 150 ÷ 6 = 25（万元）

现金周转模式要求公司的生产经营活动平稳、信用政策长期稳定，否则，计算出的现金持有量将不准确。

（三）存货模式

存货模式又称鲍莫尔存货模式，是将存货经济订货批量模型原理用于确定目标现金持有量。这一模式最早由美国学者鲍莫尔于1952年提出，故又称鲍莫尔模型。在此模型中，只考虑持有现金的机会成本与转换成本。这一模型（如图7－3所示）把公司现金看作存货，当公司现金余额降至某一水平之下时，将出售有价证券提高现金余额。在该模型中，将发生两种现金管理相关成本：持有现金的机会成本和现金与有价证券的转换成本。这两种成本与现金持有量之间的关系不同，因此在最佳现金持有量时现金管理总成本最低。

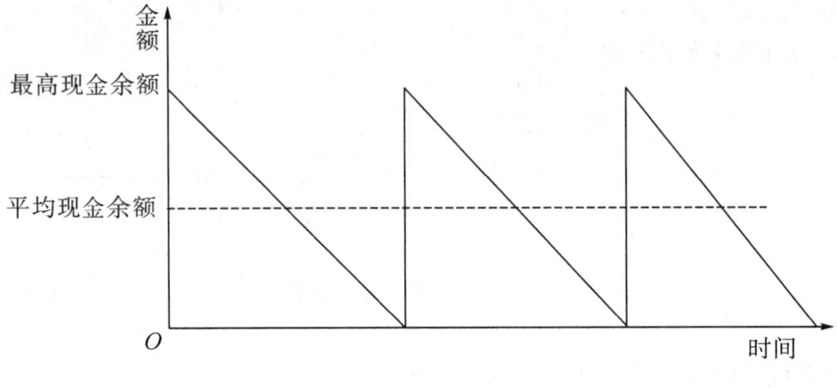

图7－3　鲍莫尔模型

该模型的计算公式为

$$现金总成本 = 机会成本 + 转换成本 \tag{7.4}$$

$$T_c = K \times \frac{Q}{2} + P \times \frac{A}{Q} \tag{7.5}$$

式中：T_c 代表现金管理相关总成本，Q 代表最佳现金持有量，K 代表单位现金持有的机会成本（等于放弃的有价证券的报酬率或从银行贷款的利率），P 代表每次现金转换的成本，A 代表一个周期内现金总需求量。

根据这一公式可以得到现金最佳持有量的计算公式

$$Q^* = \sqrt{\frac{2AP}{K}} \tag{7.6}$$

最低现金总成本：

$$T^* = \sqrt{2APK} \tag{7.7}$$

【例3】ABC公司现金收支状况比较稳定，预计全年（按360天计算）需要现金10万元，现金与有价证券的转换成本为每次200元，有价证券的年利率为10%，则该公司的最佳现金持有量是多少？最低现金管理相关成本是多少？

$$Q^* = \sqrt{\frac{2AP}{K}} = \sqrt{\frac{2 \times 100\ 000 \times 200}{10\%}} = 20\ 000(\text{元})$$

$$T^* = \sqrt{2APK} = \sqrt{2 \times 100\ 000 \times 200 \times 10\%} = 2\ 000(\text{元})$$

所以，公司的最佳现金持有量为 20 000 元，最低现金总成本为 2 000 元。

五、现金日常管理策略

现金日常管理即现金收支管理的目标是提高现金使用效率。除了按国家现金管理制度的规定进行现金日常管理外，公司还可采用以下策略：

（一）现金流动同步化

公司的现金流入与流出一般来说是很难准确预测的，因此公司往往需要保留比最佳现金持有量多的现金余额。在制定现金计划时使现金流入和流出合理配合，实现同步化的理想效果，可以使公司的现金余额减少到最小，提高公司的盈利水平。

（二）使用现金浮游量

从付款人开出支票到收款人收到支票存入银行，再由银行划出款项需要一定的时间，这期间付款人公司账簿记录的存款额小于银行记录，其差额被称为现金浮游量。公司可以在一定时间内利用现金浮游量增加公司可使用资金额。对现金流量较大的公司而言，充分利用现金浮游量，可以显著降低现金余额，从而提高公司的资金利用效率。但为了保证公司的安全运转，财务人员必须对这个现金浮游量有清楚的了解，以正确判断公司的现金持有情况，避免出现高估或低估公司现金余额的错误。

（三）加速收款

这主要指加快应收账款的收回。应收账款可以扩大公司销售但又占用公司资金，其管理成本高，因此加强应收账款管理，实施妥善的信用政策，既能利用应收账款吸引顾客，又能缩短收款时间。

为加快收款，可采用集中银行制度。公司往往在销售当地建立多个收款中心，各中心一般都有一定存款余额，公司可以将这些余额转移到总部建立的单一银行，通过集中银行加强现金的收支统筹管理，减少资金闲置和有效集中投资。

另外，公司还应利用电子商务系统和网上银行加强商业信息交流和现金收付，实现资金快速转移，减少资金收支时滞，提高现金预测和管理筹划能力，提高现金管理效率。

（四）推迟应付款的支付

公司采购原材料时，供货商为吸引客户，通常都允许客户延期付款，并且如果客户提早付款可享受现金折扣，公司应在测算现金折扣成本的基础上决定是否享受现金折扣，并应尽量在相应期限的最后一天付款，避免过早付款。当然公司应在不影响信誉的前提下选择推迟支付应付款。

第三节　应收账款管理

应收账款是指公司因对外销售产品、材料和提供劳务等应向购货单位或接受劳务的单位收取的款项，包括应收账款、其他应收款、应收票据等。

应收账款的产生最主要的原因是商业信用。在市场竞争压力下，公司采取赊销、分期付款等销售方式对客户提供商业信用，以求扩大销售、增加利润，由此导致应收账款数额明显增多。同时，市场拓展也造成商品销售的数量和销售空间的扩大，使商品发货到货款结算的时间拉长，这也是应收账款产生的原因。

一、应收账款的功能与成本

（一）应收账款的功能

应收账款的功能指其在生产经营中的作用，主要有两方面：

1. 增加销售

在激烈的市场竞争中采取赊销、分期付款等销售方式对客户提供商业信用，这些商业信用方式对客户来说是在一定时间内得到了一笔无息贷款，这对客户有很大的吸引力，可以扩大公司销售。

2. 减少存货

赊销扩大了销售也就减少了库存商品的数量，加快了存货的周转速度，节约了存货管理成本。一般来说，存货的管理成本要远远高于应收账款成本，因此，采用赊销可以让资产从存货形态转化为应收账款形态，节约存货管理费用开支。

（二）应收账款的成本

公司提供商业信用扩大了销售，但增加了应收账款，也会造成资金成本、坏账损失等费用的增加。应收账款管理的基本目标，就是在充分发挥应收账款功能的基础上，降低应收账款投资的成本，使提供商业信用、扩大销售所增加的收益大于有关的各项费用。

应收账款的成本主要有以下三种：

1. 应收账款的机会成本

应收账款的机会成本指公司资金占用于应收账款上而放弃的投资于其他项目可能得到的投资收益。例如，投资于有价证券的利息收入。应收账款的机会成本率一般按有价证券的利息率或公司资产平均收益率计算。

$$应收账款的机会成本 = 应收账款投资额 \times 机会成本率 \tag{7.8}$$

$$应收账款投资额 = 应收账款平均占用余额 \times 变动成本率 \tag{7.9}$$

$$应收账款平均占用余额 = 年平均赊销收入的净额 \div 应收账款周转率 \tag{7.10}$$

【例 4】假设 ABC 公司预测的年度赊销额为 300 万元，应收账款平均收款天数为

60天，变动成本率为60%，资金成本率为10%，应收账款的机会成本为多少？

应收账款的机会成本计算如下：

应收账款周转率 = 360 ÷ 60 = 6(次)

应收账款平均占用余额 = 300 ÷ 6 = 50(万元)

应收账款投资额 = 50 × 60% = 30(万元)

应收账款的机会成本 = 30 × 10% = 3(万元)

2. 应收账款的管理成本

应收账款的管理成本主要包括调查客户信用情况的费用、收集各种信息的费用、账簿的记录费用、收账费用和其他费用等。

一般说来，应收账款的管理成本在一定数额下是相对固定的，但当一定时期公司应收账款有很大变化时，其管理成本也会随之发生变化。

3. 应收账款的坏账成本

应收账款因客户财务状况恶化等原因不能收回而发生的损失，就是坏账成本。此项成本一般与应收账款数量成正比，即应收账款越多，坏账成本也越多。

二、信用政策的制定

信用政策又称为应收账款政策，是公司财务政策的一个重要组成部分。信用政策主要包括信用标准、信用条件和收账政策三部分。

（一）信用标准

信用标准是指公司同意向客户提供商业信用而提出的基本要求。如果信用标准较严，只对信誉很好、坏账损失率很低的客户给予赊销，则会减少坏账损失，减少应收账款的机会成本，但这可能不利于扩大销售量，甚至会使销售量减少；反之，如果信用标准较宽，虽然会增加销售，但会相应增加坏账损失和应收账款的机会成本，所以应根据具体情况进行信用标准权衡。

公司在设定信用标准时，主要考查客户的付款能力。所以，信用标准常用坏账损失率来表现。

【例5】ABC公司原来的信用标准较严格，只对坏账损失率3%以下的客户提供信用，其变动成本率为60%，销售利润率为20%，同期有价证券年收益率为10%。公司准备改变信用标准，有关资料如表7－3所示：

表7－3　　不同信用标准下各信用方案有关资料

项目	原方案	拟定方案
信用标准(预计坏账准备率)	3%	5%
销售收入	120万元	180万元
应收账款平均收账期	60天	90天
应收账款管理成本	1万元	1.2万元

从表7－4的分析可以看出，公司在改变信用标准后可以增加盈利，因此，公司应改变信用标准。

表7－4　　不同信用标准下各信用方案净收益分析

单位：万元

项目	原方案	拟定方案	差额
销售利润	120 × 20% ＝ 24	180 × 20% ＝ 36	12
应收账款机会成本	120 × 10% × 60% × 60 ÷ 360 ＝ 1.2	180 × 10% × 60% × 90 ÷ 360 ＝ 2.7	1.5
应收账款管理成本	1	1.2	0.2
应收账款坏账成本	3.6	9	5.4
应收账款总成本	5.8	12.9	7.1
净收益	18.2	23.1	4.9

在制定信用标准时应该考虑以下因素的影响：

（1）同行业竞争对手的情况。若竞争对手实力较强，则采用较宽松的信用标准，以增强市场的竞争能力；反之，若对手实力较弱，则采用较严格的信用标准，以减少应收账款成本的发生。

（2）公司承担违约风险的能力。若公司具有较强的违约风险承担能力，则采用较宽松的信用标准以争取客户，扩大销售；反之则采用较严格的信用标准。

（3）客户的资信程度。对客户的资信度进行调查、分析，然后在此基础上，判断客户的信用等级决定是否给予客户信用优惠。客户的资信度可以通过5C评估法来进行。所谓5C评估法，是指重点分析影响公司信用的信用品质、偿付能力、资本、抵押或质押品以及环境条件等5个因素，以确定客户的资信度。

（二）信用条件

公司在决定给予客户信用优惠后，就需要考虑具体的信用条件。信用条件是指公司要求客户支付赊销款项的具体条件，包括信用期限、现金折扣和折扣期限。

1. 信用期限

信用期限是为客户规定的最长付款时间。信用期过短，不足以吸引客户，在竞争中会使销售额下降；信用期延长，对销售额增加有利，但应收账款成本的增加可能导致所得的收益被增长的费用抵消，甚至造成净收益减少。因此，公司必须分析改变现行信用期对收入和成本的影响，制定出恰当的信用期。

2. 现金折扣和折扣期限

现金折扣是指公司为了鼓励客户提前付款而给予提前付款的客户在商品价款上的折扣优惠，折扣期限是指公司为客户规定的可享受现金折扣的最长期限。例如："2/10，*N*/30"，表示赊销期限为30天，2%的现金折扣期限为10天。若客户在10天内付款，则可享受2%的现金折扣。设置现金折扣的主要目的是吸引客户为享受优惠而提前付款，缩短公司的平均收款期。另外，现金折扣也能招揽一些视折扣为减价出售的客户前来购货，以此扩大销售量。

提供比较优惠的信用条件能增加销售量，但也会带来额外的负担，如会增加应收账款机会成本、坏账成本和现金折扣成本等。公司决定是否提供以及提供多大程度的现金折扣，核定多长的现金折扣期限，必须将折扣后所得的收益与付出的成本结合起来考虑。

【例 6】假设 ABC 公司准备改变信用条件，新增可供选择的 A、B 两种方案。其销售利润率为 20%，变动成本率为 60%，同期有价证券年收益率为 10%。公司现行信用政策及拟定政策的有关资料如表 7 - 5 所示：

表 7 - 5　　不同信用标准下的各信用方案有关资料

项目	现行方案	A 方案	B 方案
信用条件	50 天内付款，无现金折扣	80 天内付款，无现金折扣	2/30，N/60
销售收入	120 万元	180 万元	200 万元
全部销售额平均坏账损失率	3%	5%	2%
现金折扣销售额占总销售额的比例	0	0	60%
未享受折扣应收账款的平均收账期	60 天	90 天	90 天
应收账款管理成本	1 万元	1.2 万元	1.1 万元

从表 7 - 6 的分析可以看出，公司在选择 B 方案信用条件后盈利较现行方案和 A 方案都有较大增长，因此，公司应选用 B 方案。

表 7 - 6　　不同信用标准下各信用方案净收益分析

单位：万元

项目	现行方案	A 方案	B 方案
销售毛利	120 × 20% = 24	180 × 20% = 36	200 × 20% = 40
应收账款机会成本	120 × 60% × 10% × 60 ÷ 360 = 1.2	180 × 60% × 10% × 90 ÷ 360 = 2.7	200 × 60% × 10% ×（30 × 60% + 90 × 40%）÷ 360 = 1.8
应收账款折扣成本	0	0	200 × 60% × 2% = 2.4
应收账款管理成本	1	1.2	1.1
应收账款坏账成本	3.6	9	4
应收账款总成本	5.8	12.9	9.3
净收益	18.20	23.1	30.7

（三）应收账款的收账政策

收账政策指信用条件被违反时，公司采取的收账策略。

正常情况下，客户应该按照信用条件中的规定及时付款，履行其购货时承诺的责任。但是由于种种原因，有的客户在期满后仍不能付清货款，因此，期满之后，公司必须采取一些催收的措施，这样就会发生收账费用。

公司在向客户提供商业信用时，应该考虑三个问题：

（1）客户是否会拖欠或拒付账款？程度怎样？

（2）如何最大限度地防止客户拖欠账款？

（3）一旦账款遭到拖欠甚至拒付，公司需采取怎样的对策？

前两个问题靠信用调查和信用审批制度控制，最后一个问题必须通过制定完善的收账政策，采取有效的收账措施予以解决。

在市场经济条件下，客户应该履行规定，到期及时付款。但由于某些原因可能出现拖欠货款的情况，一般情况下公司也不一定立即通过法律手段来催收货款。如客户一时资金周转不灵，出现暂时财务困难，公司可与之沟通协调收款问题，必要时可做适当的让步，这样既可避免耗时、耗力、耗费较高的法律诉讼，也可建立长远的伙伴关系。当然，如果客户是恶意拖欠款项，在催收无果时就需要诉诸法律。

公司的收账政策可分为积极的收账政策和消极的收账政策。采用积极的收账政策，可能会减少应收账款的机会成本，减少坏账损失，但要增加收账费用；采用较消极的收账政策，则可能会增加应收账款的机会成本，增加坏账损失，但会减少收账费用。

一般而言，收账费用支出越多，坏账损失越少，但这两者并不一定存在线性关系。通常情况是：开始收账时花费一些收账费用，应收账款和坏账损失有小部分降低；收账费用继续增加，应收账款和坏账损失明显减少；当收账费用达到某一限度以后，应收账款和坏账损失的减少就不再明显了，这个限度称为饱和点(如图 7 - 4 所示)。在制定信用政策时，应权衡增加收账费用与减少应收账款机会成本和坏账损失这两方面的得失。

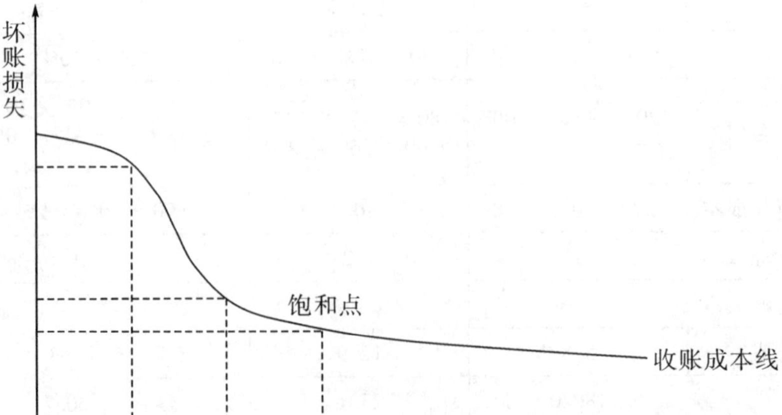

图 7 - 4　收账费用图

【例7】假设ABC公司准备改变现行收账政策。其销售利润率为20%，变动成本率为60%，同期有价证券年收益率为10%。公司现行信用政策及拟定政策的有关资料如表7－7所示：

表7－7　　不同收账政策下的信用方案有关资料

项目	现行方案	拟定方案
销售收入	180万元	180万元
全部销售额平均坏账损失率	3%	2%
平均收账期	60天	30天
应收账款年收账费用	1万元	1.2万元

从表7－8的分析可以看出，公司在选择拟定方案后，较现行方案可获得更多收益，因此，公司应选用拟定方案。

表7－8　　不同收账政策下各信用方案净收益分析

单位：万元

项目	现行方案	拟定方案
销售毛利	180×20%＝36	180×20%＝36
应收账款机会成本	180×60%×10%×60÷360＝1.8	180×60%×10%×30÷360＝0.9
应收账款坏账成本	5.4	3.6
应收账款收账费用	1	1.2
应收账款总成本	8.2	5.7
净收益	27.8	30.3

三、应收账款的日常管理

信用政策建立以后，公司要做好应收账款的三项日常管理工作，即对客户进行信用调查、信用评估和应收账款收账管理。

（一）信用调查

对客户的信用进行评价是应收账款的日常管理的重要内容。只有合理地评价客户的信用状况，才能正确地执行公司的信用政策。信用调查有两类：

1. 直接调查

直接调查是指调查人员直接与被调查单位接触，通过当面采访、询问、观看、记录等方式获取信用资料的一种方法。直接调查能保证搜集资料的准确性和及时性，但是如果得不到被调查单位的合作，则会使调查资料不完整。

2. 间接调查

间接调查是以被调查单位以及其他单位保存的有关原始记录和核算资料为基础，通过加工整理获得被调查单位信用资料的一种方法。这些资料主要来自以下几个方面：

（1）财务报表。通过财务报表分析，公司基本上能掌握一个客户的财务状况和赢利状况。

（2）信用评估机构。许多国家都有信用评估的专门机构，定期发布有关公司的信用等级报告。我国的信用评估机构目前可分为三种形式：第一，独立的社会评估机构，不受行政干预和集团利益的牵制，独立自主地开办信用评估业务；第二，中央银行组织的评估结构；第三，由商业银行组织的评估机构。

（3）银行。客户的开户银行是信用资料的一个重要来源。公司通过自己的开户银行向客户开户银行了解客户信用状况是很有效的调查方法。

（4）其他。如财税部门、工商管理部门、客户的主管部门、证券交易机构等也可提供有关客户的信用情况。

（二）信用评估

搜集好信用资料后，要对这些资料进行分析，并对客户信用状况进行评估。信用评估常用方法主要有两种，即5C评估法和信用评分法。

1. 5C评估法

5C评估法评估决定客户资信程度高低的五个重要方面，即信用品质、偿付能力、资本、抵押或质押品以及环境条件。

（1）信用品质（character）。信用品质是指借款人的偿债意愿（即客户履约或赖账的可能性），它反映在借款人过去的偿债记录上。债务人不论是个人、公司还是政府，都必须保持优良记录；若曾因债务关系受到法院强制执行，将丧失信用的获得。如果债务人能始终保持良好的记录，则其将具有较高的资信，相应地较易获得高的品质打分。

（2）偿付能力（capacity）。偿付能力是指借款人偿还贷款的能力。它主要取决于资产特别是流动资产的数量、变现能力及其与流动负债的比率关系。如果一个债务人在以往的历史中具有较高的盈利能力，并且在获利的同时能确保风险不是太高，则其在偿付能力评分中将获得较高的分数。

（3）资本（capital）。资本反映了客户经济实力和财务状况的优劣，是客户偿付债务的最终保证。应特别注重资产价值的稳定性和变现能力，债务人的资产越雄厚，则说明其到期偿还债务的能力越强，货款的收回可能性将越大。

（4）抵押或质押品（collateral）。抵押或质押品是指客户提供的可作为资信安全保证的资产。这种抵押品必须是价值稳定、市场广泛、易于出售的资产。客户提供的抵押或质押品越充足，信用安全保证就越大。

（5）环境条件（condition）。环境条件是指公司自身的经营情况和其外部经营环境，前者包括公司的经营特点、经营方法、技术状况和劳资关系等，这些为公司自身能控制的内容；后者则是非公司自己所能控制的，其范围包括政局变动、社会环境、商业周期、季节变动、一般经济状况、国民收入水平、行业发展、同业竞争程度等。如果经济处在发展和上升阶段，放款条件则可能相对宽松；如果是在经济萧条阶段，则只能对信用好的债务人进行借款。

2. 信用评分法

信用评分法是先对一系列财务比率和信用情况指标进行评分，然后进行加权平均，得出客户综合的信用分数，并以此进行信用评估的一种方法。

$$基本公式：Y = \sum_{i=1}^{n} A_i X_i，\ \sum_{i=1}^{n} A_i = 1 \tag{7.11}$$

式中：Y为公司的信用评分，A_i为事先拟定出的对第i种财务比率和信用品质进行加权的权数，X_i为第i种财务比率或信用品质的评分。

在采用信用评估法进行信用评估时，首先需要根据以往的经验确定不同信用状况的相应分段，如：分数在80分以上者，信用良好；分数在60～80分者，信用一般；分数在60分以下者则信用较差。然后再通过客户的信用评分比较判断客户的信用状况。

在评估等级方面，可采用两种方法。第一种采用三类九级制(即把公司的信用情况分为AAA、AA、A、BBB、BB、B、CCC、CC和C共九级)；第二种采用三级制(分成AAA、AA、A)。

专门的信用评估部门通常评估方法先进，评估调查细致，评估程序合理，可信度高。

(三) 应收账款回收管理

收账是公司应收账款管理中的一项重要工作。应收账款发生后，公司应采取各种措施，尽量争取按期收回款项，否则会因拖欠时间过长而发生坏账，使公司遭受损失。收账管理应包括如下内容：

1. 对应收账款进行监控

公司已发生的应收账款时间有长有短，有的尚未超过收款期，有的则超过了付款期。一般来讲，拖欠时间越长，款项收回的可能性越小，形成坏账的可能性越大，对此，公司应实施严密的监督，随时掌握回收情况。实施对应收账款回收情况的监督，可以通过编制账龄分析表进行。账龄分析表是一种能显示应收账款在外天数长短的报告(其格式如表7－9所示)。

【例8】假设ABC公司目前的信用政策为“2/30，N/60”，本月末应收账款账龄分析资料如表7－9所示：

表 7 - 9　　ABC 公司应收账款账龄分析表

应收账款账龄	客户数量／户	金额／万元	占应收账款比例／%
0 ~ 30 天	80	200	47
31 ~ 60 天	45	120	28
61 ~ 90 天	25	60	14
91 ~ 180 天	20	30	7
181 ~ 360 天	10	15	3.5
超过一年	1	5	0.5
合计	181	430	100

注：表中 0.5% = 100% - 47% - 28% - 14% - 7% - 3.5%。

通过账龄分析法，可以让公司了解应收账款的相关信息，并据此做出反应：

（1）有多少欠款尚在信用期内？表 7 - 9 显示，有 320 万元的应收账款在信用期内，约占全部应收账款的 75%，其中 200 万元在现金折扣期内。这些款项未到偿付期，欠款是正常的，不宜就这部分欠款打扰客户。

（2）有多少欠款超过了信用期？超过时间长短的款项各占多少？有多少欠款会因拖欠时间太久而可能成为坏账？表 7 - 9 显示，有价值 110 万元的应收账款已超过了信用期限，约占全部应收账款的 25%。其中拖欠时间较短的（90 天内）有 60 万元，约占全部应收账款的 14%，这部分欠款收回的可能性很大；拖欠时间较长的（90 ~ 180 天）有 30 万元，约占全部应收账款的 7%，这部分欠款的回收有一定难度；拖欠时间很长的（180 天以上）有 20 万元，约占全部应收账款的 4%，这部分欠款有可能成为坏账。对不同拖欠时间的欠账，公司应采取不同的收账方法，制定出经济可行的收账政策；对可能发生的坏账损失，则应提前做好准备，充分估计这一因素对损益的影响。

2. 确定合理的收账程序

公司对欠款逾期较短的客户，不宜过多地打扰，以免将来失去这些客户；对欠款逾期稍长的客户，可措辞婉转地写信催款；对欠款逾期较长的客户要先发出一封有礼貌的通知信件，接着可寄出一封措辞较直率的信件，进一步可通过电话催收；对欠款逾期很长的客户，公司的收账员可在催款时措辞严厉，也可直接与客户面谈，协商解决，如果谈判不成，就只好交给公司的律师采取法律行动。

第四节　存货管理

在公司的流动资产中，存货占的比重较大，一般约占流动资产的 40% ~ 60%。存货利用程度的好坏，对公司财务状况的影响极大。

存货是指公司在生产经营过程中为销售或者耗用而储备的物资，包括材料、燃料、低值易耗品、在产品、自制半成品、产成品、商品等。

一、持有存货的原因

公司持有存货主要出于以下几方面的原因：

1. 保证生产的正常进行

必要的原材料、在产品、半成品是制造业类公司生产的前提和保障。一旦出现原材料短缺，就可能导致公司停产和各生产环节不衔接，造成公司极大的经济损失。在出现生产不均衡和商品供求波动时，存货可起到缓和矛盾的作用。

2. 满足市场销售需求

为了保证销售顺利，公司需要储备必要的存货。这主要有几个原因：

(1) 客户可能批量购货或运输部门要求批量运输，公司就必须有库存产成品准备；

(2) 如果产品生产有季节性，公司需要在销售旺季来临之前增加原材料和产成品的储备；

(3) 市场的不稳定性要求公司储备足够的货源，有一定量的商品储备可以增强公司销售的机动性，更加适应市场的变化，尽量避免因存货不足而影响公司的销售，坐失良机。

3. 保险储备的需要

市场经济存在许多的不确定性，如原材料供应紧张或持续上涨、通货膨胀等。这些不确定性因素，增加了公司的经营风险。为了防止意外，公司应当在存货储备上留有余地，建立一定数量的保险储备，以备不时之需。

4. 降低成本的需要

一般来说，货物的批量购买可以获得不同程度的优惠。为了降低采购成本，获得采购的批量折扣优惠，公司往往会一次或分次进行大批量采购，以储备有一定量的存货。

二、存货管理的目标与存货的成本

由于上述原因，公司需要储备一定数量的存货，而存货的采购、储存要发生各种费用支出，这些费用支出就构成了公司存货的成本。存货管理的目标，就是在保证正常生产经营需要的同时，实现存货成本最低的要求。

存货总成本由取得成本、储存成本、缺货成本三部分构成。

1. 取得成本

取得成本，是指为取得某种存货而支出的成本，通常包括订货成本和购置成本两部分。

(1) 订货成本，是指公司为组织进货所开支的费用，如专设采购机构办公费、差旅费、邮资、通信费、运输费、检验费、入库搬运费等费用。订货成本中有一部分与订货次数是没有关系的，如专设采购机构的基本开支等，这类固定性存货费用与存货采购数量和次数无直接联系，称为固定性订货成本。订货成本中另一部分则与订货次数有关，如差旅费、邮资、搬运费等费用，这类费用与进货次数成正比例变动，称为变动性订货成本。

假设存货年需要量为 A，每次订货批量为 Q，每次订货相关成本为 B，每次订货的固定成本为 F_1，则

$$订货成本 = (A/Q)B + F_1 \tag{7.12}$$

（2）购置成本，又称进价成本，是指存货购置需要支付的价值。在一定时期进货总量既定、物价不变且无采购数量折扣的条件下，无论采购次数如何变动，存货的购置成本通常是保持相对稳定的，因而属于决策无关成本。

假设存货年需要量为 A，存货采购单价为 P，则

$$购置成本 = AP \tag{7.13}$$

2. 储存成本

储存成本，是指公司为持有存货而发生的费用，主要包括存货仓储费、保管费、搬运费、保险费、存货占用资金支付的利息费、存货残损和变质损失等。存货的储存成本也分为变动性储存成本和固定性储存成本。变动性储存成本与储存存货的数量成正比，如存货占用资金的利息费、存货的保险费、存货残损和变质损失等；固定性储存成本与存货的储存数量无关，如仓库折旧费、仓库保管人员的固定月工资等。

假设公司存货的年单位储存成本为 C，固定储存成本为 F_2，由于年平均存货数量为 $Q/2$，则

$$储存成本 = (Q/2)C + F_2 \tag{7.14}$$

3. 缺货成本

缺货成本是指由存货储备不足而给公司造成的损失，如原材料储备不足造成的停工损失、商品储备不足造成销售中断的损失等。存货的短缺成本与存货的储备数量呈反向变化。缺货成本一般凭管理人员的经验加以估计。

缺货成本是否成为决策相关成本取决于公司是否允许出现存货短缺的不同情形，如果允许存在缺货，则缺货成本与存货数量反向相关，属于相关成本；如果不允许发生缺货，则缺货成本为不相关成本。

假设缺货量为 S，单位缺货成本为 R，T 代表持有存货的总成本，则

$$T = AP + (A/Q)B + (Q/2)C + F_1 + F_2 + SR \tag{7.15}$$

三、存货经济批量

（一）经济批量基本模型

1. 经济批量

这是指使公司存货总成本最低的每批订货数量，也称最佳订货量。

从存货成本分析可知，决定存货经济订货批量的成本主要包括变动性订货成本、变动性储存成本以及由于缺货而发生的缺货成本。

不同成本项目对存货总成本的影响随着订货批量的不同而有不同。减少订货批量，增加订货次数，则可以降低储存成本，但同时增加了订货成本和缺货成本；反之，增加订货批量，减少提货次数，虽然可以减低订货成本和缺货成本，但将增加储存成本，因此，必须确定适当的订货批量才能让存货总成本最低。各成本项目的关系如图 7 - 5 所示：

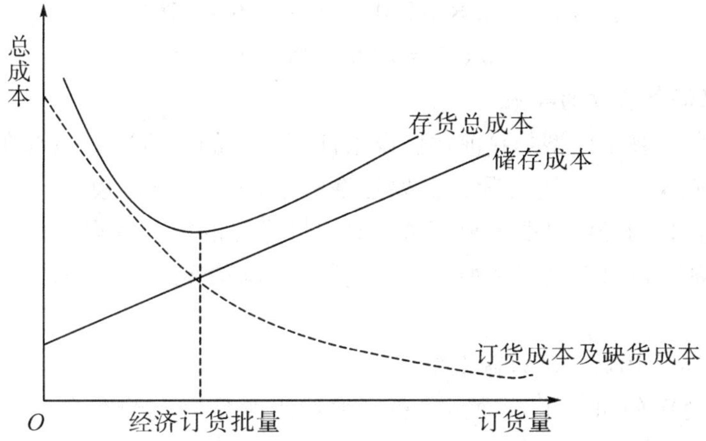

图 7 - 5　经济订货批量

2. 经济订货批量基本模型建立的假设条件

(1) 公司能够及时补充存货，即需要订货时便可立即取得存货；

(2) 每批存货均能集中到达；

(3) 不允许缺货，即缺货成本为零，这是因为良好的存货管理本来就不应该出现缺货成本；

(4) 需求量确定；

(5) 存货单价不变，不考虑现金折扣；

(6) 公司现金充足，不会因现金短缺而影响进货；

(7) 所需存货市场供应充足，不会因买不到需要的存货而影响其他。

有了上述假设后，存货总成本的公式可以简化为

$$T = \frac{Q}{2} \times C + \frac{A}{Q} \times B \tag{7.16}$$

当 A、B、C 为常量时，T 的大小取决于 Q，为求 T 的最小值，对式(7.16) 进行求导，可得出经济订货批量为

$$Q^* = \sqrt{\frac{2AB}{C}} \tag{7.17}$$

最低年成本合计（T^*）的计算公式为

$$T^* = \sqrt{2ABC} \tag{7.18}$$

【例 9】ABC 公司全年需要甲零件 1 200 件，采购价格为每件 10 元，每次订货成本为 10 元，每件年储存成本为 0.6 元。要求确定该公司采购甲零件的经济订货批量，最低年总成本和年采购次数。

$$Q^* = \sqrt{\frac{2 \times 1\ 200 \times 10}{0.6}} = 200(\text{件})$$

$$T^* = \sqrt{2 \times 1\ 200 \times 10 \times 0.6} = 120(\text{元})$$

$$A/Q^* = 1\ 200/200 = 6(\text{次})$$

（二）经济订货量的拓展

经济订货量基本模型是在前述假设条件下建立的，但这些假设在现实中几乎不存在。为了使模型更接近实际，需要逐渐放松假设，改进模型。常见的改进模型有：有数量折扣的经济订购批量模型、提前订货时的再订货点分析模型、陆续供应陆续使用时的经济订购批量模型、允许缺货时的经济订购批量模型等。下面介绍前两种拓展模型。

1. 有数量折扣的经济订购批量

有时，销售公司为了鼓励客户更多地购买商品，会给客户不同程度的数量折扣，即当客户的一次采购批量达到一定数量时，给予其价格上的优惠。在这种情况下，存货总成本由购置成本、订货成本和储存成本构成，决策按下列步骤进行：

（1）按照存货经济订购批量的基本模型计算无数量折扣情况下的经济订购批量及其存货总成本。

（2）根据不同数量折扣的不同优惠价格，计算在不同批量下的存货总成本。

（3）比较经济订购批量与不同批量下的存货总成本，总成本最低的批量就是最佳订购批量。

【例 10】ABC 公司全年需要乙零件 1 200 件，每次订货成本为 400 元，每件年储存成本为 6 元，采购价格为 10 元/件。供应商规定：每次购买数量达 600 件时，可给予 2% 的批量折扣，问应以多大批量订货？

首先，计算没有数量折扣时的经济订货批量：

$$Q^* = \sqrt{\frac{2 \times 1\ 200 \times 400}{6}} = 400(\text{件})$$

其次，计算如果公司不接受数量折扣，总成本为

$$T = \frac{1\ 200}{400} \times 400 + \frac{400}{2} \times 6 + 1\ 200 \times 10 = 14\ 400(\text{元})$$

最后，计算接受折扣时（订货批量为 600 件）的总成本：

$$T = \frac{1\ 200}{600} \times 400 + \frac{600}{2} \times 6 + 1\ 200 \times 10 \times (1 - 2\%) = 14\ 360(\text{元})$$

所以，公司应选择每次600件的批量订货。

2. 再订货点及保险储备

一般情况下，公司的存货不能做到需要订货时便可立即取得存货，所以，不能等存货用完再去订货，而需要在还没有用完时提前订货。在提前订货的情况下，公司再次发出订单时的库存量，被称为再订货点，它的数量等于交货时间（订货日到收货日所需的时间）与每日平均存货需要量的乘积。提前订货对经济批量、订货次数和订货时间的间隔等都没有影响，只是在达到订货点时就必须发出订货通知而已。

如例9中，假定公司交货期为6天，由于年采购次数为6次，所以采购周期为360 ÷ 6 = 60(天)，再订货点 = 6 ×（200 ÷ 60）= 20(件)。那么公司需要在仓库中还有20件时就必须发出订货单。

有时公司为了应急之需，会多储备一些存货，这些多储备的存货称为保险储备。这时的再订货点，要在上述基础上再加上保险储备。例如，如果公司需要保险储备5件，则它必须在仓库还有25件时就发出订货单。

四、存货日常管理

经济采购批量模型主要针对存货的采购和生产环节的控制进行分析。在日常存货管理中还需要对销售、储存环节进行管理控制，下面介绍存货储存期控制法和ABC分类管理法。

（一）存货储存期控制法

由于存货在公司持有期间将发生储存费用和资金占用费，而市场的变化还会导致持有期过长商品的滞销损失，因此公司必须通过缩短存货储存时间，加速存货周转，节约存货资金占用，降低成本费用，以提高获利水平。

公司的存货成本按照与储存时间的关系可分为固定性存储费用和变动性储存费用两类。固定性存储费用包括进货成本、管理成本，其金额与存货储存期没有直接联系；变动性储存费用包括资金占用费、存储管理费和仓储损耗，其金额随存货储存期正比例变动，采用量本利分析法可得到下列关系：

利润 = 毛利 − 固定性储存费用 − 销售税金及附加 − 每日变动储存费用 × 储存天数　　(7.19)

在此基础上可得

存货保本储存期 =（毛利 − 固定性储存费用 − 销售税金及附加）/ 每日变动储存费用　　(7.20)

存货保利储存期 =（毛利 − 固定性储存费用 − 销售税金及附加 − 目标利润）/ 每日变动储存费用　　(7.21)

【例11】ABC公司购进A商品4 000件，单位进价（不含增值税）100元，售价（不含增值税)140元，货款的年机会成本率为10.8%，每月存货保管费用为3‰，经销该商品的一次性费用为32 000元，销售税金及附加为27 200元。要求：计算该批存货的保本存储期和欲获利80 000元的保利存储期。

(1) 计算保本存储期。

每日变动储存费用 = 4 000 × 100 × (10.8%/360 + 3‰/30) = 160(元/天)

存货保本储存期 = [(140 - 100) × 4 000 - 32 000 - 27 200]/160 = 630(天)

(2) 计算欲获利80 000元的保利存储期。

存货保利储存期 = [(140 - 100) × 4 000 - 32 000 - 27 200 - 80 000]/160 = 130(天)

(二) 存货ABC分类管理法

ABC分类管理法，是指按照一定的标准将公司的存货划分为A、B、C三类，分别实行分品种重点管理、分类别一般控制和按总额灵活掌握的一种存货管理、控制的方法。

一般来说，公司存货品种繁多，流动性很强，给管理带来较大的困难。经过观察分析发现，有的存货品种数量很少，但单位价值很大，占存货资金总额的比例较大，如果管理不善，将给公司造成极大的损失；相反，有的存货虽然品种数量繁多，但单位价值较小，占存货资金总额的比例较小，即使管理上出现一些问题，也不至于产生较大的影响。因此，无论是从能力上还是经济上来看，公司均不可能也没有必要对所有存货都进行严格管理，在日常管理中则实行存货分类管理，做到分清主次，突出重点，兼顾一般，提高存货管理的整体效果。ABC分类管理就是建立在这一思路上的一种存货管理、控制的方法。

1. ABC分类管理法的分类

ABC分类的主要标准有两个：一是价值标准，二是品种数量标准。其中，价值标准是最基本的，品种数量标准仅作为参考。

一般地，A类存货品种数量少，金额比较大；而C类存货品种数量多，金额比较小；介于A类和C类之间的品种数量一般，金额也一般的即为B类。此种分类标准没有严格的额度限制，但一般A、B、C三类存货的控制金额比重分别为70%、20%、10%，品种数量比重分别为10%、20%、70%。

运用ABC分类法对存货分类，其具体过程可按以下步骤进行：

(1) 列示全部存货的明细资料，包括材料名称、耗用量、单价等以及存货在一定时期的价值总额。

(2) 计算每一存货金额占全部存货金额的百分比。

(3) 按照金额从大到小的顺序排列，并累加金额百分比，编制表格计算出每一类存货在一定时期类的价值总和。

(4) 当金额项的百分比累加到70%左右时，以上存货视为A类。B类和C类亦可比照A类累加并确定。

（5）编制 ABC 分类表并绘制 ABC 分类图（如图 7－6 所示）。

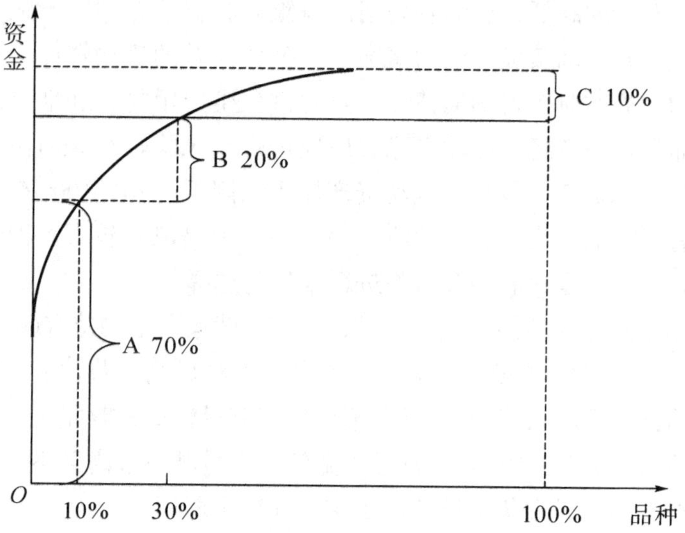

图 7－6 ABC 控制法分类示意图

2. ABC 分类管理法的分类管理

（1）由于 A 类存货金额大、数量少，所以对 A 类存货应按品种重点管理和控制，实行严格的内部控制制度，逐项计算各种存货的经济订货批量，并经常检查有关计划和管理措施的执行情况，以便及时纠正各种偏差。

（2）对 B 类存货，由于金额相对较小，但品种数量远多于 A 类存货，因此，不必像 A 类存货那样严格管理，可通过分类的方式进行管理和控制。

（3）对 C 类存货，可采用较为简化的方法管理，只要把握一个总金额就可以了。所以，对 C 类存货只需进行一般控制和管理。

第五节 营运资金管理政策

营运资金管理政策包括营运资金持有政策和筹集政策两部分，分别研究营运资金的持有量的确定和如何筹集营运资金两个问题。其中，营运资金筹集政策是营运资金政策的重点与核心。

一、营运资金持有政策

营运资金包括流动资产和流动负债两部分。其中，流动资产随业务量的变化而变化，但由于受流动资产使用效率高低、规模经济等因素影响，流动资金需用量往往与业务量呈非线性关系，这就产生了营运资金持有量决策问题。

营运资金持有量的高低，影响着公司的风险和收益。较高的营运资金持有量，意味着在长期资产和流动负债一定的情况下，公司拥有的流动资产相对较多，可以使公司有较大的把握按时支付到期债务，及时供应生产用材料和准时向客户提供产品与服务，从而保证生产经营活动平稳有序地进行，风险较小。但由于流动资产的收益性一般低于长期资产，较高的流动资产比重会降低公司的收益率。与此相反，营运资金的持有量较低，会使公司的收益率较高，但是风险较大。因此，营运资金持有量的确定实际上就是对收益和风险进行权衡与选择。

根据收益和风险之间的同向变动关系，通常把营运资金的持有政策分为三类：

（1）宽松的营运资金政策——营运资金的持有量较高，收益低，风险小；

（2）紧缩的营运资金政策——营运资金的持有量较低，收益高，风险大；

（3）适中的营运资金政策——营运资金的持有量既不过高又不过低，流入的现金恰恰满足支付的需要，存货也恰好满足生产和销售所用。

从理论上来讲，适中的营运资金政策比较符合财务管理的总体目标——公司价值最大化。然而，由于营运资金的占用水平是由公司的销售水平、存货与应收账款的周转速度等多种因素共同作用的结果，因此很难对适中的营运资金政策中的营运资金持有量加以量化。在财务管理的实际工作中，我们应当根据自身的具体情况和环境条件，确定一个较为适当的营运资金持有量。

二、营运资金的筹集政策

营运资金筹集政策，主要是研究流动资产和流动负债的匹配问题，特别是流动资产中的永久性流动资产的资金来源问题。在确定营运资金的筹集政策之前，我们先对营运资金的两大要素——流动资产和流动负债作进一步的分析。

（一）流动资产和流动负债分析

流动资产按照其用途可分为永久性流动资产和临时性流动资产：

（1）永久性流动资产，是指公司营运周期中，跌至谷底时，公司依旧会持有的、用于满足公司长期稳定需要的流动资产。

（2）临时性流动资产，是指公司营运周期中，随着季节性或循环性波动而变动的流动资产，如季节性存货、销售和经营旺季的应收账款。

与流动资产按照用途划分的方法相对应，流动负债也可以进一步划分为临时性流动负债和自然性流动负债：

（1）临时性流动负债，是指为了满足临时性流动资产需要而发生的负债，如公司因季节性销售需要，超量购买货物、原材料而举借的负债，这部分负债由财务人员根据公司短期资金的需求情况，通过人为安排形成，如短期银行借款等。

（2）自然性流动负债，是指产生于公司正常的持续经营活动中，不需要正式安排，由于结算程序的原因自然形成的那部分流动负债。在公司生产经营过程中，由于法定结算程序的原因，一部分应付款项的支付时间晚于形成时间，这部分已经形成但尚未支付的款项便成为公司的流动负债，如商业信用、应付工资、应缴税金等。

（二）营运资金筹集政策的确定

营运资金筹集政策，主要是就如何安排临时性流动资产和永久流动资产的资金来源而言的，通常可分为以下三类：

1. 稳健型筹资政策

稳健型筹资政策的特点是：临时性流动负债只融通部分临时性流动资产的资金需要，另一部分临时性流动资产和永久性流动资产、固定资产的资金，则由长期负债、自然性负债和权益资本等长期资金作为资金来源。

这种政策克服了公司临时性资金计划的不严密性，给流动负债提供了一个行之有效的安全边际。但是，采用这一策略，公司将在季节性波谷为多余的债务筹集支付利息，故其总资产的投资回报率一般较低。所以，稳健型筹资政策是一种风险性和收益性都较低的营运资金筹集政策。稳健型筹资政策如图 7 - 7 所示。

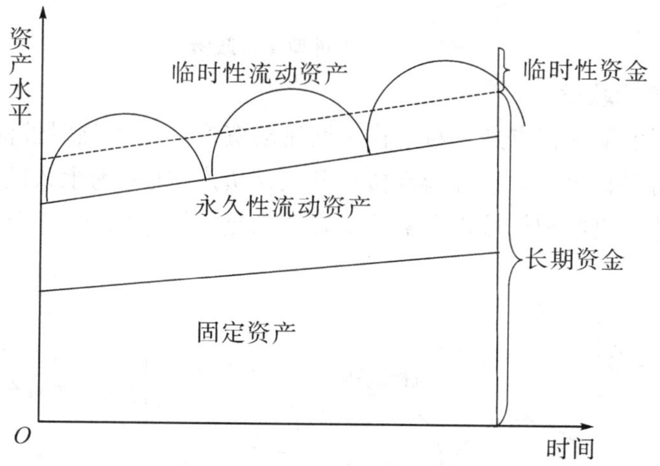

图 7 - 7　稳健型筹资政策

2. 激进型筹资政策

这是一种扩张型筹资政策。激进型筹集政策的特点是：临时性流动负债不但融通临时性流动资产的资金需要，还解决部分永久性流动资产的资金需要，即在激进型筹资政策下，临时性流动负债在公司全部资金来源中所占比重大于稳健型和适中型筹资政策。

一方面，由于临时性流动负债（如短期银行借款）的资金成本一般低于长期负债和权益资本的资金成本，而激进型筹资策略下临时性流动负债所占比重较大，所以该策略下公司的资金成本较低。但另一方面，为了满足永久性资产的长期资金需要，公司必然要在临时性流动负债到期后重新举债或申请债务展期，这样公司便会更为经常地举债和还债，从而加大筹资困难和风险；还可能面临由于短期负债利率的变动而增加公司资金成本的风险。所以，激进型筹资政策是一种收益性和风险性均较高的营运资金筹资政策。这种政策一般适合于长期资本来源不足或短期负债成本较低的公司。激进型筹资政策如图 7 - 8 所示。

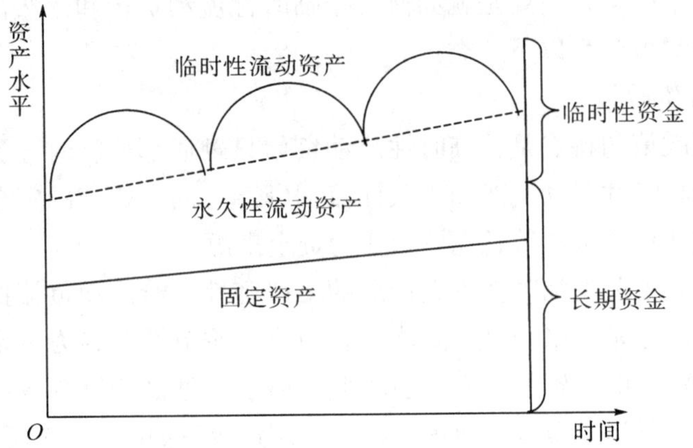

图 7 - 8　激进型筹资政策

3. 配合型筹资政策

配合型筹资政策的特点是：对于临时性流动资产，运用临时性流动负债筹集资金满足其资金需要；对于永久性流动资产和长期资产(统称为永久性资产)，则运用长期负债、自然性负债和权益资本来筹集资金满足其资金需要。配合型筹资政策如图 7 - 9 所示。

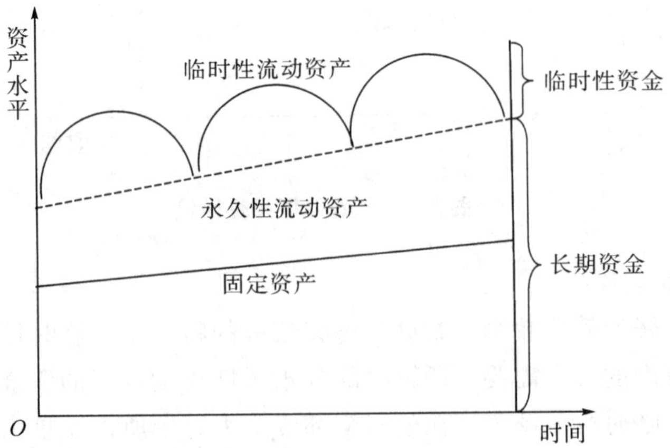

图 7 - 9　配合型筹资政策

配合型筹资政策要求公司的临时性流动负债筹集计划比较严密，实现现金流动与预期安排相一致。在经营性淡季和低谷阶段，公司除了自然性负债外没有其他流动负债；只有在对临时性流动资产的需求达到高峰时，公司才举借各种临时性债务。

配合型筹资政策的基本思想是：将资产与负债的期间相互配合，以降低公司不能偿还到期债务的风险，并尽可能降低公司的资本成本。但是在公司的经济活动中，由于各类资产使用寿命的不确定性，往往做不到资产与负债的完全配合。在公司的生产经营高峰期内，一旦公司的销售和经营不理想，未能取得预期的现金收入，公司便会面临偿还临时性流动负债的困难。因此，配合型筹资政策是一种理想的、对公司有着较高资金使用要求的营运资金筹集政策。

一般地说，如果公司对营运资金的使用能够达到游刃有余的程度，则采用收益和风险相匹配的配合型筹资政策是最有利的。

本章小结

营运资金的概念分为狭义和广义两种。狭义的营运资金是指净营运资金，即公司流动资产减去流动负债后的差额。广义的营运资金是指总流动资产。

现金是营运资金中流动性最强的资金。公司出于交易、预防、投机等动机都会持有一定数量的现金，但持有现金存在成本。现金持有的成本受现金持有量的大小的影响，进而影响公司的盈利水平。因此，如何选择最佳的现金持有量是公司管理者需考虑的一个重要问题。

应收账款产生的原因主要是赊销，赊销既能促进销售、减少存货占用，也会付出一定的代价，即应收账款的成本。因此，公司必须注重应收账款的管理，特别是事前的信用标准、事中的信用条件以及事后的收账政策等信用政策的制定和评价。

存货占营运资金的比例较大，存货的管理在整个投资决策中具有重要的地位。持有存货将发生取得成本、储存成本、缺货成本。存货管理的主要问题是如何确定公司存货的经济订货批量、ABC 分类管理法及存货储存期控制等问题。

营运资金管理政策包括营运资金持有政策和营运资金筹集政策。营运资金筹集政策主要研究流动资产和流动负债的匹配问题。公司在进行营运资金筹集政策制定时必须考虑偿债风险、收益要求、成本约束因素。通常有稳健型、激进型和配合型三种具有代表性的营运资金筹集政策。

思考题

1. 公司持有现金的原因有哪些？现金管理的目标是什么？
2. 如何确定最佳现金持有量？如何进行现金日常收支管理？
3. 应收账款管理的目标是什么？ 如何对信用进行评估？
4. 应收账款的相关成本有哪些？应收账款信用政策制定包括哪些内容？
5. 存货成本主要包括哪几项内容？ 经济订货批量模型的基本内容是什么？

6. 简述存货储存期控制法、存货 ABC 分类管理法的内容。

7. 营运资金筹集的稳健型、激进型和配合型筹资政策的基本思想是什么？

练习题

1. A 公司现金收支平衡，预计全年现金需要量为 240 000 元，应收账款周转期为 60 天，应付账款周转期为 50 天，存货周转天数为 80 天。

要求：计算公司最佳现金持有量。

2. B 公司预计全年需要现金 200 万元，该公司的现金收支状况比较稳定，当公司现金短缺时，公司准备通过将短期有价证券变现进行补充。假设现金与有价证券每次的转换成本为 100 元，有价证券的年利率为 10%。

要求：利用存货模式计算该公司的最佳现金持有量、最低现金持有成本和有价证券最佳交易次数。

3. C 公司目前信用政策为“N/30”，平均收账期为 40 天，坏账损失率为 2%，收账费用为 40 万元。产品赊销收入为 5 000 万元，总成本为 4 000 万元，其中固定成本为 1 000 万元。为扩大销售，拟定了两个备选方案：

（1）将信用条件放宽到“N/40”，预计年赊销收入是 6 000 万元，平均收账期为 45 天，坏账损失为赊销额的 3%，收账费用为 48 万元。

（2）将信用条件改为“2/10，1/30，N/60”。预计赊销收入是 7 000 万元，估计约有 60% 的客户（按赊销额计算）会利用 2% 的现金折扣，20% 的客户会利用 1% 的现金折扣。其余账款的平均收账期为 80 天，坏账损失率为 5%，收账费用为 20 万元。

已知该公司的资金成本率为 10%。

要求：根据上述资料分析公司应选用的信用政策。

4. D 公司对甲材料的年需求量为 4 000 000 千克，材料的单价为 20 元／千克，单位存货年存储成本是存货价值的 10%，订货成本为每次 400 元，提前订货期为 10 天，根据协议，公司每次订货的数量必须是 100 的整数倍。

要求：

（1）计算甲材料的经济订货量；

（2）计算甲材料全年的订货次数；

（3）计算甲材料的再订货点。

5. E 公司乙材料的年需要量为 10 000 千克，每千克的市场零售价格为 800 元，供货商规定：购买 1 000 千克以下，按照零售价结算；购买 1 000 ~ 3 000 千克（含 3 000 千克），价格优惠 5%；购买 3 000 千克以上的，价格优惠 10%。已知每批进货费用为 400 元，单位材料的年储存成本为 100 元。要求：计算最佳的经济进货批量（假设不存在缺货成本）。

第八章 收益分配管理

第一节　收益分配概述

一、收益分配的基本原则

公司通过经营活动赚取收益，并将其在相关各方之间进行分配。公司的收益分配有广义和狭义之分。广义的收益分配是指对公司的收入和收益总额进行分配的过程；狭义的收益分配是指对公司净收益的分配。本章主要介绍狭义的公司收益分配。

收益分配是一项十分重要的工作，它不仅影响公司的筹资和投资决策，而且直接涉及各利益集团的切身利益。收益的分配是否合理，直接影响公司的生存与发展。因此，为保证公司健康有序地发展，合理组织公司财务活动和正确处理好各方面的经济关系，公司在进行收益分配时应遵循以下原则：

（一）依法分配原则

公司收益分配必须依法进行。公司收益分配涉及国家、公司、股东、债权人、员工等多方面的利益。正确处理各方间的利益关系，协调各方的利益矛盾是非常重要的工作。为此，公司在进行收益分配时，必须按照国家相关法规和规定进行净收益的分配，以维护相关者的利益。

（二）资本保全原则

收益分配是对公司投资者（所有者）投入资本增值的分配，而不是投入本金的返还，所以公司必须在有可供分配留存收益的情况下进行收益分配，应确保资本的完整性，维护投资者的权益。

（三）兼顾各方利益原则

公司收益分配直接关系到公司的投资者、债权人及员工等各方面的切身利益。因此，在进行收益分配时必须坚持全局观念，兼顾各方的经济利益。除依法纳税外，还应维护投资者、债权人和员工的利益。因为投资者是公司资产的所有者，依法享有净收益的分配权；债权人在向公司投入资金的同时也承担了一定的风险，公司的收益分配中应当体现出对债权人利益的保护；公司员工是公司净收益的直接创造者，公司的收益分配应当考虑员工的长远利益。

（四）分配与积累并重原则

公司进行收益分配应正确处理长远利益和短期利益的辩证关系，将二者有机地结合起来，坚持分配和积累并重。从公司未来发展的角度考虑，公司除按规定提取法定盈余公积以外，还应留存一部分的利润作为积累。这部分利润虽然暂时未分配给投资者，但所有权仍归投资者。这部分利润的积累，不但可为公司扩大再生产筹措资金，增强公司抵抗风险的能力，而且还有利于加大对投资者的回报，在公司利润波动时，达到以丰补歉的目的，从而起到稳定投资报酬率的效果。

（五）投资与收益对等原则

公司在提取了盈余公积金以后，要向投资者分配利润。公司在向投资者分配利润时，必须做到谁投资谁受益，受益大小和投资比例相适应。公司在向投资者分配收益时，应本着平等一致的原则，按照各投资者的出资比例进行分配，不允许任何一方随意多分多占，从根本上保证投资者利益的平等。

二、确定收益分配政策时应考虑的因素

公司收益分配政策的确定受到各方面因素的影响，一般来说，应对各方面因素进行综合考虑，并结合自身实际情况，权衡得失。公司收益分配政策的影响因素有许多，主要表现在以下几个方面：

（一）法律因素

为了保护公司债权人和股东的利益，防止公司管理层滥用手中的权力，我国《公司法》《证券法》等有关法律对公司收益的分配作了一定的限制。影响公司收益分配政策的法律因素主要有：

1. 资本保全约束

资本保全要求公司股利发放不能侵蚀资本，即公司发放的股利或投资分红不得来源于原始投资（或股本），而只能来源于公司当期利润或留存收益。其目的是保护债务人的权益，防止公司任意减少资本结构中所有者权益（股东权益）的比例。

2. 资本积累约束

资本积累约束要求公司必须按照一定比例和基数提取各种公积金，股利只能从公司的可供分配收益中支付。

3. 净利润约束

净利润约束要求公司账面累计税后利润必须是正数才可以发放股利，以前年度的亏损必须足额弥补。也就是说，要求在具体的分配政策上，贯彻“无利不分”原则，即当公司出现年度亏损时，一般不得分配利润。

4. 偿债能力约束

偿债能力是指公司按时足额偿付各种到期债务的能力。相关法律规定公司如果要发放股利或投资分红，就必须保证有充分的偿债能力。也就是说，如果公司无力偿付到期债务或因支付股利或投资分红后会影响公司偿还债务和正常经营，那么为了保障债权人的利益，公司不能发放股利或投资分红。

5. 超额累积利润约束

超额累积利润，是指公司的留存收益超过法律认可的水平。因为资本利得和股利收入的税率不一致，公司通过保留利润来提高其股票价格，则可使股东避税。因此一些公司通过少发股利，累积利润使股价上涨来帮助股东避税。西方许多国家都注意到了这一点，并在法律上明确规定公司不得超额累积利润，一旦公司留存收益超过法律认可的水平，将被加征额外税款。我国法律目前对此尚未做出规定。

（二）股东因素

股东出于自身利益的考虑，在股权稀释、税负、稳定收入、规避风险等方面有着不同的要求，这些要求也会对公司的收益分配产生重要的影响，主要有以下几个方面：

1. 控制权

公司的股利支付率高，必然导致保留盈余减少，这就意味着将来有可能会通过发行新股为新的投资项目筹资，这时公司控制权就会被稀释。因此，这些公司的股东往往限制股利的支付，而愿意较多地保留盈余，使公司用留存收益投资，以防止控制权旁落他人。

2. 税负

一般来讲，股利收入的税率要高于资本利得的税率，即使对这两种收入课以相同的税率，由于对股利收入课税发生在股利分发时，而对资本利得课税则可以递延到实际出售股票时，考虑到资金的时间价值，其资本利得的实际税负也小于股利收入的税负。因此，很多股东会由于对税负因素的考虑而偏好低股利政策，低股利政策会使他们获得更多的纳税上的好处。

3. 稳定收入

有的股东依赖公司发放的现金股利维持生活，他们往往要求公司能够支付稳定的股利，反对公司留存过多的收益。

4. 规避风险

一些股东认为通过留存收益使公司股票价格上升而获得资本利得具有较大的不确定性，取得现实的股利比较可靠，因此，这些股东也会倾向于多分配股利。

（三）公司因素

公司出于长期发展与短期经营考虑，需要综合考虑以下因素，来确定收益分配政策：

1. 筹资能力

不同的公司在资本市场上筹资的能力有一定的差别。若公司筹资能力强，能够及时地从资金市场上筹措到所需的资金，则有可能采取较为宽松的收益分配政策，即多付股利少留存；而一个筹资能力较弱的公司，则宜保留较多的盈余，因而往往采取较紧的收益分配政策。

2. 投资需求

收益分配政策要受到公司未来投资机会的影响。如果一个公司有较多的投资机会，那么，它更适合采用低股利支付水平的分配政策。相反，如果一个公司的投资机会较少，那么就有可能倾向于采用较高的股利支付水平的分配政策。

3. 盈余稳定状况

公司的收益分配政策在很大程度上会受其盈利能力的限制。盈利能力较强、相对稳定的公司可能支付较高的股利；而盈余状况不稳定的公司，由于对未来盈余的把握小，往往会采取较低股利支付水平政策。

4. 资产流动状况

保证有一定数量的现金和其他适当的流动资产，是维持公司正常经营的基础和必备条件。较多地支付现金股利，会减少公司现金持有量，使资产的流动性降低。因此，如果公司的资产流动性差，即使收益可观，也不宜分配过多的现金股利。

5. 筹资成本

与发行新股和举债筹资相比，采用留存收益作为内部筹资的方式，不需支付筹资费用，其筹资成本较低。因此，很多公司在确定收益分配政策时，往往将公司的净收益作为首选的筹资渠道，特别是在负债较多、资本结构欠佳的时期。

6. 偿还债务的需要

公司的债务既可通过举借新债或发行新股等方式筹集资金来偿还，也可用经营积累的利润偿还。公司如果由于资本成本过高或其他限制性因素而难以进入资本市场的话，那么它将采取低股利支付水平政策，用留存盈余去偿还债务。

7. 股利政策惯性

一般情况下，公司不宜经常改变其收益分配政策。公司在确定收益分配政策时，应当充分考虑股利政策调整有可能带来的负面影响，如果公司历年采取的股利政策具有一定的连续性和稳定性，那么重大的股利政策调整有可能对公司的声誉、股票价格、负债能力、信用等方面产生影响。另外，靠股利来生活和消费的股东不愿意投资于股利波动频繁的股票。

8. 其他因素

公司收益分配政策的确定还会受到公司一些其他因素的影响，如公司所处的行业、生命周期、公司的资本结构、兼并或反收购等。

（四）其他因素

1. 契约性约束

当公司以长期借款协议、债券契约、优先股协议以及租赁合约等形式向公司外部筹资时，常常应对方的要求，接受一些关于股利支付的限制性条款。这种限制常常包括：

（1）未来股利只能用协议签订后的新收益支付（即限制动用以前的留存收益）；

（2）流动资金低于一定标准时不得支付股利；

（3）利息保障倍数低于一定标准时不得支付股利。

其目的在于促使公司把利润的一部分按有关条款的要求，以某种形式（如偿债基金）进行再投资，以保障债务如期归还，维护债权人的利益。

2. 通货膨胀

通货膨胀会带来货币购买力水平的下降，会导致公司没有足够的资金来源重置固定资产。此时公司往往不得不考虑留用一定的利润，以便弥补货币购买力水平下降造成的固定资产重置成本缺口。因此，在通货膨胀时期，公司一般采取偏紧的收益分配政策。

第二节　股利理论和股利政策

一、股利理论

关于股利与股票市价之间的关系，存在着不同的观点，并形成了不同的股利理论。股利理论主要包括股利无关论、股利相关论。

（一）股利无关论（又称 MM 理论）

股利无关论观点认为，在一定假设条件限定下，公司股票价格由公司投资方案和获利能力所决定，股利政策不会对公司的股票价格或公司的价值产生影响。股东只关心公司收益的增长，至于支付多大比例的股利，股东并不关心。

股利无关论这一观点是由美国经济学家莫迪格莱尼（Modigliani）教授和财务学家米勒（Miller）教授（简称 MM）在 1961 年发表的学术论文《股利政策、增长与股票估价》中提出的，该文被学术界认为是对股利政策的性质和影响进行的第一次系统分析和研究。该理论是建立在完全市场理论之上的。其假定条件包括：

（1）不存在个人所得税或公司所得税；

（2）不存在任何筹资费用（包括发行费用和各种交易费用）；

（3）公司制定的投资决策为投资者所了解，并与股利政策彼此独立；

（4）公司投资者可以和管理当局一样获取未来影响股票价格的任何信息，即投资者和管理当局的信息来源是对称的。

由于上述假定实际上承认存在一种完整无缺的市场，所以股利无关论又称为完全市场理论。

（二）股利相关论

股利相关理论认为，公司的股利政策会影响股票价格。其主要包括以下四种：

1.“手中之鸟”理论

“手中之鸟”理论源于谚语“双鸟在林不如一鸟在手”，所以又称为“一鸟在手”理论，也称为股利重要论。该理论是流行最广泛和最持久的股利理论，主要代表人物是迈伦·戈登（M. Gordon）和约翰·林特纳（J. Lintner）。该理论认为，用留存收益再投资给投资者带来的收益具有较大的不确定性，并且投资的风险随着时间的推移会进一步增大，因此，投资者会更喜欢现金股利，而不愿意将收益留存在公司内部而去承担未来的投资风险。又根据证券市场中收益与风险正相关的理论关系，当公司提高股利支付时，投资者由于需要承担的投资风险较小，所要求的报酬率较低，所以会使公司股票价格上升；而当公司降低股利支付时，投资者相对承担较高的投资风险，所要求的报酬率也较高，就会导致公司股票价格下降。因此，该理论认为公司的股利政策与公司的股票价格是密切相关的，即当公司支付较高的股利时，公司的股票价格会随之上升，所以公司应采取较高支付水平的股利政策。

“手中之鸟”理论虽然流行时间最久、最广泛，但它很难解释投资者在收到现金后又购买公司新发行的普通股现象，它实际上混淆了投资者决策和股利政策对股票价格的影响。

2. 信号传递理论

信号传递理论认为，股利政策之所以会影响公司股票的价值，是因为在信息不对称的情况下，股利能将公司的盈余状况、资金状况和财务信息等提供给投资者，从而股利分配对股票价格有一定影响。一般而言，若一个公司的股利支付比率一直很稳定，那么，投资者就可能对公司未来的盈利能力与现金流量抱有较为乐观的预期；当公司突然大幅度地变动股利支付比率时，投资者会认为公司的财务状况或盈余情况有较大变动，因而股票价格也会发生变动。所以，在充满风险的市场上，股利可以削减管理层与投资者之间信息水平的差异，可以提供明确的证据，证明公司创造现金的能力，进而影响股票价格。

3. 代理理论

股东作为公司的所有者，希望股东财富最大化，要求管理者尽最大的努力去实现权益资本满意这一目标；但公司的管理者通常考虑自己利益，追求物质待遇，追求较少的劳动时间和较低的劳动强度，避免工作中的风险，不愿为公司取得更高收益而付出较多的代价。从某种意义上说，管理者所得到的利益，正是股东所放弃的利益。公司的管理者与股东之间存在着代理冲突。股东为了保护自身利益，必须承担一定的代理成本以减少这种冲突。但对于大型公司而言，如何有效做到这一点存在许多困难，股东很难对管理者进行直接监控，这就需要第三者的介入。有学者发现，通过外部融资可以对解决代理冲突起到很好的作用。当公司向外发行股票或债券的时候，公司必须接受证券市场的审查和分析，包括银行对公司信用的分析、证券评级机构的意见以及众多分析专家的评价，不正当、不科学的管理行为必将暴露在证券市场上。新投资者接受那些力争实现公司价值最大化的公司证券，这种公司能很好地解决代理冲突问题。在投资规模既定的前提下，股利支付率越高，公司需要发行的新股票就越多，接受的市场监管也就越多，同时，通过发放相当于闲置现金流量的股利，可以减少管理层浪费公司资金的机会。

因此，代理理论认为，股利政策就相当于协调股东与管理者之间代理关系的一种约束机制。高水平股利支付政策将有助于降低公司的代理成本，但同时也会增加公司的外部融资成本。最优的股利政策应使两种成本之和最小化。

4. 所得税差异理论

所得税差异理论认为，由于普遍存在的税率差及纳税时间差，资本利得收入比股利收入更有助于实现收益最大化目标，公司应当采用低股利政策。从现行的税法规定看，股利的个人所得税税率一般高于资本利得税率，即使资本利得税率与股利的个人所得税税率相同，也由于股利所得税的支付时间先于资本利得税的支付时间而使低股利分配有利于股东，从而提升股票价值。

二、股利政策

股利政策是指在法律允许的范围内，公司是否发放股利、发放多少股利以及何时发放股利的方针及对策。公司的净收益可以支付给股东，也可以留存在公司内部，股利政策的关键问题是确定分配和留存的比例。股利政策不仅会影响股东的财富，而且会影响公司在资本市场上的形象及公司股票的价格，更会影响公司的长短期利益，因此，合理的股利政策对公司及股东来讲是非常重要的。公司应当确定适当的股利政策，并使其保持连续性，以便股东据以判断其发展的趋势。在实际工作中，常用的股利政策主要有剩余股利政策、固定或稳定增长股利政策、固定股利支付率政策和低正常股利加额外股利政策四种。

（一）剩余股利政策

剩余股利政策是指公司生产经营所获得的净收益首先应满足公司的资金需求，如果还有剩余，则派发股利；如果没有剩余，则不派发股利。剩余股利政策的理论依据是 MM 股利无关论。

采用剩余股利政策，应按照以下四个步骤进行：

（1）确定目标资本结构(最优资本结构)，在此资本结构下，加权平均资本成本将达到最低水平。

（2）确立目标资本结构下投资所需的权益资本数额。

新投资所需的权益资本数额 = 新投资所需的资金总额 × 目标权益比率　(8.1)

(3) 将投资所需的权益资本数额从盈余中扣除。

(4) 将扣除投资所需盈余后的剩余盈余作为股利向股东分配。

发放股利总额 = 可供分配股利的税后净利润 − 新投资所需的权益资本数额　(8.2)

【例1】假设ABC公司的资本中债务与权益的比例为4∶6，流通在外的普通股为200万股。公司2021年度可用于分配普通股股利的税后净利润是800万元。

(1) 若2022年度投资所需资金为1 000万元，则

2022年投资所需的权益资本数额 = 1 000 × 60% = 600(万元)

2022年发放股利总额 = 800 − 600 = 200(万元)

每股股利 = 200 ÷ 200 = 1(元)

股利支付率 = 200 ÷ 800 × 100% = 25%

(2) 若2022年度投资所需资金为1 330万元，则

2022年投资所需的权益资本数额 = 1 330 × 60% = 798(万元)

2022年发放股利总额 = 800 − 798 = 2(万元)

每股股利 = 2 ÷ 200 = 0.01(元)

股利支付率 = 2 ÷ 800 × 100% = 0.25%

(3) 若2019年度没有投资机会，则

2022年投资所需的权益资本数额 = 0(万元)

2022年发放股利总额 = 800(万元)

每股股利 = 800 ÷ 200 = 4(元)

股利支付率 = 800 ÷ 800 × 100% = 100%

通过以上三种情况分析，可以看出，股利支付率决定于公司投资机会和当年的获利情况。投资机会越多，用以支付现金股利的净利润越少；投资机会越少，满足投资需求后可用以支付现金股利的资金越多。

剩余股利政策的优点在于：有利于公司合理安排资金结构，使资本结构达到最佳状态；充分利用较低成本的资金来源，以提高股票价格或使公司的价值达到最大；由于优先考虑未来投资所需的权益资金数额，可为公司未来盈利的稳定增长奠定良好基础。

剩余股利政策的缺点在于：由于投资机会和收益每年都有变化，而采用剩余股利政策使每年的股利支付额受到公司未来投资机会和盈利水平的双重制约，因此，可能造成各年股利支付额不稳定的现象，不利于树立公司的良好形象，也不利于投资者安排收入和支出，从而不利于吸引追求稳定收入的股东投资。

剩余股利政策比较适合于新成立的、处于初创期的公司。

(二) 固定或稳定增长股利政策

固定或稳定增长股利政策是指公司将每年派发的股利额固定在某一特定水平或

是在此基础上维持某一固定比率逐年稳定增长。只有在确信公司未来的盈利增长不会发生逆转时，才会宣布实施固定或稳定增长的股利政策。在固定或稳定增长的股利政策下，首先应确定的是股利分配额，而且该分配一般不随资金需求的波动而波动。不过近年来，受通货膨胀的影响，许多公司开始实行稳定增长的股利政策，即公司在支付一定金额股利的基础上，确定一个目标股利增长率，依据公司的盈利水平按目标股利增长率逐步提高公司股利支付水平，以抵消通货膨胀的不利影响，最终达到吸引投资的目的。

固定股利政策的理论基础是“手中之鸟”理论和“信号传递理论”。其主要优点是：

（1）通过固定或稳定增长的股利政策向投资者传递公司的盈利情况以及财务状况稳定且逐步提高的信息，树立公司的良好形象，增强投资者对公司的信心，从而稳定公司股票价格，吸引更多的投资者。

（2）有利于投资者安排股利收入和支出，特别是那些对股利有着很高依赖性的股东更是如此。而股利忽高忽低的股票，则不会受这些股东的欢迎，股票价格会因此而下降。

（3）可以避免股利支付的大幅度、无序性波动，有助于预测公司现金流出量，便于公司进行资金调度和财务安排。

该股利政策的缺点在于：

（1）股利的支付与盈余脱节，使股利分配水平不能反映公司的绩效水平。当盈余较低时仍要支付固定的股利，这可能导致资金短缺、财务状况恶化。

（2）它不能像剩余股利政策那样使公司保持较低的资本成本，可能会给公司造成较大的财务压力，甚至可能侵蚀公司留存利润和公司资本。

固定股利政策比较适合于经营比较稳定或正处于成长期、信誉一般的公司，但很难被长期采用。

（三）固定股利支付率政策

固定股利支付率政策是指公司确定一个固定的股利占盈余的比例，并且每年按这一固定比例支付股利给股东。这种股利政策与剩余股利政策顺序相反，它是先考虑派发股利，后考虑留存收益。固定股利支付率越高，公司留存收益就越少。其计算公式如下：

发放股利总额 = 当年可用于分配普通股股利的税后净利润 × 固定股利支付率　（8.3）

当年留存收益额 = 当年可用于分配普通股股利的税后净利润 − 发放股利总额　（8.4）

【例 2】ABC 公司 2021 年实现税后净利润为 500 万元，该公司采取固定股利支付率政策分配股利，股利支付率为 40%，则

当年发放股利总额 = 500 × 40% = 200（万元）

若 2022 年投资所需资金 400 万元，则

税后净利润中可用于投资的金额 = 500 - 200 = 300(万元)

公司需对外筹资额 = 400 - 300 = 100(万元)

固定股利支付率政策的主要优点是：

（1）采用固定股利支付率政策，股利与公司盈余紧密地配合，体现了多盈多分、少盈少分、无盈不分的股利分配原则。

（2）保持了股利与净利润间的一定比例关系，体现了投资风险与投资收益的对称性。

该股利政策的缺点在于：

（1）传递的信息容易成为公司的不利因素。当公司盈余在各个期间波动不定时，其支付的股利也将随之波动，这就不利于树立公司的良好形象，不利于稳定股票价格。

（2）公司财务压力较大，缺乏财务弹性。

（3）确定合理的固定股利支付率难度很大。

固定股利支付率政策适合于稳定发展的公司和财务状况处于较稳定阶段的公司。

（四）低正常股利加额外股利政策

低正常股利加额外股利政策，是指公司事先设定一个较低的正常股利额，每年除了按正常股利额向股东发放现金股利外，还在公司盈利情况好、资金较为充裕的年度向股东发放高于每年度正常股利的额外股利。它是介于固定股利政策和固定股利支付率政策之间的一种折中的股利政策。

【例3】ABC 公司发行在外的普通股股数为 200 万股，2020 年的税后利润为 1 000 万元，该公司采用低正常股利加额外股利政策，低正常股利为每股 1 元。2021 年该公司实现税后利润 1 500 万元，打算加付额外股利给股东。额外股利以 2020 年的税后利润为基数，按照税后净利润每增长 1 元，股利增长 0.3 的原则发放，则

2020 年发放的股利额 = 1 × 200 = 200(万元)

2021 年发放的股利额 = 1 × 200 + (1 500 - 1 000) × 0.3 = 350(万元)

低正常股利加额外股利政策的优点是：

（1）既能使那些高度依赖股利生活的股东获得较低但却很稳定的股利收入，又可以在公司盈余较多时适当增加股利，使股东分享到经济繁荣带来的利益，对投资者具有较强吸引力。

（2）能使公司具有较大的财务灵活性，即当公司盈余较少或因有较好的投资机会而需大量投资时，可维持较低的正常股利，股东不会因此而失望。而当公司盈余较多或无投资需求时，可适度增发股利，以增强投资者的持股或投资信心，提升股票价格。

该股利政策的缺点在于：

（1）股利派发仍然缺乏稳定性，额外股利随着盈利的变化而变化，时有时无，给人不稳定的印象。

(2) 如果公司较长时期一直发放额外股利，股东就会误认为这是正常股利，一旦取消，极易造成公司“财务状况逆转”的负面影响，导致股价下跌。

低正常股利加额外股利政策适合于盈利经常波动的公司。

第三节　股利分配程序与方案

一、股利分配程序

根据我国《公司法》第一百六十六条、《公司财务通则》第四十五、四十六条以及《税法》等法规的规定，股份有限公司当年实现的利润总额，应按照国家税法规定作相应调整后，依法交纳所得税，然后按下列顺序进行分配：

(一) 弥补以前年度亏损

弥补以前年度亏损，是指弥补超过用所得税税前利润抵补亏损的法定期限后仍未补足的亏损。

公司发生的年度亏损，可以用下年度的利润弥补；下年度利润不足弥补的，可以在五年内用所得税税前利润延续弥补。延续五年未弥补的亏损，用税后利润弥补，或者经投资者审议后用盈余公积弥补。公司在以前年度亏损未弥补之前，不得向投资者分配利润。

(二) 提取法定盈余公积金

公司分配当年税后利润时，应当提取利润的10%列入法定公积金。法定公积金累计额为公司注册资本的50%以上的，可以不再提取。法定盈余公积金可用于弥补亏损、扩大公司生产经营或转增资本，但公司用盈余公积金转增资本后，法定盈余公积金的余额不得低于转增前公司注册资本的25%。

(三) 提取任意盈余公积金

按照公司章程或者投资者决议提取任意盈余公积，其目的是控制向投资者分配利润的水平以及调整各年利润分配的波动，通过这种方法对投资者分配的利润加以限制和调节。

(四) 向股东(投资者) 分配股利(利润)

公司的税后利润在按照上述顺序分配后，剩余部分为公司可供投资者分配的利润。公司应根据投资协议、合同或者法律的规定向投资者分配利润。公司以前年度未分配的利润，可以并入本年度向投资者分配。另外，如果公司当年无利润，一般不得向投资者分配利润，但若用公积金补亏后，经股东大会特别决议，可按照不超过股票面值6%的比率用公积金向股东分配股利，不过留存的法定公积金不得低于注册资本的25%。

根据《公司法》相关规定，股东会、股东大会或者董事会违反相关规定，在公司弥补亏损和提取法定公积金之前向股东分配利润的，股东必须将违反规定分配的利润退还公司。另外，公司持有的本公司股份不得分配利润。

二、股利分配方案的确定

公司应该根据自身盈利状况以及投融资的需要，通过分析，权衡利弊，选择合理的股利分配政策，制定出适合公司具体特点的股利分配方案。

确定股利分配方案需要考虑以下三个方面的内容。

（一）选择股利政策

公司选择股利政策通常需要考虑以下几个因素：

（1）公司所处的成长与发展阶段；

（2）公司支付能力的稳定情况；

（3）公司获利能力的稳定情况；

（4）目前的投资机会；

（5）投资者的态度；

（6）公司的信誉状况。

不同的股利政策都有其不同的适应范围，也就是说，公司处于不同的历史发展阶段，所适用的股利分配政策是不一样的。公司在不同成长与发展阶段所采用的股利政策如表 8 - 1 所示：

表 8 - 1　　公司股利分配政策的选择

公司发展阶段	特点	适应的股利政策
公司初创阶段	公司经营风险高，融资能力差	剩余股利政策
公司高速发展阶段	产品销量急剧上升，需要进行大规模的投资	低正常股利加额外股利政策
公司稳定增长阶段	销售收入稳定增长，公司的市场竞争力增强，行业地位已经巩固，公司扩张的投资需求减少，广告开支比例下降，净现金流量稳步增长，每股净利呈上升态势	固定股利政策或固定股利支付率政策
公司成熟阶段	产品市场趋于饱和，销售收入难以增长，但盈利水平稳定，公司通常已积累了相当的盈余和资金	固定股利支付率政策或固定股利政策
公司衰退阶段	产品销售收入锐减，利润严重下降，股利支付能力日降	剩余股利政策

（二）确定股利支付水平

股利支付水平通常用股利支付率来衡量。股利支付率是当年发放股利与当年净利润之比，或每股股利与每股收益之比。股利支付率是股利政策的核心。股利支付率的制定往往使公司处于两难的境地。低股利支付率政策虽然有利于公司对收益的留存，有利于扩大投资规模和未来的持续发展，但显然在资本市场上对投资者的吸引力会大大降低，进而影响公司未来的增资扩股；而高股利支付率有利于增强公司股票的吸引力，有助于公司在公开市场上筹措资金，但由于留存收益的减少，又会给公司资金周转带来影响，加重公司财务负担。

是否对股东派发股利以及股利支付率高低的确定，主要取决于公司对下列因素的权衡：① 公司所处的成长周期及目前的投资机会；② 公司的再筹资能力及筹资成本；③ 公司的资本结构；④ 股利信号传递功能；⑤ 借款协议以及法律限制；⑥ 股东偏好；⑦ 通货膨胀因素等。

（三）确定股利支付形式

股份有限公司支付股利的形式有现金股利、股票股利、财产股利和负债股利，其中最基本的是现金股利和股票股利。

1. 现金股利

现金股利，是指股份公司以现金的形式发放给股东的股利。发放现金股利将同时减少公司资产负债表上的留存收益和现金，所以公司选择支付现金股利时，除了要有足够的留存收益之外，还要有足够的现金。而充足的现金往往会成为公司发放现金股利的主要制约因素。上市公司发放现金股利主要出于三个原因：投资者偏好、减少代理成本和传递公司的未来信息。

2. 股票股利

股票股利，是指公司以增发股票的方式发放的股利，即以股票作为股利的一种形式，按股东股份的比例发放。它不会引起公司资产的流出或负债的增加，而只涉及股东权益内部结构的调整。

发放股票股利的优点主要有：

（1）可将现金留存公司用于追加投资，同时减少筹资费用；

（2）股票变现能力强，易流通，股东乐于接受；

（3）可传递公司未来经营绩效的信号，增强投资者对公司未来的信心；

（4）便于今后配股融通更多资金和刺激股价。

3. 财产股利

财产股利，是指公司用现金以外的其他资产分配股利。常用的形式是用公司持有的其他公司的股票、债券等有价证券来发放股利。由于有价证券的流动性和安全性仅次于现金，而获利性却高于现金，因而投资者比较乐于接受。从公司角度来讲，以有价证券形式发放股利的好处在于可以使公司保持发放股利的良好记录，同时又不会造成其现金的短缺。

4. 负债股利

负债股利，是指公司通过向股东负债的形式来代替股利发放。负债股利的具体形式有两种：本公司发行的公司债券和本公司开出的带息应付票据。对股东来说，负债股利尽管还不是货币收入，但是可通过债券或带息票据的利息给予补偿。对公司来说，如果近期现金不足，那么支付负债股利往往较为理想，因为可以推迟现金支出的时间。

财产股利和负债股利实际上是现金股利的替代方式，这两种股利支付方式在实务中很少使用，但并非法律所禁止。

三、股利的发放

公司在选择了股利政策、确定了股利支付水平和方式后，应当进行股利的发放。公司分配股利必须遵循法定的程序，先由董事会提出分配预案，然后提交股东大会决议，股东大会决议通过分配预案之后，向股东宣布发放股利的方案，并确定股权登记日、除息日和股利支付日等。一般来说，股份有限公司应当每年向股东支付一次股利，有的公司半年甚至每个季度支付一次股利。一般情况下，股利的支付需要按照下列日程来进行：

（一）预案公布日

上市公司分派股利时，首先要由公司董事会制定分红预案，包括本次分红的数量、分红的方式，股东大会召开的时间、地点及表决方式等，以上内容由公司董事会向社会公开发布。

（二）宣告日

股利宣告日，是指公司董事会将股利支付情况予以公告的日期。公告中将宣布每股支付的股利、股权登记期限、除去股息的日期和股利支付日期。

（三）股权登记日

股权登记日，是指有权领取股利的股东资格登记截止日期，只有在股权登记日这一天在公司股东名册上有名的股东，才有权分享股利。

（四）除权日、除息日

如前面所述，公司向股东支付股利的主要形式有股票股利和现金股利。当公司发放股票股利时，流通在外的股数增多，但发放股票前后，公司整体价值不变，所以每股价值就会下降；当公司发放现金股利后，为使发放前后的价格一致，就必须将股票的价格，按照现金股利予以同等金额的下降。这种因发放股票股利而向下调整股价的行为就是除权，因发放现金股利而向下调整股价的行为就是除息。

除权日（或除息日），就是指领取股利的权利与股票相互分离的日期。在除权日（或除息日）之前的股票交易都是含股利的，从除权日（或除息日）起，股票交易将不再含有股利，卖者仍可享有股利。也就是说，在除权日（或除息日）之前买入股票的投资者将获得当期股利，而在除权日（或除息日）当日或之后买入股票的投资者将不能获得当期股利。通常除权日（或除息日）在股权登记日的第二天。

（五）股利支付日

股利支付日，是指公司向股东支付股利的日期。

【例4】假定ABC公司2021年4月10日发布公告："本公司董事会在2021年4月

10日的会议上通过决议，定于2021年5月10日向在2021年4月20日在册的所有股东发放每股3元的股利。”

本例中，2021年4月10日为甲公司的股利宣告日；2021年4月20日为股权登记日；2021年4月21日为除息日；2021年5月10日为股利支付日。

第四节　股票股利与股票分割

一、股票股利

股票股利，是指公司用增发股票的方式代替现金发放股利，是按原股份的比例发给股东的新股。它通常以比例形式(配股率)来表示，如增发10%的股票股利，股东现在持有的每10股股票将能得到1股新股票。采用股票股利时，公司的资产和负债都保持不变，股东财富并没有增加，只是所有者权益内部各项目的结构以及股票的市场价格发生了变化。若不考虑其他因素，在正常情况下，除权后股票价格的计算公式如下：

$$\text{除权后的价格} = \frac{\text{前一交易日该股票收盘价格}}{1 + \text{配股率}} \tag{8.5}$$

【例5】ABC公司总股本为1 000股，决定发放股票股利500股(即配股率为50%)，7月15日为除权日，已知7月14日的股票收盘价为15元。则

7月15日的价格 = 15 ÷ (1 + 50%) = 10(元)

可以用于发放股票股利的，除了当年的可供分配利润外，还有公司的盈余公积金和资本公积金。

【例6】ABC公司发行在外的普通股股数为800万股，每股面值为10元，每股市价为15元。现决定发放10%的股票股利，即每10股派1股。该公司发放股票股利前后的股东权益结构如表8－2所示：

表8－2　公司股东权益结构

项目	发放股票股利前	发放股票股利后
净利润／万元	1 600	1 600
股本／万元	8 000	8 800
股份数／万股	800	880
每股面值／元	10	10
资本公积／万元	1 500	1 900
盈余公积／万元	2 500	2 500
未分配利润／万元	3 000	1 800
股东权益合计／万元	15 000	15 000
每股收益／元	2	1.82
每股市价／元	15	13.66
公司的市值／万元	12 000	12 000

从表 8 - 2 中可以看出，由于公司发放 10% 的股票股利，则：

减少的未分配利润 = 800 × 10% × 15 = 1 200(万元)

由于每股市价 15 元，面值 10 元，每股股票溢价额 = 15 - 10 = 5(元)

增加股本额 = 800 × 10% × 10 = 800(万元)

增加的资本公积金 = 800 × 10% × 5 = 400(万元)

股东权益合计数不变。

发放股票股利前：

每股收益 = 1 600 ÷ 800 = 2(元)

公司的市值 = 800 × 15 = 12 000(万元)

发放股票股利后：

每股收益 = 1 600 ÷ 880 ≈ 1.82(元)

$$每股股票价格 = \frac{15}{1 + 10\%} \approx 13.64(元)$$

$$公司的市值 = 880 \times \frac{15}{1 + 10\%} = 12\ 000(万元)$$

公司的市值也不变。

可见，发放股票股利只是将公司的税后利润资本化，并不会导致公司现金支出的增加，也不会使股东权益和公司的价值发生变化，所以它是一种能有效地降低现金流出的股利支付方式。另外，一般来说，如果不考虑股票市价的波动，发放股票股利后的股票价格应当按发放的股票股利的比例而成比例下降(如上例从 15 元降到 13.64 元)，有助于公司把股票市价维持在希望的范围内。

二、股票分割

(一) 股票分割的含义

股票分割(又称拆股)，是指将高面额股票拆换为低面额股票的行为，例如将 1 股面值为 2 元的股票拆换为 2 股面值为 1 元的股票。股票分割对公司的资本结构不会产生任何影响，一般只会使发行在外的股票总数增加，资产负债表中股东权益各账户(股本、资本公积、留存收益)的余额都保持不变，股东权益的总额也保持不变。因此，股票分割与股票股利非常相似，都是在不增加股东权益的情况下增加了股份的数量，所不同的是，股票股利虽不会引起股东权益总额的改变，但股东权益构成项目之间的比例会发生变化，而股票分割之后，股东权益总额及其构成项目的金额都不会发生任何变化，变化的只是股票的面值。

【例 7】某公司原发行面额 10 元的普通股 800 万股，本年净利润为 1 600 万元。若按 1 股换成 2 股的比例进行股票分割，则分割前后的股东权益各项目如表 8 - 3 所示：

表 8－3　　股票分割前后股东权益对照表

项目	股票分割前	股票分割后
净利润／万元	1 600	1 600
股份数／万股	800	1 600
每股面值／元	10	5
股本金额／万元	8 000	8 000
资本公积／万元	1 500	1 500
盈余公积／万元	2 500	2 500
未分配利润／万元	3 000	3 000
股东权益合计／万元	15 000	15 000
每股收益／元	2	1
每股市价／元	15	7.5
公司的市值／万元	12 000	12 000

从表 8－3 可知，股票分割前后公司净利润均为 1 600 万元，股票分割前的每股收益为 2 元，分割后的每股收益为 1 元；分割前每股市价为 15 元，分割后每股市价为 7.5 元[15/(1＋100%)]。而股东权益和公司的市值均没有发生变化，均为15 000 万元和 12 000 万元。

对比表 8－2 和表 8－3，我们可以看出，股票分割与股票股利是非常相似的。在西方实践中，一般根据有关证券管理部门的规定来加以区别。例如美国纽约股票交易所规定，公司发放 25% 以上的股票股利都被认为是股票分割；而进行低于 25% 的股利分派是股票股利。

对于公司而言，实行股票分割的主要目的在于通过增加股票股数降低每股市价，从而吸引更多的投资者。此外，股票分割往往是成长中公司的行为，所以宣布股票分割后容易给人一种"公司正处于发展之中"的印象，这种有利信息会对公司有所帮助。

对于股东而言，股票分割后各股东持有的股数增加，但持股比例不变，持有股票的总价值不变。不过，只要股票分割后每股现金股利的下降幅度小于股票分割幅度，股东仍能多获现金股利。

【例 8】假定某公司股票分割前每股现金股利为 2 元，A 股东持有 100 股，则可分得现金股利＝2×100＝200(元)，若公司按 1 换 2 的比例进行股票分割，则

A 股东股数＝100×2＝200(股)

若现金股利降为每股 1.10 元，则

A 股东可得现金股利＝1.1×200＝220(元)

可见，此时 A 股东获得的现金股利大于其股票分割前所得的现金股利。只有当每股现金股利低于 1 元时，才会使其股利所得低于分割前的水平。

另外，股票分割向社会传播的有利信息和降低了股价，可能导致购买该股票的

人数增加，反使其价格上升，进而增加股东财富。

尽管股票分割与发放股票股利都能达到降低公司股价的目的，但一般来说，只有在公司股价剧烈上涨且预期难以下降时，才采用股票分割的办法降低股价；而在公司股价上涨幅度不大时，往往通过发放股票股利的方法将股价维持在理想的范围之内。

（二）股票分割的作用

（1）股票分割会使公司股票市价降低，买卖该股票所必需的资金量减少，易于增加该股票在投资者之间的换手，并且可以使更多的资金实力有限的潜在股东变成持股的股东。因此，股票分割可以促进股票的流通和交易。

（2）股票分割可以向投资者传递公司发展前景良好的信息，有助于提高投资者对公司的信心。

（3）股票分割可以为公司发行新股做准备。公司股票价格太高，会使许多潜在的投资者力不从心而不敢轻易对公司的股票进行投资。在新股发行之前，利用股票分割降低股票价格，可以促进新股的发行。

（4）股票分割有助于公司并购政策的实施，增加对被并购方的吸引力。

【例9】假设有A、B两家公司，A公司股票每股市价为80元，B公司股票每股市价为8元，A公司准备通过股票交换的方式对B公司实施并购，如果A公司以1股股票换取B公司的10股股票，可能会使B公司的股东在心理上难以承受；相反如果A公司先进行股票分割，将原来的股票1股拆分为5股，然后再以1∶2的比例换取B公司股票，则B公司的股东在心理上可能会容易接受一些。因此，通过股票分割的办法改变被并购公司股东的心理差异，更有利于公司并购方案的实施。

（5）股票分割带来的股票流通性的提高和股东数量的增加，会在一定程度上加大对公司股票恶意收购的难度。

第五节　现金股利与股票回购

一、现金股利

现金股利，是指公司直接以现金支付的股利，是股利支付的主要方式。通常情况下，如未作特别说明，所谓股利均指现金股利。一般来说，公司支付现金股利除了要有足够的累计留存盈余外，还要有足够的现金。现金股利的发放会对股票价格产生直接影响，在股票除息日之后股票价格会下跌。若不考虑其他因素，在正常情况下，除息后股票价格的计算公式如下：

$$除息后价格 = 股权登记日收盘价 - 每股所派现金 \quad (8.6)$$

【例10】ABC公司决定于8月7日除息，发放现金股利3元。8月6日收盘价为50

元，那么在 8 月 7 日的开盘参考价 = 50 − 3 = 47(元)。

当公司宣告发放现金股利后，即将发放的股利就形成了公司的一项流动负债，同时会引起公司未分配利润的减少；当实际支付股利时，又会引起流动负债和现金的减少。因此，现金股利支付方式，不仅会引起公司资产总额的减少，还会引起股东权益总额的减少，并且两者减少的数额相同。由于发放现金股利时，公司的现金流出量加大，因此，发放股利应保证不会影响公司正常的资金周转。

二、股票回购

（一）股票回购的含义与方式

股票回购，是指上市公司出资将其发行在外的股票以一定价格购买回来予以注销或作为库存股的一种资本运作方式。

我国《公司法》第一百四十二条规定，公司不得收购本公司股份。但是，有下列情形之一的除外：

（1）减少公司注册资本；

（2）与持有本公司股份的其他公司合并；

（3）将股份奖励给本公司职工；

（4）股东因对股东大会做出的公司合并、分立决议持异议，要求公司收购其股份的。

股票回购的方式主要有三种：一是在市场上直接购买；二是向全体股东按照相同比例发出购回要约；三是与少数大股东协商购买。

对于国有股，一般采用协商回购，因为它是特定的回购对象，而且持股比例相对较大，所以采取协商方式会较有利于回购的顺利完成。

对于流通股(A、B、H 股）所采用的回购方式较为灵活，可以在市场上直接购买，也可以用现金要约收购。在采用上述方式时应考虑到两种方式对证券二级市场所产生的不同影响。原则上不采用协商性质的回购，因为所面对的是一群不特定的投资者，协商在这种情况下操作是有一定难度的。

（二）股票回购的动机

公司回购股票的动机主要有：

1. 提高财务杠杆比例，改善公司的资本结构

当公司权益资金在资本结构中所占的比重过高时，公司可能用借债所得的资金回购股票，以改善资本结构。

2. 满足公司兼并与收购的需要

公司可利用库藏股票交换被并购公司的股票，减少或消除因公司并购而带来的每股收益的稀释效应和现金支出。

3. 满足认股权的行使

在公司发行可转换债券、认股权证或实行高层经理人员股票期权计划以及员工持股计划的情况下，采用股票回购的方式既不会稀释每股收益，又能满足认股权的行使。

4. 巩固既定控制权或转移公司控制权

许多股份公司的大股东为了保证其所代表股份公司的控制权不被改变，往往采取直接或间接的方式回购股票，从而巩固既有的控制权。另外，有些公司的法定代表人并不是公司大股东的代表，为了保证不改变在公司中的地位，也为了能在公司中实现自己的意志，往往也采取股票回购的方式分散或削弱原控股股东的控制权，以实现控制权的转移。

5. 分配公司超额现金，代替现金股利

如果公司有多余的现金，而又没有更好的投资机会使用这笔现金，公司可能通过回购股票将现金分配给股东，此时可将股票回购看作现金股利的替代。

6. 提高报告期的每股收益

由于财务上的每股收益指标是以流通在外的股份数作为计算基础的，有些公司为了自身形象和投资人的需求等，采取股票回购的方式来减少实际支付股利的股份数，从而提高每股收益指标。

7. 传递公司的信息以稳定或提高公司的股价

由于信息不对称和预期差异，证券市场上的公司股票价格可能被低估，而过低的股价将会对公司产生负面影响。因此，如果公司认为公司的股价被低估时，可以进行股票回购，以向市场和投资者传递公司真实的投资价值，稳定或提高公司的股价。这时，股票回购就是公司管理层向市场和投资者传递公司内部信息的一种手段。一般情况下，投资者会认为股票回购意味着公司认为其股票价值被低估而采取的应对措施。

8. 防止敌意收购

股票回购有助于公司管理层避开竞争对手企图收购的威胁，因为它可以使公司流通在外的股份数变少，股价上升，从而使收购方要获得控制公司的法定股份比例变得更为困难。而且，股票回购可能会使公司的流动资金大大减少、财务状况恶化，这样的结果也会减少收购公司的兴趣。

（三）股票回购应考虑的因素

公司回购股票应考虑的因素主要有：

（1）股票回购的节税效应。股票购回后股东得到的是资本利得，交纳资本利得税，而股东收到现金股利则交纳股利所得税。由于资本利得税率往往低于股利所得税税率，因此与现金股利相比，股东可通过股票购回产生节税效应，同时也由于股票购回，增强了公司支配现金的灵活性。

（2）投资者对股票回购的反应。由于公司购回股票，投资者可能会认为公司没有达到理想的增长率或者没有可行的投资项目，从而导致投资者对公司失去信心，使股价下跌。

（3）股票回购对股票市场价值的影响。股票回购可减少流通在外的股票数量，相应提高每股收益，降低市盈率，从而推动股价上升或将股价维持在一个合理的水平上。

（4）股票回购对公司信用等级的影响。

（四）股票回购的负效应

股票回购可能对上市公司经营造成的负面影响有：

（1）股票回购需要大量资金支付回购的成本，易造成资金紧缺，资产流动性变差，影响公司发展后劲。因此，上市公司进行股票回购时，首先必须确保其资金实力足够雄厚。

（2）股票回购可能使公司的发起人股东更注重创业利润的兑现，而忽视公司长远的发展，损害公司的根本利益。

（3）股票回购容易导致内部操纵股价。

本章小结

收益分配是财务管理的一项重要内容，它不仅影响公司的筹资和投资决策，也直接影响公司的生存与发展。因此，公司在进行收益分配时，应遵循股利分配的基本原则，在确定收益分配政策时，还应考虑到法律、股东以及公司自身的因素。

股利理论有股利无关论、股利相关论。在公司实际运营过程中，一般有剩余股利政策、固定或稳定增长股利政策、固定股利支付率政策和低正常股利加额外股利政策四种可供选择。这些政策分别适用于公司发展的各个阶段，具体选用时将会受到很多方面因素的影响。因此，公司在确定自己的股利分配方案时，应借鉴各政策的基本决策思想，制定适合自己具体实际情况的股利政策，选择现金股利、股票股利等适当的股利支付方式。现金股利是以现金的形式发放给股东的股利。股票股利是指公司以股票形式发放的股利。

思考题

1. 影响股利分配的主要因素有哪些？
2. 怎样理解股利分配与公司价值的相关性？
3. 什么是剩余股利政策？它对股票价格有何影响？
4. 股利政策的采用对公司将产生什么影响？
5. 股票股利相对于现金股利有何优点和缺陷？
6. 股利支付的一般程序是怎样的？

7. 股份有限公司通常采用的股利支付方式有哪几种?

8. 试比较股票股利、股票分割和股票回购的异同。

练习题

1. 某公司2021年税后利润为1 000万元，2022年拟上的一个新项目需投资900万元，公司的目标结构为资产负债率40%，公司流通在外的普通股为500万股，如果公司采用剩余股利政策分配股利，试计算:

(1) 公司本年可发放的股利额;

(2) 股利支付率;

(3) 每股股利。

2. 某公司现有发行在外的普通股2 000 000股，每股面值1元，资本公积3 000 000元，未分配利润8 000 000元，股票市价10元，各按10%的比例发放股票股利并按市价折算，要求计算发放股票股利后公司资本公积账户的余额。

3. 某公司2020年的税后净利为800万元，分配现金股利320万元。2021年的税后净利为500万元。已知该公司2022年没有计划投资项目。试计算:

(1) 固定股利政策下，该公司2021年应分配的现金股利;

(2) 固定股利支付率政策下，该公司2021年应分配的现金股利;

(3) 低正常股利加额外股利政策下，该公司2021年应分配的现金股利。

4. 某公司年终利润分配前的股东权益项目资料如下:

公司股东权益项目表

单位：万元

项目	金额
普通股(每股面值3元，已发行200万股)	600
资本公积	160
未分配利润	840
股东权益合计	1 600

公司股票的每股现行市价为30元。

(1) 计划按每10股送1股的方案发放股票股利，并按发放股票股利后的股数每股派发现金股利0.2元，股票股利的金额按现行市价计算。计算完成这一分配方案的股东权益各项目数额。

(2) 若按1股换2股的比例进行股票分割，计算股东权益各项目数额、普通股股数。若按股票分割后的股数每股派发现金股利0.12元，那么股东权益各项目数额又是多少?

5. 某公司发行在外的普通股股数为120万股，该公司2020年的税后利润为3 600

万元，共发放现金股利1 200万元，该公司2021年实现税后利润4 000万元，预计该公司在2022年有良好的投资机会，需要追加投资5 000万元。该公司的资本结构为所有者权益资金占资产总额的60%，目前的资本结构为最佳的资本结构。要求：

（1）如果该公司采用剩余股利政策，则2021年将发放的股利是多少？如果追加投资需要资金10 000万元，则2021年将发放的股利为多少？

（2）如果该公司实行正常股利加额外股利政策，低正常股利为每股1元，额外股利以2020年的税后利润为基数，按照税后利润每增长1元，股利增长0.5的原则发放，则公司2021年应发放的股利为多少万元？

第九章 财务分析

第一节　财务分析概述

一、财务分析的定义

财务分析是公司的投资者、债权人、经营者及其他利益相关者以会计核算资料为主要依据，运用专门的方法和手段，对公司偿债能力、运营能力、获利能力和发展能力等进行分析与评价，旨在了解公司过去、评价公司现状、预测公司未来，以做出正确决策的分析工作。财务分析是公司财务中的重要方法之一，它是对公司一定期间的财务活动的总结，为公司进行下一步的财务预算和财务控制提供依据。

二、财务分析的目的

（一）从财务分析的内容来看其目的

1. 评价公司的偿债能力

通过对公司的财务报告等会计资料进行分析，公司的经营管理者、投资者和债权人可以了解公司资产的流动性、负债水平以及偿还债务的能力，从而评价公司的财务状况和经营风险。

2. 评价公司的运营能力

公司运营能力反映了公司对资产的利用和管理的能力。公司的生产经营过程就是利用资产取得收益的过程。资产是公司生产经营活动的经济资源，资产的利用和管理能力直接影响公司的收益，它体现了公司的整体素质。进行财务分析，可以了解到公司资产的保值和增值情况，分析公司资产的利用效率、管理水平、资金周转状况、现金流量情况等，为评价公司的经营管理水平提供依据。

3. 评价公司的获利能力

获取利润是公司的主要经营目标之一，它也反映了公司的综合素质。公司要生存和发展，必须争取获得较高的利润，这样才能在竞争中立于不败之地。投资人和债权人都十分关心公司的获利能力，获利能力强可以提高公司偿还债务的能力，提高公司的信誉。对公司获利能力的分析不能仅看其获取利润的绝对数，还应分析其相对指标，这些都可以通过财务分析来实现。

4. 评价公司的发展趋势

无论是公司的经营管理者，还是投资者、债权人，都十分关注公司的发展趋势，这关系到他们的切身利益。通过对公司进行财务分析，可以判断出公司的发展趋势，预测公司的经营前景，从而为公司经营管理者和投资人进行经营决策和投资决策提供重要的依据，避免决策失误给其带来重大的经济损失。

（二）从财务分析的主体来看其目的

公司财务分析主体构成的多元化导致了目标的多元化，从而构成财务分析的目标体系，分析目标的不同又导致了分析内容的不同。

1. 从公司投资者角度看财务分析的目的

公司的投资者包括公司的所有者和潜在的投资者。他们进行财务分析的最根本目的是看公司的获利能力状况，因为获利能力是投资者保值和增值的关键。但是投资者只关心获利能力还是不够的，为了确保资本保值、增值，他们还应研究公司的权益结构、支付能力和运营状况。只有投资者认为公司有着良好的发展前景，公司的所有者才会保持或增加投资，潜在投资者才会把资金投入该公司。

2. 从公司债权人角度看财务分析的目的

公司债权人包括公司借款的银行及一些金融机构、购买公司债券的单位与个人等。债权人进行财务分析的目的与经营者和投资者都不一样，银行等债权人一方面从各自经营或收益目的出发愿意将资金贷给某公司；另一方面又要非常小心地观察和分析该公司有无违约或清算破产的可能性。一般地说，银行、金融机构及其他债权人不仅要求本金能到时收回，而且要得到相应的报酬或收益，而这个收益的大小又与其承担的风险程度相适应，通常偿还期越长，风险越大。因此，从债权人角度进行财务分析的主要目的，一是看其对公司的借款或其他债权是否能及时、足额地收回，即研究公司偿债能力的大小；二是看债权人的收益状况与风险程度是否相适应，为此，还应将偿债能力分析与获利能力分析相结合。

3. 从公司经营者角度看财务分析的目的

公司经营者主要指公司的经理以及各分厂、部门、车间等的管理人员。他们进行财务分析的目的是综合的和多方面的。从对公司所有者负责的角度，公司经营者也关心获利能力。但是，在财务分析过程中，他们关心的不仅仅是获利的结果，还有获利的原因及过程。其目的是及时发现生产经营中存在的问题与不足并采取有效的措施来解决这些问题，使公司不仅用现有资源获利更多，而且使公司的获利能力持续增长。

4. 其他财务分析主体或服务对象的目的

其他财务分析的主体或服务对象主要指与公司经营有关的其他公司和国家行政管理与监督部门。与公司经营有关的公司单位主要指材料供应者、产品购买者等。这些公司单位出于保护自身利益的需要，也非常关心往来公司的财务状况，进行财务分析。其主要目的在于搞清公司的信用状况，包括商业上的信用和财务上的信用。

三、财务分析的信息基础

财务分析是以公司的财务报告资料为基础，通过对会计所提供的核算资料进行加工整理，得出一系列科学、系统的财务指标，以便进行比较、分析和评价。这些会计核算资料包括日常核算资料和财务报告，但财务分析主要以财务报告为基础，日常核算资料只作为财务分析的一种补充资料。财务报告是公司对外提供的反映公司某一特定日期的财务状况和某一会计期间的经营成果、现金流量等会计信息文件。提供财务报告的目的在于为报告使用者提供财务信息，为他们进行财务分析、经济决策提供充足的依据。公司的财务报告主要包括资产负债表、利润表、现金流量表、所有者权益变动表。这些报表及财务状况说明书集中、概括地反映了公司的财务状况、经营成果和现金流量情况等财务信息，对其进行财务分析，可以更加系统地揭示公司的偿债能力、资金运营能力、获利能力等财务状况。下面主要介绍进行财务分析常用的四张基本会计报表：资产负债表、利润表、现金流量表和所有者权益变动表。

（一）资产负债表

资产负债表是反映公司某一特定日期财务状况的会计报表。它以“资产 = 负债 + 所有者权益”这一会计等式为依据，按照一定的分类标准和次序反映公司在某一个时间点上资产、负债及所有者权益的基本状况。分析者通过对资产负债表的分析，可以了解公司的偿债能力、资金运营能力等财务状况，为债权人、投资者以及公司管理者提供决策依据。

资产负债表的基本格式详见表 9 - 1：

表 9 - 1 ABC 公司资产负债表

编制单位：ABC 公司 2021 年 12 月 31 日 单位：元

项目	期末余额	年初余额	项目	期末余额	年初余额
流动资产：			**流动负债：**		
货币资金	93 685 248.83	162 273 231.16	短期借款	810 000 000.00	675 000 000.00

表9-1(续)

项目	期末余额	年初余额	项目	期末余额	年初余额
交易性金融资产			交易性金融负债		
衍生金融资产			衍生金融负债		
应收票据及应收账款	21 986 225.77	28 613 739.23	应付票据及应付账款	135 500 064.30	268 300 871.21
预付款项	13 241 084.58	12 035 997.39	预收款项	2 891 288.73	2 653 186.12
其他应收款	282 318 193.87	360 621 903.69	合同负债		
存货	35 802 773.38	34 711 895.00	应付职工薪酬	2 264 816.85	2 072 070.78
合同资产			应交税费	5 340 769.57	5 737 121.72
持有待售资产			其他应付款	19 554 171.60	72 826 844.90
一年内到期的非流动资产			持有待售负债		
其他流动资产			一年内到期的非流动负债		11 000 000.00
流动资产合计	447 033 526.43	598 256 766.47	其他流动负债		
非流动资产：			流动负债合计	975 551 111.05	1 037 590 094.73
债权投资			**非流动负债：**		
其他债权投资			长期借款	90 000 000.00	
长期应收款	514 500 000.00	289 000 000.00	应付债券		
长期股权投资	439 093 453.03	432 091 145.78	其中：优先股		
其他权益工具投资			永续债		
其他非流动金融资产			长期应付款	920 404.10	1 635 000.00
投资性房地产			预计负债		
固定资产	104 051 118.44	110 018 443.83	递延收益		
在建工程	1 251 886.49	3 088 000.05	递延所得税负债		
生产性生物资产			其他非流动负债		
油气资产			非流动负债合计	90 920 404.10	1 635 000.00
无形资产	6 365 528.00	6 496 776.00	负债合计	1 066 471 515.15	1 039 225 094.73
开发支出			**股东权益：**		
商誉			股本	127 150 000.00	127 150 000.00
长期待摊费用			其他权益工具		
递延所得税资产	5 282 597.61	8 250 495.96	其中：优先股		
其他非流动资产			永续债		
非流动资产合计	1 070 544 583.57	848 944 861.62	资本公积	235 522 077.04	235 522 077.04
			减：库存股		
			其他综合收益		

表9-1(续)

项目	期末余额	年初余额	项目	期末余额	年初余额
			盈余公积	23 333 930.75	17 622 274.60
			未分配利润	65 100 587.06	27 682 181.72
			股东权益合计	451 106 594.85	407 976 533.36
资产总计	1 517 578 110.00	1 447 201 628.09	负债和股东权益合计	1 517 578 110.00	1 447 201 628.09

（二）利润表

利润表是反映公司在一定期间生产经营成果的财务报表。利润表是以“利润 = 收入 - 费用”这一会计等式为依据编制而成的。通过利润表可以考核公司利润计划的完成情况，分析公司的获利能力以及利润增减变化的原因，预测公司利润的发展趋势，为投资者及公司管理者等各方提供财务信息。

利润表通常按照利润的构成项目分别列示，基本格式详见表 9 - 2：

表 9 - 2 ABC 公司利润表

编制单位：ABC 公司 2021 年 单位：元

项目	本期金额	上期金额
一、营业收入	330 202 550.71	296 770 138.67
减：营业成本	236 431 743.72	215 264 622.71
营业税金及附加	2 162 174.40	2 014 650.46
销售费用	30 336 765.62	25 765 502.03
管理费用	23 399 072.97	19 853 649.08
研发费用		
财务费用	25 763 489.32	15 026 477.91
其中：利息费用		
利息收入		
资产减值损失	- 1 073 542.48	973 945.81
信用减值损失		
加：其他收益		
投资收益(损失以“-”号填列)	46 479 050.73	26 510 715.59
其中：对联营企业和合营企业的投资收益		
净敞口套期收益(损失以“-”号填列)		
公允价值变动收益(损失以“-”号填列)		
资产处置收益(损失以“-”号填列)		

表9-2(续)

项目	本期金额	上期金额
二、营业利润(亏损以"-"号填列)	59 661 897.89	44 382 006.26
加：营业外收入	5 931 149.53	19 085.00
减：营业外支出	1 161 844.47	1 554 102.13
三、利润总额(亏损以"-"号填列)	64 431 202.95	42 846 989.13
减：所得税费用	7 314 641.46	6 386 019.57
四、净利润(净亏损以"-"号填列)	57 116 561.49	36 460 969.56
五、每股收益		
(一)基本每股收益	0.45	0.29
(二)稀释每股收益		

(三)现金流量表

现金流量表是以现金及现金等价物为基础编制的财务状况变动表，是反映公司在一定会计期间现金和现金等价物流入和流出的报表。它便于报表使用者了解和评价公司获取现金和现金等价物的能力，并据以预测公司未来现金流量。

现金流量表的基本格式详见表9-3：

表9-3　　ABC公司现金流量表

编制单位：ABC公司　　2021年　　单位：元

项目	本期金额	上期金额
一、经营活动产生的现金流量		
销售商品、提供劳务收到的现金	396 284 849.83	334 420 109.06
收到的税费返还		
收到其他与经营活动有关的现金	108 025 361.22	110 923 099.94
经营活动现金流入小计	504 310 211.05	445 343 209.00
购买商品、接受劳务支付的现金	400 834 154.82	224 772 111.28
支付给职工以及为职工支付的现金	13 655 481.67	16 583 639.81
支付的各项税费	29 372 416.72	24 854 065.25
支付其他与经营活动有关的现金	90 661 335.75	116 356 374.41
经营活动现金流出小计	534 523 388.96	382 566 190.75
经营活动产生的现金流量净额	-30 213 177.91	62 777 018.25
二、投资活动产生的现金流量		
收回投资收到的现金		30 237 882.61

表9-3(续)

项目	本期金额	上期金额
取得投资收益收到的现金	17 651 544.25	30 878 572.10
处置固定资产、无形资产和其他长期资产收回的现金净额	90 034.42	161
处置子公司及其他营业单位收到的现金净额		
收到其他与投资活动有关的现金		
投资活动现金流入小计	17 741 578.67	61 116 615.71
购建固定资产、无形资产和其他长期资产支付的现金	1 713 829.79	3 177 024.21
投资支付的现金	227 300 000.00	113 597 607.83
取得子公司及其他营业单位支付的现金净额		
支付其他与投资活动有关的现金		
投资活动现金流出小计	229 013 829.79	116 774 632.04
投资活动产生的现金流量净额	-211 272 251.12	-55 658 016.33
三、筹资活动产生的现金流量		
吸收投资收到的现金		
取得借款收到的现金	1 170 000 000.00	895 000 000.00
收到其他与筹资活动有关的现金		
筹资活动现金流入小计	1 170 000 000.00	895 000 000.00
偿还债务支付的现金	956 000 000.00	820 000 000.00
分配股利、利润或偿付利息支付的现金	41 102 553.30	56 775 378.86
支付其他与筹资活动有关的现金		3 000 000.00
筹资活动现金流出小计	997 102 553.30	879 775 378.86
筹资活动产生的现金流量净额	172 897 446.70	15 224 621.14
四、汇率变动对现金及现金等价物的影响		
五、现金及现金等价物净增加额	-68 587 982.33	22 343 623.06

(四)所有者权益变动表

所有者权益变动表是反映构成所有者权益的各个组成部分当期的增减变动情况的财务报表。在所有者权益变动表中，当期损益、直接计入所有者权益的利得和损失以及由所有者的资本交易导致的所有者权益的变动分别列示。(所有者权益变动表格式略)

四、财务分析的程序

无论公司的经营管理者，还是投资者、债权人，在做出财务评价和经济决策时，都必须进行充分的财务分析。为了保证财务分析的有效进行，必须遵循科学的程序。财务分析的程序就是进行财务分析的步骤，一般包括以下几步：

（一）搜集评价资料

搜集资料是实施财务分析的基本前提，是财务分析的首要步骤。由于公司财务分析所涉及的因素比较复杂，因而评价所需要的资料是多方面的。从时间看，既要有反映历史及现状的资料，又要有反映未来趋势和前景的资料；从空间看，既要有所分析公司的财务资料，又要有国内外同行业其他公司的相关财务资料；从性质看，既要有会计核算资料，又要有其他相关资料；从形态看，既要有定量方面的资料，又要有定性方面的资料。须指出的是，分析资料的搜集并非多多益善，而是应在相关性的前提下体现系统性，也就是说，应当从特定视角的分析需要出发，充分搜集与该分析目的相关的评价资料。

（二）鉴别分析资料

财务分析结论的客观性有赖于分析依据的真实性与可靠性。因此，在对所搜集资料进行分析利用之前，必须对资料的真实性与可靠性进行分析和鉴别。这种分析鉴别主要是分析人员凭借其专业知识和经验，通过对财务报表各项目数据的构成及其在不同期间变化情况的考察，查明有无异常情况，若发现异常情况，则应深入分析研究，以辨真伪，去伪存真。对于经过注册会计师审计的会计报表，评价人员应对该注册会计师及其所在会计师事务所的独立性、执业道德及社会声誉等情况予以充分了解，以便合理地确认审计结论的可靠性。

（三）选择和计算相关财务比率

在对评价资料的真实性与可靠性进行分析与鉴别的基础上，选择并计算能从特定方面说明公司财务及经营情况的财务比率。财务比率的选择和计算应注意以下两个方面的问题：① 符合可比性原则要求，并与分析目的相配合；② 合理界定指标的内涵与外延，所界定指标的内涵及外延要与构成同一财务比率的其他指标具有内在关联性。用于计算财务比率的某些指标具有多种不同的内涵和外延。例如，用于测算获利能力比率的利润指标，有非常项目前利润和非常项目后利润两种概念。前者仅指公司正常经营活动实现的利润，而不包括与正常经营无关的非常项目的损益；后者则不仅包括正常经营利润，而且包括非常项目损益。再如用于计算应收账款周转率的销售额指标，有赊销净额和销售总额两种概念。前者只包括赊销收入，而不包括现销收入；后者则既包括赊销收入，又包括现销收入。指标的内涵及外延不同，据以计算的财务比率值就不同。因此，在计算有关财务比率时应合理地界定指标的内涵及外延。

（四）进行比较分析和因素分析

孤立地考察某一公司在某一期间的财务比率，只能了解到本公司在本期间内的财务情况。股权投资者需要借助财务分析信息来预测各公司的股权投资价值及其变动趋势，以便在不同公司之间选择投资对象，信贷人则需要借助财务分析信息来评估各公司的信贷风险，以便合理做出信贷决策。因此，在计算出各项财务比率之后，应将这些比率在不同公司以及同一公司的不同期间进行比较，揭示横向差异和纵向趋势。在此基础上，对差异的性质及形成原因进行深入分析，找出致使差异形成的各项因素，并确定是主观因素还是客观因素，是内部因素还是外部因素，以及这些因素对差异的影响程度。需要指出的是，公司财务比率的高低与其经营性质尤为相关，公司经营性质不同，客观上存在着经营特点、经营风险及收益水平的差异，从而使财务比率的高低有别。例如，房地产经营相对于其他性质的经营具有生产周期长、资金周转慢、产品增值潜力大、经营风险高等特点，反映在财务比率上，必将是资产周转率相对较低，而利润率较高。因此，在进行上述比较分析时，应注意不同公司以及同一公司在不同时期的经营性质的差异。

（五）形成综合评价结论

公司财务评价的最后一步就是根据上述比率分析、比较分析和因素分析的结果，做出综合性的评价结论，包括对公司过去经营绩效的评判与公司未来财务前景的评估两个方面。对于各决策服务主体的财务评价来说，还需将这种评价结论以书面形式出具评价报告，以供各决策主体使用。

第二节　财务分析方法

财务分析方法是完成财务分析任务、实现财务分析目的的技术手段。财务分析常用的主要方法有比较分析法、比率分析法和因素分析法等。

一、比较分析法

比较分析法是指通过将公司相关财务指标与设定的标准进行对比分析，以确定分析指标与设定标准间的差异或趋势，从中发现问题，为进一步分析原因、挖掘潜力指明方向的方法。其分析模式是：

$$绝对差异 = 实际数 - 基准数 \quad (9.1)$$

$$相对差异 = 绝对差异 \div 基准数 \times 100\% \quad (9.2)$$

在应用比较分析法时应注意以下方面：

1. 正确选择比较标准

设定标准是多样的。财务分析目的不同，比较标准的选择也不同。以公司历史指标为比较标准，可以把握公司财务活动不同历史时期的发展变化趋势和管理水平的改善状况；以计划指标为比较标准，可以揭示公司计划的完成程度；以行业平均值为比较标准，可以找到公司在行业中所处的地位；以同行业先进水平为比较标准，可以寻找与竞争对手的差距，以便更好地改善公司经营。

2. 比较指标可以是绝对数财务指标，也可以是相对数财务指标

绝对数指标的比较，揭示绝对数指标的数量差异。财务分析中应用的相对数指标主要包括相关比率、构成比率和动态比率等。公司可通过相关比率的比较分析，揭示财务指标的变化；运用结构比率的比较，判断财务结构的合理性；采用动态比率比较，预测公司财务经营状况变化的趋势和规律。

3. 考虑比较指标的可比性

运用比较分析法对同一经济指标进行数值比较时，要注意所用指标的可比性。比较双方的指标在内容、时间、计算方法、计价标准上应当口径一致。比较时，应先对比较指标间计算口径、计算方法、指标涵盖时间等主要可比性因素进行分析。必要时，要对所有指标按统一口径进行调整或换算。

二、比率分析法

比率分析法是通过计算经济指标的比率来考察、计量和评价经济活动变动程度的一种分析方法。比率是相对数，因此比率分析法能够把某些条件下的不可比指标变为可比指标，从确定的比率差异中发现问题。比率分析法是财务分析中应用最广泛的一种方法。财务比率主要包括：

（一）构成比率

构成比率是反映某项经济指标的各个组成部分与总体之间关系的财务比率。通过构成比率的分析，可以判断各部分在总体中所占比重是否适当。财务分析中构成比率主要包括各资产项目占总资产的比率、各费用项目占总费用项目的比率、各利润项目占利润总额的比率、现金流量结构比率等。其计算公式为

$$构成比率 = 某个组成部分数额 \div 总体数额 \tag{9.3}$$

利用构成比率指标，可以考察总体中某个部分的形成和安排是否合理，某个部分在总体中的地位、作用，以便协调各项财务活动，突出重点。

（二）效率比率

效率比率，是反映某项经济活动投入与产出之间关系的财务比率。利用效率比率指标，可以进行得失比较，从而考察经营成果，评价公司经营水平。如将利润项目与销售成本、销售收入、资本等项目加以对比，可以分别计算出成本利润率、销售利润率、资产利润率等利润率指标，它们从不同角度反映了公司获利能力的高低

及其增减变化情况，便于分析考察公司财务成果，评价公司经营状况。

（三）相关比率

相关比率是用来计算除部分与总体关系、投入与产出关系之外的具有相关关系的两个或两个以上相关项目数量关系的比率。利用相关比率指标，可以考察各项经济活动之间的相互关系，以判断相关业务安排是否合理，能否保障公司生产经营活动顺畅运行。如将流动资产与流动负债相比，计算出流动比率，据以判断公司的短期偿债能力。

比率分析法的优点是计算简便，计算结果容易判断，而且可以使某些指标在不同规模的公司之间进行比较，甚至也能在一定程度上超越行业间的差别进行比较。但采用这一方法时，应注意以下几点：

（1）注意对比项目的相关性。计算比率的分子和分母必须具有相关性，把不相关的项目进行对比是没有意义的。

（2）注意对比口径的一致性。计算比率的分子和分母必须在计算时间、范围等方面保持口径一致，这样才具有可比性。

（3）注意采用的比率指标要有对比的标准，以便对公司的财务状况做出正确的评价。通常用作对比的标准有：目标标准、历史标准、行业标准及公认标准等。

三、因素分析法

因素分析法是指为了深入分析某一指标，而依据分析指标及其影响因素的关系，将该指标进行拆解，分别测定各因素对该指标影响方向及影响程度的一种分析方法。采用这种方法的假设前提是，当有若干因素对分析对象发生影响作用时，假定其他各个因素都无变化，从而顺序确定每一个因素单独变化所产生的影响。常用的因素分析法主要有连环替代法和差额分析法两种。由于差额替代法只是对连环替代法的简化，本书主要介绍连环替代法。

连环替代法是将分析指标分解为各个可以计量的因素，顺次用各因素的实际值替代基期值，最后，将每一次替代后的结果反向相减，据以测定各因素对分析指标的影响。

假定某指标K受a、b、c三个因素的共同影响，K与三个影响因素的关系可以表示为：$K = a \times b \times c$，则

基期指标：$K_0 = a_0 \times b_0 \times c_0$

实际指标：$K_1 = a_1 \times b_1 \times c_1$

第一步，分解指标体系，确定分析对象。对总体指标的因素分析，一般是分析该指标用比较分析法计算出来的绝对差异，即分析对象为

$$\triangle K = K_1 - K_0$$

第二步，进行连环顺序替代。所谓连环顺序替代就是以基期指标体系为计算基

础，然后用实际指标体系中的每一因素的实际值顺序地替代其相应的基期值，每次替代一个因素，其替代后的因素被保留下来。则

基期指标体系：$a_0 \times b_0 \times c_0 = K_0$

替代 a 因素：$a_1 \times b_0 \times c_0 = K_a$

替代 b 因素：$a_1 \times b_1 \times c_0 = K_b$

替代 c 因素：$a_1 \times b_1 \times c_1 = K_c$

第三步，比较各因素的替代结果，测定各因素对分析指标的影响程度。各因素变化后总体指标的数值与因素变化前总体指标的数值的差额，就是该因素变动对总指标的影响。则

a 因素的影响 $= K_a - K_0 = (a_1 - a_0) \times b_0 \times c_0$

b 因素的影响 $= K_b - K_a = a_1 \times (b_1 - b_0) \times c_0$

c 因素的影响 $= K_c - K_b = a_1 \times b_1 \times (c_1 - c_0)$

第四步，检验分析结果。各因素对分析指标的影响数额相加，应等于指标的实际值与基准值的差额。

全部因素的影响 $= K_c - K_0 = K_1 - K_0 = \triangle K$

【例 1】ABC 公司 2020 年和 2021 年材料费用总额分别为 11 520 元和 14 000 元，2021 年比 2020 年增加了 2 480 元的费用。根据表 9－4 中的资料，计算各因素变动对材料费用的影响程度。

表 9－4　　公司材料费用有关资料表

项目	单位	2020 年	2021 年
产品产量	件	160	200
材料单耗	千克	8	7
材料单价	元／千克	9	10
材料费用	元	11 520	14 000

(1) 分解指标，确定对象。

材料费用 = 产量 × 材料单耗 × 材料单价

分析对象：14 000 － 11 520 =＋ 2 480

(2) 连环顺序替代。

基期指标体系：160 × 8 × 9 = 11 520(元)　①

第一次替代：200 × 8 × 9 = 14 400(元)　②

第二次替代：200 × 7 × 9 = 12 600(元)　③

第三次替代：200 × 7 × 10 = 14 000(元)　④

(3) 因素测算。

产量增加的影响：② － ① = 14 400 － 11 520 =＋ 2 880(元)

材料节约的影响：③ - ② = 12 600 - 14 400 =- 1 800(元)

价格提高的影响：④ - ③ = 14 000 - 12 600 =+ 1 400(元)

(4) 结果检验。

全部因素的影响：2 880 - 1 800 + 1 400 =+ 2 480(元)

连环替代法作为因素分解法的主要形式，在财务分析中应用颇为广泛。但在实际应用时，必须注意以下几点：

第一，因素分解的相关性，即分析指标与其影响因素之间必须真正存在着客观的因果关系。各影响因素的变动确实能说明分析指标差异产生的原因，具有经济意义，而不仅仅是数学上的因素分解。

第二，分析前提的假定性，即分析某一因素对经济指标差异的影响时，必须假定其他因素不变，否则就不能分清各单一因素对分析对象的影响程度。但实际上各因素之间往往存在着相互影响的关系，分解得过细，就会增加共同影响的因素，计算准确性会随之降低。

第三，因素替代的顺序性。由于替代顺序在前的因素对总体指标的影响通常不受其他因素的影响或影响较小，因素排列不同，因素测定结果往往也会有所差异。为了分清责任，应将对总体指标影响较大的因素排在前面。实际工作中，往往是按照先数量后质量，先主要后次要，先分子后分母的顺序替代，不可随意加以颠倒。

第四，顺序替代的连环性。在计算每一个因素变动的影响时，都是将某因素替代后的结果与该因素替代前的结果对比，连环进行，以保证各因素对分析对象影响结果的可分性，并便于检验分析结果的正确性。

第三节　财务能力分析

财务能力分析主要是对偿债能力、运营能力、获利能力和发展能力四个方面进行分析。其主要依据是财务会计报表及相关资料，为了便于说明，本节各项财务比率的计算分析以 ABC 公司 2021 年的财务数据为例。ABC 公司的资产负债表、利润表、现金流量表以及所有者权益变动表如表 9 - 1 至表 9 - 3 所示。

一、偿债能力分析

偿债能力是公司偿还各种到期债务(包括利息) 的能力。偿债能力分析按照分析要求，可分为短期偿债能力分析和长期偿债能力分析。

(一) 短期偿债能力分析

短期偿债能力是指公司对一年内到期债务的偿还能力，是流动资产对流动负债及时足额偿还的保障程度。它是衡量公司当前财务能力，特别是流动资产变现能力的重要标志。评价公司短期偿债能力的财务指标主要有流动比率、速动比率和现金比率等。

1. 流动比率

流动比率是流动资产与流动负债的比率，表明公司每单位流动负债有多少流动资产作为偿还的保证，反映公司流动资产偿还到期流动负债的能力。

其计算公式如下：

$$流动比率 = 流动资产 \div 流动负债 \tag{9.4}$$

该比率对债权人来说越高越好。比率越高，说明偿还短期债务的能力越强；对所有者来说，此项比率不宜过高，比率高说明公司的资金大量积压在流动资产上，流动资产的获利能力相对较低，这会影响资金使用效率。通常认为，流动比率等于2时较为适宜，这样才能既保证公司有较强的偿债能力，又能保证公司生产经营的顺利进行。它表明公司财务状况稳定可靠，除了满足日常生产经营的流动资金需要外，还有足够的财务实力偿付到期债务。

运用流动比率进行短期偿债能力分析时，必须注意：① 流动比率高并不等于公司有足够的现金用来偿债；② 流动比率是否合理，不同的公司以及同一公司不同时期的评价标准是不同的，不应用统一的标准来评价。

【例2】根据表9－1中的资料，ABC公司2021年的流动比率为

年末流动比率 = 447 033 526.43 ÷ 975 551 111.05 ≈ 0.458 2

年初流动比率 = 598 256 766.47 ÷ 1 037 590 094.73 ≈ 0.576 6

该公司2021年年初、年末流动比率都远未达到公认标准，说明该公司短期偿债能力很弱，极可能面临不能及时足额偿付流动负债的危险。

2. 速动比率

速动比率，又称酸性测试比率，是指公司速动资产与流动负债的比值。所谓速动资产，是指流动资产减去变现能力较差且不稳定的存货、预付账款、一年内到期的非流动资产和其他流动资产等之后的余额。

其计算公式如下：

$$速动比率 = 速动资产 \div 流动负债 \tag{9.5}$$

其中：

$$速动资产 = 流动资产 - 存货$$

有时公司流动比率虽高，但流动资产中易于变现、具有即刻支付能力的资产却很少，公司的短期偿债能力仍然较差。由于剔除了存货等变现能力较弱且不稳定的资产，速动比率较流动比率更为严格，能够更加准确、可靠地评价公司资产的流动性及其偿还短期负债的能力。该指标能够反映公司动用可在短期内迅速产生或转换为现金的流动资产偿还到期流动负债的能力，表明公司每单位流动负债有多少速动资产可作为偿还的保证。利用速动比率进行评价时也同样需在偿债能力和资产利用效益之间进行权衡。一般认为，速动比率为1较为合适。

运用速动比率进行短期偿债能力分析时应注意：① 并非速动比率较低的公司的

流动负债到期绝对不能偿还。如果公司存货流转顺畅，变现能力较强，即使速动比率较低，只要流动比率高，公司仍然能偿还到期的债务本息。② 不同行业的速动比率会有一定的差别，应结合行业特性具体分析。

【例 3】根据 表 9 - 1 中的资料，ABC 公司 2021 年的速动比率为

年末速动比率 =（447 033 526.43 - 35 802 773.38）÷ 975 551 111.05
≈ 0.421 5

年初速动比率 =（598 256 766.47 - 34 711 895.00）÷ 1 037 590 094.73
= 0.543 1

分析表明，该公司不仅流动比率很低，速动比率也远低于一般公认标准，公司的短期偿债能力很弱。同时，速动比率的期末值也比期初值有所降低，短期偿债能力恶化。将该公司速动比率跟流动比率进行比较后发现，期初、期末值均未出现大幅差异，可见虽然总体看来公司短期偿付能力欠佳，但既有流动资产中偿付能力强的资产占比相对较大。

3. 现金比率

现金比率是现金及其等价物与流动负债的比率。现金及现金等价物包括公司拥有的货币资金和持有的有价证券，是速动资产扣除应收账款后的余额。

其计算公式如下：

现金比率 =（现金 + 有价证券）÷ 流动负债　　(9.6)

应收账款存在到期无法全部收回的可能性，因此，从速动资产中扣除应收账款后计算出的现金比率基本上能反映公司立即偿债的能力。但现金比率过于严格，计算中包括的资产项目极为有限，所以通常仅在公司处于财务困境时采用。此外，对存货及应收账款周转缓慢的公司和高度投机性的公司进行分析时也可采用现金比率。有人认为，该项比率保持在 0.2 左右较为适宜。

【例 4】根据表 9 - 1 中的资料，ABC 公司 2021 年的现金流动负债比率为

年末现金比率 = 93 685 248.83 ÷ 975 551 111.05 ≈ 0.096

年初现金比率 = 162 273 231.16 ÷ 1 037 590 094.73 ≈ 0.156 4

数据显示，该公司持有的现金及现金等价物在 2021 年下降较快，从而使得现金比率从年初的 0.156 4 下降到年末的 0.096。这意味着流动负债中仅有不到 0.1 的部分公司可以马上支付，其余部分均需通过存货、应收账款等的变现予以清偿。一般而言，该公司有较大的偿付风险。

（二）长期偿债能力分析

长期偿债能力是指公司偿还长期负债的能力。它表明公司对债务负担的承受能力和偿还债务的担保能力。长期偿债能力的强弱，是反映公司财务状况稳定和安全程度的重要标志。

评价公司长期偿债能力的指标主要有资产负债率、产权比率和已获利息倍数等。

1. 资产负债率

资产负债率，指公司负债总额与资产总额的比率。资产负债率反映在公司总资产中有多大比例是通过债权性筹资获取的。

其计算公式如下：

$$资产负债率 = (负债总额 \div 资产总额) \times 100\% \tag{9.7}$$

资产负债率是国际公认的衡量公司负债偿还能力和经营风险的重要指标。运用资产负债率进行长期偿债能力分析时，应注意的是，从不同的角度对该指标进行分析，有不同的含义。

从债权人的立场看，他们最关心的是资金的安全度，也即能否按期收回本金和利息。如果资产负债率过高，则表明公司的债务负担重，公司的资金实力不强，偿债缺乏保障。因此，他们希望资产负债率越低越好，以使公司偿债有保证，减少偿付风险。

从投资者的立场看，由于公司债权性资金与股权性资金在经营中发挥共同的作用，所以投资者关心的是全部资金利润率是否超过债权性资金利率。在全部资本利润率高于借入资金利息率时，负债比例越高，表明公司对财务杠杆利用越充分，越有利于投资者，否则反之。

从经营者的立场看，如果举债过多，说明经营管理层敢于冒险，但如超出债权人心理承受能力，将难以再获得债权性资金，公司的持续经营风险也较大。但如果公司选择不举债，或者负债的比率很低，则说明公司畏缩不前，对前途信心不足，利用债权人的资金从事经营活动的能力较差。

因此，公司应当权衡各方利益相关者的权益，充分估计收益和风险，保持适当的资产负债率。一般情况下，资产负债率越小，表明公司偿债能力越强。

【例 5】根据表 9 - 1 中的资料，ABC 公司 2021 年的资产负债率为

年末资产负债率 = 1 066 471 515.15 ÷ 1 517 578 110.00 × 100% ≈ 70.27%

年初资产负债率 = 1 039 225 094.73 ÷ 1 447 201 628.09 × 100% ≈ 71.81%

该公司 2021 年年初、年末的资产负债率均高于 60%，说明公司长期偿债能力较弱，但 2021 年末资产负债率较年初略有下降，能够在一定程度上恢复债权人的信心。

2. 产权比率

产权比率是负债总额与所有者权益之间的比率。它反映投资者对债权人的保障程度，是公司财务结构稳健与否的重要标志。

其计算公式如下：

$$产权比率 = (负债总额 \div 所有者权益总额) \times 100\% \tag{9.8}$$

产权比率越高，通常表明公司的风险更多地由债权人承担，公司的长期偿债能力越低。反之，这一比率越低，表明公司的长期偿债能力越强，债权人权益的保障程度越高，承担的风险越小，但公司不能充分发挥负债的财务杠杆效应。

产权比率是资产负债率的补充，两者都反映公司的长期偿债能力。但两个指标的侧重点有所不同：资产负债率侧重揭示总资产中有多少是靠负债取得的，说明债权人权益的物质保障程度；产权比率侧重于揭示资本结构的风险性以及自有资金对偿债风险的承受能力。

【例 6】根据表 9 - 1 中的资料，ABC 公司 2021 年的产权比率为

年末产权比率 = 1 066 471 515.15 ÷ 451 106 594.85 ≈ 2.361 4

年初产权比率 = 1 039 225 094.73 ÷ 407 976 533.36 ≈ 2.547 3

该公司 2021 年年初、年末的产权比率都较高，同资产负债率的计算结果相互印证，表明公司较多地利用了债权性资金，长期偿债能力较弱，对债权人的保障不够充分。

3. 已获利息倍数

已获利息倍数又称利息保障倍数，是指息税前利润总额与利息支出的比率，反映了公司获利能力对债务偿付的保证程度。其中，息税前利润总额指利润总额与利息支出的合计数，利息支出指实际支出的借款利息、债券利息等。

其计算公式如下：

$$已获利息倍数 = 息税前利润 \div 利息费用 \tag{9.9}$$

其中：息税前利润总额 = 利润总额 + 利息支出 = 净利润 + 所得税 + 利息支出

已获利息倍数不仅反映了公司获利能力的大小，也是衡量公司长期偿债能力大小的重要指标。一般情况下，已获利息倍数越高，表明公司长期偿债能力越强。国际上通常认为，该指标为 3 时较为合适。从长期来看，若要维持正常偿债能力，已获利息倍数至少应当大于 1。如果已获利息倍数过小，公司将面临亏损以及偿债的安全性与稳定性下降的风险。

对已获利息倍数的衡量，需要结合其他公司，特别是本行业的平均水平来进行比较。此外，在选择本公司数据时，最好选择连续几年中该指标的最低值作为标准。这是因为，公司不仅在经营好的年份有偿还义务，在经营状况不佳的年份也需要偿还大约等量的债务。采用指标最低年度的数据，可以保证最低的偿债能力。

【例 7】根据表 9 - 2 中的资料，同时假定表中财务费用全部为利息支出，ABC 公司已获利息倍数为

2021 年已获利息倍数 =(64 431 202.95 + 25 763 489.32) ÷ 25 763 489.32 ≈ 3.50

2020 年已获利息倍数 =(42 846 989.13 + 15 026 477.91) ÷ 15 026 477.91 ≈ 3.85

从以上计算来看，该指标值相对较低的 2021 年已获利息倍数都略高于 3，可见公司的生产经营能够满足利息的偿还，有较强的偿付能力。不过，还需结合公司其他指标和行业的特点进行判断。

二、运营能力分析

运营能力是指公司对其现有经济资源的利用效率与效益。运营能力的强弱取决

于资产的周转速度、资产运行情况、资产管理水平等多种因素。比如资产的周转速度，一般说来，周转速度越快，资产的使用效率越高，公司的运营能力越强。资产的周转速度通常用周转率和周转期表示。计算公式如下：

$$周转率(周转次数) = 周转额 \div 资产平均余额 \tag{9.10}$$

$$\begin{aligned} 周转期(周转天数) &= 计算期天数 \div 周转次数 \\ &= 资产平均余额 \times (计算期天数 \div 周转额) \end{aligned} \tag{9.11}$$

进行运营能力分析，不仅可以评价资产的流动性，为评价和改进资产的利用效率及公司经营管理水平提供依据，而且有助于深入地研究公司的获利能力。运营能力分析通常包括流动资产周转情况分析、固定资产周转情况分析和总资产周转情况分析。

（一）流动资产周转情况分析

反映流动资产周转情况的指标主要有：应收账款周转率、存货周转率和流动资产周转率等。

1. 应收账款周转率

应收账款周转率是反映应收账款周转速度和管理效率的指标，它是指公司在一定时期内的营业收入与平均应收账款余额之间的比率。

其计算公式如下：

$$应收账款周转率 = 营业收入净额 \div 平均应收账款余额 \tag{9.12}$$

其中：

$$营业收入净额 = 营业收入 - 销售退回与折让$$

$$平均应收账款余额 = (期初应收账款余额 + 期末应收账款余额) \div 2$$

$$\begin{aligned} 应收账款周转天数 &= 360 \div 应收账款周转率 \\ &= 平均应收账款余额 \times 360 \div 营业收入净额 \end{aligned} \tag{9.13}$$

应收账款包括会计核算中“应收账款”和“应收票据”等全部赊销账款。一般来说，应收账款周转率越高，平均收账期越短，说明应收账款回收速度越快，资产管理水平越高，不仅可以降低坏账损失的风险，而且还能增强公司的偿债能力；反之，公司的营运资金则较多地以应收账款形式存在，影响资金的周转速度。但过高的应收账款周转率可能是以公司过于严格的信用政策为基础的，这会损失部分次优客户，给产品的销售带来不利的影响。

如季节性经营等原因导致应收账款余额波动较大，应尽可能采用更详尽的计算资料，如按每月的应收账款余额来计算其平均占用额。

【例 8】根据表 9 - 1、表 9 - 2 中的资料，同时假定 ABC 公司 2019 年年末的应收账款为43 914 428.42 元，该公司应收账款周转率计算如下：

2021 年：

$$\begin{aligned} 平均应收账款余额 &= (21\ 986\ 225.77 + 28\ 613\ 739.23) \div 2 \\ &= 25\ 299\ 982.50(元) \end{aligned}$$

应收账款周转率 = 330 202 550. 71 ÷ 25 299 982. 50 ≈ 13. 05(次)

应收账款周转期 = 25 299 982. 50 × 360 ÷ 330 202 550. 71 ≈ 27. 58(天)

2020 年：

平均应收账款余额 =（28 613 739. 23 + 43 914 428. 42）÷ 2
= 36 264 083. 83(元)

应收账款周转率 = 296 770 138. 67 ÷ 36 264 083. 83 ≈ 8. 18(次)

应收账款周转期 = 36 264 083. 83 × 360 ÷ 296 770 138. 67 ≈ 43. 99(天)

以上计算结果表明，2021 年该公司应收账款周转率比 2020 年有所改善，周转次数由 8. 18 次提高为 13. 05 次，周转天数由 43. 99 天缩短为 27. 58 天。这不仅说明公司的应收账款回收能力有所改善，而且对流动资产的变现能力和周转速度也起到相应的拉动作用。虽然应收账款回收期的合理天数也与所在行业有关，但该公司应收账款收回时间为 27. 58 天，表明该公司应收账款的运营能力较好。

2. 存货周转率

存货周转率是指公司一定时期的营业成本与平均存货余额之间的比率。它是衡量公司从取得存货、投入生产到销售收回等环节中存货运营效率的一个综合性指标。

其计算公式如下：

存货周转率 = 营业成本 ÷ 平均存货余额 (9. 14)

其中：

平均存货余额 =（期初存货余额 + 期末存货余额）÷ 2

存货周转天数 = 360 ÷ 存货周转率
= 平均存货余额 × 360 ÷ 营业成本 (9. 15)

存货周转率指标能够反映出公司的存货管理水平。一般来说，存货周转率越高，周转天数越短，表明存货周转速度越快，资金占用与存货的时间越短，公司管理存货的效率也越高。但过高的存货周转率可能导致存货不足或发生缺货现象，引发停工待料，会使公司丧失生产和销售机会。因此，分析存货周转率的高低应结合同行业的存货平均水平和公司过去的存货周转情况进行判断。分析时，应注意存货计价方法及计算口径是否一致。

【例 9】根据表 9 - 1、表 9 - 2 中的资料，同时假定 ABC 公司 2019 年年末存货余额为 33 715 984. 57 万元，该公司存货周转率计算如下：

2021 年：

平均存货余额 =（34 711 895. 00 + 35 802 773. 38）÷ 2
= 35 257 334. 19(元)

存货周转率 = 236 431 743. 72 ÷ 35 257 334. 19 ≈ 6. 71(次)

存货周转期 = 35 257 334. 19 × 360 ÷ 236 431 743. 72 ≈ 53. 68(天)

2020 年：

平均存货余额 = (33 715 984.57 + 34 711 895.00) ÷ 2
≈ 34 213 939.79(元)

存货周转率 = 215 264 622.71 ÷ 34 213 939.79 ≈ 6.29(次)

存货周转期 = 34 213 939.79 × 360 ÷ 215 264 622.71 ≈ 57.22(天)

计算结果表明，2021 年该公司存货周转率比 2020 年有所提高，次数由 6.29 次上升为 6.71 次，周转期由 57.22 天降为 53.68 天。这反映出该公司 2021 年存货管理效率比2020年有所提高，对比两期数据后可以发现，这主要是由2021年营业成本的增长较大所引起的。

3. 流动资产周转率

流动资产周转率是营业收入与平均流动资产余额之间的比率，它反映的是全部流动资产的利用效率。

其计算公式如下：

$$流动资产周转率 = 销售收入净额 \div 平均流动资产 \qquad (9.16)$$

其中：

$$平均流动资产 = (期初流动资产 + 期末流动资产) \div 2$$

$$流动资产周转天数 = 360 \div 流动资产周转率 = 平均流动资产总额 \times 360 \div 营业收入净额 \qquad (9.17)$$

流动资产周转率是从公司全部资产中流动性最强的流动资产角度对公司资产的利用效率进行分析。流动资产周转迅速，会相对节约流动资产，等于相对扩大资产投入，增强公司获利能力，说明资金利用效果较好；反之，需要补充流动资产参加周转，会形成资金浪费，降低公司获利能力。同样，流动资产周转率也应参照公司历年的数据并结合行业特点进行分析评价。

【例10】根据表9－1、表9－2中的资料，同时假定ABC公司2019年年末流动资产余额为594 194 311.56 元，该公司流动资产周转率计算如下：

2021 年：

平均流动资产余额 = (598 256 766.47 + 447 033 526.43) ÷ 2
≈ 522 645 146.5(元)

流动资产周转率 = 330 202 550.71 ÷ 522 645 146.5 ≈ 0.63(次)

流动资产周转期 = 522 645 146.5 × 360 ÷ 330 202 550.71 ≈ 570(天)

2020 年：

平均流动资产余额 = (594 194 311.56 + 598 256 766.47) ÷ 2
≈ 596 225 539(元)

流动资产周转率 = 296 770 138.67 ÷ 596 225 539 ≈ 0.5(次)

流动资产周转期 = 596 225 539 × 360 ÷ 296 770 138.67 ≈ 723(天)

由此可见，2021 年该公司流动资产周转期比 2020 年减少了 153 天，流动资金占用时间减少。

（二）固定资产周转情况分析

反映固定资产周转情况的主要指标是固定资产周转率。固定资产周转率是公司一定时期营业收入与平均固定资产净值的比率。

其计算公式如下：

固定资产周转率 = 销售收入净额 ÷ 固定资产平均净值　　　　（9.18）

其中：

固定资产平均净值 =（期初固定资产净值 + 期末固定资产净值）÷ 2

固定资产周转期= 360 ÷ 固定资产周转率

= 平均固定资产净值 × 360 ÷ 营业收入净额　　　　（9.19）

一般情况下，固定资产周转率高，表明公司固定资产利用效率越高，固定资产投资得当，固定资产结构分布合理，能够充分发挥固定资产的使用效率；反之，则表明公司固定资产使用效率低，存在设备闲置，公司的运营能力差。固定资产周转率的分析标准并无确定值，通常应参考行业或地区或全国的同期指标值。

应注意，公司所采取的固定资产折旧方法以及折旧年限、固定资产减值准备计算方法的不同会使固定资产净值产生差异，导致固定资产周转率缺乏可比性。

【例11】根据表9－1、表9－2中的资料，同时假定ABC公司2019年年末固定资产净值为113 748 768.98元，该公司固定资产周转率计算如下：

2021年：

平均固定资产净值=（110 018 443.83 + 104 051 118.44）÷ 2

≈ 107 034 781.1(元)

固定资产周转率 = 330 202 550.71 ÷ 107 034 781.1 ≈ 3.09(次)

固定资产周转期 = 107 034 781.10 × 360 ÷ 330 202 550.71 ≈ 117(天)

2020年：

平均固定资产净值=（113 748 768.98 + 110 018 443.83）÷ 2

≈ 111 883 606.4(元)

固定资产周转率 = 296 770 138.67 ÷ 111 883 606.40 ≈ 2.65(次)

固定资产周转期 = 111 883 606.40 × 360 ÷ 296 770 138.67 ≈ 136(天)

以上计算结果表明，2021年ABC公司固定资产周转率比2020年有所加快，其主要原因是固定资产净值减少同时营业收入增加共同引起的。这说明公司的运营能力有所提高。

（三）总资产周转情况分析

反映总资产周转情况的主要指标是总资产周转率。总资产周转率是公司一定时期的营业收入与平均资产总额的比值，可以用来反映公司全部资产的利用效率。

其计算公式如下：

总资产周转率 = 营业收入净额 ÷ 平均资产总额　　　　（9.20）

其中：

$$平均资产总额 = (期初资产总额 + 期末资产总额) \div 2$$

$$总资产周转期 = 360 \div 总资产周转率$$

$$= 平均资产总额 \div 营业收入净额 \times 360 \quad (9.21)$$

评价者可以将当期的总资产周转率和上期的指标进行对比，也可将本公司指标与同行业平均水平对比。一般来说，总资产周转率越高，说明同样的资产取得的收益越多，则公司全部资产的使用效率越高；反之，如果该指标较低，则说明公司利用全部资产进行经营的效率较差，最终会影响公司的获利能力。公司应采取各项措施来提高公司的资产利用程度。

【例12】根据表9－1、表9－2中的资料，同时假定ABC公司2019年年末总资产余额为1 368 937 585.61元，该公司总资产周转率计算如下：

2021年：

平均资产总额=（1 447 201 628.09 + 1 517 578 110.00）÷ 2

≈ 1 482 389 869.05（元）

总资产周转率 = 330 202 550.71 ÷ 1 482 389 869.05 ≈ 0.22（次）

总资产周转期 = 1 482 389 869.05 × 360 ÷ 330 202 550.71 ≈ 1 616（天）

2020年：

平均资产总额=（1 368 937 585.61 + 1 447 201 628.09）÷ 2

= 1 408 069 606.85（元）

总资产周转率 = 296 770 138.67 ÷ 1 408 069 606.85 ≈ 0.21（次）

总资产周转期 = 1 408 069 606.85 × 360 ÷ 296 770 138.67 ≈ 1 708（天）

以上计算结果表明，2021年ABC公司全部资产周转比2020年有所加快，但全部资产要完成1次周转需1 616天。结合前面所计算的其他指标，可以发现，流动资产和固定资产的周转较快，全部资产周转率低主要是由该公司长期应收款和长期股权投资占比过大导致的。

三、获利能力分析

获利能力是指公司在一定时期获取利润的能力。公司的经营活动是否具有较强的获利能力，对公司的生存发展至关重要。这不仅关系到公司所有者的利益，也关系到公司债务是否能够得到偿还保障。因此，无论是投资人、债权人还是公司经营者，都日益重视和关心公司的获利能力。对公司获利能力进行分析的常用指标包括营业净利率、资产报酬率、净资产收益率。此外，针对上市公司，另设指标予以辅助评价。

（一）营业净利率

营业净利率是净利润与营业收入的百分比。该指标反映每一元营业收入带来的净利润的多少，表示营业收入的收益水平。

其计算公式如下：

$$营业净利率 = 净利润 \div 营业收入净额 \times 100\% \quad (9.22)$$

公司的利润包括营业利润、利润总额和净利润三种不同的计算口径。其中，营业利润来源于公司的主营业务和其他业务，与公司的生产经营能力关系最为密切。营业净利率越高，表明公司市场竞争力越强，发展潜力越大，从而获利能力越强。此外，通过考察营业利润占整个利润总额比重的升降，可以考察公司经营的稳定性。

【例 13】根据表 9 - 2 中的资料，ABC 公司营业净利率为

2021 年营业净利率 = 57 116 561. 49 ÷ 330 202 550. 71 × 100% ≈ 17. 30%

2020 年营业净利率 = 36 460 969. 56 ÷ 296 770 138. 67 × 100% ≈ 12. 29%

以上计算结果表明，2021 年 ABC 公司的营业净利率比 2020 年有所提高。进一步分析可以看到，这种上升趋势主要是由于公司 2021 年净利润增长率超过了营业收入增长率。

（二）资产报酬率

资产报酬率是公司一定时期内获得的息税前利润总额与平均资产总额的比率，能够反映公司资产综合利用效果。

其计算公式如下：

$$总资产报酬率 = 息税前利润总额 \div 平均资产总额 \times 100\% \quad (9.23)$$

其中：息税前利润总额 = 利润总额 + 利息支出 = 净利润 + 所得税 + 利息支出

资产报酬率全面反映了公司全部资产的获利水平，因此公司所有者和债权人都十分关心该指标。一般情况下，该指标越高，表明公司的资产利用效益越好，整个公司获利能力越强，经营管理水平越高。公司还可以将该指标与市场利率进行比较，如果资产报酬率比市场利率更高，则说明公司可以适当增加负债，充分利用财务杠杆。

【例 14】根据表 9 - 1、表 9 - 2 中的资料，同时假定表中财务费用全部为利息支出，已计算得出平均资产总额 2021 年为 1 482 389 869. 05 元，2020 年为 1 408 069 606. 85 元，ABC 公司资产报酬率情况如下：

2021 年资产报酬率

= (64 431 202. 95 + 25 763 489. 32) ÷ 1 482 389 869. 05 × 100% ≈ 6. 08%

2020 年资产报酬率

= (42 846 989 - 13 + 15 026 477. 91) ÷ 1 408 069 606. 85 × 100% ≈ 4. 11%

以上计算结果表明，2021 年 ABC 公司资产报酬率比 2020 年有所提高，但从数值上看仍然不高，公司的资金综合利用效率有待进一步提高，需要结合资金周转情况等作进一步的分析，以便改进管理，提高效益。

（三）净资产收益率

净资产收益率也称为所有者权益收益率、自有资金收益率，是净利润与平均净

资产的比率。它是反映自有资金投资收益水平的指标，是公司获利能力评价指标的核心。

其计算公式如下：

$$净资产收益率 = 净利润 \div 平均净资产 \times 100\% \tag{9.24}$$

净资产收益率反映公司所有者权益的投资报酬率，具有很强的综合性。即使总资产报酬率水平相同，由于采用了不同的资本结构形式，也会产生不同的净资产收益率。一般认为，该指标越高，公司自有资金获取收益的能力越强，运营效益越好，对公司投资人、债权人的保证程度越高。

【例15】根据表9－1、表9－2中的资料，假定ABC公司2019年年末所有者权益合计为408 613 073.72元，该公司净资产收益率为

2021年：

平均净资产＝(407 976 533.36＋451 106 594.85)÷2≈429 541 564.11(元)

净资产收益率＝57 116 561.49÷429 541 564.11×100%≈13.30%

2020年：

平均净资产＝(408 613 073.72＋407 976 533.36)÷2＝408 294 803.54(元)

净资产收益率＝36 460 969.56÷408 294 803.54×100%≈8.93%

以上计算结果表明，2021年ABC公司的净资产收益率比2020年增长了4.37%，主要是由该公司净利润的增长程度高于所有者权益的增长程度引起的。

（四）上市公司获利能力分析

要对上市公司的获利能力进行评价，除了上述的几个财务指标外，还有一些财务指标是上市公司所特有的。它们同样具有经济分析的意义。这些指标主要包括每股收益、市盈率、每股净资产和市净率等。

1. 每股收益

每股收益是归属于普通股股东的当期净利润与当期发行在外的普通股的加权平均数的比值，反映普通股股东持有每一份股份所能享有的公司利润和承担的公司亏损。该指标是衡量上市公司获利能力时最常用的财务分析指标。

其计算公式如下：

$$每股收益 = \frac{归属于普通股股东的当期净利润}{当期发行在外的普通股的加权平均数} \tag{9.25}$$

在分析时，可以进行公司间的比较，评价该公司相对的获利能力；可以进行不同时期的比较，了解该公司获利能力的变化趋势；可以进行实际和计划的比较，掌握该公司的管理能力。要注意，不同公司的股票以及同一公司在不同时期的股票，每一股在经济上不一定相等，不能简单以数值高低作为判断标准。一般而言，该指标比值越大，表明上市公司的获利能力越强，股东的投资收益越好，每一股份所得的利润也越多；反之，越差。

【例16】根据表9－2中的资料，假定ABC公司2021年、2020年发行在外的普通

股均为127 150 000股，未发行优先股，则该公司普通股每股收益情况为

2021年每股收益 = 57 116 561.49 ÷ 127 150 000 ≈ 0.45(元/股)

2020年每股收益 = 36 460 969.56 ÷ 127 150 000 ≈ 0.29(元/股)

从以上数据可以看出，2021年与2020年相比，每股收益有较大提高，说明该公司股东的收益水平有了提升。

2. 市盈率

市盈率是指普通股每股市价相当于每股收益的倍数，反映了投资者对上市公司每单位收益所愿支付的价格，可以衡量投资者及市场对公司的评价和对公司长远发展的信心，是反映上市公司获利能力的重要指标。

其计算公式如下：

$$市盈率 = 普通股每股市价 \div 普通股每股收益 \tag{9.26}$$

一般来说，市盈率越高，说明投资者对公司的发展前景越看好，愿意支付较高的价格购买公司股票。市盈率在行业间、资本市场间差异较大，充满扩展机会的新兴行业以及发展中国家的市盈率普遍较高，而成熟工业以及发达国家的市盈率普遍较低，因此，该指标主要适用同行业、同类资本市场间的比较。一般的期望报酬率为5% ~ 20%，所以正常的市盈率为5 ~ 20倍。如果市盈率过高，也意味着投资者风险较大。

【例17】如前例，假定ABC公司的普通股每股市价为4.5元，则2021年该公司的市盈率为

市盈率 = 4.5 ÷ 0.45 = 10

3. 每股净资产

每股净资产是上市公司年末净资产(股东权益)与年末普通股总数的比值。

其计算公式如下：

$$每股净资产 = 年末股东权益 \div 年末普通股总数 \tag{9.27}$$

该比值越高，说明公司每股实际拥有的净资产越大，公司的未来发展潜力越强。一般来说，该指标良好也会带动公司股票价格上升。但由于该指标以账面价值为依据进行计算，因此如果公司经营时间较长，该指标的评价结论与现实状况难免存在误差。

【例18】根据表9－1中的资料，假定ABC公司2021年、2020年发行在外的普通股均为127 150 000股，未发行优先股，则该公司普通股每股收益情况为

2021年每股净资产 = 451 106 594.85 ÷ 127 150 000 ≈ 3.55(元/股)

2020年每股净资产 = 407 976 533.36 ÷ 127 150 000 ≈ 3.21(元/股)

4. 市净率

市净率是指普通股每股市价为每股净资产的倍数。

其计算公式如下：

$$市净率 = 普通股每股市价 \div 每股净资产 \tag{9.28}$$

该比值越大，通常说明公司的资产质量好，有发展潜力，市场对其评价良好，

投资者对公司的未来发展有信心，但对投资者来讲，潜在风险较大；反之，说明公司资产质量差，公司没有发展前景。一般来说，市净率达到3倍，可以树立较好的公司形象。

【例19】如前例，假定ABC公司的普通股每股市价为4.5元，则2021年该公司的市净率为

市净率 = 4.5 ÷ 3.55 ≈ 1.27

四、发展能力分析

发展能力是公司在生存的基础上扩大规模、壮大实力的潜在能力。评价发展能力的主要指标有：营业利润增长率、资本积累率、总资产增长率等。

（一）营业利润增长率

营业利润增长率是公司本年营业利润额与上年营业利润额的比率。它反映公司营业利润的增减变动情况，是评价公司成长状况和发展能力的重要指标。

其计算公式如下：

营业利润增长率 = 本年营业利润增长额 ÷ 上年营业利润额 × 100%　　（9.29）

其中：

本年营业利润增长额 = 本年营业利润额 − 上年营业利润额

如果只有营业收入的增长，但利润并未增长，从长远看，对公司并无意义。同样，如果只是利润增长，但由于日常经营业务的营业利润未增长，这样的增长也是不可持续的。因此，在考察公司发展能力时有必要引入营业利润增长率指标。当两期营业利润均为正数时，营业利润增长率同时为正，说明公司本期营业利润增加；营业利润增长率越大，说明公司经营状况越好。如果该指标为负数，说明公司营业利润降低。

【例20】根据表9－2中的资料，ABC公司2021年的营业利润增长率为

营业利润增长率 =（59 661 897.89 − 44 382 006.26）÷ 44 382 006.26 × 100%
≈ 34.43%

计算结果表明，ABC公司营业利润增长速度较快，市场发展前景良好。

（二）资本积累率

资本积累率是公司本年所有者权益增长额与年初所有者权益的比率。它反映公司当年资本的保全性和增长性。

其计算公式如下：

资本积累率 = 本年所有者权益增长额 ÷ 年初所有者权益 × 100%　（9.30）

其中：

本年所有者权益增长额 = 所有者权益年末数 − 所有者权益年初数

该比值越高，表明公司资本保全性越强，应对风险、持续发展的能力越强；该

指标小于 0，表明公司资本受到侵蚀，所有者利益受到损害。资本积累的主要来源为股东追加的投资和公司净利润的留存，前者反映了股东对该公司的信心，但后者更能体现资本积累的本质，表现出公司良好的发展能力和发展后劲。

【例 21】根据表 9 - 1 资料， ABC 公司 2021 年的资本积累率为

资本积累率 = (451 106 594.85 - 407 976 533.36) ÷ 407 976 533.36 × 100%

≈ 10.57%

计算结果表明，ABC 公司有一定的资本积累能力。进一步分析发现，股东权益的增加全部来自于公司经营形成的盈余公积和未分配利润，公司发展状况良好。

(三) 总资产增长率

总资产增长率是公司本年资产增长额与年初资产总额的比率，它反映公司本期资产规模的增长情况。其计算公式如下：

总资产增长率 = 本年总资产增长额 ÷ 年初资产总额 × 100%　　(9.31)

其中：

本年总资产增长额 = 资产总额年末数 - 资产总额年初数

资产增长率是从公司资产总量扩展方面衡量公司的发展能力，表明公司规模增长水平对公司发展后劲的影响。该指标越高，表明公司一定时期内资产规模扩张越快。但在实际分析时，不能简单地认为指标越高越好，应注意考虑资产规模扩张的质和量的关系以及公司的后续发展能力，避免资产盲目扩张。

【例 22】根据表 9 - 1 中的资料，ABC 公司 2021 年的总资产增长率为

总资产增长率 = (1 517 578 110.00 - 1 447 201 628.09) ÷ 1 447 201 628.09 × 100%

≈ 4.86%

计算结果表明，ABC 公司的资产呈增长状态，但是增长速度不快。

第四节　财务综合分析

一、财务综合分析的含义

财务分析的最终目的在于全面、准确、客观地揭示与披露公司财务状况和经营成果，并借以对公司经济效益的优劣做出系统、合理的评价。而事实上，仅仅测算出几项财务指标是很难全面评价公司的，有时会得出互相矛盾甚至是错误的结论。因此，要想对公司财务状况和经营成果有一个总的评价，仅仅分析某些财务指标，或者将一些孤立的财务指标堆砌在一起，彼此毫无联系地观察，是达不到理想的分析目的的。只有将公司偿债能力、运营能力、获利能力及发展能力等各项指标作为一个整体，系统、全面地对公司财务状况和经营成果进行相互关联的分析，采用适当的标准进行综合评价，才能得出正确的结论。

所谓财务综合分析就是将偿债能力、运营能力、获利能力和发展能力等指标纳入一个整体，系统、全面地对公司财务状况和经营成果进行分析和评价。

二、财务综合分析的方法

财务综合分析的方法有很多，其中应用比较广泛的有沃尔比重评分法和杜邦财务分析体系。

（一）沃尔比重评分法

在进行财务分析时，常遇到的一个主要问题是在计算出各项财务比率后无法判定其是偏高还是偏低。将所测算的比率与本公司的历史水平或计划、定额标准相比，也只能看出公司自身的变化，很难评价其在市场竞争中的优劣地位。为了弥补这些缺点，亚历山大·沃尔在20世纪初出版的《信用晴雨表研究》和《财务报表比率分析》中提出了信用能力指数概念，他把选定的流动比率、产权比率、固定资产比率、存货周转率、应收账款周转率、固定资产周转率、主权资本（即所有者权益）周转率七项财务比率用线性关系结合起来，并分别给定各自的分数比重，总和为100分，然后通过与标准比率进行比较，确定各项指标的得分及总体指标的累计分数，从而对公司的信用水平做出综合评价。

原始意义上的沃尔比重分析法存在两个缺陷：一是不能证明为什么要选择这七项指标，而不是更多或更少些，或者选择别的财务比率，以及不能证明每个指标所占比重的合理性；二是当某项指标严重异常时，会对总评分产生不合逻辑的重大影响。

（二）杜邦财务分析体系

杜邦财务分析体系是一种比较实用的财务比率综合法分析体系，因最初由美国杜邦公司创立并成功运用而得名。这种分析方法以净资产收益率为分析起点，层层分解，直到财务报表原始构成要素或项目。

杜邦体系各主要指标之间的关系如下：

$$\begin{aligned}\text{净资产收益率} &= \text{总资产净利率} \times \text{权益乘数} \\ &= \text{营业净利率} \times \text{总资产周转率} \times \text{权益乘数} \qquad (9.32)\end{aligned}$$

其中：

$$\text{总资产净利率} = \text{营业净利润} \times \text{总资产周转率}$$

$$\text{营业净利率} = \text{净利润} \div \text{营业收入净额} \times 100\%$$

$$\text{总资产周转率} = \text{营业收入净额} \div \text{平均资产总额}$$

$$\text{权益乘数} = \text{所有者权益} \div \text{总资产} = 1 \div (1 - \text{资产负债率}) \qquad (9.33)$$

【例23】根据ABC公司财务指标的计算结果，制作杜邦财务分析图，如图9－1所示。

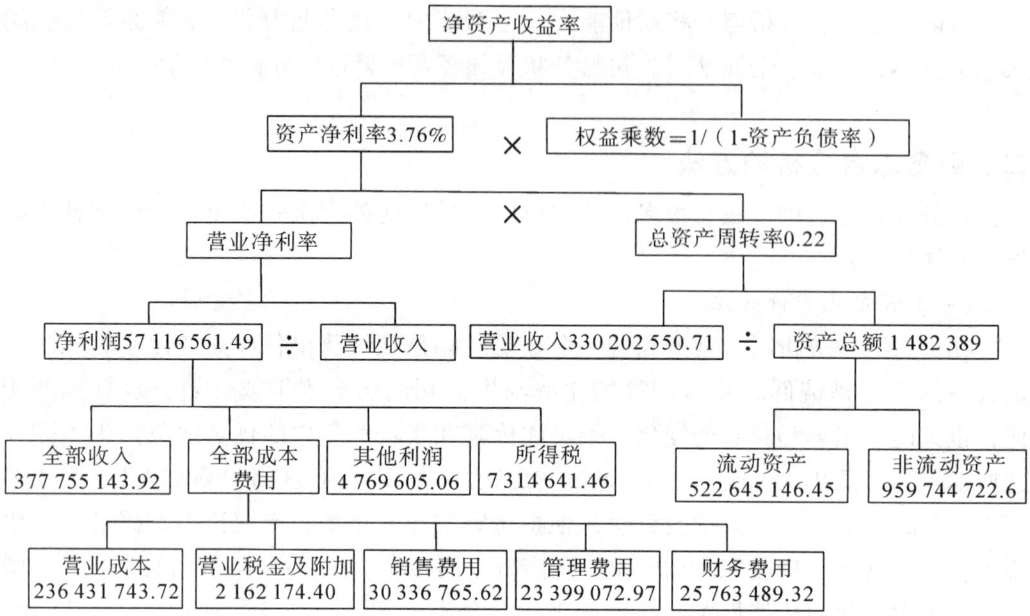

图 9－1　杜邦财务分析图

注：以上计算过程中，各时点性指标按期末值计算。

杜邦财务分析体系提供的主要信息包括：

（1）净资产收益率是一个综合性极强的财务比率，是杜邦财务体系的核心。该指标反映了所有者投入资本的获利能力，它取决于公司的资产净利率和权益乘数。资产净利率反映公司在运用资产进行生产经营活动的效率高低，而权益乘数则主要反映公司的筹资情况，即公司资金来源结构。

（2）资产净利率是影响净资产收益率的最重要的财务比率，也是整个财务分析的十分重要的财务指标，综合性也很强。它是营业净利率和资产周转率的乘积。

（3）营业净利率反映了公司净利润与营业收入之间的关系，提高营业净利率是提高公司获利的关键。一般来说，营业收入增加，公司的净利润会随之增加，但要想提高营业净利率，必须一方面提高销售收入，另一方面降低各种成本费用，这样才能使净利润的增长高于营业收入的增长，从而使营业净利率得到提高。

（4）资产周转率揭示出公司运用资产实现销售收入的综合能力。对资产周转率的分析，可以从资产的构成比例是否恰当、资产的使用效率是否正常、资产的运用效果是否理想等方面进行详细分析。

（5）权益乘数主要受资产负债率的影响。负债比例越大，权益乘数就越高，说明公司有较高的负债，能给公司带来较大的杠杆利益，同时也给公司带来较大的风险。

由此可见，净资产收益率与公司的经营规模、成本水平、资产运营、资本结构等有着密切的联系，这些相关因素构成一个相互依存的系统，只有将这个系统内的各相关因素安排、协调好，才能使净资产收益率达到最大，才能实现股东财富最大化的理财目标。

本章小结

财务分析是公司的投资者、债权人、经营者及其他利益相关者以会计核算资料为主要依据，运用专门的方法和手段，对公司偿债能力、运营能力、获利能力和发展能力等进行分析与评价，旨在了解公司过去、评价公司现状、预测公司未来，以做出正确决策的分析工作。财务分析的目的是多元化的。财务分析的信息基础主要是财务报告，日常核算资料只作为财务分析的一种补充资料。财务分析的方法包括比较分析法、比率分析法和因素分析法等。财务分析遵循的分析步骤一般包括搜集评价资料、鉴别分析资料、选择和计算相关财务比率、进行比较分析和因素分析以及形成综合评价结论五个步骤。

财务分析的内容主要是对偿债能力、运营能力、获利能力和发展能力四个方面进行分析。另外，要对公司财务状况和经营状况作一个整体认识，就必须进行综合分析。应用比较广泛的财务综合分析方法有沃尔比重评分法和杜邦财务分析体系。

思考题

1. 什么是财务分析？公司为什么要进行财务分析？
2. 公司投资者、债权人和经营者进行财务分析的目的分别是什么？
3. 简述财务分析的一般程序。
4. 常用的财务分析方法有哪些？运用时应注意什么问题？
5. 因素分析法中各因素替代的顺序是怎样的？
6. 反映偿债能力、运营能力、获利能力和发展能力的指标有哪些？
7. 为什么有的公司流动比率很高却又无法偿还到期债务？
8. 资产负债率的高低对公司的债权人、投资者和经营者分别有着怎样的影响？
9. 应收账款周转率和存货周转率均是越高越好吗？为什么？
10. 提升公司净资产收益率的途径有哪些？
11. 计算分析每股收益应注意什么问题？
12. 为什么要进行财务综合分析？
13. 简述杜邦分析法的主要内容。

练习题

1. ABC公司2021年度营业收入为3 000万元，年初应收账款余额为200万元，年末应收账款余额为400万元；年初应收票据余额为11万元，年末应收票据余额为8万元。则应收账款周转率为多少？

2. 某公司2021年税后利润为225万元，所得税税率为25%，利息费用为40万元，则该公司2021年已获利息倍数为多少？

3. 某公司的全部流动资产为600 000元，流动比率为1.5。该公司刚完成以下两项交易：

（1）购入价值160 000元的商品以备销售，其中80 000元为赊购。

（2）购置运输车辆一部，价值50 000元，其中30 000元以银行存款支付，其余部分开出3个月期应付票据一张。

要求：计算每次交易后的流动比率。

4. 某股份公司2021年有关资料如下：

金额单位：万元

项目	年初数	年末数	本年数或平均数
存货	3 120	3 600	
流动负债	1 000	800	
总资产	12 000	14 000	
流动比率		5.5	
速动比率	0.8		
权益乘数			1.3
流动资产周转次数			2.5
净利润			3 120
普通股股数(均发行在外)	800万股	800万股	

要求：

（1）计算流动资产的平均余额(假定流动资产由速动资产与存货组成)；

（2）计算本年营业收入和总资产周转率；

（3）计算营业净利率、净资产收益率；

（4）计算每股收益和平均每股净资产；

（5）若2020年的营业净利率、总资产周转率、权益乘数和平均每股净资产分别为24%、1.2次、2.5和10元，要求用连环替代法分析营业净利率、总资产周转率、权益乘数和平均每股净资产对每股收益指标的影响。

5. 已知东方公司2021年年初所有者权益总额为1 200万元，2021年的资本积累率为40%，本年增发新股20万股，筹集权益资金344万元。2021年年初、年末的权益乘数分别是2.5和2.2，负债的平均利率是10%，本年利润总额为400万元，优先股股利为60万元，普通股现金股利总额为84万元，财产股利为20万元，普通股的加权平均数为200万股，年末普通股股数为210万股，所有的普通股均发行在外，年末股东权益中有95%属于普通股股东，2021年的所得税为100万元。

要求计算：

（1）2021年年末所有者权益总额；

（2）2021年年初、年末的资产总额和负债总额；

（3）2021年年末的产权比率；

（4）2021年末的普通股每股净资产（提示：应扣除属于优先股股东的净资产）；

（5）2021年的资产报酬率；

（6）2021年的已获利息倍数；

（7）2021年的每股收益，如果按照年末每股市价计算的市盈率为10，计算年末普通股每股市价；

（8）假设该公司2020年年末的所有者权益总额为800万元，资产总额为2 000万元，计算该公司资本增长率。

第十章 财务预算

第一节　财务预算概述

一、财务预算的概念

财务预算是公司财务计划的表现形式，属于公司计划体系的重要组成内容，是以货币表现的公司长期发展规划和近期经济活动计划。财务预算必须服从公司财务目标的要求，使财务目标具体化、系统化、定量化。

财务预算由一系列反映公司未来一定预算时期内预计财务状况和经营成果，以及现金收支等价值指标的各种预算组成，具体包括现金预算、财务费用预算、预计利润表和预计资产负债表等内容。

同时，财务预算又是公司全面预算的一个重要方面，它与特种决策预算、日常业务预算（即产、销、存预算）相互联系、相辅相成，共同构成公司完整的全面预算体系。

二、财务预算与财务预测

财务预算与财务预测不同。财务预测是指利用公司过去的财务活动资料，结合市场变动情况，对公司未来财务活动的发展趋势做出科学的预计和测量。

财务预测的任务是：通过测算公司财务活动的数据指标，为公司决策提供科学依据；通过测算公司财务收支变动情况确定公司未来的经营目标；通过测算各项定额和标准，为编制计划、分解计划指标提供依据。

因此，财务预测是进行财务预算的前提条件，而财务预算是将公司财务预测结果具体化、系统化、指标化的过程。财务预算的编制需要以财务预测的结果为根据，并受到财务预测质量的制约。

财务预测的内容涉及公司资本运作活动的全过程，一般包括流动资产需要量的预测、固定资产需要量的预测、成本费用预测、销售收入预测、利润总额与分配预测以及有关长短期投资预测等。

三、财务预算的特征

财务预算具有综合性、导向性的特征。

（一）综合性

财务预算的综合性是相对于公司日常业务预算而言的。

对于日常业务预算而言，无论是生产预算还是销售预算，无论是流量预算还是存量预算，除涉及成本、价格等价值指标外，更主要的是产、销、存的数量、结构等实物性指标的预算。由于这些实物性指标的一个重要特征就是不能直接加总，而必须按不同产品分别计量，因而决定了公司日常业务预算具有相对具体性的特征。不仅如此，就成本、价格等价值性指标来说，它们也是一些分项目、分品种的具体性指标。如生产成本既要按品种编制单位成本计划，又要按成本项目编制直接材料预算、直接人工预算和制造费用预算；再如产品销售价格，不仅要按品种进行计划，而且还应按不同质量等级、不同销售渠道（是内部转移还是对外销售）等分别予以制定。

相比之下，财务预算中，无论是利润预算还是现金流量预算，均是以货币为计量单位的价值预算。价值的抽象性特征，决定了不同产品、不同经营项目以及不同财务事项的数量方面能够直接汇总成为综合性的财务指标。不仅如此，就财务预算指标的设置而言，为便于其与实际指标的对比分析，通常要求与财务报表项目的口径保持一致。而我们知道，财务报表的每一个项目均是公司经营及财务活动某一特定方面数量状况的综合反映。所以，据此设置的财务预算指标无疑具有综合性的特征。

（二）导向性

公司财务管理是以公司财务目标为导向的，而公司财务预算是财务目标的具体化，因此财务预算具有导向性的特征。这里所说的以财务目标为导向，是指公司的一切经济活动均从公司的财务目标出发，以实现公司财务目标为最终目的。以财务目标为起点进行层层分解所形成的控制指标体系中，财务预算的利润预算指标就是财务目标中收益目标的具体化，现金流量预算及资本结构预算则是财务目标中风险控制目标的具体化。这两个方面综合起来，就体现了收益与风险的最佳组合——公司价值最大化的目标要求。财务预算的这一属性决定了其对公司经济活动的导向作用，是财务目标导向作用的具体实现程序。如果说财务目标属于总体上的观念导向，那么财务预算则是具体层次上的行为导向。这种行为导向主要体现为公司的一切经济活动均应以预算指标为控制依据，以实现预算指标为最终目的。

四、财务预算的意义和作用

（一）财务预算的意义

财务预算是公司全面预算体系中的重要组成部分，它对于使公司决策目标具体化、系统化和定量化具有重要意义。在现代公司财务管理中，财务预算能够全面、综合地协调、规划公司内部各部门、各层次的经济关系与职能，使之统一服从于未来经营总体目标的要求；同时，财务预算又能使决策目标具体化、系统化和定量化，能够明确规定公司有关生产经营人员各自职责及相应的奋斗目标，做到人人事先心中有数。财务预算作为全面预算体系中的最后环节，可以从价值方面总括地反映经营期特种决策预算与业务预算的结果，使预算执行情况一目了然。

财务预算对于顺利实现公司财务目标具有重要意义。通过财务预算，可以建立评价公司财务状况的标准。将实际数与预算数对比，可及时发现问题和调整偏差，使公司的经济活动按预定的目标进行，从而实现公司的财务目标。

（二）财务预算的作用

财务预算的作用主要表现在以下五个方面：

1. 明确工作目标

财务预算作为一种以价值尺度编制的计划，规定了公司一定时期内的总目标以及各级各部门的具体财务目标。这样就可使各个部门从价值上了解本单位的经济活动与整个公司经营目标之间的关系，明确各自的职责及其努力方向，从各自的角度去完成公司总的战略目标。

2. 协调部门关系

财务预算可以将公司各方面的工作纳入统一计划，促使公司内部各部门的预算相互协调，环环紧扣，达到平衡，在保证公司总体目标最优的前提下，组织各自的生产经营活动。例如，多数日常公司业务预算需要在反映具体业务的同时，反映现金收支情况。

3. 提高资源分配效率

任何公司不论规模大小，它所拥有的人力、物力和财力等资源都是相对有限的，因此公司总是希望能以较少的资源投入获取较大的产出。为了达到这一目的，公司可以通过账务预算来将资源有效地分配给获利能力相对较高的部门、项目或产品，提高效率，避免浪费。

4. 控制日常活动

编制预算是公司经营管理的起点，也是控制日常经济活动的依据。在预算的执行过程中，各部门应通过计量、对比，及时揭露实际脱离预算的差异并分析其原因，以便采取必要措施，消除薄弱环节，保证预算目标的顺利完成。

5. 作为业绩考核标准

公司财务预算确定的各项指标，也是考核各部门工作成绩的基本尺度。在评定各部门工作业绩时，要根据财务预算的完成情况，分析偏离预算的程度和原因，划清责任，奖罚分明，促使各部门为完成预算规定的目标努力工作。

五、全面预算体系

（一）全面预算的概念

全面预算是根据公司目标所编制的经营、资本、财务等年度收支计划，即以货币及其他数量形式反映的有关公司未来一段时期内全部经营活动各项目标的行动计划和相应措施的数量说明。全面预算由各种具体预算组成，形成一个完整的预算体系。

（二）全面预算的内容

全面预算具体包括特种决策预算、日常业务预算与财务预算。

特种决策预算是指公司不经常发生的、需要根据特定决策临时编制的一次性预算。特种决策预算包括经营决策预算和投资决策预算两种类型。

日常业务预算是指与公司日常经营活动直接相关的经营业务的各种预算，主要包括销售预算、生产预算、直接材料耗用量及采购预算、应交增值税、销售税金及附加预算、直接人工预算、制造费用预算、产品成本预算、期末存货预算、销售费用预算、管理费用预算等内容。

财务预算以价值形式综合反映公司特种决策预算和日常业务预算的结果，也称为总预算，包括现金预算、预计利润表预算、预计资产负债表预算、预计现金流量表预算和资本支出预算等。

全面预算体系以销售预算为起点，以预计财务报表预算为终点。

（三）财务预算在全面预算体系中的地位与作用

财务预算作为全面预算体系中的最后环节，可以从价值方面总括地反映经营期间的决策预算与业务预算的结果，亦可称为主要预算，其余预算则相应称为辅助预算。因此，它在全面预算体系中占有举足轻重的地位。

（四）财务预算与日常业务预算的联系

财务预算尽管具有不同于公司日常业务预算的特征，但它与公司日常业务预算又具有不可分割的联系。这种联系从总体上说，就是财务预算的编制应以公司日常业务预算为基础，其具体表现在：

（1）在编制资本支出预算时，首先需要根据公司日常业务预算中的长期销售预算制定公司的生产经营能力规划，再根据生产经营能力规划来制定资本支出预算。

（2）在编制现金预算时，首先需要编制销售量及销售收入、生产量及生产成本、销售费用及管理费用等方面的公司日常业务预算，在此基础上，再结合公司的收付结算方式以及期初现金存量等编制公司的现金收支预算。

（3）在编制财务预算报表时，首先需要根据公司日常业务预算中的收入预算和成本、费用预算编制预计利润表和现金预算表，再根据预计利润表和现金预算表编制预计资产负债表。上述财务预算与公司日常业务预算的关系可以用图 10 - 1 表示。

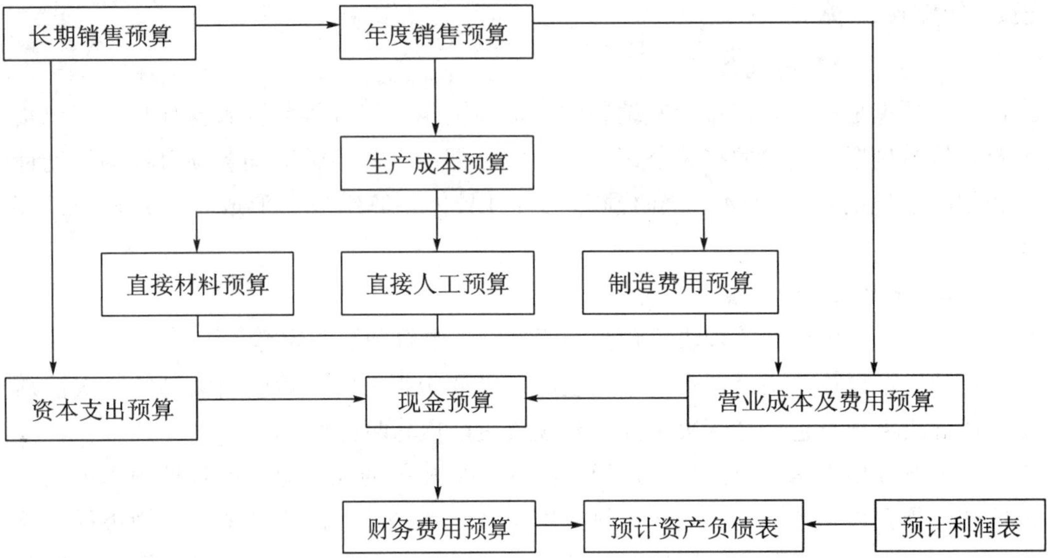

图 10 - 1　全面预算体系

六、财务预算体系

财务预算既是全面预算的构成内容，同时它本身又是由若干专门预算所构成的一套预算体系。这些专门预算主要有财务规划、资本预算、现金预算等。

（一）财务规划

财务规划是有关公司未来发展的财务战略或政策，它一般包括两个基本要素：一是公司财务目标；二是实现财务目标的行为方案。这里的财务目标不仅指公司价值最大化之类的抽象的总体目标，而且包括在总体目标约束下的若干具体目标，如绩效增长率目标、资本结构优化目标等。行为方案则是指与特定财务目标相适应，并符合相关法律规范的行为计划，如为实现绩效增长率目标的资产经营行为计划，为实现资本结构优化目标的筹资及股利分配行为计划等。由此可见，公司制定财务规划的主要作用一方面在于为公司财务活动指明具体的努力方向，另一方面在于通过将财务规划具体化为短期财务计划，为公司的财务活动过程提供控制依据，以实现财务行为的合理化。

相对于其他专项预算而言，公司财务规划具有以下两项特征：

1. 战略性

战略性即公司财务规划作为对公司重大财务问题所确立的目标及相应的行为方案，其对公司的指导和约束既具有全局性，又具有长期性。进一步说，财务规划合理与否，不仅影响公司内部能力利用能否平衡，利益关系能否协调，而且决定着公司的发展方向和发展速度。

2. 综合性

财务规划作为具有战略性的长期发展计划，其每一项内容均综合地反映了公司财务或经营的某一方面，甚至是所有方面。例如长期销售规划综合反映了公司对市场未来趋势的预测、生产能力及其利用的评估，以及经营结构的安排和调整等。资本结构规划则综合地反映了公司财务及经营的所有方面，包括资本的筹集与使用、收益的形成与分配以及现金流量的状况与趋势等。

（二）资本预算

资本预算就是对资本性支出（即项目投资支出）及其预期效益进行预计和测算。它是公司财务预算体系的又一项重要构成内容，其作用在于为项目支出的控制和项目效益的评价提供依据。资本预算方法可划分为贴现法和非贴现法两大类，其中贴现法有净现值法、内含报酬率法以及获利能力指数法等，非贴现法则主要有回收期法、投资收益率法等。

资本预算尽管是以项目的现金流量预测为基础的一项专门预算，但与一般意义上的现金预算（即以经营为基础的现金预算）比较，却具有以下几个方面的特征：

1. 涉及时间相对较长

资本预算作为对项目投资的支出与预期效益的测算，所涉及的时间不仅包括项目的建设期或开发期，而且还包括项目的整个寿命周期。

2. 经济意义相对重大

资本预算作为为项目投资决策提供依据的一项专门预算，其是否准确、可靠，直接影响投资项目的预期效益。由于项目投资具有投资额大的特点，因此若资本预算不准确，就可能导致投资决策失误而使公司为此付出昂贵的代价，甚至可能导致公司因投资失败而陷入清算。

3. 运用方法相对特殊

由于资本预算涉及的时间较长，因此在进行预算时通常需要考虑资金的时间价值因素，具体体现在预算方法的选择上，应更多地考虑选用能够反映资金价值可比性要求的贴现法，如净现值法、内含报酬率法等。

（三）现金预算

现金预算就是对公司一定期间经营现金收支以及现金余缺所进行的预计和安排。其具体内容包括现金收支的测算、现金余缺的计算、现金余缺的筹集与运用。

相对于上述两项预算，现金预算的特点在于：

1. 以业务预算为编制基础

公司在编制现金预算之前，应当先编制同一期间的销售预算和生产预算，分别确定销售的预计现金流入和成本、费用的预计现金流出，在此基础上，再结合筹资、投资、税收缴纳及股利分配等方面的计划汇总编制现金预算。

2. 以会计期间为时间单位

现金预算作为日常现金收支控制和考核的依据，一方面要求其数据相对准确、可靠，另一方面则要求其涵盖时间与考核期间保持一致。而要确保预算数据准确、可靠，其前提是预算所依据的环境可以预测，并具有相对确定性，这就要求预测的外推时间应限定在短期范围内(财务上的短期通常指不超过一年的一定期间)，否则就可能因时间长、不确定因素增多而影响预算的可靠性。再从考核时间看，公司一般也是以会计报告期(年度)为时间单位，即将会计报告期内现金收支的实际核算资料与预算比较，对现金收支的控制绩效进行评价和考核。这就进一步说明了以会计期间作为现金预算的时间单位是一种相对合理的选择。

七、财务预算的日常管理

财务预算制度包含预算政策的制定、预算编制、日常管理及检讨改进四个部分，而其中又以日常管理最为重要，因为它是整个财务预算制度成功的关键。

财务预算的日常管理，通常是指日常管理报表的设计及应用，它的基本要求如下：

(1) 日常管理报表应配合预算项目而设计。一张日常管理报表应该包含多个相关财务预算项目，并且每一个预算项目应有独立的字段，并有小计与合计，以方便进行比较。例如销货收入与销货成本应设计在一张表上，但两者都应有独立字段，并有小计与合计。

(2) 日常管理报表应按时间顺序逐笔填写。通常每笔经济业务均应根据有效凭证顺序填列，资料量太大时可在日统计后填入，但应与明细资料相配合以方便查询。

(3) 日常管理报表应该有相对应的预算字段。

(4) 日常管理报表另需设计异常说明字段。在管理过程中常常会出现一些意想不到的情况，因此需要设计异常说明字段，并规定在何种差异的情形下，必须作异常说明。例如规定差异率在10% 以上或差异金额在5 000 元以上必须说明异常原因及具体对策。

(5) 日常管理报表应有合理的审核流程。为确保各部门在遇到困难时能够被发觉并给予协助，日常管理报表不宜从责任部门直接送给上层管理者，最好先送交预算管理部门审查，在签署意见后，再呈送上层管理者作必要的处理。

（6）重要的日常管理报表可作为公司经营会议的讨论事项，由责任主管提出报告再由相关人员提出意见。总之，日常管理报表是财务预算制度中的控制机制，合理进行日常管理有利于随时发现预算执行时的问题并及时提供协助，以提高预算达成的可能性。

第二节　财务预算的编制方法

财务预算的编制方法按照不同的标准可以分为不同的类型，以下是常见的三组财务预算的编制方法。

一、固定预算与弹性预算

按照业务量基础的数量特征的不同，可以把财务预算的编制方法分为固定预算和弹性预算两大类。

固定预算又称静态预算，是指在编制财务预算时，把公司预算期的业务量固定在某一预计水平上，并以此为基础来确定其他项目预计数的预算编制方法。由于固定预算只是针对某一特定业务量编制的，因此预算范围窄，存在适应性差和可比性差的特点。一旦出现实际业务量与预算业务量差异较大的情况，由于固定预算存在不调整业务量的原因，通常导致以不同业务量为基础计算出来的预算与实际数据不具有可比性的结果，难以准确地说明公司预算的执行情况。

弹性预算是为克服固定预算的缺点而设计的，又称变动预算，是指以业务量、成本和利润之间的依存关系为依据，按照预算期可预见的各种业务量水平为基础，编制能够适应多种情况的财务预算方法。弹性预算把所有的成本按其性态分为变动成本与固定成本进行计算，针对一系列可能达到的预计业务量水平编制预算。与固定预算相比，弹性预算具有预算范围宽、可比性强和便于考核的优点。

编制弹性预算所依据的业务量基础可以是产量、销售量、机器工时、材料消耗量、直接人工工时或直接人工工资等。理论上，这一方法适用于编制全面预算中所有与业务量有关的预算，但实务中则常用于编制弹性成本费用预算和弹性利润预算。

（一）弹性成本预算的编制

1. 弹性成本预算的计算公式

在编制弹性成本预算时，首先按成本性态区分变动成本和固定成本，其中变动成本以单位业务量预算进行控制，而固定成本以总额预算进行控制。预算成本的计算公式如下：

弹性成本预算 = 固定成本总额预算 + $\sum$（单位变动成本预算 × 预计业务量）　（10.1）

设：Y—— 弹性成本预算

X—— 预计业务量

a—— 固定成本总额预算

b—— 单位变动成本预算

则上述公式可简化为

$$Y = a + \sum bX \tag{10.2}$$

2. 业务量的选择

要计算弹性成本预算，选择适当的业务量是十分重要的。选择时应首先确定业务量计量单位，再明确业务量的变动范围。业务量计量单位应根据预算部门的具体情况来选择，例如：只生产单一产品的车间应该选用该产品产量，而生产多种产品的车间则应选择工时，以人力为主的用人工工时，机械化程度高的用机器工时。业务量变动范围是指弹性预算所适用的业务量变动区间，也应根据公司具体情况确定，一般可定在正常生产能力的 70% ~ 120%，也可用历史最高点和最低点为上下限确定。

3. 弹性成本预算的编制方法

弹性成本预算的具体编制方法有两种，一种是公式法，另一种是列表法。

（1）公式法。这是指直接通过基本公式计算不同业务量下成本预算数字的编制方法。在公式法下，只要确定了 a 和 b 两个参数，就可以很容易地计算出在业务量变动范围内任何水平上的各项预算成本。

【例 1】ABC 公司以直接人工工时为业务量单位，确定业务量变动范围为 500 ~ 800 小时，使用公式法计算不同制造费用项目的弹性预算成本。

成本项目分解如表 10 - 1 所示：

表 10 - 1　　ABC 公司制造费用弹性成本预算表

单位：元

成本项目	a	b
管理人员工资	20 000	
固定资产保险费用	3 000	
固定资产日常维修费用	3 000	0.5
水电费	1 000	0.2
检验人员工资		0.6
合计	27 000	1.3

制造费用预算总额公式：$Y = 27\ 000 + 1.3X$

固定资产维修费用预算公式：$Y = 3\ 000 + 0.5X$

水电费预算公式：$Y = 1\ 000 + 0.2X$

检验人员工资预算公式：$Y = 0.6X$

将业务量变动范围500 ~ 800中任意数字带入公式，即可计算出在这一业务量水平下的制造费用总额预算和各成本项目预算。例如，业务量为600小时，则制造费用总额预算为：$Y = 27\ 000 + 1.3 \times 600 = 27\ 000 + 780 = 27\ 780$(元)，以此类推。

这种方法的优点是在选定业务量区间内，预算不受业务量波动的影响，有效地减少了编制的工作量。缺点是在进行预算控制和考核时，不能直接查出某一业务量水平下的预算数字；分解成本项目比较麻烦，有一定误差存在。

在实际工作中，可以结合列表法克服以上缺点。

(2) 列表法。这是指通过列表的方式，在选定的业务量变动范围内，每间隔特定业务量就计算出各成本项目的预算数字，以此形成弹性成本预算的编制方法。

沿用上例，以100小时为间隔列表如表10 - 2所示：

表10 - 2　　ABC公司制造费用弹性成本预算表

单位：元

直接人工小时	500小时	600小时	700小时	800小时
管理人员工资	20 000	20 000	20 000	20 000
固定资产保险费用	3 000	3 000	3 000	3 000
固定资产日常维修费用	3 250	3 300	3 350	3 400
水电费	1 100	1 120	1 140	1 160
检验人员工资	300	360	420	480
制造费用合计	27 650	27 780	27 910	28 040

显然，业务量的间隔越小，实际业务量水平出现在预算表中的可能性越大，同时预算工作量也越大。因此，列表法的优点是：可以直接从表中查出不同业务量水平下成本预算数字，便于比较和考核，在一定程度上弥补了公式法的不足。其缺点是：在成本项目较多、业务量间隔较小的情况下，预算工作量较大，且并不能包含所有的业务量水平，适用范围较小。

(二) 弹性利润预算的编制方法

弹性利润预算是指为适应多种业务量的变化，根据业务量、成本和利润之间的相互关系进行的利润预算的编制。其编制基础是弹性成本预算，主要预算项目包括销售量、价格、单位变动成本、边际贡献和固定成本。弹性利润预算的编制方法有因素法和百分比法两种。

1. 因素法

这一方法类似于上述内容中的列表法，在确定业务量间隔的前提下，计算出不同业务量水平下的收入、成本、边际贡献等因素，列表反映不同的利润预算数字。

【例 2】ABC 公司预计 2020 年 A 产品的销售量在 200 ~ 300 件，产品单价为1 000 元，单位变动成本为 500 元，固定成本总额为 50 000 元。以 50 件为间隔编制该产品的弹性利润预算。

依题意编制的弹性利润预算表如表 10 - 3 所示：

表 10 - 3　　　ABC 公司弹性利润预算表

单位：元

销售量	200 件	250 件	300 件
产品单价	1 000	1 000	1 000
单位变动成本	500	500	500
销售收入	200 000	250 000	300 000
减：变动成本	100 000	125 000	150 000
边际贡献	100 000	125 000	150 000
减：固定成本	50 000	50 000	50 000
营业利润	50 000	75 000	100 000

参照上表，可分别编制不同产品单价、单位变动成本或固定成本水平下的弹性利润预算表，从而形成一个完整的利润预算体系。

因素法具有直观、便于查找数据和进行比较与控制的优点，缺点是预算工作量较大，适用于经营产品品种单一的公司。

2. 百分比法

百分比法又称销售额百分比法，是按公司预算年度可能实现的总销售额的不同百分比来编制弹性利润预算表的方法。在真实的市场环境中，大多数公司都经营多种产品品种，分别按品种逐一编制弹性利润预算是不现实的，工作量太大。因此针对多品种经营的公司，可以采用百分比法对所有产品的总销售额或几个产品大类的销售额编制弹性利润预算。

【例 3】ABC 公司是一家多品种经营的公司，预计 2022 年度总销售额达到 100% 时的销售收入为 1 000 000 元，变动成本总额为 500 000 元，固定成本为 200 000 元。预计总销售额百分比变动的范围为 90% ~ 110%，以 10% 为间隔为公司编制弹性利润预算。

依题意编制的弹性利润预算表如表 10 - 4 所示：

表 10-4　　ABC 公司弹性利润预算表

单位：元

总销售额百分比	90%	100%	110%
销售收入	900 000	1 000 000	1 100 000
减：变动成本	450 000	500 000	550 000
边际贡献	450 000	500 000	550 000
减：固定成本	200 000	200 000	200 000
营业利润	250 000	300 000	350 000

在预计公司总销售额变动的范围时要注意变动的幅度，不能影响公司正常的成本水平，包括单位变动成本和固定成本总额，一旦变动幅度过大，成本水平发生变化，预算就会产生较大的误差。这一方法具有综合性的优点，主要适用于多品种经营的公司，适用范围较大。

二、增量预算和零基预算

增量预算和零基预算都是编制成本费用预算的方法，其主要区别在于编制预算的出发点的特征不同。增量预算是以基期成本费用水平为基础，零基预算是一切从零开始。

（一）增量预算

增量预算又称调整预算，是指在以往会计期间成本费用水平的基础上，结合预算期业务量水平及有关影响成本因素的未来变动情况，通过调整原有关成本费用项目来编制预算的方法。

增量预算必须在以下假设的基础上使用：

（1）现有的业务活动对公司必不可少，只有保留所有现有业务，公司的生产经营才能得到正常发展。

（2）以往会计期间的各项成本费用开支都是合理的，必须予以保留。

（3）预算期的成本费用项目没有大的变动，成本费用数额的变化可以在现有项目的基础上调整得到。

由以上假设可以看出，增量预算的局限性较大，具有明显的缺点，不适应快速变化的公司内部环境和外部环境。

增量预算法的主要缺点是：第一，受现有成本费用项目的限制，预算结果可能保守落后；第二，滋长预算中的“平均主义”和“简单化”，无法体现公司的发展变化对预算的影响；第三，长期使用将不利于公司未来的发展。

（二）零基预算

零基预算，又称零底预算，是指在编制成本费用预算时，不考虑以往会计期间的情况如何，将所有的预算支出均以零为出发点，从实际需要与可能出发，逐项研究分析预算期内各项成本费用项目的内容及开支标准是否合理，在综合平衡的基础上编制成本费用预算的一种方法。

零基预算与传统的增量预算不同，提出了新的预算编制观念，不再以历史数据为基础进行调整，而是一切从零开始，破而后立。编制预算时不再照搬现有成本费用项目，而是重新研究分析，确定各个成本费用项目是否应该存在，然后按项目的轻重缓急重新排列，重新编制公司的成本费用预算。

零基预算的编制程序是：第一步，公司全体讨论现有成本费用项目，初步选定新的项目；第二步，在新项目中区分必要项目和不必要项目，极力压缩不必要项目的支出；第三步，将留存下来的项目按轻重缓急进行排序，形成新的成本费用项目列表。

零基预算的优点是：第一，不受现有成本费用开支水平的限制，可以根据公司的实际情况增减成本费用开支项目；第二，通过全体讨论，能够调动公司各部门所有员工降低成本费用的积极性，有助于公司的长期发展。

当然，零基预算的工作量大，编制预算所需的时间较长，对于规模较小的公司，实施难度较大。公司应该结合自身的实际情况和发展阶段，量力而行，不一定完全采用零基预算，变化不大的业务项目可以采用增量预算，可能发生重大变化的业务应进行零基预算以保证预算的合理性。

零基预算特别适用于业务变化较大、投入产出较难分辨的服务业公司进行成本费用预算的编制。

【例 4】ABC 公司以往年度均采用增量预算法编制费用预算表，今年通过与行业平均水平比较，发现历年来公司的费用开支情况严重超标，其中业务招待费、办公费、广告费、保险费尤其严重。公司决定使用零基预算法对上述项目编制 2022 年度费用预算表。经相关人员讨论确定上述费用在预算年度的开支水平如表 10 - 5 所示：

表 10 - 5　　ABC 公司 2022 年度预计费用开支表（部分）

单位：元

费用项目	开支金额
业务招待费	180 000
办公费	120 000
广告费	400 000
保险费	200 000
合计	900 000

经过相关人员充分讨论后明确以下情况：第一，以上四项费用开支均必不可

少，是公司生产经营必需的费用项目；第二，其中的办公费和保险费开支必须得到全额保证，而业务招待费和广告费还有一定的压缩空间。根据成本 - 效益分析得出业务招待费的成本 - 效益比是1∶4(投入1元成本可以得到4元收益)，广告费的成本 - 效益比是1∶2。由此，可以排出四个项目的轻重缓急顺序：办公费和保险费在预算期是必要的，且需要全额保证，属于必要的固定成本支出，列第一个层次；业务招待费和广告费均可压缩，可以根据预算期公司资金状况调整，属于必要可变支出，其中业务招待费的成本 - 效益比较高，更重要，列第二层次；广告费的成本 - 效益比较低，列第三层次。

假设公司预算年度对四项费用开支的预计投入资金为500 000元，根据排序分配资金，最终计算得出的费用预算金额如下：

(1) 确定必要的固定成本支出的预算金额：

120 000 + 200 000 = 320 000(元)

(2) 确定剩余可分配预算金额：

500 000 - 320 000 = 180 000(元)

(3) 按成本 - 效益比将剩余金额在业务招待费和广告费之间进行分配：

业务招待费预算金额：180 000 × 4 ÷ (4 + 2) = 120 000(元)

广告费预算金额：180 000 × 2 ÷ (4 + 2) = 60 000(元)

在实务中，一些成本费用项目的成本 - 效益关系并不容易确定，无法得出明确的数据，公司应根据需要和可能合理地进行估计。在使用零基预算时，不可机械地平均分配预算资金，而应依据公司的生产经营目标，有重点、有选择地确定预算项目，分配预算资金，保证重要项目的资金需要。

三、定期预算和滚动预算

按预算期时间特征的不同，编制预算的方法可分为定期预算和滚动预算两大类。

(一) 定期预算

定期预算，是一种以不变的会计期间(如自然年度)作为预算期编制预算的方法，因此以会计年度为单位编制的各类预算都是定期预算。

定期预算的主要优点是能够使预算期与会计年度相符合，便于公司考核和评价预算的执行结果。

定期预算的缺点是：第一，以不变的会计期间为预算期，一般最长为年度预算，因此预算期无法覆盖多个自然年度，不具备战略性和长期指导性；第二，预算期固定可能导致公司不能随情况的变化及时调整预算，缺乏灵活性；第三，每一会计期间结束才重新制定新的预算，如果会计期间较长(如以年度为预算期)可能使预算的连续性变差。

（二）滚动预算

滚动预算又称永续预算，是指在编制预算时，将预算期与会计年度脱离，随着预算的执行不断延伸，同时调整补充预算，逐期向后滚动，使预算期永远保持为一个固定期间的预算编制方法。其主要特点在于：不将预算期与会计年度挂钩，而是始终保持十二个月，每过去一个月，就根据新的情况调整和修订后一个月或几个月的预算，并在原预算基础上增加下一个月的预算，从而逐期向后滚动，连续不断地以规划公司未来的生产经营活动。

滚动预算与定期预算的主要区别是：滚动预算不将预算期与会计年度挂钩，而是连续不断向后滚动，始终保持十二个月；而定期预算一般是以会计年度为单位定期编制预算。

与传统的定期预算相比，采用滚动预算法编制的预算具有透明度高、及时性强、连续性好、完整、稳定等突出的优点。其缺点则是预算工作量大，每一个月都要调整修订原预算，并在此基础上增加新的预算。

滚动预算按其编制预算和逐期滚动的时间间隔不同，可以分为逐月滚动预算、逐季滚动预算和混合滚动预算三种。

1. 逐月滚动预算

逐月滚动预算是在编制预算的过程中，以月份为预算期和滚动期，每一个月调整修订一次预算的编制方法。

假设某公司使用逐月滚动预算法编制预算，则在 2021 年 1 月末就需要根据当月的预算执行情况调整和修订 2 月至 12 月的预算，同时补充增加 2022 年 1 月份的预算；2021 年 2 月末，则根据当月预算执行情况，调整 3 月份至 2022 年 1 月的预算，同时增加 2022 年 2 月份的预算；以此类推。

逐月滚动预算的预算结果比较精确，但预算工作量较大，公司应视情况采用。

2. 逐季滚动预算

逐季滚动预算是在编制预算的过程中，以季度为预算期和滚动期，每季度调整修订一次预算的编制方法。

假设某公司使用逐季滚动预算法编制预算，在 2021 年第 1 季度末就需要根据当季的预算执行情况调整和修订第 2 季度至第 4 季度的预算，同时补充增加 2022 年第 1 季度的预算；2021 年第 2 季度末，则根据当季预算执行情况，调整第 3 季度至 2022 年第 1 季度的预算，同时增加 2022 年第 2 季度的预算；以此类推。

逐季滚动预算与逐月滚动预算相比，预算期和滚动期更长，因此编制预算的工作量大大减少，但同时，预算结果的精确度也下降了。

3. 混合滚动预算

混合滚动预算是在编制预算的过程中，同时使用月份和季度作为预算期和滚动期的预算编制方法，是一种变通的方式。

混合滚动预算法的理论依据是：人们对未来的预测通常具有对近期事项预测较

准、对远期事项预测不准的特征，公司管理层及员工也不例外。为了一方面保证预算的相对精确度，另一方面合理地减少预算工作量，保证预算工作的效率，在实际编制预算时不妨“远略近详”。对近期预算采用逐月滚动提高精确度，使预算内容相对详细；对远期预算则采用逐季滚动，降低预算精确度，使预算内容相对简单，同时大大减少预算工作量，提高工作效率。

假设某公司使用混合滚动预算法编制预算，对 2021 年度 1 月份至 3 月份逐月编制详细预算，4 月份至 12 月份则按季度编制粗略预算；3 月末根据第 1 季度的预算执行情况，编制 4 月份至 6 月份的详细预算，并调整和修订第 3 季度至第 4 季度的预算，同时补充增加 2022 年第 1 季度的预算；以此类推。

在实务中，公司具体采用哪一种滚动预算法应由公司管理层根据公司的实力、目标和需要确定，在选择时一定要注意结合成本 - 效益原则综合考虑。

第三节 财务预算的编制

公司财务预算的编制具体包括现金预算和财务费用预算的编制、预计财务报表的编制，其中预计财务报表主要由预计利润表和预计资产负债表组成。

一、现金预算和财务费用预算的编制

（一）现金预算

现金预算亦称现金收支预算，或现金收支计划，是反映公司现金收支情况的预算，需要以日常业务预算和特种决策预算为依据编制。

（二）现金预算的意义

1. 提高公司规避财务风险的能力

在市场经济条件下，公司面临各种各样的风险，而其中对公司影响最大的则属财务风险。财务风险最主要的表现形式就是支付风险，这种风险是由公司未来现金流量的不确定性与债务到期日之间的矛盾引起的。许多公司正是没有处理好二者之间的关系，影响公司的正常生产经营活动，甚至破产。

现金预算可以预测未来时期公司对到期债务的直接偿付能力，直接揭示出公司现金短缺的时期，使财务管理部门能够在短缺时期来临之前安排筹资，避免在债务到期时因无法偿还而影响公司的信誉，有效地降低了公司的财务风险。

2. 促进公司内部各部门间的合作与交流，减少部门间的冲突与矛盾

现金预算是以销售预算、生产预算、直接材料预算等各项日常经营预算为基础的，这就需要公司加强内部各部门之间的沟通交流，相互之间提出改进建议，明确各部门的责任，调动各部门的积极性，为公司搞好现金预算奠定基础。

3. 提供公司绩效评价标准，便于考核、强化内部控制

在组织规模增大、结构日趋复杂的大型公司管理中，由于现金流量与公司的生存、发展、壮大息息相关，所以公司越来越关注现金流量信息。实践证明公司对现金流量的管理与控制已成为财务管理的关键。

（三）编制现金预算的步骤

1. 确定现金收入

现金收入包括期初现金余额和预算期现金收入。预算期现金收入的主要来源是销货收入。期初现金余额是在编制预算时预计的；销货现金收入的数据来自销售预算；可供使用现金是期初现金余额与预算期现金收入之和。

2. 计划现金支出

现金支出包括预算的各项现金支出。其中直接材料、直接人工、制造费用、销售费用和管理费用的数据，分别来自有关日常业务预算；所得税、购置设备、股利分配等现金支出的数据分别来自另行编制的专门预算。

3. 编制现金预算表

现金预算表由现金收入、现金支出、现金多余或不足、资金的筹集和运用四个部分组成。现金收入和现金支出部分的内容已经在前面进行了说明，下面具体介绍现金多余或不足、资金筹集和运用的内容。

现金多余或不足是现金收入合计与现金支出合计的差额。

资金筹集和运用是指在现金有多余的情况下，可将多余现金用于偿还借款或用于短期投资；在现金不足的情况下，需要向银行取得新的借款来补足现金。

将四个部分的内容按项目顺序列示即可编制出现金预算表。现金预算表的编制举例如下：

【例5】ABC公司准备编制2022年12月份的现金预算表。预计2022年12月月初的现金余额为8 000元；月初应收账款为4 000元，预计月内可收回80%；本月销货50 000元，预计月内收款比例为50%；本月采购材料8 000元，预计月内付款70%；月内以现金支付工资8 400元；本月支付制造费用4 000元、管理费用4 000元、销售费用8 000元；支付流转环节税金1 900元；购买设备支付现金10 000元；支付短期借款利息150元，长期借款利息400元。公司现金不足时，可向银行借款，借款金额为1 000元的倍数；现金多余时可购买有价证券。要保证月末预计现金余额不低于5 000元。要求：编制ABC公司2022年12月份的现金预算表。

ABC公司2022年12月份的现金预算表如表10－6所示：

表 10－6 ABC 公司 2022 年 12 月份现金预算表

单位：元

项目	金额
期初现金余额 加：销货现金收入 可供使用现金	8 000 28 200 36 200
减：现金支出 直接材料 直接人工 制造费用 管理费用 销售费用 流转环节税金 所得税 设备购置 股利 支出合计	 5 600 8 400 4 000 4 000 8 000 900 0 10 000 0 41 900
现金多余或不足	－5 700
资金筹集和运用 加：向银行借款 减：归还借款 支付利息	 12 000 0 550
期末现金余额	5 750

（四）编制财务费用预算

财务费用预算是指反映预算期内因筹措使用资金而发生财务费用水平的一种预算。就其本质而言该预算属于日常业务预算，但由于该预算必须根据现金预算中的资金筹集和运用的相关数据来编制，故将其纳入财务预算的范畴。

沿用上例，编制 ABC 公司 2022 年 12 月份财务费用预算表，如表 10－7 所示：

表 10－7 ABC 公司 2022 年 12 月份财务费用预算表

单位：元

项目	金额
支付短期借款利息	150
支付长期借款利息	400
支付公司债券利息	0
支付利息合计	550
减：资本化利息	0
预计财务费用	550

二、预计财务报表的编制

（一）编制预计利润表

预计利润表是以货币形式综合反映预算期内公司生产经营活动成果（包括利润总额、净利润）预计水平的一种财务预算报表。

预计利润表需要在销售预算、产品成本预算、应交税费及附加预算、销售费用预算、管理费用预算和财务费用预算等日常业务预算的基础上编制。

（二）编制预计资产负债表

预计资产负债表是用于总括反映公司预算期末财务状况的一种财务预算报表。

预计资产负债表中除上年期末数已知外，其余项目均应在各项日常业务预算和特种决策预算的基础上分析填列。

（三）预计财务报表编制举例

【例6】ABC公司2021年利润表和资产负债表如表10－8和表10－9所示：

表10－8　利润表

编制单位：ABC公司　　2021年度　　单位：元

项目	金额
营业收入	20 000 000
减：营业成本	12 000 000
流转环节税金（税率5%）	1 500 000
销售费用	900 000
管理费用	600 000
财务费用	200 000
营业利润	4 800 000
减：所得税费用（税率25%）	1 200 000
净利润	3 600 000

表10－9　资产负债表

编制单位：ABC公司　　2021年12月31日　　单位：元

资产	金额	负债及所有者权益	金额
货币资金	1 500 000	短期借款	1 000 000
应收账款	3 600 000	应付账款	1 100 000
存货	3 000 000	长期借款	6 000 000
流动资产合计	8 100 000	负债合计	8 100 000
固定资产原值	15 200 000	实收资本	7 600 000

表10-9(续)

资产	金额	负债及所有者权益	金额
减：累计折旧	5 800 000	资本公积	800 000
固定资产净值	9 400 000	留存收益	1 600 000
无形资产	600 000	所有者权益合计	10 000 000
资产合计	18 100 000	负债及所有者权益合计	18 100 000

其他数据资料如下：

(1) 公司2022年度销售收入的预计增长率为10%。

(2) 公司为扩大生产规模，计划于2022年6月投资3 500 000元购置设备。

(3) 公司拟通过有效措施，在2021年的基础上，将营业成本率(营业成本 ÷ 营业收入) 降低5%。销售费用率(销售费用 ÷ 营业收入) 降低10%，管理费用降低5%。

(4) 公司根据经营的季节性特点，预计营业收入在第四季度实现全年的30%，销售的收现比率为60%，收账期限为90天。

(5) 公司全年材料采购总额为7 000 000元，第四季度采购占全年的30%，赊账比率为60%，付账期限为90天。预计2022年度生产耗用原材料7 500 000元。

(6) 费用除折旧费用和无形资产摊销费用外，均在当年全额付现。全年折旧费预计为2 500 000元(其中，生产用固定资产折旧费为1 600 000元，管理用固定资产折旧费为900 000元)，无形资产摊销为30 000元。

(7) 假定公司期初存货中，除在当期耗用材料外，其他项目的数额年度内保持不变，当期生产产品全部销售，没有留存。

(8) 所得税按利润总额的25%计提。

(9) 公司按税后净利的60%对外分配现金股利。

(10) 假定公司短期借款的规模持续保持现有水平，2022年12月31日报表所列长期借款期限在一年以上，并未借入新的长期借款。

(11) 公司按2021年12月31日负债规模与结构测算的年利息支出额为380 000元。

根据以上数据资料，编制公司2022年度预计利润表和2022年12月31日的预计资产负债表(如表10-10和表10-11所示)。

预计利润表中：

(1) 营业收入 = 20 000 000 × (1 + 10%) = 22 000 000(元)

(2) 营业成本 = 12 000 000 ÷ 20 000 000 × (1 - 5%) × 22 000 000
　　　　　= 12 540 000(元)

(3) 流转环节税金 = 22 000 000 × 5% = 1 100 000(元)

（4）管理费用 = 600 000 ×（1 - 5%）= 570 000（元）

（5）销售费用 = 900 000 ÷ 20 000 000 ×（1 - 10%）× 22 000 000 = 891 000（元）

（6）财务费用为按 2021 年末负债规模及结构测算的数据，即 380 000 元。

表 10 - 10 **预计利润表**

编制单位：ABC 公司 2022 年度 单位：元

项目	金额
营业收入	22 000 000
减：营业成本	12 540 000
流转环节税金（税率 5%）	1 100 000
销售费用	891 000
管理费用	570 000
财务费用	380 000
营业利润	6 519 000
减：所得税费用（税率 25%）	1 629 750
净利润	4 889 250

预计资产负债表中：

（1）应收账款 = 22 000 000 × 30% × 60% = 3 960 000（元）

（2）存货 = 3 000 000 + 7 000 000 - 7 500 000 = 2 500 000（元）

（3）固定资产原值 = 15 200 000 + 3 500 000 = 18 700 000（元）

（4）累计折旧 = 5 800 000 + 2 500 000 = 8 300 000（元）

（5）无形资产 = 600 000 - 30 000 = 570 000（元）

（6）应付账款 = 7 000 000 × 30% × 60% = 1 260 000（元）

（7）新增留存收益 = 4 889 250 ×（1 - 60%）= 1 955 700（元）

（8）货币资金采用倒挤法，在预计出其他项目数值后，用资产合计数减去其他资产项目即可得到货币资金的数值。

货币资金= 20 215 700 - 570 000 - 10 400 000 -（2 500 000 + 3 960 000）
= 2 785 700（元）

表 10 - 11 **预计资产负债表**

编制单位：ABC 公司 2022 年 12 月 31 日 单位：元

资产	金额	负债及所有者权益	金额
货币资金	2 785 700	短期借款	1 000 000
应收账款	3 960 000	应付账款	1 260 000
存货	2 500 000	长期借款	6 000 000

表10-11(续)

资产	金额	负债及所有者权益	金额
流动资产合计	9 245 700	负债合计	8 260 000
固定资产原值	18 700 000	实收资本	7 600 000
减：累计折旧	8 300 000	资本公积	800 000
固定资产净值	10 400 000	留存收益	3 555 700
无形资产	570 000	所有者权益合计	11 955 700
资产合计	20　215 700	负债及所有者权益合计	20 215 700

本章小结

财务预算是公司财务计划的表现形式，属于公司计划体系的重要组成内容，是以货币表现的公司长期发展规划和近期经济活动计划。财务预算由一系列反映公司未来一定预算时期内预计财务状况和经营成果，以及现金收支等价值指标的各种预算组成，具体包括现金预算、财务费用预算、预计利润表和预计资产负债表等内容。

财务预算具有综合性、导向性的特征。财务预算具有明确的工作目标：协调部门关系，提高资源分配效率，控制日常活动，提供考核业绩标准等。

全面预算是以货币及其他数量形式反映的有关公司未来一段时期内全部经营活动各项目标的行动计划和相应措施的数量说明。全面预算具体包括特种决策预算、日常业务预算与财务预算。全面预算体系以销售预算为起点，以预计财务报表为终点。财务预算作为全面预算体系中的最后环节，可以从价值方面总括地反映经营期间的决策预算与业务预算的结果，亦可称为主要预算，其余预算则相应称为辅助预算。

思考题

1. 财务预算具有哪些特征？
2. 简述财务预算的意义和作用。
3. 简述全面预算体系的概念和内容。
4. 财务预算在全面预算体系中处于何种地位？有何作用？
5. 财务预算与日常业务预算有何联系？
6. 增量预算和零基预算各自有哪些优缺点？

练习题

红景公司需要编制2022年第二季度的现金预算，有关资料如下：

(1) 该公司2～7月份的含税销售收入分别为300 000元、400 000元、500 000元、600 000元、700 000元和800 000元。每月的含税销售收入中，当月收到现金60%，下月收到现金30%，下下月收到现金10%。

(2) 该公司4～6月份的制造费用分别为40 000元、45 000元和70 000元，其中包括非付现费用每月10 000元。4～6月份的销售费用分别为25 000元、30 000元和35 000元，每月的非付现销售费用均为5 000元。4～6月份的管理费用均为50 000元，其中包括非付现费用每月20 000元。4～6月支付的增值税、销售税金及附加占当月含税销售收入的10%。

(3) 各月直接材料采购金额按下一个月含税销售收入的60%计算。所购材料款于当月支付现金50%，下月支付现金50%。

(4) 该公司4月份购置固定资产需要现金20 000元。

(5) 该公司在现金不足时，向银行借款(借款为1 000元的倍数)；在现金有多余时，归还银行借款(还款也为1 000元的倍数)。借款在期初，还款在期末，借款年利率为12%，每季度支付利息。

(6) 该公司月末现金金额范围为8 000～10 000元。其他资料见下表。

要求：根据以上资料，完成该公司2022年第二季度现金预算表的编制。

红景公司2022年4～6月份现金预算表

单位：元

项目	4月	5月	6月
期初现金余额	6 300		
加：销货现金收入			
可供使用现金			
减：现金支出			
直接材料			
直接人工	20 000	35 000	39 000
制造费用			
管理费用			
销售费用			
营业税金			
所得税	8 000	8 000	8 000
设备购置			
股利	5 000	5 000	5 000
支出合计			

表(续)

项目	4 月	5 月	6 月
现金多余或不足			
资金筹集和运用 加：向银行借款 减：归还借款 支付利息			
期末现金余额			

第十一章 财务控制

第一节　财务控制概述

一、财务控制的含义、特征及作用

（一）财务控制的含义

财务控制就是依据财务预算目标，按照一定的程序和方式，对公司的资金投入及收益过程和结果进行比较，发现实际偏差与纠正偏差，确保公司及其内部机构和人员全面实现财务预算目标的过程。在公司经济控制系统中，财务控制是连续性、系统性和综合性最强的控制，也是公司财务管理工作的重要组成部分。

财务控制的总体目标是在符合国家法律法规和相关规章制度的基础上，优化公司整体资源综合配置效益。拟定资本保值和增值的委托责任目标与其他各项绩效考核标准来制定财务控制目标，是公司理财活动的关键环节，也是确保实现理财目标的根本保证，所以财务控制将服务于公司的理财目标。从发达国家的经济发展经验来看，公司的财务控制存在着宏观和微观两种不同模式。其中财务的宏观控制主要借助于金融、证券或资本市场对被投资公司直接实施影响来完成，或者通过委托注册会计师对公司实施审计来进行，前者主要反映公司治理制度、资本结构以及市场竞争等对公司的影响，后者实际是外部审计控制。而财务的微观控制则是通过单个公司在内部以财务预算为目标，制订财务控制制度，实施财务控制方法来实现的。

（二）财务控制的特征及作用

财务控制具有以下特征：

（1）财务控制以价值形式为控制手段；

（2）财务控制的对象是不同岗位、部门和层次的不同经济业务；

（3）财务控制的主要内容是控制日常现金流量。

财务控制是公司内部控制的一个重要组成部分，是内部控制在资金和价值方面的体现，因此可以说是内部控制制度的核心。

财务控制以确保单位经营的效率性和效果性、资产的安全性、经济信息和财务报告的可靠性为目的。其作用主要有以下三方面：

（1）有助于实现公司经营方针和目标，既是工作中的实时监控手段，也是评价标准；

（2）保护公司各项资产的安全和完整，防止资产流失；

（3）保证业务经营信息和财务会计资料的真实性和完整性。

但是，财务控制也有其局限性，受成本效益原则的局限，公司不能脱离自身的实际情况和管理水平来进行财务控制；财务人员的素质会影响财务控制的效果，如果财务控制人员判断错误、忽略控制程序或人为作假，都会导致财务控制失灵；由于财务控制独立性的限制，如果不能有效杜绝管理人员的行政干预，即使建立了财务控制制度也可能形同虚设。为此必须对这些局限性加以研究和预防。

二、财务控制的原则

财务控制的基本原则包括：

（一）目的性原则

目的性原则要求财务控制必须有明确的目的性，是为公司的理财目标服务，为保证公司财务预算的实施服务。

（二）充分必要性原则

充分必要性原则要求财务控制的手段相对于目标而言是足够充分的，能够满足目标实现的需要；同时，这些手段又是必要的，没有多余。总体来说，财务控制所获得的效益必须大于其投入。

（三）及时准确性原则

财务控制的及时准确性原则要求控制人员能够客观准确地实施控制手段，及时发现目标与实际效果之间的偏差，并能及时采用正确的措施加以纠正。

（四）灵活适应性原则

财务控制制度应当具有足够的弹性，能够适应公司内部、外部环境的变化，采取灵活多变的手段保持对公司生产经营过程的有效控制。

（五）协调性原则

一个公司的财务控制方法在功能、作用和范围方面要能够相互配合，在内部产生协同效应，而不是相互矛盾、相互削弱。

（六）简单明确性原则

财务控制制度的表述应当简明易懂，采取的手段、措施应当简单明确，容易被执行人员所理解和实施。

三、财务控制的体系

财务控制有一套完整的体系，由财务控制环境、会计系统和控制程序三部分组成。

（一）财务控制环境

财务控制环境是指建立或实施财务控制的各种因素，是财务控制的环境基础。其主要因素为管理者和相关人员对财务控制的态度、认识和行为，具体包括：公司组织结构、管理者的经营思想和经营作风、管理者的职能和对这些职能的制约、确定职权和责任的方法、管理者监控和检查工作时所采用的控制措施、人事工作方针及其实施、影响公司经济业务的各种外部关系等。

（二）会计系统

会计系统是指公司建立的会计核算和会计监督的方法和程序，是实施财务控制的信息基础。有效的会计系统应当做到：确认并记录所有真实的经济业务，及时并充分详细地描述经济业务，在财务会计报告中对经济业务做出适当的分类；计量经济业务的价值，在财务会计报告中记录其适当的货币价值；确定经济业务发生的时间，将经济业务记录在适当的会计期间；在财务会计报告中反映经济业务、披露会计信息。

（三）控制程序

控制程序是指管理者所制定的财务控制方法和程序，它是财务控制体系的核心部分。其具体包括：明确经济业务和经济活动批准权；明确人员的职责分工，有效防止舞弊；设置和使用凭证和账单，准确通过会计账簿反映经济业务；管好用好财产物资；对已登记的业务及其计价进行复核等。

四、财务控制的方法

（一）组织规划控制

根据财务控制的要求，公司在确定和完善组织结构的过程中，应当遵循不相容职务相分离的原则，也就是指一个人不能兼任同一部门财务活动中的不同职务。公司的经济活动通常划分为五个步骤：授权、签发、核准、执行和记录。如果上述每一步骤都由相对独立的人员或部门去实施，就能够保证不相容职务的分离，便于财务控制作用的发挥。

（二）授权批准控制

授权批准控制指对公司各部门或职员处理经济业务的权限控制。公司内部某个部门或某个职员在处理经济业务时，必须经过授权批准才能进行，否则就无权审批。授权批准控制可以保证公司既定方针得到执行并限制滥用职权。授权批准的基本要求是：① 明确一般授权与特定授权的界限和责任；② 明确每类经济业务的授权批准程序；③ 建立必要的检查制度，以保证经授权后所处理的经济业务的工作质量。

（三）预算控制

预算控制是财务控制的一个重要方面，涵盖了筹资、融资、采购、生产、销售、投资、管理等经营活动的全过程。其基本要求是：① 所编制预算必须体现公司的经营管理目标，并明确责任；② 预算在执行中，应当允许经过授权批准对预算进行调整，以便预算更加切合实际；③ 应当及时或定期反馈预算的执行情况。

（四）实物资产控制

实物资产控制主要包括限制接近控制和定期清查控制两种。限制接近控制是控制对实物资产及与实物资产有关的文件的接触，如现金、银行存款、有价证券和存货等，除出纳人员和仓库保管人员外，其他人员则限制接触，以保证资产的安全；定期清查控制是指定期进行实物资产清查，保证实物资产实有数量与账面记载相符，如账实不符，应查明原因，及时处理。

（五）成本控制

成本控制分粗放型成本控制和集约型成本控制两种。粗放型成本控制是对从原材料采购到产品的最终出售这一过程进行控制的方法，具体包括原材料采购成本控制、材料使用成本控制和产品销售成本控制三个方面；集约型成本控制则是通过改善生产技术或产品工艺来降低成本的方法。

（六）风险控制

风险控制的目的就是尽可能地防止和避免不利于公司经营目标实现的各种风险。在这些风险中，经营风险和财务风险最为重要。经营风险是指因生产经营方面的原因给公司盈利带来的不确定；而财务风险又称筹资风险，是指由于举债而给公司财务带来的不确定性。由于经营风险和财务风险对公司的发展具有很大的影响，所以公司在进行各种决策时，必须尽力规避这两种风险。

（七）审计控制

审计控制主要是指内部审计，它是对会计的控制和再监督。内部审计是在一个组织内部对各种经营活动与控制系统的独立评价，以确定既定政策的程序是否贯彻，建立的标准是否有利于资源的合理利用，以及公司的目标是否达到。内部审计的内容十分广泛，一般包括内部财务审计和内部经营管理审计。内部审计对会计资料的监督、审查，不仅是财务控制的有效手段，也是保证会计资料真实、完整的重要措施。

五、财务控制的种类及程序

（一）财务控制的种类

账务控制按照不同的标准有不同的分类。

1. 按控制的时间分为事前控制、事中控制和事后控制

事前控制是指在财务活动发生前所进行的控制，如事前的申报审批制度；事中控制是指在财务活动过程中所进行的控制，如按财务计划的要求监督计划的执行过程；事后控制是指对财务活动过程的结果进行考核和奖惩。

2. 按控制的依据不同分为预算控制和制度控制

预算控制是以财务预算为依据对预算执行主体的财务收支活动所进行的控制；制度控制是以公司内部规章制度为依据进行的控制。前者具有激励性，后者具有防护性。

3. 按控制的对象不同分为收支控制和现金控制

收支控制是对公司和各责任单位的财务收支活动所进行的控制，控制的目的是增加收入，降低成本，实现利润最大化；现金控制是对公司和各责任单位的现金流入和现金流出活动所进行的控制。由于会计采用权责发生制，利润不等于现金净流入，所以有必要对现金实施单独控制。

4. 按控制的手段不同分为绝对数控制和相对数控制

采用绝对数控制时，对激励性指标规定最低控制标准，对约束性指标规定最高控制限额；采用相对数控制时，要求做到投入与产出对比、开源与节流并重。

（二）财务控制的程序

财务控制的一般程序包括确定财务控制目标、建立财务控制系统、控制信息的传递与反馈、发现并纠正实际偏差四个步骤。

1. 确定财务控制目标

确定控制目标是财务控制工作的第一步。财务控制目标一般可以按财务预算指标确定，对于一些综合性的财务控制目标应当按照责任单位或个人进行分解，使之能够成为可以具体掌握的可控目标。

2. 建立财务控制体系

建立财务控制体系就是按照责任制度的要求，落实财务控制目标的责任单位和个人，形成从上到下、从左到右的纵横交错的控制组织。

3. 控制信息的传递与反馈

控制信息的传递与反馈系统是一个双向流动的信息系统，它不仅能够自下而上地反馈财务预算的执行情况，也能够自上而下地传递调整财务预算偏差的要求和实施办法，做到上情下达，下情上报。

4. 发现并纠正实际偏差

发现并纠正实际偏差的过程就是根据信息反馈，及时发现实际脱离预算的情况，分析原因，采取适当措施加以纠正，以确保财务预算的完成的过程。

六、财务控制的基础

财务控制的基础是进行财务控制所必须具备的基本条件，主要包括六个方面。

（一）组织保证

控制必然涉及控制主体和被控制对象。就控制主体而言，应围绕财务控制建立有效的组织保证。如为了确定财务预算，应建立相应的决策和预算编制机构；为了组织和实施日常财务控制应建立相应的监督、协调仲裁机构；等等。就被控制的对象而言，应本着有利于将财务预算分解落实到公司内部各部门、各层次和各岗位的原则，建立各种执行预算的责任中心，使各责任中心对分解的预算指标既能控制，又能承担完成责任。

（二）制度保证

健全、完善公司财务和会计制度是公司财务活动能够正常进行的基本保证，公司的资金只有在各个运行环节上得到合理控制，才能防止被恶意占用或无意滥用，从而为资金的有效使用提供制度条件。所以，建立健全公司的财务会计制度是进行财务控制的首要工作。

内部控制制度包括组织机构的设计和公司内部采取的所有相互协调的方法和措施。这些方法和措施用于保护公司的财产，检查公司会计信息的准确性和可靠性，提高经营效率，促使有关人员遵循既定的管理方针。因此，内部控制制度的建立和完善也是公司实施财务控制的制度保证。

（三）预算目标

财务控制应以公司的财务预算为依据，面向各个公司的财务预算是控制公司经济活动的依据。财务预算应分解落实到各责任中心，使之成为控制各责任中心经济活动的依据。若财务预算所确定的目标严重偏离实际，财务控制就无法达到预算的目的。公司的财务预算不仅为公司财务控制提供目标，而且还为考核控制效果提供标准。

（四）会计信息

无论什么控制都离不开真实、准确的信息，财务控制也必须以会计信息为前提。它包括两个方面的内容：

（1）财务预算总目标的执行情况必须通过公司的汇总会计核算资料予以反映，透过这些会计数据可以了解分析公司财务预算总目标的执行情况，存在的差异及其原因，并提出相应的纠正措施。

（2）各责任中心以及各岗位预算目标的执行情况必须通过各自的会计核算资料予以反映，透过这些会计数据可以了解、分析各责任中心以至各岗位预算目标的完成情况，将其作为各责任中心以及各岗位改进工作的依据和考核工作业绩的依据。

（五）信息反馈系统

财务控制是一个动态的控制过程，要确保财务预算的贯彻实施，必须对各责任中心执行预算的情况进行跟踪监控，不断调整执行偏差。这就需要建立一个信息反馈系统。没有信息反馈系统，就不能做到上情下达，下情上报，也就无法实现财务控制监督、调整和考核的作用。该系统应具备以下特征：一是不仅能自下而上地反馈财务预算的执行情况，也能自上而下地传递调整预算偏差的要求；二是信息传递及时、快捷，信息真实、可靠，并配备相应的信息审查机构，制定相应的责任制。

（六）奖罚制度

财务控制的最终效果取决于是否有切实可行的奖罚制度，以及是否严格执行这一制度，否则，即使有符合实际的财务预算，也会因为财务控制方面的激励机制不够有效而得不到真正的贯彻落实。奖罚制度的执行依赖于考核机制，考核的正确与否直接影响奖罚制度的效果。严格的考核机制，包括建立考核机构，确定考核程序，审查考核数据，依据制度考核和执行考核结果等一系列事务。奖罚的目的是实现有效的财务控制，因此，奖罚的方式、方法不能太单一，可以是及时奖罚，也可以是期间奖罚，也可以是两者的有机结合。及时奖罚就是在财务控制过程中随时考核责任目标完成情况，并根据考核结果当即奖罚；而期间奖罚则是在一个时期（如一个季度、一个年度）终了时，全面考核评比，并根据考核结果进行相应的奖罚。

第二节　成本控制

一、成本控制的原则

成本控制是成本管理的一个环节。所谓成本控制，是指事前科学地制定成本控制标准，在日常的成本发生过程中，严格按照事先确定的标准把关，及时提示实际与标准的差异及其原因，用以调整和指导当前的行为，从而保证成本目标实现。成本控制是公司增加盈利的根本途径之一，是公司抵抗内外压力、求得生存的主要保障，也是公司发展的重要基础。

公司的成本控制系统是由组织系统、信息系统、考核系统和奖励系统所构成。这就要求公司划分管理层次，划小核算单位，建立责任中心的权责利，下达各责任中心的成本控制指标，考核各责任中心的可控成本的成本指标完成情况，并兑现奖惩办法。

在成本控制中应遵循的原则有四个。

（一）经济原则

经济原则，是指因推行成本控制而发生的成本不应超过因缺少控制而丧失的收益。通常，增加控制环节而发生的成本比较容易计量，而控制所带来的收益却难以计量，但并不能因此否定这条原则。在一般情况下，控制的收益会明显大于成本，人们可以做出定性的判断。

经济原则要求在成本控制中贯彻“例外管理”思想。对正常的成本开支可以从简控制，而特别关注各种例外情况。“例外”差异的主要特征是一般具备重要性、一贯性、可控性等，依照这些标准可以对脱离标准的重大差异展开调查和处理。

（二）因地制宜原则

因地制宜原则，是指成本控制系统必须个别设计，适合特定公司、部门、岗位和成本项目的实际情况，不可完全照搬别的公司的做法。比如，大型公司和小型公司、老公司和新公司、朝阳公司与夕阳公司，以及同一公司不同发展阶段，其管理重点、组织结构、管理风格、成本控制方法和奖励形式都应该有区别。

（三）领导重视与全员参与原则

成本控制并非是财务部门一家的事，而是全体职工的共同任务，只不过成本控制对领导者、员工、财务部门的要求不同。对领导者来说，他们必须重视并全力支持成本控制，必须具有完成成本目标的决心和信心，必须具有实事求是的精神，切忌好高骛远、急功近利、操之过急，更要以身作则，严格控制自身的责任成本，对领导者完不成任务的惩罚应严于员工，而完成的奖励要低于员工。为了调动全体员工降低成本的积极性，应重奖有突出贡献的成本控制者和成本控制方面的合理化建议者。对员工来说，要有强烈的成本控制愿望和成本意识，要具有合作精神，能够理解和使用成本控制信息，并据以改进工作，降低成本。对财务部门来说，要做好组织工作，建立控制标准，划分责任中心，明确各责任中心的权责利，传递成本控制信息等。

（四）权责利相结合原则

要使成本控制真正收到成效，必须严格按照经济责任制的要求，贯彻权力、责任、利益相结合的原则。也就是说，既要为每个责任中心甚至个人规定应承担的经济责任，同时，又要赋予其相应的管理权限，并且要联系经济利益定期对他们的工作成绩进行评价与考核。

二、标准成本控制

（一）标准成本的概念

所谓标准成本，是事先制定的一种预定的目标成本。它是根据公司目前的生产技术水平，在有效的经营条件下可能达到的成本。

（二）标准成本的作用

标准成本的作用主要体现在六个方面。

（1）便于公司编制预算。因为标准成本是一种预计成本，可以作为编制预算的依据，以明确公司在预算期的目标。

（2）可用于控制日常发生的经济业务，揭示实际成本同标准成本之间的差异，并分析发生差异的原因，保证公司预定目标的实现。

（3）可以作为评价和考核工作质量和效果的重要依据。通过对实际成本偏离标准成本的差异分析，可以评价各有关部门和人员的成绩，分清他们的管理责任，确定经济管理活动的效果，并进一步采取相应的改进措施。

（4）可以为经营决策提供有用的数据。评价不同经济效果要用到差别成本，而标准成本为差别成本提供了现成的资料。

（5）为原材料、在产品、产成品等存货的计价提供客观合理的基础。

（6）促进和简化了产品成本的计算。在标准成本系统中，将标准成本和差异分别列示，原材料、在产品、产成品、销售成本等平时均可以按照标准成本入账，这就大大简化了日常账务处理工作。

（三）标准成本的种类

1. 基本的标准成本

它是以实施标准成本的第一年度或选定某一基本年度的实际成本作为标准，用以衡量一个年度的成本高低，据以观察成本升降的趋势。这种标准成本在实际工作中较少采用。

2. 理想的标准成本

它是以现有的技术、设备在最好的经营管理条件下所发生的成本水平作为成本标准。这种标准成本由于过于严格，在实际工作中较难达到，所以采用也较少。

3. 正常的标准成本

它是根据公司的正常生产能力，以有效经营条件为基础而制定的标准成本。可以采用公司过去较长时期内实际数据的平均值，并要考虑到未来的变动趋势。由于在制定这种标准成本时，把那些现实条件难以完全避免的超额耗费也计算在内，所以，它既不是轻而易举就可以达到的，但也不是高不可攀的。因此正常的标准成本在成本管理工作中能充分发挥其应有的积极作用，在实际工作中也得到了广泛的应用。

（四）标准成本的制定

产品成本是由直接材料、直接人工和制造费用三个成本项目组成的。应该按照这些项目的特点分别制定其标准成本。其基本形式表现为数量标准乘以价格标准进而得到各有关项目的标准成本。数量标准主要由工程技术部门制定，价格标准则由会计部门会同有关责任部门，如采购部门、劳动部门等研究制定。

1. 直接材料的标准成本

$$\text{直接材料标准成本} = \text{单位产品的用料标准} \times \text{材料的标准单价} \tag{11.1}$$

其中，单位产品的用料标准主要根据已经达到的生产技术水平，以正常经营条件为基础，考虑在目前技术条件下再生产中不可避免的损耗综合制定。如果一种产品需要耗用多种原材料，则应分别制定标准。材料的标准单价则相当于材料的计划单价，包括材料的买价和运费等，要按照各种材料分别计算。

2. 直接人工的标准成本

$$\text{直接人工标准成本} = \text{单位产品的标准工时} \times \text{小时标准工资率} \tag{11.2}$$

其中，单位产品的标准工时，相当于单位产品的工时定额，通常是在现有条件下生产单位产品需用的人工时间，包括对产品直接加工的时间、必要的间歇和停工时间、不可避免的废品生产所用的时间。小时标准工资率就是每一个标准工时应该分配的工资，其计算公式如下：

小时标准工资率 = 预计直接人工工资总额 ÷ 标准总工时　(11.3)

3. 制造费用的标准成本

制造费用是指除了直接材料、直接人工以外的生产过程中发生的一切费用。由于制造费用分为变动制造费用和固定制造费用两部分，制造费用的标准成本也需要从这两个方面分别确定。

(1) 变动制造费用的标准成本。

变动制造费用标准分配率 = 变动制造费用预算总额 ÷ 标准总工时　(11.4)

变动制造费用的标准成本 = 单位产品标准工时 × 变动制造费用标准分配率　(11.5)

(2) 固定制造费用的标准成本。

固定制造费用主要包括厂房、设备的折旧、维修费、保险费等，它通常根据事先编制的固定预算来控制其费用总额。只有在采用完全成本法的情况下才需要计算固定制造费用的标准成本。

固定制造费用标准分配率 = 固定制造费用预算总额 ÷ 标准总工时　(11.6)

固定制造费用的标准成本 = 单位产品标准工时 × 固定制造费用标准分配率　(11.7)

根据上述方法计算出的直接材料、直接人工和制造费用的标准成本按产品品种加以汇总，就可以确定各类产品的标准成本。

(五) 成本差异的分析

分析成本差异，对于管理者来说，是进行成本控制的一项重要措施。管理者通过分析成本差异，可以掌握差异形成的具体原因和责任，进而采取相应的措施，消除不利差异，发展有利差异，以实现对成本的有效控制，不断降低成本，提高经济效益。

产品的标准成本是一种预定的目标成本，是用来控制实际成本的。在成本发生的具体过程中，由于种种原因，产品的实际成本与预定的标准成本会发生偏差，这种差额称为成本差异。如果实际成本超过标准成本，所形成的差异称为不利差异，反之，则是有利差异。

由于标准成本是根据标准用量和标准价格计算的，而实际成本是根据实际用量和实际价格计算的，成本的总差异就是由“量差”和“价差”共同构成的。

由于标准成本是分别按直接材料、直接人工和制造费用制定的，所以，差异的分析和计算也应该从这三个方面进行。

1. 直接材料成本差异分析

生产过程中耗用直接材料的成本是由单位产品耗用材料的数量乘上材料单价组成的，所以直接材料成本差异包括直接材料的消耗数量差异和价格差异两部分。其

计算公式是

$$直接材料成本总差异 = 直接材料实际成本 - 直接材料标准成本 \quad (11.8)$$

直接材料用量差异 =（直接材料实际用量 - 直接材料标准用量）× 直接材料标准单价 (11.9)

直接材料价格差异 =（直接材料实际单价 - 直接材料标准单价）× 直接材料实际用量 (11.10)

【例1】ABC公司本月生产产品400件，使用材料2 500千克，材料单价为55元/千克；单位产品的直接材料标准成本为300元，每件产品直接材料标准用量6千克，每千克材料的标准价格为50元/千克，则

直接材料成本总差异 = 2 500 × 55 - 400 × 6 × 50 = 137 500 - 120 000 = 17 500(元)

直接材料用量差异 =（2 500 - 400 × 6）× 50 = 100 × 50 = 5 000(元)

直接材料价格差异 =（55 - 50）× 2 500 = 5 × 2 500 = 12 500(元)

影响直接材料用量的因素是多种多样的：合理下料、修旧利废和综合利用等，都是降低材料消耗的重要途径。影响材料价格变动的因素也是多方面的，除了国家及供应单位调整价格外，采购的数量、运输方法、数量折扣、材料的质量等，只要其中任何一个因素脱离了制定标准成本时的预定要求，都会影响价格差异。直接材料价格差异一般应该由采购部门负责。

2. 直接人工成本差异分析

直接人工的标准成本是受人工效率和工资率这两个因素影响的，因此，直接人工成本差异的分析包括人工效率差异的分析和工资率差异的分析，计算公式如下：

直接人工成本总差异 = 直接人工实际成本 - 直接人工标准成本 (11.11)

人工效率差异 =（实耗工时 - 标准工时）× 标准工资率 (11.12)

工资率差异 =（实际工资率 - 标准工资率）× 实耗工时 (11.13)

式(11.12)中，人工效率差异就是人工数量差异。这是因为，完成一定的生产工作，用的工时少，说明生产效率高；反之，说明生产效率低。所以，为了完成一定的生产工作，所用的工时数量正是其生产效率高低的具体表现；而工资率差异就是人工价格差异。

【例2】ABC公司本月生产产品400件，实耗工时890小时，支付工资4 500元，直接人工标准成本为10元/件，生产每件产品的标准工时为2小时，标准工资率为5元/小时，则

直接人工成本总差异 = 4 500 - 400 × 10 = 500(元)

人工效率差异 =（890 - 400 × 2）× 5 = 90 × 5 = 450(元)

工资率差异 =（4 500 ÷ 890 - 5）× 890 = 50(元)

影响工资成本中人工效率和工资率变动的因素是多方面的，应该区分不同情况，分清责任。如果是生产部门安排不周，把技术不熟练的工人安排去做复杂的工作，必

然会造成实际工时超过标准工时，这当然应该由生产部门负责；但如果是采购了不便使用的材料，加工时花了较多的工时，或者由于生产工艺过程的改变，需延长或缩短加工时间等，这些都不是生产部门所能控制的因素，所以应由相关部门承担责任。

3. 制造费用差异分析

制造费用分为变动制造费用和固定制造费用两部分，制造费用差异的分析也需要从这两个方面分别进行。

（1）变动制造费用差异分析。

变动制造费用差异包括变动制造费用耗用差异和效率差异，其计算公式如下：

变动制造费用耗用差异 = 实际工时 ×（实际分配率 - 标准分配率）（11.14）

变动制造费用效率差异 = 标准分配率 ×（实际工时 - 标准工时）（11.15）

【例3】ABC公司本月生产产品400件，实耗工时890小时，实际发生变动制造费用1 900元，变动制造费用标准成本为4元/件，生产每件产品的标准工时为2小时，标准的变动制造费用分配率为2元/小时，则

变动制造费用总差异 = 1 900 - 400 × 4 = 300(元)

变动制造费用耗用差异 = 890 ×（1 900 ÷ 890 - 2）= 120(元)

变动制造费用效率差异 = 2 ×（890 - 400 × 2）= 180(元)

对变动制造费用耗用差异进行控制是部门经理的责任，他们有责任将变动费用控制在预算范围内。而变动制造费用效率差异，系实耗工时脱离标准，多用工时造成费用增加所致，其形成原因与人工效率差异相同。

（2）固定制造费用差异分析。

固定制造费用主要是同生产能力的形成及其正常维护费用相联系的，生产活动水平在一定范围内变动，并不会对它产生直接影响，因此，对于固定制造费用，主要是按一定期间编制预算，在一定的相关范围内采用固定预算而不是弹性预算，根据固定制造费用的特点，其差异包括耗费差异、效率差异和生产能力利用差异，计算公式如下：

固定制造费用耗费差异 = 实际固定制造费用 - 固定制造费用预算数　（11.16）

固定制造费用效率差异 = 固定制造费用标准分配率 ×（实际工时 - 标准工时）　（11.17）

生产能力利用差异 = 固定制造费用标准分配率 ×（预计应完成的总工时 - 实际工时）　（11.18）

【例4】ABC公司本月生产产品400件，发生固定制造费用1 500元，实际工时为890小时，每件产品的标准工时为2小时，公司生产能力为500件，需总工时1 000小时，固定制造成本预算金额1 600元，标准分配率为1.6元/小时，每件产品的固定制造费用标准成本为3元/件，则

固定制造费用耗费差异 = 1 500 - 1 600 =- 100(元)

固定制造费用效率差异 = 3 × (890 - 400 × 2) = 270(元)

生产能力利用差异 = 1.6 × (1 000 - 890) = 176(元)

第三节　责任中心业绩控制

一、责任中心的含义与特征

建立责任中心，编制和执行责任预算，考核和评价责任中心业绩是公司实施财务控制的一种有效手段，也称为责任中心业绩控制。

责任中心是指公司内部具有明确的经济责任，在一定程度上能够独立核算、评价经济责任履行情况和绩效完成情况，并据以享有一定权利或接受一定惩罚的公司内部层次、部门、单位和个人的活动范围。责任中心管理制度通过将公司组织分成拥有独自产品或市场的几个绩效责任单位，然后将总和的管理责任授权给这些单位之后，将他们置于市场竞争环境之下，依据客观的财务数据，实施必要的业绩衡量与奖惩，以期达成公司设定的经营目标。因此，责任中心是责权利相结合的，能够激励员工工作积极性和评价其业绩的组织机构。设置责任中心的目的是使公司各层次、部门、单位和个人在其规定的责任范围内有责有权，积极工作，保证各责任中心财务预算目标的实现。

（一）责任中心的特征

1. 责任中心是一个责权利相结合的实体

每一个责任中心都要对一定的财务预算指标承担完成的责任，相应地，也被赋予与其所承担的责任范围和大小相适应的权力，在预算期间根据责任完成情况，参照既定的业绩考核标准和奖罚标准给予相应的奖励和惩罚。

2. 责任中心具有承担经济责任的条件

这一特征有两层含义：一方面是指责任中心要有履行责任的行为能力；另一方面是指责任中心在未能完成责任的情况下，有能力为其后果承担责任。

3. 责任中心承担的责任和享受的权力都是它可以控制的

每一个责任中心只能对其责权范围内的可控成本、利润和投资负责，责任预算和业绩考评也只能针对责任中心能够控制的项目。可控是相对于不可控而言的，责任中心的类型不同，其可控的范围也不一样，一般来说，责任中心的责权利越大，其可控范围就越广。

4. 责任中心必须具有相对独立的经营业务和财务收支活动

公司中某一个层次、部门、单位或个人没有相对独立的经营业务和财务收支活动，也就无法承担相对独立的经济责任，无法取得相对独立的经营业绩，当然也就不能称为责任中心。所以，这一特征是责任中心成立的前提条件。

5. 责任中心必须能够进行单独核算

责任中心在会计上必须要能够进行单独核算，单独核算是考评责任中心业绩的基本保证，没有单独核算就无法正确地确定责任的责权利。

（二）责任中心的划分原则

公司内部按业务、职能的不同，可以划分多个责任中心，如采购、生产、销售、管理、研发等公司职能部门。划分责任中心的原则有：

1. 满足管理需要的原则

责任中心的划分、责任管理制度的建立不是对公司原有生产经营管理组织的废弃，而是尽可能地在原有的基础上调整组合，并赋予相应的责任和权利而形成。由于各个公司在组织规模和行业特点方面存在较大的差异，为了满足不同的管理需要，不可能建立统一的责任中心划分标准和责任制度，因此，只能由公司根据自身的实际情况、发展阶段和管理水平来自行划分。

2. 全面性原则

公司责任中心的划分应包括公司各部门、各单位价值管理的全部内容，涵盖公司生产经营过程的各个方面，既有成本中心，也有利润中心，还有投资中心，层次完整、类型全面。

3. 可控性原则

责任中心能够相对独立地承担的由公司规定的经济责任就是责任中心可控范围，根据其可控范围的不同，可以将责任中心划分为不同类型。可控范围越大的责任中心，其承担的经济责任越大，权力和收益也越大。

4. 系统性原则

公司的所有责任中心应该形成一个完整的体系，共同构成责任管理系统，每一个责任中心又是一个相对独立的子系统。因此划分责任中心要符合系统优化的原则，讲求系统的协调性。

5. 责任明确原则

责任中心首先要承担经济责任，没有责任也就不叫责任中心了。所以，任何一个责任中心都必须有明确的责任主体、确切的责任对象、相应的责任职权以及合理的责任绩效。

二、责任中心的基本类型

责任中心按照所承担经济责任的不同，可以分为成本中心、利润中心和投资中心。

（一）成本中心

1. 成本中心的概念

成本中心是公司内部能够提供一定的产品或劳务，并对其进行价值计算，考核其责任成本，只对成本或费用负责的责任中心。成本中心的范围最广，只要有成本费用发生的地方，都可以建立成本中心，从而在公司形成逐级控制、层层负责的成本中心体系。

2. 成本中心的类型

成本中心可分为标准成本中心和费用中心两种类型。标准成本中心是指那些生产的产品稳定而明确，并且能够比较容易地计算出单位产品成本的责任中心。标准成本中心的典型代表是制造业工厂、车间、工段或班组。费用中心是指那些产品或劳务的投入和产出之间没有直接联系，或其成本不能直接计算的责任中心。公司的行政管理部门、研发部门和销售部门通常都属于费用中心。

3. 成本中心的特点

（1）成本中心一般没有收入，或仅有无规律的少量收入。

（2）成本中心责任人不能控制收入和投资，所以不对利润情况和投资效果承担责任。

（3）成本中心责任人只对可控成本承担责任。对于责任人来说，可控成本具备以下四个条件：① 可以预计；② 可以计量；③ 可以施加影响；④ 可以落实责任。

（4）成本中心只对责任成本进行考核和控制。

成本中心对需要控制的成本费用必须确定主要责任人，由责任人控制其责任范围内的可控成本，对难以确定责任归属的费用，则不宜硬性归属到某个成本中心，可以由公司财务部门直接控制。

（二）利润中心

1. 利润中心的概念

利润中心是指那些既对成本负责又对收入和利润负责的责任中心，它有独立或相对独立的收入和生产经营决策权。利润中心属于公司中较高的层次，同时具有生产和销售的职能，有独立的、经常性的收入来源，可以决定产品或劳务的销售价格、销售策略，比成本中心拥有更大的自主经营权。

2. 利润中心的类型

利润中心可以分为自然利润中心和人为利润中心两种类型。自然利润中心是指那些能够直接向外部市场提供产品或劳务，具有全面的产品销售权、价格制定权、材料采购权及生产决策权，可以获得利润的责任中心。具有生产经营自主权的分厂、销售机构和独立事业部等都是自然利润中心。人为利润中心是指那些只能按照公司规定的内部转移价格在公司内部向其他责任中心“出售”产品或劳务，从而取得收入的责任中心。人为利润中心也有部分的经营权，能自主决定产品品种（含劳务）、产品产量、作业方法、人员调配、资金使用等。一般来说，只要能够制定出合理的内部转移价格，就可以将公司大多数生产半成品或提供劳务的成本中心改造成人为利润中心。

（三）投资中心

投资中心是指那些既对成本、收入和利润负责，又对投资效果负责的责任中心。投资中心是最高层次的责任中心，它拥有最大的决策权，也承担最大的责任。投资中心一定是利润中心，但利润中心并不一定都是投资中心。利润中心没有投资决策权，而且在考核利润时也不考虑所占用的资产。而投资中心具备独立的经营决策权和投资决策权，在核算中将投资过程中占用的资金单独列示，在考核时不仅对成本、收入、利润负责，还对与目标投资利润率或资产利润率相关的资本预算负责，具有扩大生产规模、开发新产品等方面的投资决策权。

通常将一个独立经营的公司视为一个投资中心。投资中心作为公司内部最高管理层，具有对资金使用和调配的权力，在调配资金余缺时，应研究如何投放才最有利的问题。投资中心的责任人应该是以厂长、经理为代表的公司最高决策层，投资中心的预算目标就是公司的预算总目标。

三、责任中心业绩控制

责任中心业绩控制体系由三个部分组成，分别是责任预算、责任报告和业绩考核，通过编制责任预算明确各责任中心的责任目标，在预算执行后上报责任报告反映各责任中心的预算执行情况，通过业绩评价和考核过程确定各责任中心的工作成果，实施奖罚，促使各责任中心积极纠正行为偏差，完成责任预算。

（一）责任预算

责任预算是指以责任中心为主体，以可控成本、收入、利润和投资等为对象编制的预算。它是公司总预算的补充和具体化。责任预算指标包括主要责任指标（即各个责任中心的考核指标）和其他责任指标（如劳动生产率、设备完好率、出勤率、材料消耗率、职工培训等）。责任预算编制程序有两种：一种是以责任中心为主体，自上而下地将公司总预算在各责任中心之间层层分解；另一种则是由各责任中心自行列示各自的预算指标，由下而上、层层汇总，最后由公司专门机构或人员进行汇总和调整。实际工作中，责任预算最终确定前，需要上下结合，反复沟通。在集权组织结构（纵向组织）下，通常采用第一种程序；在分权组织结构（横向组织）形式下，多采用后一种程序。

（二）责任报告

责任报告是指根据责任会计记录编制的反映责任预算实际执行情况，或者揭示责任预算与实际执行情况的差异的内部会计报告。通过编制责任报告，可完成责任中心的业绩评价和考核。责任报告是自下而上逐级编报的，随着责任中心的层次由低到高，其报告的详略程度从详细到总括。

（三）业绩考核

业绩考核是指以责任报告为依据，分析、评价各责任中心责任预算的实际执行情况，找出差距，查明原因，借以考核各责任中心工作成果，实施奖罚，促使各责任中心积极纠正行为偏差、完成责任预算的过程。

业绩考核应根据不同责任中心的特点进行。成本中心只考核其权责范围内的责任成本(各项可控成本)；利润中心只考核其权责范围内的收入和成本，重点在于考核销售收入、边际贡献和税前利润；投资中心除了要考核其权责范围内的成本、收入和利润外，还应重点考核投资利润率和剩余收益。

1. 成本中心的业绩考核

成本中心主要考核责任成本。责任成本是以责任中心为对象归依的可控成本，不包括车间耗用的由供应部门、其他车间和辅助生产车间提供的材料、半成品和劳务的成本。责任成本是按责任中心计算的，其计算原则是谁负责谁承担。对于成本中心来说，变动成本大多是可控成本，固定成本大多是不可控成本，但也不是绝对的，还要结合实际情况按成本习性做具体分析。

成本中心的业绩考核一般按以下步骤进行：

(1) 进行责任成本预测，编制责任成本预算。

(2) 分解责任成本指标体系。以厂部一级的责任中心为例，首先预测全部产品费用标准；其次，将全部成本区分为可控成本和不可控成本；最后，按责任中心实行成本的归口管理。

(3) 建立责任成本指标控制体系。该体系包括原材料采购成本控制、原材料耗用控制、燃料及动力控制、生产工人工资及福利费控制、制造费用控制、废品损失控制等。

(4) 计算责任成本考核指标。

成本中心的考核指标包括成本(费用)变动额和成本(费用)变动率两项指标。

成本(费用)变动额 = 实际责任成本(费用) - 预算责任成本(费用)　　(11.19)

成本(费用)变动率 = 成本(费用)变动额 ÷ 预算责任成本(费用) × 100%　　(11.20)

(5) 编制责任成本报告，分析评价成本中心业绩。

2. 利润中心的业绩考核

利润中心对利润负责，必然要考核和计算成本，以便正确计算利润，作为利润中心业绩评价和考核的重要依据。对利润中心成本的计算，通常有两种方式：

(1) 利润中心只计算可控成本，不分摊共同成本或不可控成本。这种方式主要适用于共同成本难以合理分摊或不必进行共同成本分摊的利润中心。利润中心的利润总额并非真正意义上的利润总额，而是没有分摊共同成本的边际贡献。人为利润中心适合采用这种方式计算利润。其考核指标是利润中心边际贡献总额：

利润中心边际贡献总额 = 利润中心销售收入总额 - 可控成本总额(或变动成本总额)　　(11.21)

(2) 利润中心不仅计算可控成本，也计算分摊共同成本或不可控成本。这种方式适用于共同成本易于合理分摊或不存在共同成本分摊的利润中心。这种利润中心在计算利润时，如果采用变动成本法，先计算出边际贡献，再减去固定成本得到税前利润；如果采用完全成本法，则直接计算出税前利润。自然利润中心适合采用这种方式。计算成本时，其考核指标包括：

利润中心边际贡献总额 = 利润中心销售收入总额 − 可控成本总额(或变动成本总额)　(11.22)

利润中心负责人可控利润总额 = 利润中心边际贡献总额 − 利润中心负责人可控固定成本　(11.23)

利润中心可控利润总额 = 利润中心负责人可控利润总额 − 利润中心负责人不可控固定成本　(11.24)

利润中心税前利润 = 利润中心可控利润总额 − 共同成本分摊　(11.25)

为了考核利润中心负责人的经营业绩，应针对厂长或经理的可控成本进行评价和考核。因此需要将利润中心的固定成本划分为可控成本和不可控成本。这里主要考虑那些可以划归、分摊到相关利润中心，但却不能为利润中心负责人所控制的广告费、保险费等成本费用。在考核利润中心负责人业绩时，应将其不可控的固定成本剔除。

利润中心的业绩考核过程类似于成本中心，只是所使用的考核指标有所不同。利润中心的考核指标为利润，通过比较一定期间实际实现的利润与责任预算利润的差异来评价和考核责任中心的业绩。

【例5】某厂一车间是一个自然利润中心，本期实现销售收入50 000元，销售变动成本为20 000元，车间负责人可控固定成本为8 000元，不可控固定成本为10 000元，中心分摊全厂管理费用2 000元。

则该中心的实际考核指标计算如下：

利润中心边际贡献总额 = 50 000 − 20 000 = 30 000(元)

利润中心负责人可控利润总额 = 30 000 − 8 000 = 22 000(元)

利润中心可控利润总额 = 22 000 − 10 000 = 12 000(元)

利润中心税前利润 = 12 000 − 2 000 = 10 000(元)

3. 投资中心的业绩考核

投资中心的负责人既要对利润负责，又要对投资负责。为了准确地计算投资中心的经济效益，应该对各投资中心共同使用的资产划定界限；对共同发生的成本按适当的标准进行分配；各投资中心之间相互调剂使用的现金、存货、固定资产等均应计算清偿，实行有偿使用。投资中心的业绩考核过程类似于成本中心，只是采用的考核指标不同。对投资中心的业绩考核，除考核利润指标外，还要考核能集中反映利润与投资额之间关系的指标，主要包括投资利润率和剩余收益。

(1) 投资利润率。投资利润率又称投资收益率，是指投资中心所获得的利润与投资额之间的比率，可用于评价和考核由投资中心掌握、使用的全部净资产的盈利

能力。其计算公式为

$$投资利润率 = 利润 \div 投资额 \times 100\%$$
$$= 资本周转率 \times 销售成本率 \times 成本费用利润率 \quad (11.26)$$

其中：

$$资本周转率 = 销售收入 \div 投资额$$
$$销售成本率 = 成本费用 \div 销售收入$$
$$成本费用利润率 = 利润 \div 成本费用$$

其中的投资额是指投资中心的总资产扣除对外负债后的余额，即投资中心的净资产。因此，投资利润率也可称为净资产利润率，主要说明投资中心运用公司所有权提供的每一元资产对整体利润的贡献的大小，即投资中心对所有者权益的贡献程度。

为了评价和考核由投资中心掌握、使用的全部资产的总体盈利能力，还可以使用总资产税前利润率指标。其计算公式为

$$总资产税前利润率 = 税前利润 \div 总资产占用额 \times 100\% \quad (11.27)$$

需要注意的是，由于利润或税前利润是期间性指标，所以上述公式中投资额和总资产占用额均应该按平均投资额或平均占用额计算。

投资利润率指标是考核投资中心广泛采用的评价指标，它的优点是：第一，能反映投资中心的综合盈利能力。从分解公式可以看出，投资利润率的高低与收入、成本、投资额和周转能力都有关系，可以通过多种方式实现投资利润率的增长。第二，投资利润率具有横向可比性，作为相对数指标剔除了因投资额不同而导致利润差异的不可比因素，有利于各投资中心经营业绩的比较。第三，可以作为选择投资机会的依据。第四，可以正确引导投资中心的经营管理行为，使其行为战略化、长期化。该指标通过反映投资中心运用资产并使资产增值的能力，促使各投资中心负责人盘活闲置资产，减少不合理资产占用，及时处理过时、变质、毁损资产，提高了资产的使用效率。

但投资利润率指标也有其局限性，主要表现在：第一，受到通货膨胀的影响，使公司资产账面价值失真，产生折旧少计、利润多计，投资利润率失实的情况。第二，对于不止一个投资中心的公司集团，以该指标为考核标准往往会使各投资中心只顾自身利益而放弃对整个集团有利的投资机会，导致投资中心短期目标与公司集团长期目标的不一致。第三，从控制角度看，一些共同费用无法为投资中心所控制，造成投资利润率的计算内容不全是投资中心所能控制的，不够准确。为了克服投资利润率的局限性，可以采用剩余收益指标进行补充。

（2）剩余收益。剩余收益是一个绝对数指标，是指投资中心获得的利润，扣减其投资额（净资产占用额）按规定（预期）的最低收益率计算的投资收益后的余额。其计算公式为

$$剩余收益 = 利润 - 投资额（净资产占用额）\times 规定（预期）的最低投资收益率 \quad (11.28)$$

或者：

剩余收益 = 税前利润 - 总资产占用额 × 规定(预期)的总资产税前利润率　(11.29)

这里所说的规定(预期)的最低投资收益率或总资产税前利润率通常是指公司为保证其生产经营正常、持续进行所必须达到的最低报酬水平。

以剩余收益作为投资中心业绩考核指标时，只要投资中心的某项投资的投资利润率大于规定或预期的最低投资收益率，那么该项投资便是可行的。

剩余收益指标能够反映投入产出的关系，因此和投资利润率一样，也可以用于全面评价和考核投资中心的业绩；同时该指标作为绝对数指标，还能避免本位主义，避免投资中心为了单纯追求投资利润率而放弃一些对公司整体有利的投资机会，促使投资中心尽量增加剩余收益的绝对额而不是相对额，使各投资中心的利益与整个公司集团的利益统一起来。

但是，该指标不便于各投资中心之间的业绩比较，因为规模大的投资中心在投资利润率不高的情况下，仍然很容易获得较大的剩余收益。所以，在对投资中心进行业绩考核时，应该综合运用两个指标进行评价。

投资利润率指标和剩余收益指标举例如下：

【例6】ABC公司有A、B两个独立经营的子公司，各投资中心的投资利润率及剩余收益如表11 - 1所示：

表11 - 1　ABC公司各投资中心相关数据表

金额单位：万元

投资中心	利润	投资额	投资利润率	剩余收益
子公司A	150	1 000	15%	30
子公司B	100	1 000	10%	- 20
ABC公司	250	2 000	12.5%	10

目前子公司A面临一个投资机会，其投资额为1 000万元，投资成功可获得利润130万元。假设ABC公司预期最低投资收益率为12%。请分别使用投资利润率指标和剩余收益指标评价子公司A的这个投资机会。

计算投资利润率指标如下：

投资后子公司A的投资利润率 = (150 + 130) ÷ (1 000 + 1 000) × 100% = 14%

投资后ABC公司的投资利润率 = (250 + 130) ÷ (2 000 + 1 000) × 100%

≈ 12.67%

计算剩余收益指标如下：

投资后子公司A的剩余收益 = (150 + 130) - 2 000 × 12% = 40(万元)

投资后ABC公司的剩余收益 = (250 + 130) - 3 000 × 12% = 20(万元)

表 11 - 1 更新为表 11 - 2：

表 11 - 2　　　　ABC 公司各投资中心相关数据表（更新）

金额单位：万元

投资中心	利润	投资额	投资利润率	剩余收益
子公司 A	280	2 000	14%	40
子公司 B	100	1 000	10%	- 20
ABC 公司	380	3 000	12.67%	20

从上面可以看出，如果仅采用投资利润率来考核业绩，则子公司 A 在进行新的投资后，其投资利润率反而下降了，该投资中心可能不会进行投资 —— 虽然从全公司的角度计算，总的投资利润率是上升的。

如果结合剩余收益指标来考核业绩，则子公司 A 在进行新的投资后可以明显得出剩余收益增加的计算结果，应该进行投资。

第四节　内部转移价格和责任结算

一、内部转移价格

（一）内部转移价格的概念

内部转移价格是指在实行经济责任制的公司内部，各责任中心之间转移中间产品或相互提供劳务，进行内部结算和责任结转时所采用的内部价格标准。

建立责任制度，实行财务管理，必然要分清经济责任。在各责任中心之间要充分利用价值规律，实行商品经济的管理办法，必然要实行内部责任结算。要实行内部责任结算，就需要制定内部转移价格。在制造业公司，其也可称为“厂内转移价格”，在商业等其他行业公司中一般称为“内部转移价格”。

（二）内部转移价格的意义

1. 划分经济责任

内部转移价格是各责任中心之间分清经济责任、实行责任管理的必然。内部转移价格作为一种计量工具，可以确定中间转移产品或提供劳务的价值量，这种价值量既可以用来评价转移产品或提供劳务的各责任中心的经营成果，又可以反映接受方的成本费用，是各责任中心发生业务往来时划分经济责任最重要的指标数据。

2. 便于业绩考核

有了科学合理的内部转移价格，就能有一个客观的标准对各责任中心的生产经营业绩进行综合评价，使考核和奖惩建立在公正、合理的基础上。

3. 协助经营决策

在责任制度下，各责任中心对发生的每一笔经济业务都会考虑是否有利于本中心。有了内部转移价格，各责任中心就可以及时按内部转移价格进行计算，做出适合本中心的决策方案。同时，公司最高管理层也可以根据建立在内部转移价格基础上的业绩报告，从全局出发进行决策，实现公司整体利益的最大化。

（三）内部转移价格的制定原则

1. 价格与价值相符原则

价格是商品价值的货币表现，制定的内部转移价格必须符合价值。

2. 全局性原则

各责任中心实行单独核算后，总会要求制定对自己有利的内部转移价格。然而局部利益最大化并不代表整体利益最大化，因此，公司制定内部转移价格，要从全局出发，保证局部利益和整体利益协调统一。

3. 公平性原则

内部转移价格的制定应该公平合理，防止某些责任中心因价格上的缺陷而获得额外的利益或遭受不必要的损失。

4. 协调性原则

内部转移价格的制定要注意协调好各责任中心之间的关系，合理定价，利用价格杠杆作用给各责任中心提供一个同等的竞争环境。

5. 重要性原则

公司制定内部转移价格时应注意重要性原则，对那些价值高、数量大、耗用频繁的产品或劳务，要尽可能科学地计算，从严定价；而对那些价值低、数量小、不常耗用的对象，则可从简定价。

6. 激励性原则

制定内部转移价格应该有利于激励各责任中心最大限度地调动生产积极性。

7. 稳定与灵活相结合原则

内部转移价格一旦制定，在考核期内就要保持稳定，不可频繁调整而引起混乱。但也不能长期不调整，当原价格远远脱离价值，不能做到等价交换，不能有效调节公司内部资源配置，影响成本信息准确性时，就必须对其进行调整。

（四）内部转移价格的制定方法

制定内部转移价格的方法依据责任中心的不同有所差异。成本中心只考核成本指标，因此通常采用成本型内部转移价格，如以标准成本作价；利润中心之间则常常以市场价格为主要依据来制定内部转移价格。

内部转移价格制定方法主要包括以市场价格作价、以协商价格作价、以双重价格作价和以成本作价等。

1. 以市场价格作价

这种制定内部转移价格的方法完全以市场价格作为内部转移价格，各责任中心可以自由在公司内部和外部进行购销，比较适用于分权程度较高的公司，公司内部各责任中心均为独立经营的机构。只有按市场价格进行交易，才能真实地反映其经营管理水平，同时促使其不断提高产品质量、降低生产成本，增强市场竞争力。

2. 以协商价格作价

这种方法是指内部发生交易的双方，在充分协商的基础上，以市场价格为参考，共同确定内部转移价格的方法。如果责任中心的产品或劳务存在非完全竞争的外部市场，就可采用以协商作价的方法。这种方法容易引起争执，不利于内部团结，过多的谈判也会造成浪费，因此需要最高管理层的必要干预。一般情况下，协商得出的内部转移价格要低于市场价格，可以直接通过单位变动成本加上产品或劳务对外销售可获得的单位边际贡献来计算制定。

3. 以双重价格作价

这种方法是指在责任中心的各个方面分别采用不同的内部转移价格的定价方法。例如产品的供应方可按协商价格计价，而使用方则按单位成本计价，其差额最后由公司财务会计部门进行统一调整。这种方法允许各责任中心分别选用对自己最有利的价格作为内部转移价格，可以较好地满足公司各责任中心的不同需要，激励交易双方在生产经营上充分发挥主动性和积极性。

4. 以成本作价

这种方法是指直接以产品或劳务的成本为基础制定内部转移价格的方法。以成本作价的方法有四种：一是以实际成本作价，二是以实际成本加成作价，三是以标准成本作价，四是以标准成本加成作价。以实际成本作价的方法把供应方的长处和短处都包含在实际成本中转移给了使用方，不利于双方分清责任，因此很少采用。以实际成本加成作价的方法不仅有实际成本作价法的缺点，而且因为加成的比率主观性太强，会影响责任中心的成本计算，不利于对其做出正确的评价。以标准成本作价的方法简便易行，促使供应方责任中心产生收支的概念，调动其降低成本的积极性，但对除成本中心以外的其他责任中心则没有太大的作用。因此，对于成本中心之间的内部结算，以标准成本作价是一种较好的制定内部转移价格的方法。以标准成本加成作价的方法具有以标准成本作价法的优点，但也具有加成法主观性的缺点，会影响各责任中心业绩的评价和考核，因此也比较少用。

二、内部结算

内部结算是指公司各责任中心清偿因相互提供产品或劳务所发生的、按内部转移价格计算的债权、债务。按照内部结算的手段不同，可分别采取内部支票结算、转账通知单和内部货币结算等方式。这些结算方式都与内部银行有关，所谓内部银行是指将商业银行的基本职能与管理方法引入公司内部管理而建立的一种内部资金管理机构。它主要处理公司日常的往来结算和资金调拨、运筹，旨在强化公司的资金管理，更加明确各责任中心的经济责任。

三、责任成本的内部结转

责任成本的内部结转（责任转账）是指在生产经营过程中，对于因不同原因造成的各种经济损失，由承担损失的责任中心对实际发生或发现损失的责任中心进行损失赔偿的账务处理过程。

公司内部各责任中心在生产经营过程中，常常有这样的情况：发生责任成本的中心与应承担责任的中心不是同一个责任中心，为了划清责任，合理奖罚，就需要将这种责任成本进行结转。例如公司生产车间因供应部门购入不合格材料导致原材料的过多耗用，那么多耗的材料成本应从生产车间转到供应部门，由其承担责任。

责任转账的目的是划定各责任中心的成本责任，使不应承担损失的责任中心在经济上得到合理补偿。进行责任转账的依据是各种准确的原始记录和合理的费用定额，在计算出转账金额后，应编制责任成本转账表。责任转账的方式可采取内部货币结算方式和内部银行转账方式。前者是以内部货币直接支付，后者则是在内部银行所设立的账户之间划转。

本章小结

财务控制就是依据财务预算目标，按照一定的程序和方式，对公司的资金投入及收益过程和结果进行比较，发现实际偏差与纠正偏差，确保公司及其内部机构和人员全面实现财务预算目标的过程。

成本控制，是指事前科学地制定成本控制标准，在日常的成本发生过程中，严格按照事先确定的标准把关，及时提示实际与标准的差异及其原因，用以调整和指导当前的行为，从而保证成本目标实现。

标准成本，是事先制定的一种预定的目标成本。它是根据公司目前的生产技术水平，在有效的经营条件下可能达到的成本。在成本发生的具体过程中，由于种种原因，产品的实际成本与预定的标准成本会发生偏差，这种差额称为成本差异。如果实际成本超过标准成本，所形成的差异称为不利差异，反之，则是有利差异。

责任中心是指公司内部具有明确的经济责任，在一定程度上能够独立核算、评价经济责任履行情况和绩效完成情况，并据以享有一定权利或接受一定惩罚的公司内部层次、部门、单位和个人的活动范围。责任中心按照所承担经济责任的不同，可以分为成本中心、利润中心和投资中心。

内部转移价格是指在实行经济责任制的公司内部，各责任中心之间转移中间产品或相互提供劳务，进行内部结算和责任结转时所采用的内部价格标准。

思考题

1. 财务控制有哪些方法?
2. 简述财务控制的控制基础。
3. 简述全成本控制的原则。
4. 责任中心的含义是什么?有何特征?
5. 成本中心、利润中心和投资中心各自有何特点?
6. 内部转移价格的制定原则有哪些?

练习题

宏远公司2021年10月的基本资料如下:

(1)生产产品600件,使用材料5 900千克,材料单价为30元/千克;单位产品的直接材料标准成本为300元,每件产品直接材料标准用量10千克,每千克材料的标准价格为28元/千克。

(2)实耗工时3 050小时,支付工资24 500元,直接人工标准成本为40元/件,生产每件产品的标准工时为5小时,标准工资率为8元/小时。

(3)实际发生变动制造费用12 900元,变动制造费用标准成本为20元/件,标准的变动制造费用分配率为4元/小时。

(4)发生固定制造费用7 500元,公司生产能力为800件,需总工时4 000小时,固定制造成本预算金额为7 800元,标准分配率为1.95元/小时,每件产品的固定制造费用标准成本为3元/件。

要求:计算直接材料、直接人工、制造费用的相关差异指标,进行成本差异分析。

第十二章 公司并购

第一节 公司并购概述

一、公司并购的概念

（一）并购的一般解释

并购一词源于英文的“M&A”即 merger and acquisition，一般是指兼并（merger）和收购（acquisition），是公司进行资本扩张的主要方式。兼并通常是指一家公司以现金、证券或其他形式购买取得其他公司的产权，使其他公司丧失法人资格或改变法人实体，并取得对该公司控制权的经济行为；收购是指一个公司以现金、债务或股票等方式在产权市场上购买另一家公司全部或部分股票（股票收购）或资产（资产收购）以获得对该公司的全部或部分所有权的控制的经济活动，收购后，被收购公司依然存续而不消失。

并购的实质是在公司权利主体不断变换的过程中，各权利主体依据公司产权做出的制度安排而进行的一种权利让渡行为。

（二）兼并与收购的联系与区别

1. 联系

兼并与收购的联系表现在：① 兼并与收购的基本动因相似，都是增强公司实力的外部扩张策略或途径；② 兼并与收购都以公司产权为交易对象，都是通过产权流通来实现公司之间的重新组合；③ 兼并与收购都是通过公司控制权的转移和集中来实现公司对外扩张和市场占有。

2. 区别

兼并与收购的区别表现在：① 法律行为的主体不同。兼并的行为主体是兼并公司和被兼并公司，兼并后兼并公司成为被兼并公司新的所有者和债权债务的承担者，是资产、债权、债务的一同转换；而收购的行为主体为收购公司和被收购公司股东，收购公司以收购出资的股本为限承担被收购公司的风险。② 适用的法律范围不同。兼并属重大经营行为，《公司法》有特殊规定，须经股东大会批准；收购行为无须经股东大会批准，但受《证券法》有关规定的限制。③ 发生时公司所处状态不同。兼并多发生在被兼并公司财务状况不佳、生产经营停滞或半停滞之时，兼并后一般需调整其生产经营、重新组合其资产；而收购时产权流动相对平和，一般发生在公司正常生产经营状态下。④ 兼并后的法律效果不同。兼并的法律后果是被兼并公司的法人主体消亡；收购的法律后果是两公司的法人主体继续存在，只是收购公司获得被收购公司的控制权。

（三）合并

合并是指两家或更多的公司合并为一家公司，通常由一家占优势的公司吸收一家或更多公司。根据2006年修订颁布的《企业会计准则第20号——企业合并》，“企业合并，是指将两个或两个以上单独的企业合并形成一个报告主体的交易或事项。”一般来说，合并主要有三种形式：吸收合并、新设合并和控股合并。

1. 吸收合并

这是指两家或两家以上的公司合并成一家公司，其中一家公司将另一家公司吸收进自己的公司，并以自己的名义继续经营，而被吸收的公司则解散消失。这种合并形式用公式表示为

$$A公司 + B公司 = A公司 \tag{12.1}$$

2. 新设合并

这是指两家或多家公司合并设立一家新公司。合并完成后，合并各方解散。新设合并后，原公司所有者将各自公司的全部净资产投入新公司，成为新公司的股东，原有公司不再作为单独的法律主体而存在，只是作为新公司的分部进行经营活动。这种合并形式用公式表示为

$$A公司 + B公司 + C公司 = D公司 \tag{12.2}$$

3. 控股合并

这是指一个公司通过支付现金、转让非现金资产、承担债务或发行权益性证券取得其他公司的全部或足以控制该公司的部分有表决权的股份而实现的公司合并。控股合并后，合并各方仍然作为单独的法律主体而存在，控股公司和被控股公司形成母子公司的关系。这种合并形式用公式表示为

$$A公司 + B公司 = A公司 + B公司 \tag{12.3}$$

在以上三种合并形式中，吸收合并和新设合并后存在的是单一的公司，而控股合并后存在的是两个或两个以上的公司主体。有观点认为，兼并即为我国《公司法》

中的合并，但是，从上文的表述我们可以看出，兼并和收购更贴近吸收合并和控股合并。

二、公司并购的类型

（一）按行业相互关系划分

1. 横向并购(horizontal acquisition)

横向并购是指同一行业的两个或多个公司所进行的并购。横向并购通常具有以下两个目的：一是通过公司规模的扩展来扩大经营规模，提高产品的市场占有率，从而降低管理成本与费用，增强竞争优势，获取规模效益；二是拓展行业专属管理资源，使自身的管理能力得到充分有效的发挥。值得注意的是，通过横向并购获取竞争优势和规模效益会受到诸多因素的限制。

2. 纵向并购（vertical acquisition）

纵向并购是指同类产品不同产销阶段的两个或多个公司所进行的并购。纵向并购是发生在同一产业的上下游之间的并购，纵向并购的公司之间不是直接的竞争关系，而是供应商和需求商之间的关系。因此，纵向并购的基本特征是公司在市场整体范围内的纵向一体化。纵向并购的初衷是通过并购将不同公司的交易转为同一公司内部或同一集团内部的交易，从而减少价格资料的收集、签约、收取货款、广告等方面的支出并降低生产协调成本。

3. 混合并购（conglomerate acquisition）

混合并购是指不相关行业的公司之间的并购。从理论上看，混合并购的基本目的在于通过多元化分散风险，寻求范围经济。从混合并购的历史来看，英美等西方国家的混合并购缘于以下两点：一是通过混合并购来从事多元化经营以达到优化投资组合、分散投资风险的目的；二是因法律禁止寡头垄断公司在本产业部门扩大市场份额，在反垄断法的制衡下无法实现横向并购和纵向并购，从而迫使公司转为混合并购。我国从20世纪80年代中期开始出现混合并购，但由于缺少被并购公司的行业技术和管理知识，混合并购未能产生预期的经济效果。

（二）按并购的实现方式划分

1. 承担债务式并购

这是指在被并购公司资不抵债或资产债务相等的情况下，并购公司以承担被并购公司全部或部分债务为条件，取得被并购公司的资产所有权和经营权。按照权利义务对等原则，并购公司没有理由取得被并购公司的财产而拒绝承担其债务。

这种并购的特点是：并购公司将被并购公司的债务及整体产权一并吸收，以承担被并购公司的债务来实现并购，被并购公司所有资产整体归入并购公司，法人主体消失，丧失经济实体资格。并购行为的交易不是以价格为标准，而是以债务和整体产权价值之比决定。通常目标公司还具有潜力或还有可利用的资源。

2. 购买式并购

这是指并购公司出资购买目标公司的资产。这种形式一般是以现金为购买条件，这种购买只计算目标公司的资产价值，依其价值而确定购买价格。并购公司不与被并购公司协商债务如何处理，公司在完成并购的同时，对其债务进行清偿，并购公司的购买价格实际上是被并购公司偿还债务以后的出价。因此，并购公司即使承担目标公司的债务，目标公司的资产仍大于债务，而使并购公司获得实际利益。

购买式并购包括并购公司用现金购买被并购公司的资产或购买被并购公司的股票或股权两种情况。

3. 吸收股份式并购

这是指将被并购公司的净资产作为股金投入并购公司、被并购公司由此成为并购公司的一个股东的方式，包括资产入股式和股票交换式等形式。吸收入股式并购发生在被并购公司资大于债的情况下，通过并购，被并购公司的整体财产并入并购公司，被并购公司作为法人实体不复存在，被并购公司原来的所有者与并购公司的所有者一起享有按股分红和承担负债的义务。在市场经济比较完善的国家，这种并购形式为数较多。

4. 控股式并购

这是指一个公司通过购买其他公司的股票达到控股，从而实现并购。被并购公司作为经济实体仍然存在，具有法人资格，其不过是被改造成了股份制公司。并购公司作为被并购公司的新股东，对被并购公司原有债务不负连带责任，其风险责任仅以控股出资的股金为限。因此，被并购公司债务由自己以其所有经营管理的财产为限清偿，日后破产了照此处理，与并购公司无关。

这种并购不再是以现金或债务作为必要的交易条件，而是以所占公司股票的份额为主要特征，以达到控股条件为依据，实现对被并购公司的产权占有。控股式并购一般都是在公司运行之中发生的并购行为，而不是以公司的停产实现转移。这是一种平和的并购形式。控股式并购操作灵活，节约资金，越来越被各公司自觉使用。

5. 换股并购

换股并购是指收购公司将目标公司的股权按一定比例换成本公司的股权，目标公司被终止，或成为收购公司的子公司的购并方式，换股视具体情况可分为增资换股、库存股换股、母子公司交叉换股等。增资换股即并购公司采用发行新股的方式来替代目标公司的股票；库存股换股即并购公司可将其库存的那部分股票用来替换目标公司的股票；母子公司交叉换股是并购公司、其母公司和目标公司之间都存在换股的交叉关系，通常在换股之后，目标公司或消亡，或成为并购公司的子公司，或成为其母公司的子公司。

6. 杠杆收购

杠杆收购是以少量的自有资金，以被收购公司的资产和将来的收益能力作抵押，筹集部分资金用于收购的一种并购活动。在这种方式下，收购公司不必拥有巨额资金，只需准备少量现金(用以支付收购过程中必需的律师、会计师等费用)，加上以目标公司的资产及营运所得作为融资担保、还款来源所贷得的金额，即可兼并任何规模的公司。

(三) 其他类型

1. 按并购是否友好方式划分

(1) 善意并购。善意并购是指并购公司与被并购公司通过友好协商确定相关事宜的并购。

(2) 敌意并购。敌意并购是指并购公司不顾被并购公司的意愿而采取非协商性并购的手段，强行并购被并购公司。

2. 按涉及被并购公司的范围划分

(1) 整体并购。整体并购是指资产和产权的整体转让，是产权的权益体系或资产不可分割的并购行为。

(2) 部分并购。部分并购是将被并购公司的资产和产权分割为若干部分进行交易而实现公司并购的行为。

3. 按并购是否通过中介机构进行划分

(1) 直接并购。这是指由并购公司直接向目标公司提出所有权要求，双方通过一定的程序进行磋商，共同商定完成并购的各种条件，在协议的条件下达到并购的目标。直接并购分为向前和反向两种。

(2) 间接并购。这是指并购公司首先设立一个子公司或控股公司，然后再以子公司名义并购目标公司。其分为三角并购和反三角并购两种方式。

三、公司并购理论

(一) 协同效应理论

协同效应理论认为，并购交易的支持者通常会以达成某种协同效应作为支付特定并购价格的理由。并购产生的协同效应包括管理协同效应、经营协同效应和财务协同效应。

1. 管理协同效应理论

管理协同效应主要指的是并购给公司管理活动在效率方面带来的变化及效率的提高所产生的效益，主要表现在节省管理费用、提高公司的运营效率、充分利用过剩的管理资源方面。

2. 经营协同效应理论

经营协同效应主要指的是并购给公司生产经营活动在效率方面带来的变化及效率的提高所产生的效益，主要表现在规模经济效应、纵向一体化效应、市场力或垄断权，以及资源互补方面。

3. 财务协同效应理论

财务协同效应是指兼并给公司在财务方面带来的种种效益，这种效益的取得不是由效率的提高引起的，而是由于税法、会计处理惯例以及证券交易内在规律而产生的。其主要表现在节税利益、自由现金流量的充分利用、资本需求量的减少、融资成本的降低和举债能力的提高以及每股收益的“自展”效应上。

（二）经营多样化理论

经营多样化理论认为分散经营本身之所以有价值是基于许多原因，其中包括管理者和其他雇员分散风险的需要、组织资本和声誉资本的保护等。

1. 分散管理者和雇员风险

经营多样化理论作为并购活动的一种理论，与股东证券组合的分散化不同，股东可以有效地在各个行业间分散其投资和风险，因此公司没有必要为了股东而进行分散经营，但公司所经营的单项产业失败的话，管理者和其他雇员就面临着很大的风险；他们专属于公司的人力资本，是无法转移的，因此，公司可以通过分散化经营来鼓励雇员进行专属于公司的人力资本投资，而这种投资可以使其更有价值和有更高的劳动生产率。

2. 组织资本的保护

在现代公司理论中，公司中有关雇员的信息随着时间的推移而逐渐积累，这些信息在某种程度上是公司专属的，因此除非有大的举动，否则将其向外部的公司或市场转移是行不通的。这些信息可以用来将雇员与工作岗位进行有效的匹配，或者在特定的工作中对雇员进行有效搭配。这意味着在公司形成了管理者组合和其他雇员组合，当公司被清偿时，这些组合被破坏，该组织机构的价值也随之失去，如果公司进行分散经营，这些队伍便可以从没有利润的商业活动中转移到正在发展和盈利的业务活动中去，分散经营可以保证公司业务活动的平稳有效过渡以及公司团队和组织的延续。

3. 声誉资本的保护

公司一般都拥有声誉资本，顾客、供应商和雇员将利用这一资本与公司建立联系，声誉资本是长期通过公司所特有的对广告、研究与开发、固定资产、人员培训以及机构发展等方面的投资而获得的，分散经营有助于保护公司的声誉资本，但其在公司被清偿时便不复存在。

（三）价值低估理论

价值低估理论认为当目标公司股票的市场价格因为某种原因而没能反映其真实价值或潜在价值，或者没有反映出其在其他管理者手中的价值时，并购活动就会发生，价值低估理论有若干方面，每一方面的性质和内涵都有些不同。

1. 短视理论

该理论认为问题所在是市场参与者，特别是机构投资者强调短期的经营成果，其结果将导致有长期投资方案的公司价值被低估；当公司价值被低估时，它们就成为对其他有大量可自由支配资源的公司或个人投资者（进攻者）而言有吸引力的目标。

2.“托宾 Q”理论

经济学家托宾于1969年提出了一个著名的系数，即“托宾 Q 系数”（也称 Q 比率）。该系数为公司股票市值对股票所代表的资产重置成本的比值。在西方国家，Q 比率多在0.5和0.6之间波动。因此，许多希望扩张生产能力的公司会发现，通过收购其他公司来获得额外生产能力的成本比自己从头做起的代价要低得多。例如，如果平均 Q 比率在0.6左右，而超过市场价值的平均收购溢价是50%，最后的购买价格将是0.6乘以1.5，相当于公司重置成本的90%。因此，平均资产收购价格仍然比当时的重置成本低十个百分点。

3. 信息不对称理论

大量的研究表明，即使在欧美国家那样发达的资本市场上，股票市价能反映所有公开的信息，但未必能反映所有未公开的“内幕信息”。一些实力雄厚的大机构或大公司通常具有相当的信息优势，它们比一般投资者更容易获取关于某个公司竞争地位或未来发展前景的“内幕信息”。知情者若发现该公司的股票市价低于其真实价值，就可能乘机收购其股票。

（四）代理成本理论

该理论认为，由于公司管理者只拥有公司小部分所有权，所以管理者会倾向于进行额外的消费（如豪华办公室、专用轿车等），扩大代理成本，而这些支出则由公司其他所有者共同负担，这一理论对公司并购的解释可归纳为以下三点：

1. 控制机制论

控制机制论认为，当内部控制机制、股票市场和管理者市场无法解决代理问题时，并购市场为这一问题的解决提供了最后一个外部控制手段。并购通过要约收购或代理权之争，可以使外部管理者战胜现有的管理者和董事会，从而取得对目标公司的决策控制权。如果公司的管理层因为无效率或代理问题以致经营管理滞后，公司就可能会被接管，从而面临着被收购的威胁，因此，并购是代理问题的一种解决方法。

2. 管理主义

管理主义理论将并购视为代理问题的一种表现形式，而不是问题的解决办法。该理论表明利己的管理者进行不良企图的合并，其目的仅仅是为了扩大公司的规模和提高自身的报酬。管理主义理论建立在穆勒的动机理论基础之上，它认为管理者控制着公司，由于管理者的报酬取决于公司规模、销售额或总资产，因此管理者往往以公司发展为借口寻求并购。

3. 自大假设

自大假设是代理成本理论的另一种变形。该理论认为收购公司的管理者在对目标公司进行竞价时犯了过分乐观的错误。在收购过程中，竞价公司认定一个潜在的目标公司并对其价值(主要是股票价值)进行评估，当估价结果低于(股票的)市价时，便不会提出报价，只有当估价超过当前的市场价值时公司才提出报价并作为竞价公司进行收购尝试，如果市场是有效的，且没有协同效应或其他接管收益，估价的平均值应等于当前市场价值，因此，收购溢价只是一种误差，是竞价者在估价中所犯的错误。这一理论不要求管理者有意识地追求自身利益，管理者可以有良好的意图，但在判断中会犯错误。

(五) 信息与信号理论

信息与信号理论力图解释为什么无论收购成功与否，目标公司的股票价值在要约收购中总要被永久性地提高。这一理论可分为两种：

1. 信息理论

信息理论认为新的信息是作为要约收购的结果而产生的，且重新估价是永久性的，该信息假说可以分为两种形式：一种形式认为收购活动会散布关于目标公司股票被低估的信息并且促使市场对这些股票进行重新估价，目标公司和其他各方不用采取特别的行动来促进价值的重估，即所谓的“坐在金矿上”的解释；该假说的另一种形式是认为要约会将信息传递给目标公司的管理者，从而激励其依靠自身的力量贯彻更有效的战略，即所谓的“背后鞭策”的解释。

2. 信号理论

信息理论的一个重要变形是信号理论。信号传递理论认为，并购活动会散布关于目标公司股票被低估的信息并促使市场对其重新估价，同时也会激励目标公司管理层自身贯彻更有效的战略。因此，并购活动实际上是一种市场传递信号的机制。例如，公司收到收购要约这一事实可能会传递给市场这样的信息：该公司拥有迄今为止尚未被认识到的额外价值，或者公司未来的现金流量将会增长。当并购公司用普通股来购买其他公司时，可能被目标公司或其他各方视作并购公司的普通股价值被高估的信号；而当公司重新购回他们的股票时，市场又会将其视为这样一种信号，即管理层有其自身公司股票价值被低估的信息，且该公司将会获得有利的新的成长机会。

关于公司并购动机的理论还有战略发展和调整理论、再分配理论等。

四、公司并购动机分析

产生并购行为最基本的动机是寻求公司的发展。寻求扩张的公司有内部扩张和通过并购发展两种选择。内部扩张可能是一个缓慢而不确定的过程，通过并购发展则要迅速得多，尽管它会带来自身的不确定性。 在具体实务中，并购的动因，归纳起来主要有以下几类：

(一) 扩大生产经营规模，降低成本费用

通过并购，公司规模得到扩大，能够形成有效的规模效应。规模效应能够带来资源的充分利用、资源的充分整合，降低管理、原料、生产等各个环节的成本，从而降低总成本。

（二）提高市场份额，提升行业战略地位

规模大的公司，伴随生产力的提高、销售网络的完善，市场份额将会有比较大的提高，从而可以确立公司在行业中的领导地位。

（三）改善公司财务状况

并购以后，公司经营规模扩大了，能够筹措到更多的资金。另外，并购一个现金充裕或负债对产权比率较低的公司，不仅可以改变并购公司的财务状况，而且可以提高公司的举债能力。

（四）取得充足廉价的生产原料和劳动力，增强公司的竞争力

通过并购实现公司的规模扩大，成为原料的主要客户，能够大大增强公司的谈判能力，从而为公司获得廉价的生产资料提供可能。同时，高效的管理、人力资源的充分利用和公司的知名度提升都有助于公司降低劳动力成本，从而可以提高公司的整体竞争力。

（五）获得特殊资产

特殊资产是一些对公司发展至关重要的专门资产，如土地、目标公司拥有的有效管理队伍、优秀研究人员、专门人才以及专有技术、商标、品牌等无形资产。

（六）实施品牌经营战略，提高公司的知名度，以获取超额利润

品牌是价值的动力，同样的产品，甚至是同样的质量，名牌产品的价值远远高于普通产品。并购能够有效提高品牌知名度，提高公司产品的附加值，公司由此可以获得更多的利润。

（七）通过收购跨入新的行业，实施多元化战略，分散投资风险

这种情况出现在混合并购模式中。随着行业竞争的加剧，公司通过对其他行业的投资，不仅能有效扩充公司的经营范围，获取更广泛的市场和利润，而且能够分散本行业竞争带来的风险。

第二节　目标公司价值评估

在公司并购中，双方谈判的焦点是目标公司的并购价格，如何对目标公司进行合理定价，以成功地达到收购目的，成为并购中首要的财务决策问题，因此目标公司价值的评估对并购决策具有十分重要的意义。

在并购实践中，有的并购不是以生产经营为目的而是为了获取股权或资产让渡溢价的短期投机行为，有的并购则是以产生协同效应为目的，创造大于各自独立价值之和的新增价值的并购行为。对于前者而言，并购公司重点关注目标公司的未来现金流量现值与收购成本的大小关系，这决定了并购中价值评估的重点将是公司未来现金流量或公司的现实价值；对于后者，协同作用的价值等于目标公司由于协同而新增的现金流的现值，由于协同效应的产生过程涉及众多不确定因素，如市场的反应、并购后的整合等，评估并购中的协同价值是以对将来的预测为基础，含有主观和不确定因素，因此在实际中很难估算，需要更为丰富和完善的辅助方法。

下面介绍几种常用的目标公司价值评估模型。

一、收益现值法

收益现值法是在目标公司持续经营的前提下，通过对目标公司的预期获利能力的预测和适当的折现率的选择，计算出公司的现值，并以此收益现值作为目标公司价值参考。收益现值法中最具有代表性的模型是由美国西北大学经济系教授阿尔弗雷德·拉巴波特构建的拉巴波特估价模型，该模型又称贴现现金流量模型。

（一）贴现现金流量的评价模型

所谓贴现现金流量方法，就是用未来一段时期内目标公司的一系列预期现金流量以某一折现率的现值与该公司的初期现金投资（即并购支出）相比较，如果该现值大于投资额，即净现值等于或大于零，可以认为这一定价对并购公司是可以接受的或有利的；如果净现值小于零，对并购公司来说，常常被认为是不可接受的。

根据上述原理，在运用贴现现金流量分析并购活动时，目标公司价值等于目标公司加权平均资本成本为折现率对目标公司自由现金流量进行贴现所得的价值。目标公司价值可以用以下一般模型计算：

$$V_0 = \sum_{t=1}^{n} \frac{CF_t}{(1+K)^t} \tag{12.4}$$

式中：V_0 为公司价值，CF 为现金流量，K 为折现率，t 为预测期（或称折现期）。

根据目标公司具体情况的不同，公司自由现金流量（FCFF）增长情况不同，因此贴现现金流量的一般模型具体应用也有不同的类型。

（1）在目标公司持续经营的条件下，FCFF 零增长而呈现永续年金特征：

$$V_0 = \frac{FCFF}{WACC} \tag{12.5}$$

式中：FCFF 为自由现金流量，WACC 为加权平均资本成本。

（2）在目标公司持续经营的条件下，FCFF 按固定增长率 g_n 增长：

$$V_0 = \frac{FCFF_1}{WACC - g_n} \tag{12.6}$$

式中：$FCFF_1$ 为下一年度预计现金流量，g_n 为未来时期 FCFF 的增长率。

【例 1】如果下一年度自由现金流量为 100 万元，假设加权平均资本成本率为 10%，自由现金增长率为 2%，则目标公司的价值为

100/(10% - 2%) = 1 250（万元）

（3）当目标公司在 n 年之后达到稳定状态并开始以固定的增长率 g_n 增长，则公司价值为

$$V_0 = \sum_{t=1}^{n} \frac{FCFF_t}{(1 + WACC)^2} + \frac{FCFF_{n+1}}{(WACC - g_n)(1 + WACC)^n} \tag{12.7}$$

（二）三个重要因素

根据公式(12.4)，目标公司价值的评估主要应该考察三个重要因素：现金流量、折现率和预测期。

1. 现金流量

考虑目标公司的现金流量首先要确定未来的现金流量包括什么内容，这种现金流量最一般的形式为公司的“自由现金流量”。

（1）公司自由现金流量的概念。公司自由现金流量是公司经营活动所创造的、可供管理当局自主支配运用的那一部分现金流量。自由现金流量的所谓“自由”体现在管理当局可以在不影响公司持续增长的前提下，将这部分现金流量自由地分派给公司的所有索偿权持有人，包括短期、长期债权人以及股权持有人等。从现金流量的角度来讲，股东与债权人没有性质上的差异，存在的只是索偿权支付的顺序上的差异。因此，公司自由现金流量应当由股权资本(普通股)现金流量、债权人现金流量和优先股股东现金流量构成。

（2）公司自由现金流量的计算。

公司自由现金流量(FCFF) = 息税前利润 ×（1 − 所得税税率）+ 折旧费用 − 资本支出 − 营运资本变动数额　　(12.8)

【例 2】公司的息税前利润为 600 万元，折旧额为 110 万元，资本支出为 142 万元，营运资本变动额为 86 万元，假设公司的所得税税率为 25%，则公司自由现金流量为

600 ×（1 − 25%）+ 110 − 142 − 86 = 332(万元)

2. 折现率

由于估算现金流量的现值所采用的折现率增加一个百分点都可能对并购决策起到决定性的作用，所以应慎重选择。从理论上说，折现率应该是筹资者的资本成本或投资者要求达到的最低收益率，当并购不会影响并购公司的风险，未来目标公司认为与并购公司总的风险相同，则目标公司现金流量的折现率即为并购公司投资于目标公司资本的边际成本，在决定折现率时，应考虑每个未来的并购对象的具体风险，投资风险越大，折现率越高。

在上述计算中，我们选用的折现率包括了目标公司全部资本的构成，即目标公司的加权平均资本成本(WACC)作为折现率。在实际操作中，有四种确定折现率的方法：①选择目标公司现在的加权平均资本(负债与权益)成本作为基准折现率，然后调高几个百分点(因为新的项目应当比已有的运作有更高的收益率要求)；②选择目标公司历史上的资产收益率作为基准折现率，然后像上面那样将它调高几个百分

点；③ 利用对未来预期利率的估计作为基准折现率，然后根据行业、公司及财务结构等相关的风险因素将它调高；④ 根据公开数据，将对同行业公司的加权资本成本的估计值作为基准折现率，然后根据风险因素调高。

3. 预测期(公司存续期)

公司存续期的预测一般有以下两种观点：公司存续期预测往往受公司未来现金流量模式的影响；公司存续期预测应一直持续到增量投资的预期收益率(R) 等于资本成本(K) 为止。在预测期内$R > K$；在预测期之后$R = K$。当$R = K$时，公司无论采取何种盈余分配政策(追加投资或发放股利) 均不会影响公司价值。

一般来说，预测期越长，预测的准确性越差，同时由于折现率的存在，随着预测期的推移，对价值评估的影响就越小，所以，预测期一般为五年至十年。

虽然贴现现金流量模型通常被认为是最有效的方法而在公司估价中被普遍应用，但这种方法由于折现率的估值的不确定性，需要根据公司并购所具有的特点进行修正。

二、市盈率法

市盈率(PER) 也称为市盈乘数，即价值与收益的比率，它所反映的是公司股票收益和股票市场价值之间的关系，或者说反映的是投资者将为公司的盈利能力支付多少资金。市盈率法则是通过标准市盈率折算出目标公司价值的一种方法。

根据市盈率评估目标公司价值的公式为

$$\text{目标公司价值} = \text{目标公司利税前收益或税后利润} \times \text{市盈率} \tag{12.9}$$

一般来说，市盈率的高低主要取决于公司的预期增长率。在一个成熟的资本市场氛围里，一个具有增长前景的公司，其市盈率一定较高；反之，一个前途暗淡的公司，其市盈率必定较低。具体选择市盈率时，可以是并购时目标公司的市盈率，也可以是与目标公司有可比性的公司的市盈率或目标公司所处行业的平均市盈率。

传统的市盈率法中的收益运用的是历史收益情况，数据从公司的损益表中获得，其中息税前利润是不考虑融资和财务结构时公司的运营盈利能力，而税后净利包括融资和财务结构在内的所有流动因素。但是很显然，这样缺乏对目标公司长期性发展的考虑，忽略了目标公司未来的风险或低估目标公司价值，因此在实际操作中，通常都采用未来预期收益。实际上，国外比较大的公司一般都有自己的预测技术和系统，可以依靠它们来比较准确地预测 5 年期甚至更长时期的利润变动趋势。

使用市盈率法对目标公司进行估价，其优点是简单易懂，市盈率能够作为公司风险性、成长性、资产盈利水平等特征的代表，可以比较直观地反映公司盈利状况或所属行业的整体发展状况，结论有一定的科学性和可靠性，因而适用于股票市场较完善的市场经济环境中经营比较稳健的公司。但是，该方法的收益指标和市盈率的确定有很大的主观性，在实践中对标准市盈率的选择和确定也非常困难。此外，该方法在适用范围上也存在一些问题，比如说对于存在亏损的目标公司的价值评估，对于周期性公司的价值评估，对于新兴的互联网公司、信息技术公司等的价值评估等，市盈率法常常会出现较大的偏差，尤其在我国目前股市尚不够完善、市盈率不够真实的情况下，应用此法风险很大。

三、资产价值基础法

资产价值基础法是指通过对目标公司的资产进行估价的方式来评估公司的价值。

（一）账面价值法

账面价值方法是利用传统的会计方式确定净资产来决定并购价格的方法。会计意义上的账面价值是一个反映特定时点公司的会计核算价值的确定的数字。它的优点在于，账面价值是由独立的第三方提供的按通用会计原则计算得出的。但这同时也存在着巨大的欺骗性。因为账面价值往往与它的实际价格相差甚巨：一方面，由于公司的历史、商誉等因素，它的账面价值大大低于它的市场价格；另一方面，公司由于害怕账面价值损失太大，往往去维持破旧的工厂和毫无价值的存货，在这种情况下，账面价值则大大高于真实价值。

（二）财产清算价值法

财产清算价值方法是通过估算目标公司的净清算收入来估算并购价格的方法。而公司的净清算收入是通过估算出售公司所有的部门和全部固定资产（通常是在多项交易中）所得到的收入，再扣除公司的应付债务后得到的。这一估算的基础是对公司的不动产价值进行估算，这些不动产包括工厂、财产和设备、各种自然资源或储备等。估算所得到的是目标公司变现价格，构成并购价格的底价，可以用于收购陷于困境的公司，也可以用于根据特定的目的所购买的一些特定的公司。

四、市场比较法

市场比较法通常是将股票市场上与目标公司经营业绩相似的公司最近平均实际交易价格作为估算公司价值的参照物的一种方法。在实际使用市场比较法来评估目标公司的价值时，一般先在同行业中找出产品、规模、财务结构、市场、目前获利能力、未来业绩成长趋势等方面与目标公司类似的公司，将这些公司的净利等各种经营绩效与股价的比率作为参考数据，计算目标公司大约的市场价值。实际操作时可选定 5 ~ 10 家与目标公司类似的公司，先将其股价分别与每股净利及每股息税前利润之比的倍数进行加权平均，所得的两个倍数再分别乘上目标公司的每股净利及每股息税前利润即可得出两个股价，作为估算目标公司价值的“上下”限。

目标公司的估价一直是个难题，在实际中虽然有很多的估价方法，但是却没有一种方法能够做到非常准确地对目标公司的价值进行估价。因此无论是买方还是卖方，在决定公司的最佳价格时，都必须进行一个范围广泛的富有创造性的分析，应该将多种方法相结合，尽可能多地考虑各种影响因素，在合理的、综合的、充分的分析基础上确定最终买卖双方都认可的并购价格，避免得出简单的或具有欺骗性的结论。

第三节　公司并购的财务规划

一、公司并购的成本效益分析

成本效益原则是任何财务管理活动都必须坚持的原则，否则就会背离公司的理财目标。公司并购同样存在着成本和收益，在做出是否进行并购的决策前，公司要认真分析比较，只有并购的收益大于成本时，并购才具有可行性。

（一）公司并购成本

公司并购的成本主要包括并购完成成本、并购整合成本、并购退出成本和并购机会成本等。

1. 并购完成成本

并购完成成本也称作并购购买成本，是指并购行为本身所发生的直接成本和间接成本。直接成本是指并购过程中直接支付的费用，如被并购公司的购并价格等。间接成本是指并购过程中发生的除直接成本以外的其他支出，具体包括债务成本、交易成本、更名成本等。

2. 并购整合成本

并购整合成本也称作并购协调成本，是并购后使被并购公司健康发展而需要支付的长期营运成本。当并购完成后，由于并购公司与被并购公司作为两个不同的公司，在业务经营、管理模式、公司文化等方面都会存在显著的差异。要使它们成为一家公司，就必须进行整合，实现公司一体化运作。整合成本包括整合改制成本、注入资金成本等。

3. 并购退出成本

一个公司在通过并购实施外部扩张时，还必须考虑一旦扩张不成功如何以最低代价撤退的成本问题。并购退出成本主要是指公司通过并购实施扩张而出现扩张不成功必须退出，或当公司所处的竞争环境出现了不利变化，需要部分或全部解除并购所发生的成本。一般来说，并购力度越大，可能发生的退出成本就越高。这项成本是一种或有成本，并不一定发生，但公司应该考虑到这项成本，以便在并购过程中对并购策略做出更合适的安排或调整。

4. 并购机会成本

并购活动的机会成本是指并购的实际支出（尤其是资本性支出）相对于其他投资

的未来收益损失或放弃。充分考虑这一项成本，可以对并购战略做出科学的判断。

公司并购的成本是多样的，其中并购完成成本和整合成本属于显性成本，绝大部分实施并购的公司都非常关注完成成本的高低，实际上，在公司并购失败的诸多案例中，导致其失败的原因主要还是由于对并购后的整合成本认识不足。此外，并购退出成本和机会成本这样的隐性成本也同样需要考虑。

（二）公司并购的效益

公司并购作为一项重要的资本经营活动，其收益主要有以下几个方面：

1. 规模经济的收益

公司的规模经济是由生产规模经济和管理规模经济两个层次组成的。生产规模经济是指公司通过并购，对生产资本进行补充和调整，达到规模化生产的要求；在保持整体产业结构不变的情况下在各分厂实现单一化生产，达到专业化的要求。管理规模经济主要表现在：管理费用可以在更大范围内分摊，使单位产品的管理费用大大减少。

2. 合理避税的收益

由于对不同类型的收益所征收的税率不同，因此公司可以利用并购来合理避税。例如，公司可以利用税法中亏损递延条款来获得合理避税的收益。如果公司在一年中出现了严重亏损，或者公司连续几年不盈利，公司拥有相当数量的累计亏损时，这家公司往往会被考虑为并购对象，或者该公司考虑并购盈利公司，以充分利用它在纳税方面的优势。

3. 寻找机会和分散风险的收益

在跨行业并购中，一些并购公司的主要目的不在于追求高收益，而在于通过并购其他行业的公司，寻求投资新领域和未来的发展空间，同时分散经营单一产品的风险。这种跨行业并购一定要以成功的专业化为基础，不可盲目多元化经营。

4. 融资渠道的收益

一些公司之所以并购上市公司或金融公司，主要是为了寻求一条比较方便的融资渠道，“买壳上市”就是这种方式。非上市公司通过证券市场收购已挂牌上市的公司，再以反向收购的方法注入自己的有关业务和资产，达到间接上市的目的。优势公司通过“买壳上市”可以利用“壳”公司的配股和增发新股较为便利地募集资金。

5. 降低交易成本

公司实施纵向并购战略的目的是以公司内部的管理协调替代部分市场协调，从而有效地解决专业化分工引起的生产流程的分离，减少生产过程中各种损耗和时间浪费，降低交易成本，实现纵向整合效应。

二、并购中的融资工具及资金的筹措

融资问题是决定公司并购成功与否的关键因素之一。如果并购公司根据自身的资本结构采用多种融资方式确定一种合理的融资方式，可以达到事半功倍的效果，即以最低的资本成本产生足够大的控制力；如果并购公司选择不当，就有可能背上沉重的财务负担，甚至可能会影响并购公司正常的生产经营活动。在成熟的资本市场上，融资工具品种丰富、应用广泛，主要包括以下三类。

（一）债务性融资工具

负债融资是一种最为古老的融资方法。并购中运用债务融资一般适用于以下条件：首先，由于债务融资并购后会加重公司的债务负担，因此要求收购方必须具备较高的债务承受能力和安全还债的能力；其次，通过债务融资筹措资金实现并购，需要有可行的融资渠道和工具；最后，并购的债务融资适用于公司在保持独立、避免原股东股权被稀释的情况下超常规扩张。为了通过债务来实现并购融资，公司可以选择向商业贷款人或其他贷款人申请贷款，或是发行债券或票据，或是通过拍卖、售后回租等方式进行。

（二）权益性融资工具

随着资本市场的逐步成熟以及并购交易规模的日益扩大，权益性融资在并购交易中的比重日益提升。它主要包括公开发行融资、换股并购和以权益为基础的融资。

1. 公开发行融资

公开发行融资即公司以发行新股或向原股东配售新股所得的价款为并购支付交易价款。选用此种方式，主要应考虑股东认购资金来源的资金成本，增资扩股对其控股权的影响，增资扩股对每股收益、净资产收益率、每股净资产等财务指标产生的不利影响等。

2. 换股并购

换股并购即以公司股票本身作为并购的支付手段付给被并购公司。通常根据换股方式的不同又可以分为增资换股、库藏股换股、母公司与子公司交叉换股等。换股并购相对于现金并购而言具有其自身的优势：换购并购使得收购不受并购规模的限制；通常会改变并购双方的股权结构；可避免大量现金短期流出的压力，降低了收购风险；可以取得税收方面的好处。但换股并购的运用也有其弊端，这是换股并购在我国上市公司收购中运用尚不广泛的主要原因之一。

3. 以权益为基础的融资

以权益为基础的融资主要包括反向回购、股权划出、员工持股计划等。反向回购与股权划出在我国现阶段都有一定的法律法规限制。

（三）混合性融资工具

混合性融资在并购中的应用分为混合性融资安排和混合性融资工具的应用。前者指在一项并购交易中，既有银行贷款资金、发行股票、债券筹集的资金，也包括并购公司与目标公司之间的股票互换，发行可转换债券、优先股、认股权证等多种融资工具的综合运用，其中主要以杠杆收购为代表；后者是指兼具债务和权益两者特征的融资工具，包括可转换债券、认股权证等。

1. 杠杆收购筹资

杠杆收购是以少量的自有资金，以被收购公司的资产和将来的收益能力作抵押，筹集部分资金用于收购的一种并购活动。当公司全部资产收益率大于借入资本的平均成本时，公司净收益和普通股收益都会增加。这其实是一种混合融资形式，其特征有：可利用的融资方式有银行信用额度、抵押贷款、长期贷款、商业票据、可转换债券、认股权证等多种形式；参与融资的机构有商业银行、保险公司、投资银行等多家部门；投入少量资金就可获得大量银行贷款，财务风险高。

2. 可转换债券

用可转换债券为并购进行融资不像直接债券那么普遍。利用可转换债券筹集资金具有明显的优势：① 可以降低债券融资的资本成本；② 由于可转换债券规定的转换价格要高于发行时的公司普通股市价，它实际上相当于为公司提供了一种以高于当期股价的价格发行普通股的融资；③ 当可转换债券转化为普通股后，债券本金就不需偿还，免除了还本的负担。

3. 认股权证

对并购方而言，发行认股权证的好处是，可以因此而延期支付股利，从而为公司提供额外的股本基础。但由于认股权证的行使会涉及公司控股权的改变，因此，为保障现行公司股东的利益，公司在发行认股权证时，一般要按控股比例派送给股东。股东可用这种证券行使优先低价认购公司新股的权利，也可以在市场上随意将认股权证出售，购入者则成为认股权证的持有人，获得相同的认购权利。

三、并购价格支付方式

在公司并购的财务规划中很重要的一环是确定支付方式。并购支付方式与筹资方式密切相关，影响并购公司与目标公司的控制权关系及法律地位关系，影响并购组织安排及组织结构，关系并购双方的切身利益。

（一）现金支付方式

现金支付方式即并购公司按照所确定的被并购公司的并购价格，向被并购公司所有者一次或分期偿付现金的方式。一般认为，凡不涉及新股票发行的并购都可以被视为现金并购，即使是由并购者直接发行某种形式的票据完成并购，也是现金并购。无论从历史还是现实看，现金支付都是最常用的方式，在决定是否采用现金并购的方式时，并购公司主要考虑如下几个问题：① 短期的流动性。现金出价要求购买者在确定的日期支付一定数量的货币，立即付现必然会在资产负债表上产生现金亏空，于是有无足够的付现能力是公司首先要考虑的问题。② 中期或长期的流动性。主要以较长期的观点看待支付的可能性，有些公司可能在很长时间内难以从大量的现金流出中复苏过来，所以并购公司必须认真考虑现金回收率，或者是回收年限。③ 货币的流动性。并购者还需要考虑的问题是自己拥有的现金是否是可以直接支付的货币或是可自由兑换的货币，公司回收的是否是可自由兑换的货币。

现金并购中涉及的一个重要问题是税务管理问题。由于公司股票的出售变化是一项潜在应税的事件，它涉及投资者的资本损益，在实际取得资本损益的情况下，则需交纳资本收益税。因此，如果被并购的风险公司原有股东接受现金形态的出资，就需要交纳资本收益税；在推迟支付的情况下，股东滞后得到现金支付，一般也推迟了资本收益税的负担，直到实际得到支付的现金，方才承担资本收益税。

（二）股票支付方式

如果并购公司不是以现金为媒介对目标公司进行并购，而是增加发行本公司的股票，以新发行的股票替换被并购的风险公司的股票，则被称为股票支付方式并购。在股票支付方式下，并购公司可以从中得到许多好处：一是在假定满足了某些条件的情况下并购公司可以使用并购会计来对这一交易进行会计处理；二是并购公司可以避免支付大量现金，因而不会影响并购公司的现金状况；三是并购公司的股票可以不以折价发行。就被并购公司股东而言，接受股票的好处是：可以将资本收入税一直递延到这些股票出售时为止，避免了使用现金支付中在领取现金时就必须交纳税收的情况。

在实际应用中，一般采取固定比率股票交换方式，例如，并购公司用固定比率的本公司普通股股票交换出售方的股票。其交换比率在最初谈判时就已确立，并且不论两种股票的市场价格发生何种变化，这个比率都不变。为了防止并购公司的股票价格下跌，双方经常确定一个价格波动的范围，在范围内的价格变动不影响原定的交换比率，按原定协议执行；如果价格变动超过了协定价格范围，就要提供对被并购的风险公司的保护措施，如重新商谈协议或终止交易，或者预先商定一个固定的最低／最高支付价格的协议。

（三）综合证券并购

综合证券并购也称混合证券并购，是指并购公司对目标公司或被并购公司提出并购要约时，其出价不仅仅有现金、股票，而且还有认股权证、可转换债券等多种形式的混合。被并购公司愿意接受综合证券，主要是对并购公司的前景看好，认为并购公司具有投资价值，而对于风险公司的投资者而言这一般是不成立的。对于并购公司，采取综合证券的方法，一是可以避免支出更多的现金从而造成本公司的资本结构恶化，二是可以防止控股权的转移。

（四）卖方融资支付

所谓卖方融资支付是指并购公司暂不全部偿付价款，而是承诺在未来一定时期内分期分批偿还价款给目标公司的支付方式。

对于支付方式的选择，无论是现金支付方式、股票支付方式，还是其他方式，都各有利弊，公司应该充分考虑税收、对收益冲减、对并购会计核算政策的选择、并购公司的流动性状况，以及金融风险的影响等因素，并在这些相互对抗的因素中求取相对的平衡，选择适当的方式。

第四节　反并购

一、反并购成本效益分析

（一）敌意并购与反并购

从众多的并购案例来看，成为敌意并购的目标公司往往具有资产价值被低估、公司具有尚未发现的潜质、公司具有大量的剩余现金、公司具有大量有价值的证券投资组合以及大量未使用的负债能力，具有出售后不损害现金流量的附属公司或其他财产、现管理层持股比例较小的特点。对于敌意并购对这些公司将产生什么样的影响，目前有两种相互对立的观点。第一种观点是，通过公司并购，特别是通过恶意并购对经营者进行限制可提高公司的效率。从这种观点来看，真正的反并购策略就是通过努力经营实现公司最大价值，而引进反并购策略则是经营者自我保护的表现，或者说是在迁就那些低效率的公司。第二种观点认为，敌意并购会破坏公司价值，有可能削弱公司的竞争力，甚至降低公司的价值。从这种思路出发，针对破坏公司价值的敌意并购实施的反收购对策就是“正当防卫”。

公司反并购的原因是多方面的：可能是目标公司的管理人员认为他们掌握了许多公司未公开的、有利于公司价值的信息，这些信息的价值未被市场所反映，公司的价值被低估了；或者他们相信反并购行动能提高并购者的出价；也可能是因为管理人员担心并购会导致现有职位的丧失。无论是何种原因，为了防止公司控制权转移，目标公司都将采取预防性措施及主动性措施构筑防御壁垒，实施反并购策略。

（二）反并购成本收益分析

1. 反并购的成本

并购防御并不是没有代价的，相反其往往会耗费公司大量资金，因此目标公司在做出并购防御决策前，必须对反并购的成本予以足够的重视。

（1）直接成本和间接成本。直接成本是付给专业顾问的费用及其他成本，包括商业银行费用、股票经纪人费用、会计师费用、律师费用、公共关系费用、印刷费用等；间接成本是专用于防御的管理时间与公司资源的价值或机会成本。简单地说，在反并购中直接制约目标公司的成本是支付给中介机构的巨额开支。

（2）隐性成本。隐性成本首先反映在反并购策略引起的财务风险上，部分反并购策略可有效阻止外来敌意收购的“入侵”，但也可能给目标公司带来不可估量的损失。其次，反并购的隐性成本还体现在并购防御中各方当事人之间的利益冲突中，其中股东和管理层之间的利益冲突尤为突出。

2. 反并购的收益

（1）微观收益。从微观角度看，反并购的收益直接体现在对目标公司及其股东利益的保护，利益驱动是目标公司反并购的根本动机。股东权益假说指出，当管理者采取行动防止控制权的变化时，股票持有者的财富会增加；延伸该假说可以认为，反并购措施可以通过出价程序最大化股东的利益。

(2) 宏观收益。宏观收益主要体现在社会性价值和国家性价值方面。从社会价值角度来看，敌意收购作为对公司不良经营状况的事后矫正机制，对于改善公司治理的作用毋庸置疑；国家性价值则主要是针对外资并购而言。

二、反并购策略

反并购的措施很多，归纳起来，目标公司主要通过建立合理的持股结构、提高并购公司的并购成本、降低并购公司的并购收益和适时修改公司章程等方式达到设置并购障碍、增加并购难度或削弱并购意图，甚至迫使并购公司放弃并购计划的目的。

（一）建立和保持合理的持股结构

1. 环形持股

为了防止上市公司的股权过于分散，稳定持股结构，公司可采取交叉持股的股权分布形式，也称相互持股。即关联公司或关系较密切的公司之间相互持有部分股权，一旦其中一家公司遭遇收购，相互持股公司间易形成“连环船”效果，从而大大增强反收购一方的实力；同时，相互持股也可以减少流通在外的股份，从而减少被收购的机会。这种方法的缺点是相互持股往往要耗费较多的资金，从而影响公司的现金流量状况。

2. 管理者收购

管理者收购是指为了避免公司落入他人手中，目标公司的管理层将目标公司收购为己有的防御方法。其主要方式有两种：一是管理层杠杆收购，即公司管理层以公司的资产或未来收益作担保向银行借贷从而融资买入自己所管理的公司，以此保持对公司的控制权。二是资本重组方式，即将公司的资本总额降低，相对地提高管理层对公司的持股比例。由于公司总股本的减少，管理层持股在绝对量不变的情况下相对量增加，从而实现对目标公司的控制权。

3. 双重资本重组

这种反并购策略是将公司股票按投票权划分为高级和低级两等。低级股票每股拥有一票的投票权，高级股票每一股拥有十票的投票权，但高级股票派发的股息较低，市场流动性较差，低级股票的股息较高，市场流动性较好，高级股票可以转换为低级股票。如果经过双重资本重组，公司管理层掌握了足够的高级股票，公司的投票权就会发生转移，即使敌意收购者获得了大量的低级股票，也难以取得公司的控制权。

4. 员工持股计划

这是指目标公司将本公司股票出售给公司的员工，以使他们持有大量的股份。发生敌意收购时，员工为自己的工作及前途考虑，不会轻易出让自己手中握有的本公司股票，这无疑加大了并购公司对目标公司股份的收购难度，为阻止并购公司获得足够比例的控制权构筑了一道防线。如果员工持股数额足够大，在敌意收购发生时，目标公司是比较安全的。

（二）提高并购公司的并购成本

1. 直接刺激股价涨升

公司股价偏低是诱发收购袭击的最重要因素，在公司股价低于公司资产价值或公司潜在收益价值的时候尤其如此。提高股价一方面可以消除或弱化收购诱因，稳定原有股东持股的信心；另一方面则可加大收购成本，迫使并购公司考虑放弃收购企图。刺激股价涨升的方法很多，如发布盈利预测，表明公司未来盈利好转；增加股利分配；发表保密状态下的开发研究成果等对股价有利的消息等。此外，在实行历史成本会计制度的情况下，通过资产重估提高净资产的账面价值，也是刺激股价涨升的方法之一。

2. 股份回购

股份回购是指目标公司或其董事、监事大规模买回本公司发行在外的股份。股份回购的基本形式有两种；一是目标公司将可用的现金或公积金分配给股东以换回其所持股票；二是公司通过发售债券，用募得的款项来购回它自己的股票。股份回购的反收购效果主要表现在三方面：① 减少在外流通的股份，增加买方收购到足额股份的难度；② 假设回购不影响公司的收益，那么剩余股票的每股收益率会上升，迫使收购公司提高其收购价格，从而使得其难度增加；③ 回购股份也可增强目标公司或其董事、监事的说话权。

回购股份在实战中往往是作为辅助战术来实施的，如果单纯通过股份回购来达到反收购的效果，其往往会使目标公司库存股票过多，一方面不利于公司筹资，另一方面也会影响公司资金的流动性。运用股份回购策略时，还要防止假借并购套取价差收益，即所谓"绿色勒索"。

3."白衣骑士" 策略

该策略是指当遭到敌意收购时，目标公司邀请一个友好公司（即所谓的"白衣骑士"）作为另一个收购者，以更高的价格来对付敌意收购，从而使自己被"白衣骑士"收购。通过"白衣骑士" 策略，目标公司可以引进并购竞争者，使并购公司的并购成本增加；还可以通过"锁定选择权" 方式给予一些优惠条件以便于充当"白衣骑士" 的公司购买目标公司的资产或股份。

通常，当"白衣骑士" 和并购公司属同一行业时，"白衣骑士" 出于对自身利益的担忧，往往乐于参与竞价，发起溢价收购。如果敌意收购者的收购出价不是很高，目标公司被得到管理层支持和鼓励的"白衣骑士" 拯救的可能性就大；如果敌意收购者提出的收购出价很高，那么“白衣骑士”的成本也会相应提高，目标公司获得拯救的可能性就减少。

4.“降落伞”策略

为了解除公司管理人员及员工因并购导致被解职、解雇的后顾之忧，加大收购成本或增加目标公司现金支出从而阻碍并购，许多公司采用了“降落伞”策略，该策略根据对象的不同又分为“金色降落伞”“银色降落伞”和“锡降落伞”策略。

(1)“金色降落伞”策略。这是指目标公司董事会通过决议，由公司董事及高层管理者与目标公司签订合同，规定当目标公司被并购接管、其董事及高层管理者被解职的时候，可一次性领到巨额的退休金(解职费)、股票选择权收入或额外津贴。其中“金色”意味着补偿是丰厚的，“降落伞”则意味着高层管理者可以在并购的变动中平稳过渡。由于这种策略势必让收购者“大出血”，因此也被看作是反收购的利器之一。然而随着商业的发展，“金色降落伞”的弊端开始暴露出来：对高管层的巨额补偿反而可能成为高管层急于出售公司的动机，从而对股东的利益造成极大的损害。

(2)“灰色降落伞”策略：主要是指向高层管理者下面几级的管理人员提供同类保证，根据工龄长短领取数周至数月的工资。

(3)“锡降落伞”策略：指目标公司的员工若在公司被收购后两年内被解雇的话，则可领取员工遣散费。

5.“死亡”换股

“死亡”换股是指目标公司发行公司债、特别股或它们的组合，以交换发行在外的本公司普通股，通过减少流通在外的普通股以抬高股价，并迫使并购公司提高其股份支付的收购价，增加其并购成本。这种防御手段对目标公司有一定的危险性。

(三) 降低并购公司的并购收益

1.“毒丸”计划

“毒丸”计划是目标公司为反收购而制定的对其控制极为不利的规定，甚至采取严重伤害自己的行动，犹如一剂“毒药”，收购方若想收购则必须承诺吞下“毒丸”。

(1) 负债“毒丸”计划。负债“毒丸”计划是指，目标公司在并购威胁下大量增加自身负债，降低公司被并购的吸引力。负债“毒丸”计划主要通过公司在发行债券或借贷时订立的“毒药条款”来实现。依据该条款，在公司遭到并购时，债权人有权要求提前赎回债券、清偿借贷或将债券转换成股票，从而稀释并购者的持股比例，加大并购资金量和并购成本，或者耗竭公司现金，恶化公司财务结构，造成财务困难，令并购者在接收目标公司后立即面临巨额现金支出，直至拖累并购者自身，被迫放弃并购计划。

(2) 优先股权“毒丸”计划。优先股权“毒丸”计划是一种购股权计划，指目标公司向普通股股东发行优先股(通常发行给老股东)，一旦公司被并购，股东持有的优先股就可以转换为一定数额的并购公司股票。优先股权“毒丸”计划一般分为“弹出”计划和“弹入”计划。“弹出”计划通常指履行购股权，购买优先股；在“弹入”计划中，目标公司以很高的溢价购回其发行的购股权，通常溢价高达100%，而敌意并购者或者触发这一事件的大股东则不在回购之列，这样就稀释了并购者在目标公司的权益。“弹入”计划经常包括在一个有效的“弹出”计划中。

（3）人员“毒丸”计划。人员“毒丸”计划是指公司的绝大部分高级管理人员共同签署协议，在公司被以不公平价格并购，并且这些人中有一人在并购后被降职或解聘时，全部管理人员将集体辞职。这一策略不仅保护了目标公司股东的利益，而且会使并购公司慎重考虑并购后更换管理层对公司带来的巨大影响。公司的管理层阵容越强大、越精干，实施这一策略的效果将越明显；当目标公司管理层的价值对并购公司无足轻重时，人员“毒丸”计划也就作用有限。

2.“焦土战术”

“焦土战术”是目标公司在遇到收购袭击而无力反击时所采取的一种两败俱伤的反并购策略。这种对策的目的在于减少目标公司在收购者心中的吸引力，并提高收购者为此要付出的代价。

（1）出售、抵押“皇冠上的珍珠”。一个公司里富有吸引力和并购价值的部分可能是某个子公司、分公司或某个部门，可能是某项资产，可能是一种营业许可或业务，可能是一种技术秘密、专利权或关键人才，也可能是这些项目的组合，通常被称为“皇冠上的珍珠”，是并购者并购该公司的真正用意所在。将“皇冠上的珍珠”售卖或抵押出去，可以消除并购的诱因，粉碎并购者的初衷。

（2）“虚胖”战术。一个公司如果财务状况好，资产质量高，业务结构又合理，往往诱发并购。在这种情况下，公司一旦遭到并购袭击，可以采用“虚胖”战术。其做法有多种：购置大量与经营无关或盈利能力差的资产，令公司包袱沉重，资产质量下降；大量增加公司负债，恶化财务状况，加大经营风险；故意进行一些长时间才能见效的投资，使公司在短时间内资产收益率大减。通过这些措施导致目标公司严重的负债问题，迫使敌意并购者不得不放弃并购。

（四）适时修改公司章程

1. 董事轮换制

董事轮换制（staggered board election）是指在公司章程中规定，每年只能更换三分之一的董事，这意味着即使收购者拥有公司绝对多数的股权，也难以获得目标公司董事会的控制权。目前，美国标准普尔指数的500家公司中的一半以上公司采用这种反收购对策。由于这种反收购方法阻止了收购者在两年内获得公司的控制权，从而使收购者不可能马上改组目标公司，这样就降低了收购者的收购意向，并提高了收购者获得财务支持的难度。

2. 绝对多数条款

绝对多数条款（super-majority provision）是指在公司章程中规定，公司的合并需要获得绝对多数的股东赞成票，这个比例通常为80%，同时，对这一反收购条款的修改也需要绝对多数的股东同意才能生效。这样，敌意收购者如果要获得具有绝对多数条款公司的控制权，通常需要持有公司很大比例的股权，这在一定程度上增加了收购的成本和收购难度。尽管这种反收购对策对股价可能有一定的影响，但绝对多数条款仍然被认为是一种温和的反收购对策。

（五）反并购中的抗拒策略

1. 诉诸法律

最普通的反并购对策就是与并购者打官司。法律诉讼有两个目的：第一，拖延并购，从而鼓励其他竞争者参与并购；第二，通过法律诉讼迫使并购者提高其并购价格。

2.“帕克曼”防御

“帕克曼”（Pac-man）原是20世纪80年代初流行的一部电子游戏的名称，运用到反并购中，是指当目标公司获悉并购公司试图启动并购目标公司的计划时，目标公司针锋相对，抢先并购对方公司的股票，或策动与目标公司关系密切的友好公司出面并购原并购公司，从而迫使其转入防御，或至少赢得一定的时间以重新制定防御措施。帕克曼防御的特点是以攻为守，使攻守双方角色颠倒，致对方于被动局面。从反并购效果来看，帕克曼防御能使反并购公司进退自如：进可并购并购公司，使并购公司迫于自卫放弃原先的袭击企图；退可因本公司拥有并购者（并购公司）的股权，即便目标公司被并购，也能因持有对方股份而分享并购成功带来的好处。

运用“帕克曼”防御必须具备一定的条件：①并购公司本身应是一家公众公司，否则谈不上收购并购公司的股份；②并购公司本身有懈可击，存在被并购的可能性；③目标公司需要拥有较强的资金实力和外部融资能力，否则“帕克曼”防御的运用风险很大。实践表明，如果并购战的双方实力相当，“帕克曼”防御的结果很可能是两败俱伤。

公司的反并购策略多种多样且各有利弊，这些策略在市场经济成熟的西方国家得到了广泛使用，但由于政治、经济和法律环境存在差异，这些策略有的适用于我国，如董事轮换制度、“白衣骑士”策略等；有的则并不适用，如“金色降落伞”计划、“毒丸”术等；有的策略甚至是有害的。因此，我国的公司在具体使用反并购策略时要结合公司的自身特点和国家法律法规的要求，注意选择适合国情和时代的对策机制。

本章小结

并购的实质是在公司权利主体不断变换的过程中，各权利主体依据公司产权做出的制度安排而进行的一种权利让渡行为。按照不同的分类标准，公司并购可以划分为不同的类型。按行业相互关系可以划分为横向并购、纵向并购和混合并购；按并购的实现方式可以分为承担债务式并购、购买式并购、吸收股份式并购、控股式并购、换股并购和杠杆收购等。

公司并购的动机主要有扩大生产经营规模，降低成本费用；提高市场份额，提升行业战略地位；改善公司财务状况；取得充足廉价的生产原料和劳动力，增强公司的竞争力；获得特殊资产；实施品牌经营战略，提高公司的知名度，以获取超额利润；通过收购跨入新的行业，实施多元化战略，分散投资风险等。

并购中目标公司价值评估可采用收益现值法、市盈率法、资产价值基础法和市场比较法等方法。公司并购必须进行成本效益分析。公司并购成本包括并购完成成本、并购整合成本、并购退出成本和并购机会成本。公司并购的效益包括规模经济的收益、合理避税的收益、寻找机会和分散风险的收益、融资渠道的收益和降低交易成本等。

目标公司可以采取建立和保持合理的持股结构、提高并购公司的并购成本、降低并购公司的并购收益、适时修改公司章程等反并购策略。

思考题

1. 兼并与收购之间的联系与区别是什么？
2. 公司并购中的协同效应理论指的是什么？
3. 公司并购的动机有哪些？
4. 简述市盈率法。
5. 公司并购与反并购的成本和效益各包括哪些？
6. 并购中有哪些可供选择的融资工具？
7. 简述反并购策略中的“毒丸”计划和“白衣骑士”策略。

练习题

假定A公司拟在2021年初并购目标公司B，经测算并购后有6年的自由现金流量分别是：1 880万元、1 990万元、2 200万元、2 400万元、2 500万元和6 000万元。加权平均资本成本为10%，请采用贴现现金流量法对目标公司进行价值评估。

参考文献

［1］财政部会计资格评价中心. 财务管理［M］. 北京：经济科学出版社，2020.

［2］财政部企业司. 企业财务通则解读［M］. 北京：中国财政经济出版社，2007.

［3］陈良华. 财务管理［M］. 2 版. 北京：科学出版社，2017.

［4］陈文浩，张纯. 公司财务［M］. 3 版. 上海：上海财经大学出版社，2015.

［5］丁日佳. 公司理财［M］. 2 版. 徐州：中国矿业大学出版社，2011.

［6］郭复初，王庆成. 财务管理学［M］. 3 版. 北京：高等教育出版社，2009.

［7］蒋葵. 中级财务管理［M］. 武汉：武汉理工大学出版社，2018.

［8］荆新，王化成，刘俊彦. 财务管理学［M］. 8 版. 北京：中国人民大学出版社，2018.

［9］刘力，等. 公司财务［M］. 2 版. 北京：北京大学出版社，2014.

［10］刘淑莲. 财务管理［M］. 4 版. 大连：东北财经大学出版社，2017.

［11］马忠. 公司财务管理［M］. 2 版. 北京：机械工业出版社，2015.

［12］欧阳光中，陈颖杰. 公司财务［M］. 2 版. 上海：复旦大学出版社，2006.

［13］齐寅峰. 公司财务学［M］. 5 版. 北京：经济科学出版社，2017.

［14］斯蒂芬·A. 罗宾斯. 公司理财［M］. 谭跃，等译. 10 版. 北京：机械工业出版社，2015.

［15］王化成，佟岩. 财务管理［M］. 6 版. 北京：中国人民大学出版社，2020.

［16］肖作平. 财务管理［M］. 大连：东北财经大学出版社，2014.

[17] 杨丹. 财务管理 [M]. 北京：中国人民大学出版社，2011.

[18] 姚益龙. 现代公司理财 [M]. 北京：机械工业出版社，2010.

[19] 郑亚光，饶翠华. 公司财务 [M]. 2 版. 成都：西南财经大学出版社，2011.

[20] 中国注册会计师协会. 财务成本管理 [M]. 北京：中国财政经济出版社，2021.

附表 1

复利终值系数表

i \ n	1	2	3	4	5	6	7	8	9	10	11	12	13	14	15	16	17	18	19	20
1%	1.01000	1.02010	1.03030	1.04060	1.05101	1.06152	1.07214	1.08286	1.09369	1.10462	1.11567	1.12683	1.13809	1.14947	1.16097	1.17258	1.18430	1.19615	1.20811	1.22019
2%	1.02000	1.04040	1.06121	1.08243	1.10408	1.12616	1.14869	1.17166	1.19509	1.21899	1.24337	1.26824	1.29361	1.31948	1.34587	1.37279	1.40024	1.42825	1.45681	1.48595
3%	1.03000	1.06090	1.09273	1.12551	1.15927	1.19405	1.22987	1.26677	1.30477	1.34392	1.38423	1.42576	1.46853	1.51259	1.55797	1.60471	1.65285	1.70243	1.75351	1.80611
4%	1.04000	1.08160	1.12486	1.16986	1.21665	1.26532	1.31593	1.36857	1.42331	1.48024	1.53945	1.60103	1.66507	1.73168	1.80094	1.87298	1.94790	2.02582	2.10685	2.19112
5%	1.05000	1.10250	1.15763	1.21551	1.27628	1.34010	1.40710	1.47746	1.55133	1.62889	1.71034	1.79586	1.88565	1.97993	2.07893	2.18287	2.29202	2.40662	2.52695	2.65330
6%	1.06000	1.12360	1.19102	1.26248	1.33823	1.41852	1.50363	1.59385	1.68948	1.79085	1.89830	2.01220	2.13293	2.26090	2.39656	2.54035	2.69277	2.85434	3.02560	3.20714
7%	1.07000	1.14490	1.22504	1.31080	1.40255	1.50073	1.60578	1.71819	1.83846	1.96715	2.10485	2.25219	2.40985	2.57853	2.75903	2.95216	3.15882	3.37993	3.61653	3.86968
8%	1.08000	1.16640	1.25971	1.36049	1.46933	1.58687	1.71382	1.85093	1.99900	2.15892	2.33164	2.51817	2.71962	2.93719	3.17217	3.42594	3.70002	3.99602	4.31570	4.66096
9%	1.09000	1.18810	1.29503	1.41158	1.53862	1.67710	1.82804	1.99256	2.17189	2.36736	2.58043	2.81266	3.06580	3.34173	3.64248	3.97031	4.32763	4.71712	5.14166	5.60441
10%	1.10000	1.21000	1.33100	1.46410	1.61051	1.77156	1.94872	2.14359	2.35795	2.59374	2.85312	3.13843	3.45227	3.79750	4.17725	4.59497	5.05447	5.55992	6.11591	6.72750
11%	1.11000	1.23210	1.36763	1.51807	1.68506	1.87041	2.07616	2.30454	2.55804	2.83942	3.15176	3.49845	3.88328	4.31044	4.78459	5.31089	5.89509	6.54355	7.26334	8.06231
12%	1.12000	1.25440	1.40493	1.57352	1.76234	1.97382	2.21068	2.47596	2.77308	3.10585	3.47855	3.89598	4.36349	4.88711	5.47357	6.13039	6.86604	7.68997	8.61276	9.64629
13%	1.13000	1.27690	1.44290	1.63047	1.84244	2.08195	2.35261	2.65844	3.00404	3.39457	3.83586	4.33452	4.89801	5.53475	6.25427	7.06733	7.98608	9.02427	10.19742	11.52309
14%	1.14000	1.29960	1.48154	1.68896	1.92541	2.19497	2.50227	2.85259	3.25195	3.70722	4.22623	4.81790	5.49241	6.26135	7.13794	8.13725	9.27646	10.57517	12.05569	13.74349
15%	1.15000	1.32250	1.52088	1.74901	2.01136	2.31306	2.66002	3.05902	3.51788	4.04556	4.65239	5.35025	6.15279	7.07571	8.13706	9.35762	10.76126	12.37545	14.23177	16.36654
16%	1.16000	1.34560	1.56090	1.81064	2.10034	2.43640	2.82622	3.27841	3.80296	4.41144	5.11726	5.93603	6.88579	7.98752	9.26552	10.74800	12.46768	14.46251	16.77652	19.46076
17%	1.17000	1.36890	1.60161	1.87389	2.19245	2.56516	3.00124	3.51145	4.10840	4.80683	5.62399	6.58007	7.69868	9.00745	10.53872	12.33030	14.42646	16.87895	19.74838	23.10560
18%	1.18000	1.39240	1.64303	1.93878	2.28776	2.69955	3.18547	3.75886	4.43545	5.23384	6.17593	7.28759	8.59936	10.14724	11.97375	14.12902	16.67225	19.67325	23.21444	27.39303
19%	1.19000	1.41610	1.68516	2.00534	2.38635	2.83976	3.37932	4.02139	4.78545	5.69468	6.77667	8.06424	9.59645	11.41977	13.58953	16.17154	19.24413	22.90052	27.25162	32.42942
20%	1.20000	1.44000	1.72800	2.07360	2.48832	2.98598	3.58318	4.29982	5.15978	6.19174	7.43008	8.91610	10.69932	12.83918	15.40702	18.48843	22.18611	26.62333	31.94800	38.33760
21%	1.21000	1.46410	1.77156	2.14359	2.59374	3.13843	3.79750	4.59497	5.55992	6.72750	8.14027	9.84973	11.91818	14.42099	17.44940	21.11378	25.54767	30.91268	37.40434	45.25926
22%	1.22000	1.48840	1.81585	2.21533	2.70271	3.29730	4.02271	4.90771	5.98740	7.30463	8.91165	10.87221	13.26410	16.18220	19.74229	24.08559	29.38442	35.84899	43.73577	53.35764
23%	1.23000	1.51290	1.86087	2.28887	2.81531	3.46283	4.25928	5.23891	6.44386	7.92595	9.74891	11.99116	14.74913	18.14143	22.31396	27.44617	33.75879	41.52331	51.07368	62.82062
24%	1.24000	1.53760	1.90662	2.36421	2.93163	3.63522	4.50767	5.58951	6.93099	8.59443	10.65709	13.21479	16.38634	20.31906	25.19563	31.24259	38.74081	48.03860	59.56786	73.86415

附表 1(续)

i \ n	1	2	3	4	5	6	7	8	9	10	11	12	13	14	15	16	17	18	19	20
25%	1.25000	1.56250	1.95313	2.44141	3.05176	3.81470	4.76837	5.96046	7.45058	9.31323	11.64153	14.55192	18.18989	22.73737	28.42171	35.52714	44.40892	55.51115	69.38894	86.73617
26%	1.26000	1.58760	2.00038	2.52047	3.17580	4.00150	5.04190	6.35279	8.00451	10.08569	12.70796	16.01204	20.17516	25.42071	32.03009	40.35792	50.85097	64.07223	80.73100	101.72107
27%	1.27000	1.61290	2.04838	2.60145	3.30384	4.19587	5.32876	6.76752	8.59475	10.91534	13.86248	17.60535	22.35879	28.39567	36.06250	45.79937	58.16520	73.86981	93.81466	119.14462
28%	1.28000	1.63840	2.09715	2.68435	3.43597	4.39805	5.62950	7.20576	9.22337	11.80592	15.11157	19.34281	24.75880	31.69127	40.56482	51.92297	66.46140	85.07059	108.89036	139.37966
29%	1.29000	1.66410	2.14669	2.76923	3.57231	4.60827	5.94467	7.66863	9.89253	12.76136	16.46216	21.23619	27.39468	35.33914	45.58749	58.80786	75.86214	97.86216	126.24218	162.85242
30%	1.30000	1.69000	2.19700	2.85610	3.71293	4.82681	6.27485	8.15731	10.60450	13.78585	17.92160	23.29809	30.28751	39.37376	51.18589	66.54166	86.50416	112.45541	146.19203	190.04964
31%	1.31000	1.71610	2.24809	2.94500	3.85795	5.05391	6.62063	8.67302	11.36166	14.88377	19.49774	25.54204	33.46007	43.83269	57.42083	75.22128	98.53988	129.08724	169.10429	221.52662
32%	1.32000	1.74240	2.29997	3.03596	4.00746	5.28985	6.98261	9.21704	12.16649	16.05977	21.19890	27.98254	36.93696	48.75678	64.35895	84.95382	112.13904	148.02353	195.39106	257.91620
33%	1.33000	1.76890	2.35264	3.12901	4.16158	5.53490	7.36142	9.79069	13.02161	17.31874	23.03393	30.63513	40.74472	54.19048	72.07333	95.85753	127.49052	169.56239	225.51798	299.93892
34%	1.34000	1.79560	2.40610	3.22418	4.32040	5.78934	7.75771	10.39533	13.92975	18.66586	25.01225	33.51642	44.91200	60.18208	80.64398	108.06294	144.80434	194.03781	260.01067	348.41430
35%	1.35000	1.82250	2.46038	3.32151	4.48403	6.05345	8.17215	11.03240	14.89375	20.10656	27.14385	36.64420	49.46967	66.78405	90.15847	121.71393	164.31381	221.82364	299.46192	404.27359
36%	1.36000	1.84960	2.51546	3.42102	4.65259	6.32752	8.60543	11.70338	15.91660	21.64657	29.43933	40.03750	54.45099	74.05335	100.71256	136.96908	186.27795	253.33801	344.53969	468.57398
37%	1.37000	1.87690	2.57135	3.52275	4.82617	6.61186	9.05824	12.40979	17.00142	23.29194	31.90996	43.71664	59.89180	82.05177	112.41092	154.00296	210.98406	289.04816	395.99598	542.51449
38%	1.38000	1.90440	2.62807	3.62674	5.00490	6.90676	9.53133	13.15324	18.15147	25.04903	34.56766	47.70337	65.83065	90.84629	125.36788	173.00768	238.75060	329.47583	454.67664	627.45376
39%	1.39000	1.93210	2.68562	3.73301	5.18888	7.21255	10.02544	13.93537	19.37016	26.92452	37.42509	52.02087	72.30901	100.50952	139.70823	194.19445	269.93028	375.20309	521.53229	724.92989
40%	1.40000	1.96000	2.74400	3.84160	5.37824	7.52954	10.54135	14.75789	20.66105	28.92547	40.49565	56.69391	79.37148	111.12007	155.56810	217.79533	304.91347	426.87885	597.63040	836.68255
41%	1.41000	1.98810	2.80322	3.95254	5.57308	7.85805	11.07985	15.62259	22.02785	31.05926	43.79356	61.74892	87.06597	122.76302	173.09586	244.06517	344.13189	485.22596	684.16860	964.67773
42%	1.42000	2.01640	2.86329	4.06587	5.77353	8.19842	11.64175	16.53129	23.47443	33.33369	47.33385	67.21406	95.44397	135.53043	192.45321	273.28356	388.06266	551.04897	782.48954	1111.13515
43%	1.43000	2.04490	2.92421	4.18162	5.97971	8.55099	12.22791	17.48591	25.00485	35.75694	51.13243	73.11937	104.56070	149.52180	213.81618	305.75713	437.23270	625.24276	894.09715	1278.55893
44%	1.44000	2.07360	2.98598	4.29982	6.19174	8.91610	12.83918	18.48843	26.62333	38.33760	55.20614	79.49685	114.47546	164.84466	237.37631	341.82189	492.22352	708.80187	1020.67470	1469.77157
45%	1.45000	2.10250	3.04863	4.42051	6.40973	9.29411	13.47647	19.54088	28.33427	41.08469	59.57280	86.38056	125.25182	181.61513	263.34194	381.84582	553.67643	802.83083	1164.10470	1687.95181
46%	1.46000	2.13160	3.11214	4.54372	6.63383	9.68539	14.14067	20.64538	30.14225	44.00769	64.25123	93.80679	136.95791	199.95855	291.93948	426.23165	622.29821	908.55538	1326.49085	1936.67665
47%	1.47000	2.16090	3.17652	4.66949	6.86415	10.09030	14.83274	21.80413	32.05206	47.11654	69.26131	101.81412	149.66676	220.01013	323.41490	475.41990	698.86725	1027.33486	1510.18225	2219.96790
48%	1.48000	2.19040	3.24179	4.79785	7.10082	10.50922	15.55364	23.01939	34.06869	50.42166	74.62406	110.44361	163.45654	241.91568	358.03520	529.89210	784.24031	1160.67566	1717.79998	2542.34397

附表 2

复利现值系数表

i \ n	1	2	3	4	5	6	7	8	9	10	11	12	13	14	15	16	17	18	19	20
1%	0.99010	0.98030	0.97059	0.96098	0.95147	0.94205	0.93272	0.92348	0.91434	0.90529	0.89632	0.88745	0.87866	0.86996	0.86135	0.85282	0.84438	0.83602	0.82774	0.81954
2%	0.98039	0.96117	0.94232	0.92385	0.90573	0.88797	0.87056	0.85349	0.83676	0.82035	0.80426	0.78849	0.77303	0.75788	0.74301	0.72845	0.71416	0.70016	0.68643	0.67297
3%	0.97087	0.94260	0.91514	0.88849	0.86261	0.83748	0.81309	0.78941	0.76642	0.74409	0.72242	0.70138	0.68095	0.66112	0.64186	0.62317	0.60502	0.58739	0.57029	0.55368
4%	0.96154	0.92456	0.88900	0.85480	0.82193	0.79031	0.75992	0.73069	0.70259	0.67556	0.64958	0.62460	0.60057	0.57748	0.55526	0.53391	0.51337	0.49363	0.47464	0.45639
5%	0.95238	0.90703	0.86384	0.82270	0.78353	0.74622	0.71068	0.67684	0.64461	0.61391	0.58468	0.55684	0.53032	0.50507	0.48102	0.45811	0.43630	0.41552	0.39573	0.37689
6%	0.94340	0.89000	0.83962	0.79209	0.74726	0.70496	0.66506	0.62741	0.59190	0.55839	0.52679	0.49697	0.46884	0.44230	0.41727	0.39365	0.37136	0.35034	0.33051	0.31180
7%	0.93458	0.87344	0.81630	0.76290	0.71299	0.66634	0.62275	0.58201	0.54393	0.50835	0.47509	0.44401	0.41496	0.38782	0.36245	0.33873	0.31657	0.29586	0.27651	0.25842
8%	0.92593	0.85734	0.79383	0.73503	0.68058	0.63017	0.58349	0.54027	0.50025	0.46319	0.42888	0.39711	0.36770	0.34046	0.31524	0.29189	0.27027	0.25025	0.23171	0.21455
9%	0.91743	0.84168	0.77218	0.70843	0.64993	0.59627	0.54703	0.50187	0.46043	0.42241	0.38753	0.35553	0.32618	0.29925	0.27454	0.25187	0.23107	0.21199	0.19449	0.17843
10%	0.90909	0.82645	0.75131	0.68301	0.62092	0.56447	0.51316	0.46651	0.42410	0.38554	0.35049	0.31863	0.28966	0.26333	0.23939	0.21763	0.19784	0.17986	0.16351	0.14864
11%	0.90090	0.81162	0.73119	0.65873	0.59345	0.53464	0.48166	0.43393	0.39092	0.35218	0.31728	0.28584	0.25751	0.23199	0.20900	0.18829	0.16963	0.15282	0.13768	0.12403
12%	0.89286	0.79719	0.71178	0.63552	0.56743	0.50663	0.45235	0.40388	0.36061	0.32197	0.28748	0.25668	0.22917	0.20462	0.18270	0.16312	0.14564	0.13004	0.11611	0.10367
13%	0.88496	0.78315	0.69305	0.61332	0.54276	0.48032	0.42506	0.37616	0.33288	0.29459	0.26070	0.23071	0.20416	0.18068	0.15989	0.14150	0.12522	0.11081	0.09806	0.08678
14%	0.87719	0.76947	0.67497	0.59208	0.51937	0.45559	0.39964	0.35056	0.30751	0.26974	0.23662	0.20756	0.18207	0.15971	0.14010	0.12289	0.10780	0.09456	0.08295	0.07276
15%	0.86957	0.75614	0.65752	0.57175	0.49718	0.43233	0.37594	0.32690	0.28426	0.24718	0.21494	0.18691	0.16253	0.14133	0.12289	0.10686	0.09293	0.08081	0.07027	0.06110
16%	0.86207	0.74316	0.64066	0.55229	0.47611	0.41044	0.35383	0.30503	0.26295	0.22668	0.19542	0.16846	0.14523	0.12520	0.10793	0.09304	0.08021	0.06914	0.05961	0.05139
17%	0.85470	0.73051	0.62437	0.53365	0.45611	0.38984	0.33320	0.28478	0.24340	0.20804	0.17781	0.15197	0.12989	0.11102	0.09489	0.08110	0.06932	0.05925	0.05064	0.04328
18%	0.84746	0.71818	0.60863	0.51579	0.43711	0.37043	0.31393	0.26604	0.22546	0.19106	0.16192	0.13722	0.11629	0.09855	0.08352	0.07078	0.05998	0.05083	0.04308	0.03651
19%	0.84034	0.70616	0.59342	0.49867	0.41905	0.35214	0.29592	0.24867	0.20897	0.17560	0.14757	0.12400	0.10421	0.08757	0.07359	0.06184	0.05196	0.04367	0.03670	0.03084
20%	0.83333	0.69444	0.57870	0.48225	0.40188	0.33490	0.27908	0.23257	0.19381	0.16151	0.13459	0.11216	0.09346	0.07789	0.06491	0.05409	0.04507	0.03756	0.03130	0.02608
21%	0.82645	0.68301	0.56447	0.46651	0.38554	0.31863	0.26333	0.21763	0.17986	0.14864	0.12285	0.10153	0.08391	0.06934	0.05731	0.04736	0.03914	0.03235	0.02673	0.02209
22%	0.81967	0.67186	0.55071	0.45140	0.37000	0.30328	0.24859	0.20376	0.16702	0.13690	0.11221	0.09198	0.07539	0.06180	0.05065	0.04152	0.03403	0.02789	0.02286	0.01874
23%	0.81301	0.66098	0.53738	0.43690	0.35520	0.28878	0.23478	0.19088	0.15519	0.12617	0.10258	0.08339	0.06780	0.05512	0.04481	0.03643	0.02962	0.02408	0.01958	0.01592
24%	0.80645	0.65036	0.52449	0.42297	0.34111	0.27509	0.22184	0.17891	0.14428	0.11635	0.09383	0.07567	0.06103	0.04921	0.03969	0.03201	0.02581	0.02082	0.01679	0.01354

附表 2（续）

i \ n	1	2	3	4	5	6	7	8	9	10	11	12	13	14	15	16	17	18	19	20
25%	0.80000	0.64000	0.51200	0.40960	0.32768	0.26214	0.20972	0.16777	0.13422	0.10737	0.08590	0.06872	0.05498	0.04398	0.03518	0.02815	0.02252	0.01801	0.01441	0.01153
26%	0.79365	0.62988	0.49991	0.39675	0.31488	0.24991	0.19834	0.15741	0.12493	0.09915	0.07869	0.06245	0.04957	0.03934	0.03122	0.02478	0.01967	0.01561	0.01239	0.00983
27%	0.78740	0.62000	0.48819	0.38440	0.30268	0.23833	0.18766	0.14776	0.11635	0.09161	0.07214	0.05680	0.04473	0.03522	0.02773	0.02183	0.01719	0.01354	0.01066	0.00839
28%	0.78125	0.61035	0.47684	0.37253	0.29104	0.22737	0.17764	0.13878	0.10842	0.08470	0.06617	0.05170	0.04039	0.03155	0.02465	0.01926	0.01505	0.01175	0.00918	0.00717
29%	0.77519	0.60093	0.46583	0.36111	0.27993	0.21700	0.16822	0.13040	0.10109	0.07836	0.06075	0.04709	0.03650	0.02830	0.02194	0.01700	0.01318	0.01022	0.00792	0.00614
30%	0.76923	0.59172	0.45517	0.35013	0.26933	0.20718	0.15937	0.12259	0.09430	0.07254	0.05580	0.04292	0.03302	0.02540	0.01954	0.01503	0.01156	0.00889	0.00684	0.00526
31%	0.76336	0.58272	0.44482	0.33956	0.25921	0.19787	0.15104	0.11530	0.08802	0.06719	0.05129	0.03915	0.02989	0.02281	0.01742	0.01329	0.01015	0.00775	0.00591	0.00451
32%	0.75758	0.57392	0.43479	0.32939	0.24953	0.18904	0.14321	0.10849	0.08219	0.06227	0.04717	0.03574	0.02707	0.02051	0.01554	0.01177	0.00892	0.00676	0.00512	0.00388
33%	0.75188	0.56532	0.42505	0.31959	0.24029	0.18067	0.13584	0.10214	0.07680	0.05774	0.04341	0.03264	0.02454	0.01845	0.01387	0.01043	0.00784	0.00590	0.00443	0.00333
34%	0.74627	0.55692	0.41561	0.31016	0.23146	0.17273	0.12890	0.09620	0.07179	0.05357	0.03998	0.02984	0.02227	0.01662	0.01240	0.00925	0.00691	0.00515	0.00385	0.00287
35%	0.74074	0.54870	0.40644	0.30107	0.22301	0.16520	0.12237	0.09064	0.06714	0.04974	0.03684	0.02729	0.02021	0.01497	0.01109	0.00822	0.00609	0.00451	0.00334	0.00247
36%	0.73529	0.54066	0.39754	0.29231	0.21493	0.15804	0.11621	0.08545	0.06283	0.04620	0.03397	0.02498	0.01837	0.01350	0.00993	0.00730	0.00537	0.00395	0.00290	0.00213
37%	0.72993	0.53279	0.38890	0.28387	0.20720	0.15124	0.11040	0.08058	0.05882	0.04293	0.03134	0.02287	0.01670	0.01219	0.00890	0.00649	0.00474	0.00346	0.00253	0.00184
38%	0.72464	0.52510	0.38051	0.27573	0.19980	0.14479	0.10492	0.07603	0.05509	0.03992	0.02893	0.02096	0.01519	0.01101	0.00798	0.00578	0.00419	0.00304	0.00220	0.00159
39%	0.71942	0.51757	0.37235	0.26788	0.19272	0.13865	0.09975	0.07176	0.05163	0.03714	0.02672	0.01922	0.01383	0.00995	0.00716	0.00515	0.00370	0.00267	0.00192	0.00138
40%	0.71429	0.51020	0.36443	0.26031	0.18593	0.13281	0.09486	0.06776	0.04840	0.03457	0.02469	0.01764	0.01260	0.00900	0.00643	0.00459	0.00328	0.00234	0.00167	0.00120
41%	0.70922	0.50299	0.35673	0.25300	0.17943	0.12726	0.09025	0.06401	0.04540	0.03220	0.02283	0.01619	0.01149	0.00815	0.00578	0.00410	0.00291	0.00206	0.00146	0.00104
42%	0.70423	0.49593	0.34925	0.24595	0.17320	0.12197	0.08590	0.06049	0.04260	0.03000	0.02113	0.01488	0.01048	0.00738	0.00520	0.00366	0.00258	0.00181	0.00128	0.00090
43%	0.69930	0.48902	0.34197	0.23914	0.16723	0.11695	0.08178	0.05719	0.03999	0.02797	0.01956	0.01368	0.00956	0.00669	0.00468	0.00327	0.00229	0.00160	0.00112	0.00078
44%	0.69444	0.48225	0.33490	0.23257	0.16151	0.11216	0.07789	0.05409	0.03756	0.02608	0.01811	0.01258	0.00874	0.00607	0.00421	0.00293	0.00203	0.00141	0.00098	0.00068
45%	0.68966	0.47562	0.32802	0.22622	0.15601	0.10759	0.07420	0.05117	0.03529	0.02434	0.01679	0.01158	0.00798	0.00551	0.00380	0.00262	0.00181	0.00125	0.00086	0.00059
46%	0.68493	0.46913	0.32132	0.22008	0.15074	0.10325	0.07072	0.04844	0.03318	0.02272	0.01556	0.01066	0.00730	0.00500	0.00343	0.00235	0.00161	0.00110	0.00075	0.00052
47%	0.68027	0.46277	0.31481	0.21416	0.14568	0.09911	0.06742	0.04586	0.03120	0.02122	0.01444	0.00982	0.00668	0.00455	0.00309	0.00210	0.00143	0.00097	0.00066	0.00045
48%	0.67568	0.45654	0.30847	0.20843	0.14083	0.09515	0.06429	0.04344	0.02935	0.01983	0.01340	0.00905	0.00612	0.00413	0.00279	0.00189	0.00128	0.00086	0.00058	0.00039

附表 3

普通年金终值系数表

i \ n	1	2	3	4	5	6	7	8	9	10	11	12	13	14	15	16	17	18	19	20
1%	1. 00000	2. 01000	3. 03010	4. 06040	5. 10101	6. 15202	7. 21354	8. 28567	9. 36853	10. 46221	11. 56683	12. 68250	13. 80933	14. 94742	16. 09690	17. 25786	18. 43044	19. 61475	20. 81090	22. 01900
2%	1. 00000	2. 02000	3. 06040	4. 12161	5. 20404	6. 30812	7. 43428	8. 58297	9. 75463	10. 94972	12. 16872	13. 41209	14. 68033	15. 97394	17. 29342	18. 63929	20. 01207	21. 41231	22. 84056	24. 29737
3%	1. 00000	2. 03000	3. 09090	4. 18363	5. 30914	6. 46841	7. 66246	8. 89234	10. 15911	11. 46388	12. 80780	14. 19203	15. 61779	17. 08632	18. 59891	20. 15688	21. 76159	23. 41444	25. 11687	26. 87037
4%	1. 00000	2. 04000	3. 12160	4. 24646	5. 41632	6. 63298	7. 89829	9. 21423	10. 58280	12. 00611	13. 48635	15. 02581	16. 62684	18. 29191	20. 02359	21. 82453	23. 69751	25. 64541	27. 67123	29. 77808
5%	1. 00000	2. 05000	3. 15250	4. 31013	5. 52563	6. 80191	8. 14201	9. 54911	11. 02656	12. 57789	14. 20679	15. 91713	17. 71298	19. 59863	21. 57856	23. 65749	25. 84037	28. 13238	30. 53900	33. 06595
6%	1. 00000	2. 06000	3. 18360	4. 37462	5. 63709	6. 97532	8. 39384	9. 89747	11. 49132	13. 18079	14. 97164	16. 86994	18. 88214	21. 01507	23. 27597	25. 67253	28. 21288	30. 90565	33. 75999	36. 78559
7%	1. 00000	2. 07000	3. 21490	4. 43994	5. 75074	7. 15329	8. 65402	10. 25980	11. 97799	13. 81645	15. 78360	17. 88845	20. 14064	22. 55049	25. 12902	27. 88805	30. 84022	33. 99903	37. 37896	40. 99549
8%	1. 00000	2. 08000	3. 24640	4. 50611	5. 86660	7. 33593	8. 92280	10. 63663	12. 48756	14. 48656	16. 64549	18. 97713	21. 49530	24. 21492	27. 15211	30. 32428	33. 75023	37. 45024	41. 44626	45. 76196
9%	1. 00000	2. 09000	3. 27810	4. 57313	5. 98471	7. 52333	9. 20043	11. 02847	13. 02104	15. 19293	17. 56029	20. 14072	22. 95338	26. 01919	29. 36092	33. 00340	36. 97370	41. 30134	46. 01846	51. 16012
10%	1. 00000	2. 10000	3. 31000	4. 64100	6. 10510	7. 71561	9. 48717	11. 43589	13. 57948	15. 93742	18. 53117	21. 38428	24. 52271	27. 97498	31. 77248	35. 94973	40. 54470	45. 59917	51. 15909	57. 27500
11%	1. 00000	2. 11000	3. 34210	4. 70973	6. 22780	7. 91286	9. 78327	11. 85943	14. 16397	16. 72201	19. 56143	22. 71319	26. 21164	30. 09492	34. 40536	39. 18995	44. 50084	50. 39594	56. 93949	64. 20283
12%	1. 00000	2. 12000	3. 37440	4. 77933	6. 35285	8. 11519	10. 08901	12. 29969	14. 77566	17. 54874	20. 65458	24. 13313	28. 02911	32. 39260	37. 27971	42. 75328	48. 88367	55. 74971	63. 43968	72. 05244
13%	1. 00000	2. 13000	3. 40690	4. 84980	6. 48027	8. 32271	10. 40466	12. 75726	15. 41571	18. 41975	21. 81432	25. 65018	29. 98470	34. 88271	40. 41746	46. 67173	53. 73906	61. 72514	70. 74941	80. 94683
14%	1. 00000	2. 14000	3. 43960	4. 92114	6. 61010	8. 53552	10. 73049	13. 23276	16. 08535	19. 33730	23. 04452	27. 27075	32. 08865	37. 58107	43. 84241	50. 98035	59. 11760	68. 39407	78. 96923	91. 02493
15%	1. 00000	2. 15000	3. 47250	4. 99338	6. 74238	8. 75374	11. 06680	13. 72682	16. 78584	20. 30372	24. 34928	29. 00167	34. 35192	40. 50471	47. 58041	55. 71747	65. 07509	75. 83636	88. 21181	102. 44358
16%	1. 00000	2. 16000	3. 50560	5. 06650	6. 87714	8. 97748	11. 41387	14. 24009	17. 51851	21. 32147	25. 73290	30. 85017	36. 78620	43. 67199	51. 65951	60. 92503	71. 67303	84. 14072	98. 60323	115. 37975
17%	1. 00000	2. 17000	3. 53890	5. 14051	7. 01440	9. 20685	11. 77201	14. 77325	18. 28471	22. 39311	27. 19994	32. 82393	39. 40399	47. 10267	56. 11013	66. 64885	78. 97915	93. 40561	110. 28456	130. 03294
18%	1. 00000	2. 18000	3. 57240	5. 21543	7. 15421	9. 44197	12. 14152	15. 32700	19. 08585	23. 52131	28. 75514	34. 93107	42. 21866	50. 81802	60. 96527	72. 93901	87. 06804	103. 74028	123. 41353	146. 62797
19%	1. 00000	2. 19000	3. 60610	5. 29126	7. 29660	9. 68295	12. 52271	15. 90203	19. 92341	24. 70886	30. 40355	37. 18022	45. 24446	54. 84091	66. 26068	79. 85021	96. 02175	115. 26588	138. 16640	165. 41802
20%	1. 00000	2. 20000	3. 64000	5. 36800	7. 44160	9. 92992	12. 91590	16. 49908	20. 79890	25. 95868	32. 15042	39. 58050	48. 49660	59. 19592	72. 03511	87. 44213	105. 93056	128. 11667	154. 74000	186. 68800
21%	1. 00000	2. 21000	3. 67410	5. 44566	7. 58925	10. 18299	13. 32142	17. 11892	21. 71389	27. 27381	34. 00131	42. 14158	51. 99132	63. 90949	78. 33049	95. 77989	116. 89367	142. 44134	173. 35402	210. 75836
22%	1. 00000	2. 22000	3. 70840	5. 52425	7. 73958	10. 44229	13. 73959	17. 76231	22. 67001	28. 65742	35. 96205	44. 87370	55. 74591	69. 01001	85. 19221	104. 93450	129. 02009	158. 40451	194. 25350	237. 98927
23%	1. 00000	2. 23000	3. 74290	5. 60377	7. 89263	10. 70794	14. 17077	18. 43004	23. 66895	30. 11281	38. 03876	47. 78767	59. 77883	74. 52796	92. 66940	114. 98336	142. 42953	176. 18832	217. 71163	268. 78531
24%	1. 00000	2. 24000	3. 77760	5. 68422	8. 04844	10. 98006	14. 61528	19. 12294	24. 71245	31. 64344	40. 23787	50. 89495	64. 10974	80. 49608	100. 81514	126. 01077	157. 25336	195. 99416	244. 03276	303. 60062

附表3(续)

i \ n	1	2	3	4	5	6	7	8	9	10	11	12	13	14	15	16	17	18	19	20
25%	1.00000	2.25000	3.81250	5.76563	8.20703	11.25879	15.07349	19.84186	25.80232	33.25290	42.56613	54.20766	68.75958	86.94947	109.68684	138.10855	173.63568	218.04460	273.55576	342.94470
26%	1.00000	2.26000	3.84760	5.84798	8.36845	11.54425	15.54575	20.58765	26.94043	34.94495	45.03063	57.73860	73.75063	93.92580	119.34651	151.37660	191.73451	242.58548	306.65771	387.38872
27%	1.00000	2.27000	3.88290	5.93128	8.53273	11.83657	16.03244	21.36120	28.12872	36.72348	47.63881	61.50129	79.10664	101.46544	129.86111	165.92360	211.72298	269.88818	343.75799	437.57265
28%	1.00000	2.28000	3.91840	6.01555	8.69991	12.13588	16.53393	22.16343	29.36919	38.59256	50.39847	65.51005	84.85286	109.61166	141.30293	181.86774	233.79071	300.25211	385.32271	494.21306
29%	1.00000	2.29000	3.95410	6.10079	8.87002	12.44232	17.05060	22.99527	30.66390	40.55643	53.31779	69.77995	91.01614	118.41082	153.74996	199.33744	258.14530	334.00744	431.86960	558.11178
30%	1.00000	2.30000	3.99000	6.18700	9.04310	12.75603	17.58284	23.85769	32.01500	42.61950	56.40535	74.32695	97.62504	127.91255	167.28631	218.47220	285.01386	371.51802	483.97343	630.16546
31%	1.00000	2.31000	4.02610	6.27419	9.21919	13.07714	18.13105	24.75168	33.42470	44.78636	59.67013	79.16786	104.70990	138.16997	182.00266	239.42349	314.64477	413.18465	542.27189	711.37618
32%	1.00000	2.32000	4.06240	6.36237	9.39833	13.40579	18.69564	25.67825	34.89529	47.06178	63.12155	84.32045	112.30299	149.23994	197.99673	262.35568	347.30950	459.44854	607.47207	802.86313
33%	1.00000	2.33000	4.09890	6.45154	9.58054	13.74212	19.27702	26.63844	36.42913	49.45074	66.76949	89.80342	120.43854	161.18326	215.37374	287.44707	383.30461	510.79513	680.35752	905.87551
34%	1.00000	2.34000	4.13560	6.54170	9.76588	14.08628	19.87562	27.63333	38.02866	51.95841	70.62427	95.63652	129.15294	174.06493	234.24701	314.89100	422.95393	567.75827	761.79609	1021.80675
35%	1.00000	2.35000	4.17250	6.63288	9.95438	14.43841	20.49186	28.66401	39.69641	54.59016	74.69672	101.84057	138.48476	187.95443	254.73848	344.89695	466.61088	630.92469	852.74834	1152.21025
36%	1.00000	2.36000	4.20960	6.72506	10.14608	14.79866	21.12618	29.73161	41.43499	57.35158	78.99815	108.43749	148.47498	202.92598	276.97933	377.69188	514.66096	700.93891	954.27692	1298.81661
37%	1.00000	2.37000	4.24690	6.81825	10.34101	15.16718	21.77904	30.83728	43.24707	60.24849	83.54043	115.45039	159.16703	219.05883	301.11060	413.52152	567.52448	778.50854	1067.55670	1463.55268
38%	1.00000	2.38000	4.28440	6.91247	10.53921	15.54411	22.45087	31.98221	45.13544	63.28691	88.33594	122.90360	170.60697	236.43761	327.28391	452.65179	625.65947	864.41007	1193.88589	1648.56253
39%	1.00000	2.39000	4.32210	7.00772	10.74073	15.92961	23.14216	33.16761	47.10297	66.47313	93.39766	130.82274	182.84361	255.15262	355.66214	495.37037	689.56482	959.49510	1334.69819	1856.23048
40%	1.00000	2.40000	4.36000	7.10400	10.94560	16.32384	23.85338	34.39473	49.15262	69.81366	98.73913	139.23478	195.92869	275.30017	386.42024	541.98833	759.78367	1064.69714	1491.57599	2089.20639
41%	1.00000	2.41000	4.39810	7.20132	11.15386	16.72695	24.58499	35.66484	51.28743	73.31527	104.37453	148.16809	209.91701	296.98298	419.74601	592.84187	836.90704	1181.03893	1666.26489	2350.43349
42%	1.00000	2.42000	4.43640	7.29969	11.36556	17.13909	25.33751	36.97926	53.51055	76.98499	110.31868	157.65253	224.86659	320.31055	455.84098	648.29420	921.57776	1309.64042	1860.68939	2643.17894
43%	1.00000	2.43000	4.47490	7.39911	11.58072	17.56043	26.11142	38.33933	55.82524	80.83010	116.58704	167.71947	240.83884	345.39954	494.92134	708.73752	1014.49466	1451.72736	2076.97012	2971.06728
44%	1.00000	2.44000	4.51360	7.49958	11.79940	17.99114	26.90724	39.74642	58.23485	84.85818	123.19578	178.40193	257.89877	372.37423	537.21889	774.59521	1116.41710	1608.64062	2317.44250	3338.11720
45%	1.00000	2.45000	4.55250	7.60113	12.02163	18.43137	27.72548	41.20195	60.74282	89.07709	130.16178	189.73458	276.11515	401.36696	582.98209	846.32403	1228.16985	1781.84628	2584.67711	3748.78181
46%	1.00000	2.46000	4.59160	7.70374	12.24745	18.88128	28.56667	42.70734	63.35272	93.49497	137.50266	201.75389	295.56068	432.51859	632.47714	924.41662	1350.64827	1972.94648	2881.50186	4207.99271
47%	1.00000	2.47000	4.63090	7.80742	12.47691	19.34106	29.43136	44.26410	66.06822	98.12029	145.23682	214.49813	316.31225	465.97901	685.98914	1009.40404	1484.82394	2183.69119	3211.02605	4721.20830
48%	1.00000	2.48000	4.67040	7.91219	12.71004	19.81087	30.32008	45.87372	68.89310	102.96180	153.38346	228.00752	338.45112	501.90766	743.82334	1101.85855	1631.75065	2415.99096	3576.66662	5294.46659

附表 4

普通年金现值系数表

i \ n	1	2	3	4	5	6	7	8	9	10	11	12	13	14	15	16	17	18	19	20
1%	0.99010	1.97040	2.94099	3.90197	4.85343	5.79548	6.72819	7.65168	8.56602	9.47130	10.36763	11.25508	12.13374	13.00370	13.86505	14.71787	15.56225	16.39827	17.22601	18.04555
2%	0.98039	1.94156	2.88388	3.80773	4.71346	5.60143	6.47199	7.32548	8.16224	8.98259	9.78685	10.57534	11.34837	12.10625	12.84926	13.57771	14.29187	14.99203	15.67846	16.35143
3%	0.97087	1.91347	2.82861	3.71710	4.57971	5.41719	6.23028	7.01969	7.78611	8.53020	9.25262	9.95400	10.63496	11.29607	11.93794	12.56110	13.16612	13.75351	14.32380	14.87747
4%	0.96154	1.88609	2.77509	3.62990	4.45182	5.24214	6.00205	6.73274	7.43533	8.11090	8.76048	9.38507	9.98565	10.56312	11.11839	11.65230	12.16567	12.65930	13.13394	13.59033
5%	0.95238	1.85941	2.72325	3.54595	4.32948	5.07569	5.78637	6.46321	7.10782	7.72173	8.30641	8.86325	9.39357	9.89864	10.37966	10.83777	11.27407	11.68959	12.08532	12.46221
6%	0.94340	1.83339	2.67301	3.46511	4.21236	4.91732	5.58238	6.20979	6.80169	7.36009	7.88687	8.38384	8.85268	9.29498	9.71225	10.10590	10.47726	10.82760	11.15812	11.46992
7%	0.93458	1.80802	2.62432	3.38721	4.10020	4.76654	5.38929	5.97130	6.51523	7.02358	7.49867	7.94269	8.35765	8.74547	9.10791	9.44665	9.76322	10.05909	10.33560	10.59401
8%	0.92593	1.78326	2.57710	3.31213	3.99271	4.62288	5.20637	5.74664	6.24689	6.71008	7.13896	7.53608	7.90378	8.24424	8.55948	8.85137	9.12164	9.37189	9.60360	9.81815
9%	0.91743	1.75911	2.53129	3.23972	3.88965	4.48592	5.03295	5.53482	5.99525	6.41766	6.80519	7.16073	7.48690	7.78615	8.06069	8.31256	8.54363	8.75563	8.95011	9.12855
10%	0.90909	1.73554	2.48685	3.16987	3.79079	4.35526	4.86842	5.33493	5.75902	6.14457	6.49506	6.81369	7.10336	7.36669	7.60608	7.82371	8.02155	8.20141	8.36492	8.51356
11%	0.90090	1.71252	2.44371	3.10245	3.69590	4.23054	4.71220	5.14612	5.53705	5.88923	6.20652	6.49236	6.74987	6.98187	7.19087	7.37916	7.54879	7.70162	7.83929	7.96333
12%	0.89286	1.69005	2.40183	3.03735	3.60478	4.11141	4.56376	4.96764	5.32825	5.65022	5.93770	6.19437	6.42355	6.62817	6.81086	6.97399	7.11963	7.24967	7.36578	7.46944
13%	0.88496	1.66810	2.36115	2.97447	3.51723	3.99755	4.42261	4.79877	5.13166	5.42624	5.68694	5.91765	6.12181	6.30249	6.46238	6.60388	6.72909	6.83991	6.93797	7.02475
14%	0.87719	1.64666	2.32163	2.91371	3.43308	3.88867	4.28830	4.63886	4.94637	5.21612	5.45273	5.66029	5.84236	6.00207	6.14217	6.26506	6.37286	6.46742	6.55037	6.62313
15%	0.86957	1.62571	2.28323	2.85498	3.35216	3.78448	4.16042	4.48732	4.77158	5.01877	5.23371	5.42062	5.58315	5.72448	5.84737	5.95423	6.04716	6.12797	6.19823	6.25933
16%	0.86207	1.60523	2.24589	2.79818	3.27429	3.68474	4.03857	4.34359	4.60654	4.83323	5.02864	5.19711	5.34233	5.46753	5.57546	5.66850	5.74870	5.81785	5.87746	5.92884
17%	0.85470	1.58521	2.20958	2.74324	3.19935	3.58918	3.92238	4.20716	4.45057	4.65860	4.83641	4.98839	5.11828	5.22930	5.32419	5.40529	5.47461	5.53385	5.58449	5.62777
18%	0.84746	1.56564	2.17427	2.69006	3.12717	3.49760	3.81153	4.07757	4.30302	4.49409	4.65601	4.79322	4.90951	5.00806	5.09158	5.16235	5.22233	5.27316	5.31624	5.35275
19%	0.84034	1.54650	2.13992	2.63859	3.05763	3.40978	3.70570	3.95437	4.16333	4.33893	4.48650	4.61050	4.71471	4.80228	4.87586	4.93770	4.98966	5.03333	5.07003	5.10086
20%	0.83333	1.52778	2.10648	2.58873	2.99061	3.32551	3.60459	3.83716	4.03097	4.19247	4.32706	4.43922	4.53268	4.61057	4.67547	4.72956	4.77463	4.81219	4.84350	4.86958
21%	0.82645	1.50946	2.07393	2.54044	2.92598	3.24462	3.50795	3.72558	3.90543	4.05408	4.17692	4.27845	4.36235	4.43170	4.48901	4.53637	4.57551	4.60786	4.63460	4.65669
22%	0.81967	1.49153	2.04224	2.49364	2.86364	3.16692	3.41551	3.61927	3.78628	3.92318	4.03540	4.12737	4.20277	4.26456	4.31522	4.35673	4.39077	4.41866	4.44152	4.46027
23%	0.81301	1.47399	2.01137	2.44827	2.80347	3.09225	3.32704	3.51792	3.67310	3.79927	3.90185	3.98524	4.05304	4.10816	4.15298	4.18941	4.21904	4.24312	4.26270	4.27862
24%	0.80645	1.45682	1.98130	2.40428	2.74538	3.02047	3.24232	3.42122	3.56550	3.68186	3.77569	3.85136	3.91239	3.96160	4.00129	4.03330	4.05911	4.07993	4.09672	4.11026

附表4(续)

i \ n	1	2	3	4	5	6	7	8	9	10	11	12	13	14	15	16	17	18	19	20
25%	0.80000	1.44000	1.95200	2.36160	2.68928	2.95142	3.16114	3.32891	3.46313	3.57050	3.65640	3.72512	3.78010	3.82408	3.85926	3.88741	3.90993	3.92794	3.94235	3.95388
26%	0.79365	1.42353	1.92344	2.32019	2.63507	2.88498	3.08331	3.24073	3.36566	3.46481	3.54350	3.60595	3.65552	3.69485	3.72607	3.75085	3.77052	3.78613	3.79851	3.80834
27%	0.78740	1.40740	1.89559	2.27999	2.58267	2.82100	3.00866	3.15643	3.27278	3.36439	3.43653	3.49333	3.53806	3.57327	3.60100	3.62284	3.64003	3.65357	3.66422	3.67262
28%	0.78125	1.39160	1.86844	2.24097	2.53201	2.75938	2.93702	3.07579	3.18421	3.26892	3.33509	3.38679	3.42718	3.45873	3.48339	3.50265	3.51769	3.52945	3.53863	3.54580
29%	0.77519	1.37612	1.84195	2.20306	2.48300	2.70000	2.86821	2.99862	3.09970	3.17806	3.23881	3.28590	3.32240	3.35070	3.37264	3.38964	3.40282	3.41304	3.42096	3.42710
30%	0.76923	1.36095	1.81611	2.16624	2.43557	2.64275	2.80211	2.92470	3.01900	3.09154	3.14734	3.19026	3.22328	3.24867	3.26821	3.28324	3.29480	3.30369	3.31053	3.31579
31%	0.76336	1.34608	1.79090	2.13046	2.38966	2.58753	2.73857	2.85387	2.94189	3.00907	3.06036	3.09951	3.12940	3.15221	3.16963	3.18292	3.19307	3.20082	3.20673	3.21124
32%	0.75758	1.33150	1.76629	2.09567	2.34521	2.53425	2.67746	2.78595	2.86815	2.93041	2.97759	3.01332	3.04040	3.06091	3.07644	3.08822	3.09713	3.10389	3.10901	3.11288
33%	0.75188	1.31720	1.74226	2.06185	2.30214	2.48281	2.61866	2.72079	2.79759	2.85533	2.89874	2.93139	2.95593	2.97438	2.98826	2.99869	3.00653	3.01243	3.01687	3.02020
34%	0.74627	1.30319	1.71880	2.02895	2.26041	2.43314	2.56205	2.65824	2.73003	2.78361	2.82359	2.85342	2.87569	2.89231	2.90471	2.91396	2.92087	2.92602	2.92986	2.93273
35%	0.74074	1.28944	1.69588	1.99695	2.21996	2.38516	2.50752	2.59817	2.66531	2.71504	2.75188	2.77917	2.79939	2.81436	2.82545	2.83367	2.83975	2.84426	2.84760	2.85008
36%	0.73529	1.27595	1.67349	1.96580	2.18074	2.33878	2.45498	2.54043	2.60326	2.64945	2.68342	2.70840	2.72676	2.74027	2.75020	2.75750	2.76287	2.76681	2.76972	2.77185
37%	0.72993	1.26272	1.65162	1.93549	2.14269	2.29394	2.40433	2.48491	2.54373	2.58667	2.61800	2.64088	2.65758	2.66976	2.67866	2.68515	2.68989	2.69335	2.69588	2.69772
38%	0.72464	1.24974	1.63024	1.90597	2.10578	2.25056	2.35548	2.43151	2.48660	2.52652	2.55545	2.57641	2.59160	2.60261	2.61059	2.61637	2.62056	2.62359	2.62579	2.62738
39%	0.71942	1.23700	1.60935	1.87723	2.06995	2.20860	2.30834	2.38010	2.43173	2.46887	2.49559	2.51481	2.52864	2.53859	2.54575	2.55090	2.55460	2.55727	2.55919	2.56057
40%	0.71429	1.22449	1.58892	1.84923	2.03516	2.16797	2.26284	2.33060	2.37900	2.41357	2.43826	2.45590	2.46850	2.47750	2.48393	2.48852	2.49180	2.49414	2.49582	2.49701
41%	0.70922	1.21221	1.56895	1.82195	2.00138	2.12864	2.21889	2.28290	2.32830	2.36050	2.38333	2.39953	2.41101	2.41916	2.42493	2.42903	2.43194	2.43400	2.43546	2.43650
42%	0.70423	1.20016	1.54941	1.79536	1.96856	2.09054	2.17643	2.23693	2.27952	2.30952	2.33065	2.34553	2.35601	2.36338	2.36858	2.37224	2.37482	2.37663	2.37791	2.37881
43%	0.69930	1.18832	1.53030	1.76944	1.93667	2.05361	2.13540	2.19258	2.23258	2.26054	2.28010	2.29378	2.30334	2.31003	2.31470	2.31798	2.32026	2.32186	2.32298	2.32376
44%	0.69444	1.17670	1.51160	1.74416	1.90567	2.01783	2.09571	2.14980	2.18736	2.21345	2.23156	2.24414	2.25287	2.25894	2.26315	2.26608	2.26811	2.26952	2.27050	2.27118
45%	0.68966	1.16528	1.49330	1.71951	1.87553	1.98312	2.05733	2.10850	2.14379	2.16813	2.18492	2.19650	2.20448	2.20999	2.21378	2.21640	2.21821	2.21945	2.22031	2.22091
46%	0.68493	1.15406	1.47539	1.69547	1.84621	1.94946	2.02018	2.06862	2.10179	2.12451	2.14008	2.15074	2.15804	2.16304	2.16647	2.16881	2.17042	2.17152	2.17227	2.17279
47%	0.68027	1.14304	1.45785	1.67201	1.81769	1.91680	1.98422	2.03008	2.06128	2.08250	2.09694	2.10676	2.11344	2.11799	2.12108	2.12318	2.12462	2.12559	2.12625	2.12670
48%	0.67568	1.13221	1.44068	1.64911	1.78994	1.88509	1.94939	1.99283	2.02218	2.04202	2.05542	2.06447	2.07059	2.07472	2.07751	2.07940	2.08068	2.08154	2.08212	2.08251